アジア経済史
下

アジア経済史
下

古田和子 Kazuko Furuta 編
太田 淳 Atsushi Ota

Economic History of Asia

執筆
石川亮太　小川道大　柿崎一郎
平井健介　村上　衛　脇村孝平

岩波書店

Kazuko Furuta and Atsushi Ota eds.

Economic History of Asia
Vol. 2

目　次

第IV部　「衝撃」とアジア経済 ── 長期の19世紀

第13章　統治制度の転換 ……………………………………… 3
　第1節　内なる危機への対応 ── 東アジア　　3
　第2節　最後の王朝と植民地 ── 東南アジア　　14
　第3節　植民地官僚制度の確立 ── 南アジア　　21

第14章　経済社会の連続と断絶 ……………………………… 29
　第1節　在来セクターの再編と日本の工業化 ── 東アジア　　29
　第2節　輸出部門の拡大と域内分業の進化 ── 東南アジア　　40
　第3節　発展と代償 ── 南アジア　　51

第V部　20世紀前半のアジアと世界経済

第15章　世界経済の転換とアジア ……………………………… 61
　第1節　国際分業体制の動揺とアジア　　62
　第2節　民国期の中国経済　　72
　第3節　大戦ブームから戦後不況下の日本　　81
　第4節　インドの世紀転換期，第一次世界大戦，そして1920年代　　86
　第5節　都市の成長と近代消費社会　　91

第16章　帝国日本の社会経済 …………………………………… 99
　第1節　日本帝国経済の形成と構造　　99
　第2節　食料原料基地としての植民地　　110
　第3節　植民地の工業化　　118

目次

第17章 **世界恐慌とアジア** ……………………………………………… 125
 第1節 昭和恐慌からの脱出と貿易摩擦   126
 第2節 幣制改革と日本との対立   129
 第3節 恐慌下の東南アジア   132
 第4節 大不況とインド経済   137

第18章 **戦争と占領** ……………………………………………………… 143
 第1節 戦時体制の形成 ――東アジア   143
 第2節 日本軍政下の東南アジア ――統制と混乱   153
 第3節 脱植民地化とインド経済   163

第19章 **戦後アジア秩序の成立と展開** ………………………………… 169
 第1節 日本帝国の解体,東アジアの内戦,朝鮮戦争   169
 第2節 欧米植民地の解体と混乱   174
 第3節 国際体制の構想と占領改革   183

第Ⅵ部　成長するアジア経済の光と影

第20章 **アジア諸国における新体制の成立**
   (1950‐60年代) ……………………………………………… 193
 第1節 冷戦構造の形成,国際支援の枠組み,
    戦後賠償問題   196
 第2節 高度経済成長下の日本と台湾,韓国,北朝鮮   198
 第3節 中華人民共和国   204
 第4節 東南アジアにおける国民国家の動揺   209
 第5節 混合経済のインド   219

第21章 **開発を目指すアジア**
   (1970年代‐80年代半ば) ………………………………… 223
 第1節 変動相場制への移行と石油危機   224
   ――輸出志向型工業化戦略への契機
 第2節 人口爆発とアジアの農業   227

第 3 節　アジア NIEs の台頭　233
　　　第 4 節　東南アジアの開発独裁　241
　　　第 5 節　中国の改革開放(1970 年代 – 90 年代前半)　250
　　　第 6 節　「停滞するアジア」　255

第 22 章　**開放経済と地域連携の模索**
　　　　　（1980 年代半ば – 2000 年代） ……………………… 263
　　　第 1 節　プラザ合意と日本の資本輸出　263
　　　第 2 節　自由化と開放，アジア通貨危機　265
　　　第 3 節　社会主義経済から開放へ　274
　　　第 4 節　急成長する中国(1990 年代–)　281
　　　第 5 節　地域連携の模索　287

第 23 章　**現代アジア経済の発展と社会変容** ……………… 295
　　　第 1 節　アジア経済の変容　295
　　　　　　　──グローバル・バリューチェーンの展開と再編
　　　第 2 節　ICT 化とサービス産業　306
　　　第 3 節　人口動態　312
　　　　　　　──少子高齢化，人口増，労働力移動・難民
　　　第 4 節　家族とジェンダー　321
　　　第 5 節　都　市　329
　　　第 6 節　教　育　338

第 24 章　**現代アジア経済の課題** ………………………………… 345
　　　第 1 節　人権および民主化の問題　345
　　　第 2 節　国内格差　354
　　　第 3 節　エネルギーと環境　360
　　　第 4 節　安全保障　370

終　　章 ……………………………………………………………………… 377
参考文献 ……………………………………………………………………… 387
図表一覧 ……………………………………………………………………… 427

あとがき ……………………………………………………………………… 431

索　引 ………………………………………………………………………… 433

（上巻）
序章　　アジア経済史とは
第Ⅰ部　アジア経済の基層
第Ⅱ部　連動するアジア経済
第Ⅲ部　成熟するアジア
第Ⅳ部　「衝撃」とアジア経済
　　　　（第 11 章　自由貿易・植民地化・国際分業／第 12 章　アジア域内貿易の
　　　　展開）

第IV部
「衝撃」とアジア経済
―――長期の 19 世紀―――

第IV部 「衝撃」とアジア経済

第IV部は19世紀を中心に18世紀末から第一次世界大戦前までの「長期の19世紀」と呼ばれる時代を扱う．第11, 12章（上巻）では，欧米勢力がアジアに「衝撃」をもたらす一方で，アジア人によるアジア経済の発展があったことを示した．シンガポール・香港・上海がアジア商人の広域ネットワークのハブとして重要な役割を担うようになったし，インド系・中国系を中心とした域内の労働力移動・送金がかつてない規模で展開したのもこの時代であった．

下巻では各国・地域の比較を念頭に，第13章で近世統治のあり方がどう変わったか，第14章で在地の経済社会がいかなる対応を見せたのかを検討する．

19世紀の東アジア諸国は深刻な財政危機に直面し，旧来の支配体制は大きく動揺した．日本では徳川幕府が崩壊し明治政府が成立し，行政・経済制度を改革する一方，植民地帝国への歩みを進めた．中国と朝鮮では旧体制による改革は困難に直面し，20世紀初頭には清が崩壊して中華民国が成立し，朝鮮（大韓帝国）は日本の植民地になった．東南アジアでは植民地化の完了とともに領域支配が確立し，独立国シャムを含めて中央集権化が進められ，西洋人に加えて中国・インド系の移民が流入しこれらの人びとと現地人が構成する「多元社会」が出現した．南アジアでは英領インドの支配体制が確立するなかで地方統治制度と官僚制度が整備され，財政改善のための地方分権化も一定程度進んだ．

アジアには人口圧力，環境悪化，疫病，内乱や経済の停滞など「内なる危機」に遭遇する地域も多かった．18世紀に拡大した中国の人口は19世紀に入っても増え続け，その圧力は社会に重くのしかかり内乱や災害が多発した．インドでも飢饉や疫病が頻発した．そのなかでインド系の商人・企業家を中心にインドが，それを追うように日本が近代紡績業の工業化に成功した．東南アジアでは，島嶼部が欧米向け工業原料や嗜好品の輸出に特化し，大陸部は米などの食料をアジア向けに供給することで，域内分業が進んだ．一方，在来セクターにおける市場秩序や制度は人びとの経済活動がたどってきた経路に依存するので容易に変化しないことも多い．中国の市場は，外からではなく内生的に形成される秩序に特徴があったので社会が歩んできた経路に依存的で変わりにくい側面があった．

第13章
統治制度の転換

　19世紀には各地で統治制度が大きく転換したが，その展開には地域によって顕著な違いがあった．東アジアでは環境や人口，経済状況などの変容に支配体制が十分に対応できなくなったが，日本は比較的成功裏に体制変換を遂げて行政・経済制度の近代化を進めたのに対し，中国と朝鮮では政治経済的混乱のなかで行われた旧体制による近代化の試みは困難に直面し，最終的にそれぞれ辛亥革命と韓国併合を経て中華民国および日本植民地に移行した．東南アジアと南アジアでは植民地支配体制が整備され地方にも浸透し，インフラの整備も進んだ．明治日本，シャム，東南アジア植民地では中央集権化が試みられたのに対し，南アジアでは支配体制が安定した英領インドにおいて一定の地方分権化が行われた．中国ではさまざまな危機が発生するなかで地方エリートが台頭し，中央政府の崩壊につながった．

第1節　内なる危機への対応――東アジア

　19世紀，東アジア諸国は18世紀までの人口増大や経済成長の停滞といった国内の変動を背景とした内側からの危機と，欧米列強の東アジア進出という外側からの危機に直面し，対外戦争や内乱，そして開港を経験することになる．ここではそれぞれの地域がどのようにこの危機に対応したのかについてみていきたい．

中　国
【人口増大と財政危機】　第10章2で述べたように人口増大にともなう環境破壊もあり，18世紀末から19世紀初頭に白蓮教徒の反乱が発生した．しかしな

がら，その後も中国の人口増大は止まらず，19世紀半ばには4億3,600万人前後にまで増大したとみられる．移民の増大は後述のように環境に負荷をかけると同時に，限られた資源をめぐる先住の移民と後発の移民の争いを引き起こした．先住の移民は確保した資源を利用して宗族を結成し，科挙を通じたエリート集団を作り上げるケースが多く，後発の移民集団は経済的にも社会的にも劣位におかれて上昇の可能性が失われた．彼ら非エリート集団の抱える不満が，白蓮教徒だけではなく，太平天国の乱などの諸反乱にもつながった．また漢人の西南少数民族移民地域への移住にともない，漢人が地域経済を掌握するなかで，少数民族が経済的に没落して経済的に劣位におかれるケースも多くなり，少数民族と漢人の対立が激化していた．こうして内陸の移民地域においては，緊張がいっそう高まっていった(山田 1995: 128–161; 菊池 1998: 374–423)．

　移民地域に限らず，その他の地域でも人口が増大して，飽和状態になっていた．その結果，各地に余剰人口が生まれ，その多くは生業を持たず，日雇いなどで生計をたてる不安定な状況にあり，アウトロー的な性質を持つ人びとも多かった．こうした人びとはしばしば騒乱に参加したため，急速に反乱が拡大する可能性も高まっていた．

　このような危機的な状況に対して，政府の対応能力はきわめて限られていた．先述のように原額主義(第9章1参照)とも称される清朝の財政は，物価上昇に対応して拡大することができず，実質的に縮小していた．一方で，領域的にも人口的にも拡大していた清朝が対応すべき課題は増大していた．これに対応すべき地方財政は全く不足していたために，地方政府は土地税の付加税や捐納(事実上の強制的な寄付)などによる非公式の税収で対応していた(岩井 2004: 26–63)．しかしそれでも財政的な欠損が多く，19世紀末まで内債という手段を持たなかった清朝の地方財政は火の車であり，飢饉対策の倉儲システムは19世紀初頭には崩壊，清朝正規軍である八旗・緑営による治安維持能力も低下し，新たな問題に対処する能力を失っていた．そのうえ，非公式の税はエリート集団からではなく，課税しやすい社会的に弱い立場の人から徴収されることが多く，著しく不公平であったため，社会的弱者の不満も高まっていた．

【動乱の時代】　道光年間(1821–1850年)は不況の時代といわれる．この不況は気候変動も一因とされる．しかし，1820年代初頭の災害の短期的な影響はと

もかく，不況が咸豊年間(1851-1861年)にさらに悪化したことを考えると，自然災害のみが要因であったとは考えられない．むしろ，アヘン貿易を主たる要因として銀が国外に流出し，銀に依存していた地域経済や地域間の取引を麻痺させたことが，経済の悪化につながったとみてよい．事実，貿易赤字が最大に達した19世紀半ば，中国は大動乱の時代に入る(Lin 2006: 115-143; 岸本 2019)．

そのうち最大の反乱となったのが，広西省の移民地域で非エリート層を中心に発生した太平天国の乱である．太平天国の勢力は湖南省に入り多数の人びとを吸収して拡大，武昌を占領して長江を下る際には十数万人の大集団となっていた(菊池 2013: 282-290, 396)．太平天国は1853年に占領した南京(天京)を拠点に清朝に対抗，1864年に天京が陥落するまで長江流域から華北・華南の一部に広がる大動乱となった．太平天国軍は1860年からは中国経済の中枢である江南に侵攻して大打撃を与えたが，これは結果的に蘇州をはじめとする江南諸都市の士大夫・商人ら富裕層およびその資本の上海への避難を促し，上海の発展の契機となった．

華北では，塩の密売業者が武装して結集した集団を中心として，捻軍の反乱が勃発し，高い機動力で華北一帯を大動乱に巻き込んだ．西北の陝西・甘粛や雲南では漢人のイスラーム教徒(回民)とそれ以外の漢人との対立が深まり，回民の大反乱が勃発した．西南でも，漢人に圧迫されていた貴州の苗族などの少数民族の反乱が勃発した．さらに東南沿海では，珠江デルタの天地会，廈門・上海の小刀会の反乱など秘密結社系の反乱が勃発した．これらの反乱は大規模な殺戮をともない，太平天国の乱だけでも7,000万人以上の死者を出したという推計もあり(曹樹基 2001: 455-553)，中国の人口も大きく減少，江南が戦場となり荒廃するなど，中国経済にも深刻な打撃を与えた．一方，人口の減少によって，19世紀半ばに深刻化していた人口圧力は緩和された．

【清朝の再編】　大規模な反乱に際して，八旗・緑営は十分に対応できず，地方の漢人エリートが指揮する地域防衛的な武装組織である団練が編制された．太平天国の拡大に対応し，曾国藩・李鴻章の編制した湘軍・淮軍のような，団練の規模をはるかに超え，他地域での活動を行う郷勇も編制された．清朝中央の財政は事実上崩壊していたため，団練・郷勇の軍事費のために，流通税としての釐金が導入された．流通部門からの安定的な徴税が可能な釐金をはじめとす

る財源を確保した郷勇の活躍で，太平天国などの諸反乱は鎮圧された．こうした19世紀中葉の動乱を経て，清朝の支配体制は旗人を中心とする体制から，清朝中央は西太后らが支配し，太平天国鎮圧に活躍して督撫(そうとく・巡撫)に任じられた李鴻章をはじめとする漢人エリートたちが実務を担う体制へと転換した．督撫らは釐金などの内地(開港場以外の地域)における諸税を財源に，軍需産業を中心とする工業や鉱山・運輸事業をはじめとする近代化事業を推進したため，中央集権体制から分権的な体制へと変化していった．

このような「洋務」といわれる近代化事業の伸展に対して，北京の保守的な官僚をはじめとする多くの知識人は伝統的な学問を重視して西欧の学問の導入に反対していた．近代化事業のために西欧の技術を重視した督撫も政治体制の転換は望まず，むしろ太平天国で混乱した秩序の回復を重視した．近代化事業においても，官営の軍需工場は著しく非効率であり，その他の企業も資本を集積する制度がないため，官督商辦（かんとくしょうべん）といわれる有力官僚をバックに資金を集めて民間が経営する方式をとったが，官民の癒着や排他的独占を生むなど，課題も多かった．

第二次アヘン戦争(1856–1860年)の後は清朝の対外関係も安定し，土地税などの税収もしだいに回復した．第二次アヘン戦争後に全開港場に外国人税務司制度が導入されたことによって関税を確実に徴収できるようになったことと，対外貿易が発展したことにより，清朝の関税収入も増大し，これも清朝の財政，ひいては近代化事業推進に寄与した(岡本 1999)．軍事面での近代化を背景に，清朝は捻軍をはじめとする諸反乱を鎮圧し，新疆を再征服してその支配を強化するとともに，ベトナム・朝鮮における権益の維持・拡大を図った．このような清朝の行動は，これらの地域に進出してきたフランス・日本との対立を引き起こすことになり，清仏戦争(1884–1885年)・日清戦争(1894–1895年)に至る．

【改革から崩壊へ】 日清戦争において同じ東アジアの日本に敗北したことは，中国の知識人に衝撃を与えた．しかし，光緒帝のもとで康有為らが体制改革を試みた1898年の戊戌変法は失敗に終わる．その後，1900年に勃発した義和団事件で清朝は列強に宣戦して敗北，北京議定書で莫大な賠償金を負うことになる．

義和団事件後，清朝の近代化政策が全面的に推進され，軍事力の近代化が進

められた．科挙の廃止(1905年)にともなう新式教育制度の導入や日本留学の拡大によって，欧米の学問の導入は日本経由も含めて大幅に拡大した．産業振興のために，中央政府には商部，次いで農工商部が設置されるとともに，商業会議所にあたる商会が組織され，また綿業や製糸業を中心として民間の工場経営も拡大した．

　近代化政策には莫大な費用を要したが，日清戦争と義和団事件の賠償金を抱える清朝に財政の余裕はなかった．そのため，中央と地方の対立，経済的に発展している地方と発展が遅れた地方の対立，地方内部の財政的配分をめぐる対立は激化した．増税にもかかわらず，新式の学校教育などの近代化政策にともなう恩恵を受けられない農民らの不満は高まり，暴動も頻発した．清朝を支えるエリートになるはずの留学生の中で，革命運動に参加する者も多かった．商部が商会を通じて進めようとした地方の商業統制も，地方政府や地方の商業エリートの反対で失敗した(木野 2004)．さらに清朝は国家統合のための全国的な鉄道運営を狙って鉄道国有化を図ったが，これは外国から鉄道利権を回収して自ら鉄道事業に参入していた地方エリートの反発を買った(千葉 2006)．こうして清朝を支えるエリート層の支持が失われるなかで，1911年に辛亥革命が勃発，翌年に清朝は崩壊する．

朝　鮮
【19世紀の「危機」】　この時期の朝鮮では耕地の私的所有が事実上確立し，盛んに売買されただけでなく，小作制も普及していた．耕作者の中心は家族労働に依拠した小農で，その経営規模は零細化する傾向があった．近年の地主史料の研究は，単位面積あたりの地代(小作料)が19世紀に入って下落するという傾向を見いだしている．これを土地生産性の低落による収量の減少を反映したものと見て，この時期の朝鮮社会が深刻な危機に直面していたとする議論が「19世紀の危機」論である(李榮薫 2008; 須川 2020など)．その原因として有力視されているのは山林の荒廃で，18世紀までの人口増加が燃料材の伐採や山間部の耕地開発を促し，立木の減少と洪水被害の増加をもたらしたとされる．この議論には批判もあるが，人口増加による環境制約が成長のボトルネックとなったという構図は，時期に若干のズレこそあれ，近世の日本や中国とも比較

可能である(第 10 章 2 参照).

　19 世紀には民乱と呼ばれる民衆反乱も多発した．その多くは租税の過重や不公平への不満を引き金としたものであり，「三政の紊乱(びんらん)」と表現された．三政とは，土地税(田政)・軍役(軍政)・還穀と呼ばれた備蓄穀物の運用(還政)を指す．政府が把握する耕地と人口は実態から乖離しており，18 世紀後半には中央で徴税予定額を決定して地方に割り付ける総額制が多くの税目で適用されるようになっていた．地方官は法定の税目にとどまらず，さまざまな名目の付加税を課し，中央への上納分を差し引いた残余で地方行政を運営した．こうした付加税の膨張が農民にとって大きな負担となっていた．

　還穀は中央・地方の官庁の備蓄であり，災害時の救済に用いられるほか，平常時には旧穀の更新を兼ねて農民に貸し付けられ，収穫後に利子を付して回収された．これは農民の再生産を支える仕組みとして機能していたが，19 世紀初の天候不順で放出が急増したことをきっかけに在庫が急減した．官庁が利子を財源に織り込んで過大な貸し付けを行ったことも在庫の減少に拍車をかけた．19 世紀になると還穀の貸し付けは実質的に租税の一部となり，農民の負担をさらに増すことになった．

【大院君の執権から開港へ】　朝鮮王朝では 1800 年に純祖が 11 歳で即位した後，幼年の王が続き，外戚にあたる特定家門の出身者が有力な地位を占めるようになった．これを勢道政治と呼ぶ．1863 年に傍系王族から前王の養子となった高宗が即位すると，実父の興宣大院君が実権を握った．興宣大院君は折からの西洋勢力の接近や日本からの開港要求に対し非妥協的な外交姿勢を貫く一方，外戚の力をそいで王権の強化を図った．その一環として興宣大院君は，薬用人参の輸出権や流通税の一部を独自財源として確保し，軍事費や王宮の造営に充てた．

　興宣大院君は 1873 年に失脚し，高宗と王后閔(びん)氏の提携のもと，いわゆる閔氏政権が成立した．閔氏政権は 1876 年に日朝修好条規を締結し，従来倭館が置かれていた釜山を開港場として自由貿易に開放した(のち 1880 年に元山，1883 年に仁川が開港場に加えられた)．1882 年から欧米各国とも条約を結び，宗属関係にある中国とのあいだでも自由貿易を開始した(第 11 章 2 参照)．1883 年に設置された海関(税関)は，宗主国である中国のそれと同様の外国人税務司制度を

採用し，その人事についても，日清戦争の勃発まで中国海関の強い影響下に置かれた．

朝鮮王朝の政府機構は開港後もすぐには変化しなかったが，1880年に統理機務衙門，1882年に統理交渉通商事務衙門が設置され外交事務を管掌した．また1885年に設置された内務府は，閔氏政権の主要人物が高官を務め，鉱山事業や汽船による税米輸送など，開化事業の多くを管轄した．さらに内務府傘下の典圜局（てんかんきょく）が既存の銅銭の5倍の名目価値を持つとされる当五銭を鋳造し，開化事業の財源に充てる一方，その相当部分を王室の独自財源に付け替えた．薬用人参の輸出権も引き続き国王の管理下に置かれた．

【甲午改革から大韓帝国へ】 1894年7月の日清開戦直前，日本軍は朝鮮王宮を占拠し，その支援のもとで開化派官僚の主導する甲午改革が始まった．これにより身分制が廃止され，租税の金納化が実現されるなど，国制は大きく転換した．しかし改革が王権の制約を志向したことに加え，1895年10月に三浦梧楼公使らが王后閔氏を虐殺したことで高宗は日本の支持する改革に不信を抱き，1896年2月に国王がロシア公使館に保護を求めたことを契機に開化派政権は崩壊した．

高宗は1897年に皇帝に即位し，国号を大韓帝国とした（以下，韓国）．高宗は甲午改革とは逆に皇帝権の絶対化を図る改革を進めた（光武改革）．財政面では皇室財政が急激に膨張し，宮房の耕地や流通税・薬用人参の輸出権などの経済的利権，さらに新式通貨の発行や鉱山開発，鉄道敷設といった近代化事業まで皇室財政の一部として実施された．甲午改革によって政府財政の一元化が図られ，各機関が独自財源を確保する従来の慣行は否定されたにもかかわらず，皇室財政についてだけは例外的に維持・拡大が図られたのである．

大韓帝国期には会社としての実態を備えた合本形態の組織も現れるが，それらのなかにも皇室財政と結びついたものが少なくなかった．たとえば1899年に設立された大韓天一銀行は，銀行長に皇族や閔氏家門の有力者を据え，通常の銀行業務のほか，租税徴収の請負や公金の運用から利益を得ていた．皇室財政の膨張によって形成された，皇族・官僚と有力商人のコネクションを背景とした特権的な事業を展開していたといえる．

【保護国から植民地へ】 1904年2月の日露開戦にともない日本は韓国政府に

国内の軍事行動の自由を認めさせ，内政への関与も深めた．1905年11月には伊藤博文が渡韓して皇帝に外交権の移譲を含む保護条約（第二次日韓協約）の締結を認めさせ，翌年2月に統監府が設置されると自ら統監に就任した．1907年7月には第三次日韓協約により統監の内政支配権が確立し，韓国政府の次官以下高官に日本人が任命されるようになった．韓国内ではさまざまな形で保護国支配への抵抗運動が展開され，義兵と呼ばれる武装蜂起も各所で発生したが，日本はこれを制圧し，列強の支持・黙認のうえで1910年8月に韓国を植民地化した（韓国併合）．

　保護国支配の下で経済制度も急速に再編された．大蔵省主税局長を務めた目賀田種太郎が1904年10月に韓国財政顧問に着任し，韓国政府発行の貨幣を回収する一方，第一銀行韓国支店を事実上の中央銀行として，日本円にリンクした通貨制度の構築を図った（貨幣整理事業）．1909年に第一銀行韓国支店の業務は新設の韓国銀行に移譲され，1911年には朝鮮銀行と改称されて植民地金融機構の中核となった．また目賀田は1905年から徴税制度を改編し，既存の地方官（郡守）を排除して，中央政府のより強力なコントロールの下で税収の増加を図った．また大韓帝国期に膨張していた皇室財政を政府の管理下に置いた．

　日露戦争下で日本軍の軍事輸送を目的として敷設が急がれた朝鮮半島の縦貫鉄道（京釜線・京義線）は1906年までに全通し，統監府の管理下に置かれた．この鉄道は1911年に南満洲鉄道と接続し，日本の大陸支配の大動脈となった．1905年に日本船舶の沿岸航行権が認められ，通信事業が日本政府に委託されるなど，日本によるインフラストラクチャーの掌握が進んだ．

　1905年末に4万2,000人強だった在韓日本人は，1910年末までに17万2,000人に増加した．条約が認めていない開港場外での居住や農地買収も進み，1906年の土地家屋証明規則がこれを追認した．1910年に日本人の所有耕地は6万9,000町歩（1町歩＝0.99 ha）に達した．1908年には拓殖事業を目的とする東洋拓殖株式会社が設立され，韓国政府から国有耕地1万1,000町歩の現物出資を得て，朝鮮最大の大土地所有者となった（武田 2000: 265）．

日　本

【幕末の財政危機】　18世紀後半の日本では，商業的農業や農村工業の発展や

商業・流通の拡大にともなって市場経済化が進展した．年貢を基礎にした経済システムは第 8 代将軍の徳川吉宗の享保改革によって再構築されていたが，その後の政策を担った老中・田沼意次は，年貢収入の限界と非農部門の発展を認識し，「農本主義」から「商業主義」へと政策を転換した．しかし，天明の飢饉や浅間山の噴火などの発生にともない一揆や打ちこわしが多発した．その後，老中・松平定信の寛政改革において「農本主義」に立って農村再興と都市における商業統制が実施されたが，非農部門の拡大は止まらず，年貢収入に依存していた武士層の生活は困窮化した．

19 世紀になると，国際環境の変化を背景とする蝦夷地の開発や海防費などが増大したため，幕府の財政支出は増加した．幕府は改鋳益を見込んで，約 80 年ぶりに貨幣改鋳を実施した．しかし，貨幣改鋳はインフレを引き起こし，天保の大飢饉によって一揆や打ちこわしが発生し，大坂町奉行所元与力の大塩平八郎の乱が起こるなど幕府への批判が高まった．幕府の対外政策にも批判が高まり，1840 年にアヘン戦争が勃発すると，幕藩体制の立て直しと対外関係の再検討が不可避になった．こうした状況下で水野忠邦による天保改革が実施されたが，農村再興と都市における物価対策に力が注がれるにとどまり，財政収入の増大と幕府権力の強化を目的に行われた上知令の失敗により 2 年余りで終わった．このように，幕府は地方市場の発展や商業・流通の変化などを十分に認識できず，それを統制する能力も権力も喪失していた．

幕府の権威は政治的にも低下した．朝廷の許可を得ずに列強と通商条約を締結したことで幕府に対する批判が高まったほか，例外的に藩政改革に成功していた長州・薩摩・佐賀などの雄藩とのあいだで将軍継嗣争いが起こった．雄藩との対立が深刻化するなかで，1867 年に第 15 代将軍の徳川慶喜が朝廷へ政権を返上したことによって幕府は崩壊し，代わって朝廷と雄藩を中心とする新政府が 1868 年に成立した．

【幕末開港の影響】　日本は 17 世紀半ばからいわゆる「鎖国」と呼ばれる閉鎖経済であったが，1858 年に列強と締結した「安政の五カ国条約」において開港・自由貿易原則・協定関税が盛り込まれたことで開放経済へと移行した．横浜と神戸を主要港として，貿易額は早くも 1860 年には「鎖国」時代を凌駕し，以後も増大していった．主要な貿易品は，輸出ではアメリカを中心とする西洋

諸国向けの生糸や茶，輸入では西洋諸国で生産された綿織物や毛織物，イギリスやインド産の機械製綿糸であった．

　国際経済への編入によって，一部の国内産業は衰退を余儀なくされた．その代表的な事例は綿業であり，機械製綿糸の輸入によって手紡糸の生産は1870年代以降に衰退傾向を示し，棉花栽培も1890年代にはほとんど姿を消した．そのほか，製糖業もジャワや香港から相対的に高質かつ安価な砂糖が輸入されたことで，その発展を阻害された．

　しかし，国際貿易により発展した産業もあった．綿業では棉花栽培や手紡ぎは打撃を受けたものの，低価格で高品質な輸入綿糸の供給は，国内の綿織物業の発展を刺激した．製糸業は輸出市場の登場によって生産量を増やした．

　また，貿易にともなう流通利益の多くも日本国内にとどまった．「安政の五カ国条約」では外国商人の内地通商権が否定されていたため，外国商人の貿易活動は開港場に設けられた居留地に限定された．その結果，輸出商品の生産地や輸入商品の消費地と居留地とのあいだの取引は日本商人が担うこととなり，貿易利益の多くは彼らに帰したのである．1880年代後半から始まる日本の「産業革命」（第14章1参照）では，高額の金禄公債を受け取った華士族とともに，貿易から利益を挙げた商人の投資が重要な役割を演じた（商人的対応）．

【中央集権国家化と植民地帝国化】　新政府は，列強とのあいだで締結された不平等条約の改正を目指して，中央集権国家体制の確立および経済力・軍事力の増強を図った．旧幕府領のみを継承した政府は，版籍奉還や廃藩置県を通じて中央集権国家体制を構築すると，財政再建に乗り出した．政府はまず，1873-81年に土地調査事業を実施して各土地の地価を定め，その3％を税として貨幣で納めさせることで収入の安定化を図った．また，1876年に秩禄処分を実施した．徳川期には武士は藩から家禄を支給され，政府もそれを引き継いだが，家禄は歳出の約30％も占めた．政府は家禄の5-14年分に当たる金禄公債証書を発行して家禄の支給を廃止し，柔軟な財政出動を可能にした．

　体制整備の最終段階として，立憲制度が導入された．藩閥による政府の独占を非難する自由民権運動が展開され，政府内でも君主主義的な憲法が作成された．また，議会制度を補完する行政改革も行われ，内閣制や文官試験制度などが導入された．この過程で，民法や商法が整備され，経済成長の基盤となる営

業の自由や私的所有権が確立するなど，経済活動に対する政府の恣意的な介入が制限された．1889年に憲法が公布されて日本は立憲君主制の国家となり，翌年には第1回帝国議会が召集された．列強は日本との不平等条約の改正に同意し，日本は日英通商航海条約(1894年)をはじめとする対等条約の締結に成功した．

条約改正と並ぶ政府の外交問題は，東アジア諸国との関係を条約体制に基づいて再編することであり，そこでは大国の清との摩擦をいかに回避するかが課題であった．日本はまず日清修好条規(1871年)を締結して，清との国交を樹立した．清の朝貢国である朝鮮や，「日清両属」にある琉球との関係の再編は，慎重に進められた．朝鮮とのあいだでは外交関係のあり方をめぐって対立し，1871年には琉球漂流民が台湾の原住民に殺害される事件が起きていた．1873年の日清修好条規の批准書交換における日本の使節団と総理衙門との意見交換を通じて，日本政府は朝鮮や台湾における問題に清が介入しないと判断した．そして，砲艦外交を通じて朝鮮との間で1876年に日朝修好条規を締結したほか，台湾へ出兵して原住民を征討することで琉球民が日本国民であることをアピールし，最終的に琉球処分(1879年)を断行した．これら一連の出来事は，清の日本に対する不信感を高めることになった．

1880年代に入ると，清やロシアとの間の緩衝地帯として位置づけられた朝鮮への影響力を強めることが，日本にとって重要な外交課題となった．日本は時々の国際環境に応じて朝鮮の永世中立国化や勢力圏化を目指したものの失敗したが，日清戦争(1894–1895年)と日露戦争(1904–1905年)に勝利して朝鮮への支配権を強め，最終的に朝鮮(大韓帝国)を植民地化(1910年)した．この過程で，清朝に台湾を割譲させ(1895年)，ロシアに樺太を割譲させたほか(1905年)，ロシアの権益を引き継ぐ形で遼東半島の先端部にあたる関東州の租借を清朝に認めさせ，関東州の大連から満洲中部を縦断して長春に至る南満洲鉄道の経営権とその附属地の行政権も獲得した(1905年)(満鉄については第15章3参照)．こうして，日本は「植民地帝国」として列強の仲間入りを果たした．

【殖産興業政策と金融システムの整備】 財政基盤の確立と並行して，殖産興業政策が実施された．初期の政策は「官営主義」を特徴とし，軍事産業・鉱山経営・インフラ整備に重点が置かれたが，大きな成果をあげることはできず財政

支出の増大を招く結果となり，1860年代後半からは輸入超過も定着した．そこで政府は民間経済を支援していく「民営主義」へと方針を転換し，主要産業である農業の技術開発・普及の支援や，社会資本の整備を積極的に進めた．

金融システムも整備された．まず，国立銀行条例を改正(1876年)して紙幣発行権(不換紙幣)を持つ国立銀行の設立を促し，資金供給体制を整えた．しかし，1877年に士族の反乱である西南戦争が勃発すると，政府が戦費調達を目的に大量の紙幣(不換紙幣)を発行したため，紙幣価値が低下してインフレが発生した．そこで，政府は大蔵卿の松方正義の主導の下で緊縮財政を通じて不換紙幣を回収したほか，貿易金融を担う横浜正金銀行を利用して正貨(金銀地金)蓄積を進めた．そして，1882年に中央銀行として日本銀行を設立すると，紙幣価値が回復した1884年に兌換銀行券条例を公布し，紙幣発行権(銀兌換券)を日本銀行に一元化した．日本は銀本位制を確立し，通貨価値の安定化が実現した．

緊縮財政や不換紙幣の回収による通貨流通量の削減はデフレーションをもたらした(松方デフレ)．農産物価格の下落によって，一部の農民は土地を手放して小作農となったほか，都市に流入して潜在的な工場労働力となった．また，商人・地主層は土地の集積と金融システムの整備を背景に資産形成を進め，これが工業部門への投資の資金源となった．松方デフレを脱した1880年代後半以降，日本は工業化(産業革命)の時代を迎えることになる(第14章1参照)．

第2節　最後の王朝と植民地——東南アジア

領域支配の確立

植民地化の完了とともに，伝統的な「マンダラ型国家」(第9章2参照)の様相は形式的には消失し，明確な国境で囲まれた領域国家が出現した．これによってすべての土地はいずれかの領域国家に所属することになり，かつてマンダラのあいだに挟まれて自律的な地位を維持していた人びとの存在は原則として認められなくなった．ただし，列強主導で国境線が引かれてもそれが直ちに実効性を持つはずはなく，各国政府は国境を有効化し領域支配を進めるためにさまざまな施策を行った．

各植民地では領域支配の強化のために中央集権化を推進したが，その過程で

在来の政治権力者の権限を削減し，代わりに中央政府の権限を強化していった．たとえば，ジャワでは当初オランダはマタラム王国下での在地の首長を地方長官(レヘント)に任命し，彼らを通じて統治を行っていたが，19世紀に入ってからレヘントの持つ権限を削減し，彼らに俸給を支払うことで彼らを植民地政庁に雇用される官吏へと変えようと試みた．ベトナムでもフランスは当初は阮朝(グエン)の統治機構を利用したが，1897年にP. ドゥメールが仏印総督に就任すると統治機構の中央集権化を進めて行政面のみならず徴税面においても阮朝が有していた権限を縮小し，植民地政庁が掌握していった．このように，植民地においては当初は旧来の統治機構を流用した間接統治を導入するものの，その後宗主国側の利益を確保するために直接統治へと向かう潮流が一般的であった(植村 2001; 坪井 2001)．

　独立国シャムにおいても，チャックリー改革の一環として中央集権化が行われ，各地の世襲的な政治権力者の持っていた統治権は中央から派遣された官吏に奪われた．隣国となったイギリスやフランスとの対応のため，1880年代にバンコクは属国にカールアンと呼ばれる官吏を派遣するようになり，属国の内政に干渉することで土着の政治権力者の統治権を奪い始めた．この動きは1890年代に進められたテーサーピバーン制でさらに顕著となり，全国にバンコクから派遣したカールアンを長とする州(モントン)を設置し，旧来からのムアンを州単位でまとめていった．そして，最終段階として従来からのムアンを廃止して新たに県を設置し，ムアンの領主(チャオ・ムアン)の政治権力を中央から派遣された県知事が代替した．この「廃藩置県」によって，シャムの地方統治システムの中央集権化は完成したのである(小泉 2020)．

　中央集権化は，地方統治のみならず中央でも行われた．各植民地では本国に倣った機能別の省庁が設けられ，宗主国人が主要なポストに配置され，現地人の部下に命じて任務を遂行させた．この過程で，宗主国の言葉を理解する優秀な現地人官吏を多数確保する必要に迫られ，各植民地でエリート養成を目的とした近代的な教育システムが構築された．やがて，このような現地人エリートが植民地体制の矛盾に気がつき，ナショナリズムに感化されるようになる．このような中央における中央集権化はシャムでも行われ，チャックリー改革の一環で旧来有力貴族が牛耳っていた属人的な省庁は，植民地と同様の機能別の省

庁に再編され，各省庁の大臣にはラーマ5世の兄弟を任命して有力貴族の既得権を奪い取った．このような中央と地方での集権化に成功したことによって，シャムの絶対王政化が実現したのであった(アンダーソン 2007; 柿崎 2007)．

領域の統合

領域を物理的に統合していくために，近代的な通信・交通システムの導入も進められた．通信については，海底ケーブルの敷設が可能となったことでヨーロッパ諸国と世界各地の植民地を結ぶ電信線のネットワークが構築されていったが，1861年にはインドとビルマのあいだの電信線がつながり，東南アジアが国際電信線ネットワークに組み込まれていく第一歩となった．電信線ネットワークは1870年代初めにペナン，シンガポール，バタヴィア，サイゴンへと広がり，ヨーロッパと東南アジア各地の間の電信が使用可能となった．このような国際電信網とともに各植民地内での電信線の整備も進み，ビルマではすでに1866年に約2,000 kmの電信線が整備されていたが，その距離は1909年には約2.9万kmまで拡大した(ヘッドリク 2005; Wright, Cartwright and Breakspear 2015)．

中央集権化を進めるにあたって，中央と地方の間の迅速な情報の伝達は必須であり，シャムでも電信線の整備と中央集権化が連動して行われた．シャムでの電信線の整備は1870年代に始まったが，1880年代にバンコクから派遣されたカールアンはバンコクと任地のあいだの電信線の整備を命じられ，1890年代に進められた州の設置も，電信線が整備されてバンコクとのあいだの通信が迅速に行えるようになった地域から先行して行われた．この結果，1910年までにシャムは5,000 kmを超える電信線ネットワークを整備し，国内のムアンの約3分の2に電信線が到達した(Wiphat 2023)．

一方，交通システムについては蒸気機関を利用した船と鉄道が用いられた．ヨーロッパで発明された蒸気船が19世紀半ばになると東南アジアにも到来するようになり，当初は蒸気力と風力を使い分ける汽帆船が中心であったが，1860年代末にスエズ運河が開通すると蒸気船の優位性が確立された．蒸気船は東南アジア各地の沿岸航路のみならず，エーヤワディー(イラワディ)川など大河川においても導入され，内陸部への輸送時間の短縮に貢献した．ただし，

河川の規模によっては航行可能な区間が限られ，たとえばシャムのチャオプラヤー川では雨季には水位が上がるためバンコクから 500 km 程度上流まで遡上できたが，乾季にはその距離は 100 km ほどに限られた(柿崎 2000)．

　電信と蒸気船は国際的なネットワークの構築が先行していたが，鉄道については各植民地単位で整備されていった．東南アジアで最初の鉄道は 1867 年にジャワ島で誕生し，次いで 1870 年代にはビルマにも最初の鉄道が出現した．鉄道整備は蘭印で先行し，1900 年までにジャワ島で約 3,000 km，スマトラ島でも約 400 km の鉄道網が構築された．ビルマでも鉄道網の整備は急速に進み，コンバウン朝が滅亡した直後の 1889 年には早くもコンバウン朝の旧王都マンダレーに鉄道が到達し，1900 年までに約 1,800 km の鉄道網が完成した．他方で，英領マラヤ，仏印，フィリピンでの鉄道整備は相対的に遅く，1900 年の時点の鉄道網は英領マラヤで約 400 km，仏印とフィリピンでそれぞれ 200 km 程度に過ぎなかった．なお，独立国シャムも 1890 年代に入ってから鉄道整備を開始し，1900 年までに 300 km 弱の路線を整備した．鉄道は特に港町と内陸を結ぶ外港・後背地間の鉄道が輸送コストの削減に大きな役割を果たし，領域内での人やモノの移動を活発化させることになった(柿崎 2010)．

植民地経済の構築

　列強が植民地に期待したものは，豊かな一次産品の生産と輸出から得られる経済的利益であった．このため，植民地においては利益が見込まれる特定の一次産品の生産が奨励され，その結果として特定の一次産品に依存した経済，すなわちモノカルチャー経済が構築されることになった．

　最初にモノカルチャー経済の様相が見られるようになったのはジャワ島であった．オランダ東インド会社は，17 世紀後半から香辛料取引の利益が減少したため(第 7 章 2 参照)，18 世紀に入ると新たな収入源としてコーヒーに注目し，マタラムから獲得した西ジャワの高原地帯プリアンガンでコーヒー栽培を開始した．この際に，市場価格の変動に対応して生産量を調整するために，オランダは現地首長レヘントを通じて農民に対して供出量の割り当てや栽培面積の増減を命じ，買取価格も市場価格に合わせて自ら設定した．これがプリアンガン制と呼ばれる義務供出制であった(鈴木 1999)．

このような義務供出制は1830年から主にジャワで対象品目が拡大され，政府栽培制度(強制栽培制度)として本格化した．ジャワ全域およびスマトラとスラウェシの一部で行われたこの制度のもとで，植民地政庁は村長を通じて人びとに特定の作物を栽培するように命じ，その収穫物を事前に決定した低価格ですべて買い取った．主要な作物はコーヒー，サトウキビ，藍で，後二者は水田で栽培されることから，多くの水田でこれらの商品作物と輪作することが強制された(第14章2も参照)．このような輪作を維持するために，農民の土地占有権に厳しい規制(耕地の売買，譲渡，相続，用益の制限)を加える必要があり，このこともあって，特に中・東ジャワで水田の「共同的占有」(土地共有制)が進行し，農民による土地改良への意欲も減退した．これらの結果，米の生産が阻害され，特に北海岸のスマランでは1848年から1850年にかけて大規模な飢饉が発生し，オランダ本国で制度への批判が高まった．さらに事業参入を求める民間企業からの要求もあって，政府栽培制度は1860年代以降順次廃止され，1870年までに事実上終了した(弘末1999)．

蘭印以外の地域では特定の一次産品への依存度がより高くなった．マレー半島は古くから錫の産地であったが，18世紀後半にオランダ東インド会社が関与して生産が増加した．さらに1810年代末から中国の資本・技術・労働力が導入されて1870年代から生産が急増し，英領マラヤは1880年代に世界最大の錫産出国となった．また，19世紀末から始まった天然ゴムの生産はマレー半島西岸を中心に急速に拡大し，1920年代には英領マラヤは世界の天然ゴム輸出量の半分を占めるようになった(第14章2参照)．このような錫とゴムからなるモノカルチャー経済は，シャム南部でも見られた(Brown 1997)．

フィリピンでは18世紀末からルソン島でタバコの強制栽培が行われていたが，19世紀に入るとサトウキビとマニラ麻が主要な商品作物となった．サトウキビ栽培は当初はルソン島を中心に行われていたが，19世紀後半にネグロス島での栽培が急増してフィリピン最大のサトウキビ産地となり，近代的な製糖工場も数多く建設された．一方，マニラ麻は海運に用いられるロープの原料としての需要が高まり，ルソン島やミンダナオ島での栽培が拡大していった．これらのサトウキビやマニラ麻の栽培はスペイン人や中国系メスティーソの大農園で行われ，フィリピンにおける大土地所有制の拡大をもたらした(弘末

1999)．

　大陸部の英領ビルマ，シャム，仏印では米が重要な一次産品となり，19世紀後半以降に輸出が本格化したのは第12章1で見た通りである．英領ビルマとシャムではチークも主要な一次産品となり，建築用材として19世紀後半から商業伐採が進み，ビルマ東部のシャン州とシャムの北部で，イギリスをはじめとするヨーロッパ系企業が伐採を担った．チーク丸太はエーヤーワディー川，タンルウィン(サルウィン)川，チャオプラヤー川を下って河口のラングーン(現ヤンゴン)，モールメイン(現モーラミャイン)，バンコクに到着し，同じ会社の製材所で製材されてから輸出された(Kakizaki 2023)．

「多元社会」の形成

　このようなモノカルチャー経済の構築や，領域国家におけるさまざまなインフラ開発などによって東南アジアの労働市場が拡大し，主に中国やインドから多数の移民が流入した(第12章3参照)．東南アジアは全般に人口希薄で新たな農地を確保することも容易であったため，人びとは伝統的に小農志向が強く，賃金労働者になることを好まなかった．そのため19世紀に鉱山やプランテーションで労働市場が急速に拡大すると，人口過剰な中国やインドからの移民が急増した．それによって人口構成が最も大きく変わったのは，英領マラヤである．

　1819年のシンガポール開港とともに中国から苦力(港湾，鉱山，プランテーションなどにおける肉体労働者)として移民し，さらにマレー半島において錫鉱山の開発が進むとその流れは加速した．1880–90年代には毎年9万から21万人がペナンとシンガポールを通じて流入し，20世紀初頭にはマラヤ連合州(連合マレー諸州)と海峡植民地の中国系の人口は60万人近くに及んだ．また，20世紀に入って天然ゴム栽培が急増すると，ゴムプランテーションの労働者として主にインド南部からタミル人が多数流入し，1921年には全体の78%を占めた(第12章3参照)．この結果，英領マラヤの人口では中国系とインド系の人びととの比率が高まり，1940年には中国人がマレー人を上回った．また，労働者として入ってきた中国人やインド人もやがて商業に進出し，東南アジア各地の経済で支配的となった．このため，特に苦力や商人が集まる都市には，現地人よ

りも中国人やインド人など「東洋外国人」(アジアからの移民とその子孫)の方が多くなり，たとえばシンガポールにおいては1931年の時点で人口の4分の3が中国人であった(早瀬・深見 1999; 水島 2001)．

英領ビルマは1937年まで英領インドの一つの州と位置づけられたこともあって，インドからの移民が増加した．彼らの多くは下位カーストに属する貧しい人びとで苦力や農業労働者として入ってきたが，一部は商業や専門職に就く中位カーストに属し，移住先でもそうした仕事に就業した．この結果，特に政府機関で働く公務員でインド人の比率が高くなり，たとえば1921年の時点で鉄道事業の従業員計2.8万人のうちビルマ人は9,000人に過ぎなかったのに対し，インド人は少なくとも約1.6万人存在した．また，マドラス州などから移住したチェッティアと呼ばれる金融業カーストは，小農に金を貸し付けて自作農の形成を支える一方で，不作や米価格の暴落で返済が滞ると担保の農地を手に入れて不在地主となっていった(根本 2014; Maung 1964)．

こうして植民地には，新たに支配者・資本家として入ってきた西洋人に加えて，労働者や商人として中国人やインド人といった東洋外国人が流入し，これらの人びとと現地人が垂直的に階層を構築する「多元社会」(Plural Society)が出現した．東洋外国人は他の二者とのあいだで仲介役を担い，西洋人に対してはブローカーとして，現地人に対しては主に商人や金貸しとして対応することで経済的利益を得た．このため現地人の不満はチェッティアのように日常的に接触する東洋外国人に向かうこととなり，これが東南アジア各地で新たな民族問題を生み出すこととなった(リード 2021: 下; 村井 1999)．

かつては多元社会において三つの集団に共通する社会的な意思が生じることはなく，一つの政治的単位としてまとまることはないと主張された．これは植民地支配を正当化する言説とも捉えられるが，実際には一番下層の現地人エリートのなかにナショナリズムが芽生え，彼らがやがて植民地体制の打破へと立ち上がると，上層の人びとと対峙することとなった．そして，彼らが独立を勝ち取ると，すでに社会的，経済的に重要な役割を担っていた東洋外国人をいかに排除または包摂していくのかが，新たに誕生した国民国家の重要な課題となっていく(第19章2参照)．

第3節　植民地官僚制度の確立──南アジア

　18世紀のインドは各地に継承国家が複数台頭し，地方経済が発展した「地方の時代」であった(第9章3参照)．しかし19世紀に入ると，イギリスによる植民地支配が本格化するなかで全インド的な支配体制が確立され，インドは再び統合の時代を迎える．

英領インドの成立

　イギリス東インド会社はベンガル管区，ボンベイ管区，マドラス管区に分かれており，18世紀半ばの時点で全管区を統合する仕組みは構築されていなかった．1773年のノース規制法(イギリス議会法)によってベンガル総督を中心とする管区統合へ進み始め，東インド会社は統治組織としての性格を帯びた．1833年にはベンガル総督がインド総督と改められ，立法権の集中などインド全域を支配する強い権限をインド総督が有するようになった(山崎 2000: 376)．同年に商業部門の廃止が決まり(第11章3参照)，東インド会社は商社としての性格をほぼ失って植民地の統治機関となった(中里 1998: 283)．19世紀初頭までに東インド会社は，ハイダラーバードのニザーム政権などの継承国家を保護国(藩王国)とし(第9章3参照)，1818年にインド最大の現地勢力であったマラーター同盟を解体して，自らがインド最大の勢力となった．アフガニスタンに接するインド北西部のシク王国が1849年に滅ぼされて，イギリスによる征服戦争が終わり，藩王国を含むと植民地支配はインド亜大陸のほぼ全域に及んだ．

　東インド会社による他の継承国家の打倒はエリート層の没落を生み，それにともなって在地の手工業・サービス業が衰退した．この変化は，18世紀に都市・市場を中心に発展した地方経済に各地で悪影響を与え，19世紀の第2四半世紀は，物価の下落と消費・投資の低迷を特徴とする不況の時代となった．世界的な金銀生産量の低迷やイギリスの「産業革命」による世界的商品生産量の増加などがインドでの物価の下落の一因として指摘されるなど，この不況は世界規模での問題とも関わっていた(神田 2012: 256)．第2四半世紀は，東インド会社による統治政策が本格化した時期でもあり，東インド会社の最大の歳入

であった地税の新徴収制度が導入された．第２四半世紀までにマドラス管区・ボンベイ管区で広く実施されるようになったライヤットワーリー制は，農民（ライヤット）を納税責任者として土地所有権を与え，政府と農民との直接的な地税取引を目指して中間層の排除を試みた．この点は18世紀末に中間層のザミンダールを納税責任者として土地所有権を与え，地税徴収を請け負わせたザミンダーリー制（第9章3参照）と異なる．しかしいずれの制度も確実な納税のために排他的な土地所有権が設定された点は共通しており，共同体が土地・財・サービスに対して重層的に権益を有する在地の職分権の仕組み（第10章4参照）を否定するものであった．新地税制度の導入は，上記の都市および在地産業の衰退と相まって，手工業・サービス業の従事者を含む人びとの多くが土地からの収益に依存する社会の農民化（peasantization）や非工業化（deindustrialization）が進んだ（神田 2012: 256; 水島 2007: 316）．植民地化以前より，手工業・サービス業と農業の兼業はみられたが（第10章4参照），農村では19世紀の第２四半世紀に農業への依存度が大きく高まったのである．ライヤットワーリー制における「農民」（ライヤット）は，自作小農に限られず，富農などの多様な農民層を含んでおり，地税徴収を村役人の協力に依存せざるをえないなど，在地の重層的諸関係が完全に否定されたわけではなかった．しかし新地税制度は農村社会に大きな変革を迫り，社会経済に混乱をもたらした．各地で新地税制度への反対運動が起こるなど，在地の既得権益を否定された階層を中心に，植民地支配への不満が高まった（小川 2019a: 375-386）．

　19世紀半ばまでに，東インド会社と同盟を結び，その間接統治下に入った藩王に対して，血族相続人がいない場合は，特別の政治的理由がない限り，その領地を没収する政策（失権ドクトリン）が進められた．実際に数多くの藩王国が取り潰されて旧支配層のあいだでも植民地支配に対する不満が高まった．さまざまな階層の不満は，1857年の東インド会社軍インド兵の蜂起を直接的契機とするインド大反乱において爆発し，反乱は北インドを中心にインドの広範囲に広がった．1858年に東インド会社はこの反乱の責任を負って統治の任を解かれ，反乱勢力に担ぎ上げられたムガル皇帝は廃位させられ，ムガル帝国は名実ともに滅亡した．インド大反乱は植民地化に対する旧体制による反抗の総括であり，この後，イギリスは，藩王などの旧支配者層を懐柔しながらインド

表13-1　1850年における英領インドの主たる税収科目

歳入科目	金額(ポンド)	割合(%)
地税	15,248,694	57.3
アヘン	4,497,254	17.0
塩	2,580,379	9.7
関税	1,447,795	5.4
付加税	1,203,233	4.5
貢納金	555,982	2.1
その他	1,067,580	4.0
総計	26,600,917	100.0

出典：India Office 1867: 5をもとに筆者作成．

支配を確立していくことになる．インド統治を担う機関として，1858年にインド大臣が統括するインド省がイギリスに設置され，1877年にイギリス国王であるヴィクトリア女王がインド皇帝となり，インド総督が副王を称する形で，イギリスがインドを直接に統治する体制が整った．

19世紀における植民地財政と経済統合政策

　19世紀前半に東インド会社による領域統合が進み，会社の植民地行政制度も大きく変革した．しかし会計制度は統一性を欠き，管区を超えた英領インド全体の主任会計官が設置されたのは1846年であった．さらに管区間・部局間の不必要な資金移動も多く（神田 2017: 39-40），財政の統合は，領域統合のための軍事費増大で悪化した財政再建とともに大きな課題であった．財政統合の過渡期にあった19世紀半ばの税収科目をみると（表13-1），その約6割が地税収入であった．ライヤットワーリー制などの新地税制度（上述）の導入は，農村の重層関係を変化させるだけでなく，財政面からも重要な政策であった．

　次にアヘンおよび塩の専売による歳入が続いた．塩の専売は1772年にベンガル管区で導入され，地税に次ぐ歳入としてインド財政を支えた．しかし19世紀に領域支配が確立して地税の重要性が増すとともに，塩専売が歳入に占める割合も減少し，アヘン専売の重要性が増した（神田 2017: 45-47）．東インド会社の送金においてアヘン販売が重要な役割を果たしただけでなく（第11章3参照），その収入は19世紀第4四半世紀まで拡大し続けた（原 2016: 136）．関税は1850年の時点で第4位の項目であるが，インド大反乱後の財政悪化の改善策

として関税の引き上げをインド政庁が試みた．綿製品などへの関税の賦課はインドの綿紡績業の保護につながり，イギリスからの激しい反対にあった．しかしインド政庁にとって関税収入は不可欠であり，保護効果を相殺する消費税によって関税徴収を続けた(長崎 1999: 232–233; 柳澤 2019: 65)．20 世紀に入っても関税は財政再建の鍵であった(第 15 章 4 参照)．付加税には前植民地期の種々の税が含まれて(小川 2019a: 355–356)，地域により税目が異なり，インド政庁はその全体像を把握できなかった．貢納金は主に藩王国からの種々の支払いである．軍事保護条約により藩王国に駐屯する東インド会社軍の費用負担が(第 9 章 3 参照)，この項目に含まれた．

19 世紀半ばまでは地税が最大の収入源であったが，地税は農業や天候に依存する財源であり(神田 2017: 48)，19 世紀後半以降に地税の比率が低下するなかで(第 15 章 4 参照)，第 2–4 位の歳入も財政を支えた．これに，イギリスで発行する東インド会社の社債やその他の借入が加わる(神田 2017: 42)．たとえば，1850 年には 123 万ポンドの借入があり(Sykes 1859: 476–477)，これは税収総額の約 4.6% に相当する額であった．社債や借入は第 2–4 位の税目とともに財政を補完する収入であった．

1830 年代以降，インド政庁は財政統合とともに，経済統合のためのさまざまな政策を実施した．財政統合には地域差が大きい付加税の整理があり，前植民地期来の付加税に含まれ，英領インド内の流通を阻害しうる通関税(Zakat)の廃止が 1838 年に法律で定められた．加えてインド政庁は 1835 年に英領インドで流通するルピー貨を会社ルピー(Company Rupee)に統一することを決めた．しかしインドでは地域や目的により異なるルピー貨が流通しており(第 10 章 4 参照)，この状況は即座に変わらず，19 世紀半ばでも複数のルピー貨が都市で流通していた．通関税の徴収は在地有力者の権益と結びついており，その撤廃には多くの交渉を要した(小川 2008: 58–62; 小川 2019b: 66, 74)．経済統合政策は前植民地期の既得権への挑戦であり，達成は容易ではなかった．さらにインド政庁は公共事業局(Public Works Department)を設置し，本格的にインフラ整備を進めていった．大規模な用水路灌漑の建設が 19 世紀後半を通じて続き，1855 年にはインドの主要都市を電信網が結び，同時期に英領インド全土を結ぶ幹線道路の整備と鉄道の建設(第 14 章 3 参照)が始まった(中里 1998: 399, 410)．この

ように19世紀半ばに，より直接的にインド経済の統合を進める政策が実施され，後に新たな国内市場が形成・発展した(杉原 2015).

地方統治制度・官僚制度の確立

英領インドの支配体制が確立するなかで，19世紀を通じて地方統治制度も整備されていった．英領インドは間接統治が行われた藩王国と直轄地から成った．藩王国は20世紀初頭の時点で，ビルマ州(英領ビルマ)の52カ国を含む692カ国が存在し，その総面積は約213万km^2(英領インド全土の約45%)，総人口は約6800万人(同23%)であった(Nathan 1907: 46, 56, 61)．直轄地は主にベンガル管区，マドラス管区，ボンベイ管区で構成され，ベンガル管区は後にベンガル州，北西州(後の連合州)，パンジャーブ州，中央州，ビルマ州に区分され，前三者には準知事が，後二者には行政長官が任命された．同様にボンベイ管区内のシンド州にも行政長官が任命された．インド総督に集中していた立法権は1861年に各管区に再び認められ，各管区の知事は立法権・行政権・司法権を掌握し，準知事は立法権と行政権，行政長官が行政権を行使する地方統治の仕組みが整えられた．行政の執行機関として中央には総督参事会，州には知事参事会が置かれ，立法の執行機関として中央および州の立法参事会が設置された．立法参事会で審議し可決した法案が，中央では総督，州では知事または準知事の裁可を経て，法律として制定された(山崎 2000: 383-400)．州や管区の下位単位である県(district)は20世紀初頭に250以上あったとされ，その徴税行政を担う収税官(Collector)と司法行政を担う司法官(Magistrate)というイギリス人の長官がいた．ベンガル管区以外では両官職は兼任された(中里 1998: 286)．英領インド直轄地では統一的な統治組織が整えられ，藩王国では間接統治の仕組みが構築されて，全インド的な支配体制が19世紀末までに確立された．

植民地の支配機構の運用を支えたのが官僚制度であった．東インド会社時代に県収税官・司法官以上の要職に就くイギリス人の高等文官の制度が整えられた．当初，高等文官は東インド会社理事会メンバーの推薦で任用されたが，この制度は1855年に廃止され，ロンドンでの公開競争試験による任用に変わった．イギリスの直接統治期も高等文官制度は維持され，試験も続けられた．彼らはインド高等文官(Indian Civil Service)と呼ばれ，インド支配の要職を独占す

る「インド支配の鋼鉄の枠組み」であった．インド高等文官は常に約1,000人がおり，各州政庁局長の年俸は2,800–4,000ポンドで，年俸2,500ポンド以下のイギリスの省庁局長よりも給与水準が高かった．さらに勤続21年で1,000ポンドの年金を受け取ることができ，破格の待遇であった(本田 2001: 10, 18, 82)．官僚制度の整備とともにインド人官吏のなかにも重要業務を担う者が現れ，1860年代には，ごく少数のインド人がインド高等文官の公開試験に合格した．当初インド高等文官に留保された職の一部が1870年からインド人官吏に開放され，選抜により任用された．インド人にも行政の要職を担う機会が与えられたのである(山崎 2000: 400–402, 407–410)．

英印軍も大反乱後に再編され，パンジャーブ地方のシクなどの，従順で剛勇だとされる「尚武の民」(Martial Race)と呼ばれるコミュニティから募兵され，言語，民族，カーストなどの集団ごとに部隊を編制し，団結して反乱を起こしづらいようにした．英印軍は大英帝国の要所を防備し，兵数は13–15万人で，十分な報酬と年金が支給された．再編された英印軍には海外派兵という任務がさらに加わり，中国の義和団事件の鎮圧など世界各地に派兵され，イギリス帝国の要地の守備につくこともあった．このような英領インド外での活動にかかる経費も，インド政庁が負担した(長崎 2019: 14–15)．

英印軍の経費やインド高等文官の人件費が，財政を大きく圧迫したことは想像に難くない．インド政庁は財政改善のために1870年代に教育・医療・道路整備などの管轄を州政府や市政に移管した．これにより地方分権の道が開け，教育や公衆衛生など社会資本の形成をインド人が担うようになった．官僚制度の拡充と地方分権化はインド人に政治参加の道を開いたが，彼らは植民地統治体制の周縁に配され，実際の政治参加の場面は限られた．1885年に結成されたインド国民会議の要求は，インド人の立法・行政への参加とインド高等文官のインド人への広範な開放であった(長崎 2019: 16-19)．前者は地方分権と密接に結びついており，初期のインド国民会議は，植民地支配の打破ではなく，植民地支配体制下でのインド人の政治参加の拡充を目指していた．

民族運動の始まりと分割統治

インド国民会議は年に一度，インド人政治家が一堂に会する場であり，その

担い手は，都市で西欧教育を受け，イギリス人とインド人大衆のあいだに位置するミドル・クラス(中間層)であった．彼らは教師や弁護士など専門職に就き，共通言語は英語であった．初期の国民会議には，ミドル・クラスとの連携を目指したイギリス人の急進派高等文官が参加し，イギリス下院議員(1892-1895年)を務めたD. ナオロージーなどの穏健派のミドル・クラスが中心的な役割を果たした．他方で自治要求を公然と目標に掲げるバール・ガンガーダル・ティラクなどの急進派が現れた．国民会議の活動を一変させたのが，1905年に決定されたベンガル分割令であった．これは，ベンガル州をヒンドゥー多数派の西側と，山間部のアッサムとムスリムが多数派の東ベンガル(現バングラデシュ)からなる東側とに分割する案であった．ベンガル各地で反対集会が開かれ，国民会議の急進派が先頭に立って反対運動を各地で展開した．1905年のインド国民会議の大会では，イギリス商品のボイコットが決議され，国産品の使用が推奨された．「自らの国のもの・人・こと」を意味し，自国産品も含意されるスワデーシという語を用いて，自国産品愛用をスローガンとしたため，この推奨運動はスワデーシ運動とも呼ばれ，インド各地の大衆が参加した(第15章5参照)．特にインド産綿布の奨励は，同時期の綿紡績業の台頭(第14章3参照)に呼応する動きであったが，この時点でインド人資本家は政治運動と距離を置いていた．1906年の国民会議では自治要求が活動目標に決定し，民族運動が本格的に始まった．この後，急進派はテロ行為も行い，民族運動は過激化した(長崎 1999: 234-242, 268-270; 長崎 2019: 19-33)．

　ベンガル分割令に対するムスリムの反応は複雑であった．多数派のヒンドゥーに対してムスリムが少数派になることをムスリムのミドル・クラスは危惧し，その中には国民会議と距離を取ってイギリスに接近する者が現れ，彼らは1906年に親英の全インド・ムスリム連盟を結成した．同連盟はベンガル分割令によるムスリム多数派州の誕生に期待し，1908年の年次大会では分割令を支持した．一連の政治的動きを受けて，インド総督のミントーは，インド大臣のモーリーとともに改革に着手した．その成果として1909年にインド大臣およびインド総督の参事会にインド人が加わり，州の立法参事会の議員数が拡大してインド人が選挙で選ばれることが決まった．ただし州の立法参事会では任命制の議員や在印イギリス人の枠が大きく，選挙で選ばれたインド人は多数派

となりえなかった．さらにムスリム議員を選ぶ選挙権がムスリムのみに与えられ，少数派保護のために人口比よりも多いムスリムが選出される原則ができて，ムスリムの分離選挙が導入された．この改革には，ヒンドゥーが多数派になることを防ぐとともに，ムスリム連盟との連携を強化するイギリスの意図があり，ヒンドゥーとムスリムを反目させる分割統治(divide and rule)をここに見いだすことができる(長崎 1999: 270–273, 289–291; 長崎 2019: 31–33)．このように制限は大きかったが，それでも選挙によってインド人の政治参加が始まったことは民族運動の大きな前進である．しかし後の分離独立につながる分離選挙が導入されたことも見過ごせない．植民地官僚制度の整備や英印軍再編で生じたインド政庁の財政負担により，地方分権が進んだ．このことが，結果的に地方におけるインド人の政治参加への道を開いた．選挙がインド民主主義の根幹にあることは，選挙により政治参加が始まったという民族運動の歴史からも理解できる．

第14章
経済社会の連続と断絶

　本章では在地の経済社会が内外の諸問題にどのように対応したのかを検討する．19世紀のアジアには，外からの「衝撃」だけでなく，人口圧力，環境悪化，疫病，内乱など「内なる危機」に遭遇する地域も多く存在した．18世紀に急拡大した中国の人口は19世紀半ばまで増え続け，山地の過剰開発が環境悪化をもたらしたし，流動する人口が社会的なひずみを増幅して内乱や災害の一因になった．インドでも飢饉や疫病が頻発し，人口増加率は低下した．以下では東・東南・南アジアがこれら内外の問題に対処するなかで，在来セクターの再編やインド・日本における工業化，輸出部門の拡大と域内分業の進展，宗主国との経済関係の模索などさまざまな道を探った経緯を考察する．

第1節　在来セクターの再編と日本の工業化
　　　　　——東アジア

　19世紀の東アジアは，18世紀から引き継いだ諸問題への対応に苦慮しつつ，政治経済・社会文化面で新しい経験に遭遇して世界経済の構造変動と格闘しながら東アジア近代の社会を形成していった．しかしながら，在来セクターにおける市場秩序やそれを支える制度は，人びとの経済活動がたどってきた経路に依存するので容易には変化しない頑強さも備えていた．変化する場合にも，その変化の仕方は東アジア各国の歴史的経緯によって大いに異なるものになった．

中国——在来セクターの再編と持続
【人口圧力と環境悪化】　19世紀中国が前世紀から引き継いだ最も深刻な問題は，人口圧力と環境悪化である．18世紀に顕著に増加した人口は19世紀に入

図 14-1　黄河の流路変更と環境の悪化
作図＝前田茂実
注：太い破線は変更後の黄河の流路．

っても増え続け，1850年頃には4.36億人に達しその圧力は社会に重くのしかかった．人びとの移動と流動化は社会のひずみを増幅し，第13章1で見たように太平天国の乱をはじめ戦乱や災害が多発して人口は激減した(1880年3.64億人)．人口が再び増加して4.36億人に回復したのは清朝末年の1910年である(曹 2001: 832)．

環境の悪化は深刻であった．18世紀に進んだ山地の開発(第10章2参照)は19世紀前半までに自壊・衰退し，中国内地では森林被覆率が低下した地域も出現した．黄河の流路変更は周辺地域の環境を著しく悪化させた．山東半島の南側に河口があった黄河は，1855年に流路を大きく変えて半島北側の渤海に注ぐようになった(図14-1)．自然災害，飢饉，食糧暴動も頻発した．高橋孝助は1876-1878年に華北5省を襲った大旱魃と官民による救済活動の様を描き(高橋 2006)，華北の飢饉を3世紀にわたって分析したリリアン・リーは小麦価格・降雨記録・収穫の程度を示すデータを収集して，19世紀は18世紀に比べて穀物価格の安定性が低下したことを指摘し，その要因として人口増，環境悪化，国家介入の低下を挙げる(Li 2007)．また，ケネス・ポメランツは，黄河と大運河が交差する華北内陸部で，大運河の機能低下や漕運の廃止と海運への転

換を背景に，国家からも見捨てられ環境的にも過酷な貧困地帯が作り出される過程を分析している(Pomeranz 1993)．19世紀後半は中国だけでなくインドやブラジルなど多くの地域で旱魃が発生しており，本章3で検討するようにエルニーニョとの関連などグローバルな比較は今後の課題である．

【世界経済の影響と在地経済の再編】　すでに見たように，明末に形成された中国の連鎖型の市場構造は，海外銀への依存という点で潜在的な脆弱性を備えていた(第10章1参照)．18世紀には対外貿易の利益を順調に内部化できていたのでその脆弱性は顕在化しなかったが，19世紀になるとアヘン輸入問題や開港場設置により，地方経済を潤す貨幣の流れが枯渇・逆流したり，国家の管理できない形で地方経済の対外連関が強まったりして，在地経済は地方によって大きく異なる複雑な様相を呈した(岸本 2019: 149)．

　19世紀における輸入の中心はアヘンと綿製品であった．インド産アヘン流入の世界史的意味はよく知られるところだが，アジア経済史の文脈では中国の国産アヘンによる輸入代替がある意味「見事に」進展したことも重要である．綿製品については，工業品としてのインド綿糸・日本綿糸が中国農村の伝統的な手紡糸に置き換わる過程が短期間に進んだことも見逃せない(第12章1参照)．一方，輸出の柱であった生糸と茶は世界市場における需要動向に強く規定されるようになり(第12章1，第15章2参照)，日本製糸業の進展(とりわけアメリカ市場での)と英領インドの紅茶プランテーションの展開によって，世界市場におけるシェアを下げた．もっとも，生糸と茶の最大の市場は中国であったので，国内流通は大きくは変化せず維持された．他方，新たな輸出品として登場したのは欧米の工業原料としての一次産品である．1870年代以降，金銀比価は銀安に移行し，銀貨圏中国からの大豆，ナタネ，ゴマ，桐油などの化学工業原料の輸出に有利に働いた．一次産品輸出ブームは南米や東南アジアでも見られたが，熱帯植民地の場合は産品数が少ない，いわゆるモノカルチャーが多く見られたのとは異なり，中国では時代が下がるごとに一次産品の種類が増えて全体としての輸出規模を拡大したことが重要であった(木越 2020)．

　開港場貿易の拡大には，外に向かう広域ネットワークの形成(第11章2，第12章2参照)と同時に，内地市場との接続を促す流通整備が重要である．ところが中国では対外貿易の拡大は流通業者の集約には進まず，逆に介在する仲介

者の種類と数を増やす方向に働いた(村上 2016: 13; 41–42)．流通面でのこうした分節構造は，鉄道網の発達の遅れと相まって外国人商人の内地への浸透を困難にした(村上 2022: 269–272)．外国商社は輸出入品の売買を買辦などに委託するようになり，業務内容の法的解釈をめぐって両者はしばしば対立し訴訟にいたることもあった(本野 2004)．

　工業化については，第15章2で中華民国期の工業化を清末に遡って記述するので，ここでは地域工業化に必要な資本集積に絞って見ておきたい．中国では遊休資本の多くが官僚の手元に分散所有された状態にあり(1880年代には全官僚の総計で約1億1,500万両に達したという推計もある)，それらを近代化事業に投資する発想もパイプもなかった．民間の資本は買辦や行桟などが開港場で蓄積していたが，核となる資本在庫がなく，日本の製糸金融のように地域経済ごとに遊休資金の集約機構が機能していた状況とは大きく異なった(村上 2022: 271;黒田 2014: 172–176)．合股と呼ばれる伝統的な合資組織も広範に存在したが，地縁・血縁・交友関係を利用して資金を集めたために出資者の範囲に限界があった．日清戦争後には民間企業の設立も本格化したが，新たに資本を集める仕組みとなっていった株式会社制度も出資金に対する利息である「官利」の負担が重いなど，中国独自のあり方による制約が残存した(村上 2022: 271–272)．

【金融における変化と持続】　金融では票号・銭荘などの土着金融機関や外国銀行の台頭が見られた．山西省出身者が多くを占めた票号は長距離の送金業務に優れ，19世紀後半以降は清朝の公金為替も扱った．一方，銭荘は取引決済のために約束手形に相当する独自の荘票を発行し，対人信用による都市商工業者向けの資金貸し付けを行った．寧波出身者が勢力を誇る銭荘は上海の金融を左右する存在であった．19世紀半ばには外国銀行の進出が目立った(浜下 1990)．1865年設立の香港上海銀行(HSBC，第11章1参照)は，ロンドンなど本国に本店を置く銀行が多いなかで銀貨圏の香港に本店を置き資本金も銀建てとすることで経営安定化を図り，国際為替業務や借款業務，公債引き受け，通貨発行，関税・塩税の保管業務などで中国経済に大きな影響力を持った．

　清末に顕著となった税収の為替送金は，それを銀号・票号内部の資金振替のなかに組み込むことで，一定の期間生じる税収不足をさしあたり他の資金から融通できるようにしたものであった(岡本 1999: 360)．つまり，税の送金や借款

という本来公的な事柄が，民間の金融業者自身の金融ビジネスの過程のなかで取り扱われていたということである．ここにはパブリックな国家財政とプライベートな金融取引という異なる二つのドメインが一体として接合する中国に特徴的な構造を見ることができる(古田 2016: 190)．

【**市場秩序における経路依存性**】　第4章で見たように，中国は原則として10世紀以降，土地売買，職業選択，地主・小作関係，雇用関係などが民間の契約で執り行われる社会であり，経済は早い段階から市場としての性格を備えていた．けれども国家・政府・共同体による公的な秩序維持は相対的に弱く，仲介や私人的保証による私的な秩序維持の比重が高かった．ダグラス・ノースは西欧の領域国家による公的制度整備が取引費用の低減に寄与し西欧世界の勃興をもたらしたとするが(North 1981; Hicks 1969)，中華帝国にはこうした整備がなかった．それらを欠いたなかで，きわめて競争的・不安定な市場がなぜ社会的に維持されていたのか．中国の市場秩序を議論する醍醐味はここにあるといってよい．

　一般に市場を支える秩序には，①市場の外から規制する集権的な秩序形成と，②市場のなかにあって市場に影響を与えその働き方を規制する分権的な秩序形成，とがある．②の場合，分権的であるにもかかわらずそこに自ずと秩序が形成されるのは，市場での競争の仕方，危険回避の仕方，限定的で不完備な情報しか持たない状況下で市場に参加することの不安を和らげるための用意の仕方などが，人びとにある程度予測され共有されているからである(古田 2013: 7-8)．このような共有予測(shared beliefs) (Aoki 2001: 10)は，個々の人びとが経済活動を行うときになぜか拘束されるものであり，外からの強制ではないという意味で内生的な秩序形成である(序章参照)．清代の市場秩序はまさにそのようなものとしてあり，比較的自由な競争が外からの規制ではなくて，内生的に自ずと形づくられる秩序によって維持され規定されるところに特徴があった．自ずと形づくられる秩序はその社会が歩んできた経路に依存的であり，頑強(ロバスト)で変わりにくい．

　清代の土地市場における民間秩序慣行はその一つの例である．寺田浩明は管業来歴慣行(後述)を，多数の家々がその生存と生業確保をめぐって激しい競争を繰り広げている状態——寺田はそれを「押し合いへし合い」の状態と表現す

る——のなかで，その都度探られる最適な均衡点として存在していたとする(寺田 1997: 66-67; 寺田 2018: 134-135)．すなわち，清代中国には土地そのものに対する排他的所有権概念はなく，土地の上に成立するさまざまな収益行為が契約文書を通じて売買されていた．したがって，「土地を所有している」とは，ある土地を自由に経営できる地位(「管業」)を前経営者から正当に引き継いだ「来歴」という形で社会に対して示すことができる状態，ということになる(寺田 1997: 10; 寺田 2018: 96-97)．

　このように説明すると中国史における経済法整備の遅れが指摘され，それは現代にも通底する特殊中国的問題であるように受け取られるかもしれない．しかしながら歴史の経路はそれほど単純ではない．青木敦は南宋の法が，土地の市場取引，特に不動産の抵当に関して「微に入り細をうがった取引法」を備えていたことを示し，その体系は明，清と時代が下がるにつれて簡素化したことを実証している(青木 2013)．現実が法律の先へ先へと進んでいく状況は，中国における法体系の整備・進展の歴史が西欧におけるそれとは逆の方向をたどっているかのごとくであり，この点は中国と西欧の法と経済の歴史を比較するときに念頭に置いておかねばならない点の一つである．

　通貨の信認についても同様な議論ができる．通常，国家が通貨を発行すればそれで信認が与えられるわけだが，第10章1で述べたように，清代には商人が発行する紙幣(銭票，銀票)が自ずと信認されて流通する自己組織的な秩序があった(黒田 2014)．信認が得られない通貨は市場で割り引かれあるいは拒否されるということである．

　中国の歴史的市場は人びとの市場への参加志向の高さ，諸通貨間の為替相場の変動，開放型の経済体系などの特徴を備えていた．私的・人的保証を代表する存在として捉えられてきた仲介は，情報の非対称性を低減する機能も持っており，中国における経済過程に占める仲介の比重の高さは人びとの市場参加志向の高さと表裏の関係にあったということができる(古田 2004)．このような市場の特徴は，世界経済の変動のさなかに置かれた19世紀にあって，新たな経済環境に対応して変容をとげながらもなお持続して機能していたといえよう．

朝　鮮

【市場の働き】　18世紀の朝鮮では密度の濃い定期市のネットワークが形成され，船商による隔地間の商業も活発化していた（第10章1参照）．19世紀に入ると，国内都市間の米価の連動性の低下を根拠に，市場の機能は鈍化したという主張もある．そうした主張は，この時期の朝鮮が土地生産性の低下によって深刻な経済沈滞に直面していたという「19世紀の危機」論の一環として提起された（第13章1参照）．

しかし空間的な市場統合の度合いが仮に低下したとしても，農村を含め，この時期の人びとの生活が市場から切り離されていたわけではない．家計記録に基づく研究によれば，19世紀半ばの地方両班は多様な消費財を購入する一方，販売を前提とした綿布等の生産も行っていたし，農作業や焚き木の採取など多様な作業で賃労働を利用していた（安秉直・李榮薫 2001）．20世紀初めの府郡別統計の分析によれば，商品作物や織物の生産はその地域の人口密度と有意な関係があり，かつその主な担い手は貧農層だった（禹大亨 2003）．小農が家族労働を総動員して多角的な収入源を確保していた様子が浮かび上がる．19世紀に入って政府による備蓄米の貸し付け（還穀制）が実質的に機能を失うなど，公権力による再生産維持の仕組みが破綻していくなか（第13章1参照），民衆は市場への依存度をむしろ高めた可能性もある．

【開港と国際貿易】　1876年の開港直後から，朝鮮の輸入額の半分以上はイギリス製の機械綿織物で占められており，その多くは上海を経て長崎から再輸入されたものであった．朝鮮はすでに間接的ながら上海を中心とする開港場貿易のネットワークに連なっていたといえる．1882年に朝鮮と中国の開港場間貿易が始まると，イギリス製綿織物も上海から直接に輸入されるようになった（第11章2参照）．しかし日清戦争後には，日本の産業革命の進展を背景として日本製綿織物の輸入が急激に増加し，イギリス製品を追い抜いた．

輸出は開港当初から一貫して日本向けが最も大きかった．海産物や牛皮・牛角，薬材など近世以来の商品も引き続き輸出されたが，1880年代後半には大豆と米穀の占める割合が高まっていった．これらはもっぱら大阪などの都市労働者の需要に応じたものであった．朝鮮と日本のあいだでは，日本の産業革命を機に，工業製品（綿製品）と食糧品の垂直分業が形成されていったのである．

これを「綿米交換体制」と呼ぶことがある(村上 1975).

　このように朝鮮の主な貿易相手先は日本・中国であった．欧米諸国との直接の関係は限定的で，渡航する欧米人商人も少数だった．このことは朝鮮が，日本や中国とは違って，欧米市場に需要される一次産品を産出しなかったことに由来する．

【国内経済への影響】　綿織物は開港前から農村の代表的な手工業品であった．輸入された機械綿織物は当初，日常衣料というよりは奢侈品としての性格が強く，農村の在来綿業を直ちに縮小させたわけではない．しかし日清戦争後，日本から輸入されるようになった厚手綿布は在来綿業に大きな打撃を与えた．日本や中国では機械紡績糸を手織り織布の原料とする形で在来綿業が形を変えて生き残ったが，朝鮮ではそうした傾向は顕著ではなく，在来綿業そのものが自給分を除いて解体されてしまった．その理由は明らかでないが，綿業の工程間分業のあり方や商品流通の仕組みなど，多面的に検討する余地がある．米穀や大豆の輸出は，その商品生産を刺激した．開港場における穀物と綿布の相対価格は1880年代から前者に有利な形で変化していき，農民が棉花から大豆等に転作する傾向も生まれた．穀物の輸出によって富を蓄積した地主がさらに農地を買い増し，植民地期には産業資本家に転化するという例も見られた(エッカート 2004).

　一方で穀物の輸出拡大は，国内の食糧需給との摩擦を引き起こした．1880年代から90年代にかけて，日韓間の外交問題にもなった防穀令，つまり米穀の搬出禁止措置はその一つの表れである．1860年に創始された民間宗教である東学の教徒たちは，1892年の政府への要求で，日本との貿易が農民の生活を困窮させたことを挙げている(趙景達 1998: 93)．この時期の米穀輸出は植民地期に比べ少量ではあったが，農村には端境期に飯米を自給できず市場に頼る農民もいた．上述した還穀制の機能喪失がこれを助長した可能性もある．もともと限られた商品米の一部が日本に流出したことが，そうした人びとの生活を困窮させ，地域社会の緊張を高めたと見られる．1894年初の民衆蜂起を火種とした甲午農民戦争は，東学教徒に主導されて朝鮮南部全域に広がり，日清戦争勃発の契機となった．

日本

【企業勃興：軽工業化】 日本では1880年代後半になると，多額の金禄公債を受け取った華士族，貿易で利益を上げた商人，松方デフレ期に富を蓄積した地方の地主・資産家らによって株式会社が多数設立され，綿紡績業を中心に軽工業部門で工業化が始まった（企業勃興）．

綿紡績業の発端は殖産興業政策の一環として設立された官営の紡績工場であったが，生産能力が過小であったこと，動力源が水力であったこと，高価な国産棉花を使用したことなどを理由に失敗した．一方，1882年に渋沢栄一らによって設立された大阪紡績会社は1万錘を超える大規模な工場で「規模の経済性」を発揮できたこと，動力として石炭を燃料とする蒸気力を用いたため安定操業が可能となったこと，都市に立地して石炭，輸入棉花（主に中国），労働力の調達が容易となったこと，昼夜連続操業によって資本回転率を高めたことなどを理由として経営が軌道に乗った．大阪紡績の成功は紡績会社の設立ブームを巻き起こし，綿糸生産量は1890年代前半には綿糸輸入量（主にインド綿糸）を凌駕し，1890年代後半には国内市場の飽和を受けて中国への輸出が拡大した．国際競争力を強化するため，棉花輸入税と綿糸輸出税が廃止されたほか，ボンベイ航路の開設によって輸送費が低下したインド棉花の利用が進んだ（表14-1）．また，若年女子労働者の雇用によって労働コストが引き下げられたほか，ミュール紡績機からリング紡績機への転換，昼夜二交代制などを通じて労働生産性が高まった．

軽工業ではまた，19世紀末に近代製糖業が勃興した．1895年に東京で日本精製糖株式会社，大阪で日本精糖株式会社が設立され，これらの会社は中国やジャワから粗糖を輸入して精製糖を生産し，日本へ輸入されていた香港精製糖の輸入代替化を図った．1899年の関税自主権一部回復を背景とする砂糖輸入関税の操作によって精製糖業の経営環境が好転すると，1900年代半ばに精製糖会社設立ブームが起こり，1900年代末には香港精製糖は日本市場からほぼ駆逐され，日本精製糖が中国市場へ輸出されるようになった．一方，精製糖業の発展は，その原料となる粗糖の輸入拡大につながり，輸入代替化のために1895年に領有した台湾における粗糖生産が開始されることになった（第16章2参照）．

表14-1 日本の綿紡績業の発達

	会社数	錘数(万錘)	綿糸			棉花				
			生産量(千トン)	輸入量(千トン)	輸出量(千トン)	消費量(千トン)	調達元の割合(%)			
							日本	中国	インド	アメリカ
1883年	16	4.4	2.1	14.8						
1888年	24	11.6	5.7	28.5		6.5	54			
1893年	40	38.2	38.7	11.6	0.2	48.3	3	46	38	8
1898年	74	115.0	116.0	9.6	41.3	145.1	0	8	57	31

出典：三和 2021: 60

　以上のように，日本の工業化は欧米へのキャッチアップというよりもアジア品の輸入代替という側面が強く，また輸入代替から輸出志向へという雁行的発展においても，中国を中心とするアジア市場を対象とし，競合品も主にアジア品であった．

【在来産業の成長】　軽工業では近代産業だけでなく，江戸時代以来の小農経営を基盤とする在来産業も近代技術を一部導入しながら成長していった．綿織物業は工場制ではなく問屋制家内工業の普及を通じて拡大した．その背景には，風合いやデザインをめぐる競争に敏速に対処するためには問屋制の強みである多品種少量生産の方が適していたこと，近代技術である飛び杼は従来の織機に容易に装着可能であり，その導入によって品質と労働生産性を高められたことがあった．

　製糸業では1860年代に「粗製濫造」が指摘され，品質向上のために従来の座繰製糸ではなく器械製糸の技術を導入することが不可欠となった．複数の製糸農家が共同して生糸を生産する「社」が結成され，優秀な製糸工女を育成して，品質の向上と均質化，製品のブランド化が図られたが，官営富岡製糸場のように蒸気機関や鉄製器具といった近代技術をそのまま利用するのではなく，それを日本の資源賦存に適正化させた水車・木製器具を発明することで資本投資額が抑えられた．

【日清・日露戦後経営：重化学工業化】　日本は日清戦争の賠償金の多くを正貨準備に充て，1897年に新貨幣法を施行して金本位制へ移行した．国際的に銀本位制から金本位制への移行が進み，したがって金銀比価が低下する中で金本位制を採用したことは，中国に代表される銀貨圏への輸出には不利に働くが，

金貨圏からの輸入や投資には有利に働いた．

　日本は日清・日露戦争後，陸海軍の軍備拡張路線を継続したほか，造船奨励法・航海奨励法の施行，大手私鉄17社の国有化，植民地鉄道の敷設などから成る帝国規模での交通通信網の整備（第16章1参照），台湾を中心とする植民地経営を進めていった（「日清・日露戦後経営」）．

　積極財政に支えられながら産業の高度化が進み，1890–1910年に第一次産業の比率は48%から32%へ低下し，代わって第二次産業の比率は15%から26%へ増大した．繊維・食料品・雑貨などを中心とする軽工業が依然として大きな比率を占め，綿紡績業や雑貨工業は輸出産業化し，中国を中心とするアジア市場に輸出された．

　政府の産業政策の影響を受けて重化学工業化が開始された．日清戦争の賠償金を用いて官営八幡製鉄所が設立され，九州の筑豊で採掘された石炭と中国の大冶鉄山で採掘された鉄鉱石を原料として，銑鉄と鉄鋼が生産された．また，造船奨励法・航海奨励法が施行されて，大型船舶の建造や遠洋航路への就航に対して奨励金が下付されたため，造船業も成長した．さらに，金本位制への移行を背景として資本輸入が活発化し，機械工業では三井が米ゼネラル・エレクトリック（General Electric Company）と提携して芝浦製作所（現在の東芝）を設立し，金属工業では北海道炭礦汽船が英アームストロング（Sir W G Armstrong Whitworth & Co Ltd）と提携して日本製鋼所を設立した．

【日本経済の行き詰まり】　しかしながら，この時期に軍備拡張費は日露戦費や鉄道国有化のために発行された国債の償還と合わさって財政を圧迫した．政府は増税や新税の導入などで歳入の増大を図ったが，緊縮財政を求める議会との対立は解消されなかった．

　当該期の日本の産業化や経済成長は貿易赤字を定着化させた．生糸，茶，雑貨，石炭，銅などは貿易黒字を稼いだが，綿紡績業の成長は綿糸を輸出する一方で棉花を輸入するため貿易赤字を増大させた．また，内需の拡大は砂糖・米などの消費財，鉄鋼や機械などの生産財の輸入の増大につながった．

　貿易赤字による正貨流出の恒常化は，金本位制の維持を困難とさせた．政府外債や地方外債の発行，さらには外資導入などの金融収支の黒字によって貿易赤字は相殺されたが，債務残高の増大は日本の外債支払い能力に対する警戒感

を生んで外債の発行は困難となり，日本経済の行き詰まり感から1910年代には外資導入も減少するようになったため，日本は正貨危機に陥って日清日露戦後経営を継続させていくことは困難となった．こうした日本経済の行き詰まりを解消したのが，第一次世界大戦であった（第15章1参照）．

第2節　輸出部門の拡大と域内分業の進化
　　　――東南アジア

　19世紀は東南アジアの全域で輸出部門が大きく拡大した．その展開をやや単純化して述べるならば，1870年頃までの東南アジアは宗主国を中心としたヨーロッパ諸国との関係が強かったが，それ以降は東南アジア域内での貿易が増え，域内分業が進展した．1870年というのはまだ植民地領域が拡大途上にあり，その完成にはほど遠い時期であった．シンガポールやジャワなどは19世紀初めまでに植民地化されたが（第11章3参照），マレー半島と蘭領東インドおよびフィリピンのほぼ全域がそれぞれ英蘭米の統治下に入るのは1910年代であった．大陸部では1886年までかけてビルマが段階的にイギリス領に併合され，仏領インドシナが完成するのは1907年である．つまり19世紀を通じてシャムを除く東南アジアのほぼ全域が欧米諸国によってしだいに分割されていったが，その過程で東南アジア各地の経済的結びつきは強化されていったといえる．大まかにいえば，島嶼部は欧米向け工業原料や嗜好品の輸出に特化し，大陸部は米などの食料を主にアジア向けに供給した．

蘭領東インド

　1830年から政府栽培制度（強制栽培制度；第13章2参照）が開始されたジャワでは，一次産品の輸出が急増した．ジャワ・マドゥラからの総輸出額は1823-1830年平均の約1,850万ギルダーから1861-1870年には約1億2,000万ギルダーに増加した（表14-2）．同表が示すように，最大の輸出品は同期間を通じてコーヒーであったが，その比率はほぼ一貫して下がり，砂糖が急追し，1870年以降は逆転した．輸出先ではヨーロッパの占める割合が，1826-1830年平均の68.2%から1866-1870年には90.1%に増えた．輸入は同じ期間に約1,107万ギ

表 14-2　ジャワ・マドゥラの主要品目の輸出額と構成比の推移(1823-1873 年)

(単位：輸出額＝千ギルダー，構成比＝％[1])

	コーヒー		砂糖		タバコ		錫		輸出総額
	輸出額	構成比	輸出額	構成比	輸出額	構成比	輸出額	構成比	
1823-30年平均	7,773	42.0	705	3.8	82	0.4	854	4.6	18,496
1831-40年平均	16,000	39.2	6,833	16.7	91	0.2	1,912	4.7	40,822
1841-50年平均	20,126	31.5	15,961	24.9	753	1.2	3,765	5.9	63,984
1851-60年平均	29,737	31.5	26,100	27.6	856	0.9	5,529	5.9	94,478
1861-70年平均	36,783	31.0	33,120	27.9	2,455	2.1	6,608	5.6	118,608
1870-73年平均	40,717	26.3	46,203	29.9	8,182	5.3	8,201	5.3	154,750

出典：Korthals Altes 1991: 136-146 に基づき筆者作成．
注 1：各品目右側の数値は輸出額に占める構成比を示す．

ルダーから約 4,077 万ギルダーに増加し，綿製品(オランダおよびイギリス製)が一貫して全体の 50-70％ 前後を占めた．輸入元ではアジアの比率が 28.6％ から 14.9％ に下がる一方で，ヨーロッパは 68.4％ から 83.4％ まで上昇した(加納 2004: 16, 18)．つまり政府栽培制度の期間にジャワはヨーロッパとの関係を強め，アジアの他地域との結びつきは弱まった．

　外島(ジャワ・マドゥラを除く蘭領東インド)では，外島オランダ港(外島でオランダの支配下にあった港．独立国アチェなどの港は含まれない)からの輸出が 1846 年から 1869 年のあいだに約 610 万ギルダーから 2,336 万ギルダーに増加した．コーヒー(西スマトラや北スラウェシで政府栽培制度のもとで生産された)などの欧米向け産品は，1846 年に全体の約 27％ であったが，1869 年には約 59％ まで増加した．華人資本と労働力を導入して主に中国市場向けに生産された品(金や 1860 年代以前の錫など；第 10 章 3 参照)は同じ時期に約 21％ から約 0.2％ に減少した．一方，海産物や森林産品など東南アジア人によって採集され主に中国(一部は東南アジア)で消費された品(第 8 章 1 参照)は，同じ時期に約 53％ から約 41％ へと比率は下がったが，量では約 3 倍に増加した．外島オランダ諸港への輸入は，同じ期間に約 595 万ギルダーから 1,576 万ギルダーに増加した．そのなかでは，綿製品をはじめとするヨーロッパ産品が約 57％ から 74％ へと増える一方で，主にアヘンと綿製品から成るインド産品の割合は，約 26％ から 11％ へと減少した．この展開は，1860 年代末までの外島オランダ港における 18 世紀の中国志向型貿易構造(第 8 章 1 参照)から 19 世紀の植民地型貿易構造への変容を説明しているであろう．すなわち輸出においては従来の中国志向型

表 14-3 蘭印の主要品目の輸出額と構成比の推移

	コーヒー		砂糖		タバコ		ゴム	
	輸出額	構成比	輸出額	構成比	輸出額	構成比	輸出額	構成比
1874–80年平均	69,649	37.1	54,673	29.1	17,341	9.2	106	0.1
1881–90年平均	46,463	24.6	64,606	34.3	19,752	10.5	335	0.2
1891–1900年平均	44,456	20.3	66,370	30.2	19,973	9.1	374	0.2
1901–10年平均	19,342	5.6	103,374	29.8	44,783	12.9	4,276	1.2
1911–20年平均	35,092	3.5	328,015	32.8	80,180	8.0	80,647	8.1
1921–30年平均	56,283	3.8	359,334	24.6	90,710	6.2	269,042	18.4
1931–40年平均	20,141	3.0	62,367	9.4	37,654	5.7	134,873	20.3

貿易構造にコーヒーなどの植民地型貿易産品が加わり，輸入においては綿製品でインド製からヨーロッパ製への転換が起きたのである．つまり，18世紀の中国志向型貿易構造が19世紀に断絶して植民地型貿易構造が生まれたのではなく，前者の上に後者が接合し，一部の貿易品がヨーロッパ産品に置き代わりながら東南アジアに定着したといえよう．全体として貿易は拡大し，外島オランダ港全体の貿易相手はシンガポールとバタヴィアなどジャワ諸港がほぼ同程度であった（太田 2013）．

このように形成された植民地型貿易構造は，1870年頃から再び変容し，域内の結びつきを強めていった．蘭領東インドでは，政庁と地方首長が生産を管理していた政府栽培制度が段階的に廃止され（第13章2参照），1870年の砂糖法と農地法の成立によって多くの私企業が進出して大規模な投資を行うようになった．こうして民間資本の進出に道が開かれ，自由貿易主義の原則を維持した1870年以降の政策は自由主義政策といわれる．この政策のもと輸出が急増したのが，中部ジャワや東ジャワで生産された砂糖と，スマトラ北東部や東ジャワで栽培されたタバコである．砂糖は1870年代から1900年代まで常に全輸出額のほぼ30％を占める最大の輸出品目であり（表14-3），その大半がアジア各地へ輸出された（第12章1参照）．煙草は主に欧米に向けられ，輸出全体に占める割合は1874–1880年平均の9.2％から1901–1910年には12.9％に増加した（表14-3）（加納 2004: 21, 24; 宮本 2003: 119–120）．

1890年代からは外島でコプラ（ココナッツの胚乳を乾燥させたもの），ゴム，石油・石油製品の輸出が始まり，1911–1920年には平均してそれぞれ全輸出額の

(1874–1940 年)

(単位：輸出額＝千ギルダー，構成比＝％[1])

コプラ		石油・石油製品		輸出総額
輸出額	構成比	輸出額	構成比	
		185	0.1	187,838
708	0.4	955	0.5	188,618
5,686	2.6	10,502	4.8	219,448
22,938	6.6	23,685	6.8	347,368
55,947	5.6	165,216	16.5	1,000,529
90,642	6.2	194,245	13.3	1,462,770
35,194	5.3	127,776	19.2	664,672[2]

出典：Korthals Altes 1991: 137, 153–163 に基づき筆者作成．
注1：各品目右側の数値は輸出総額に占める構成比を示す．
注2：1931–39 年平均

5.6％，8.1％，16.5％ を占めるまでに成長した(表 14-3)．ゴムは欧米で自動車産業および軍需が拡大するとともに生産が増加し，蘭印からの輸出は 1940 年に世界生産の 34％ を占めるに至った．コプラはマーガリンのほか石鹸やワセリンの原料となり，先進国で市民社会の発達とともに需要が増え(第 15 章 5 参照)，日本も主要な輸出先の一つとなった．石油は 1880–90 年代に北スマトラ，パレンバン，東カリマンタンなどで良質の油田が確認され，1900 年頃から生産が本格化した．当初はオランダのロイヤル・ダッチとイギリスのシェルが競ったが，1907 年に両者の共同出資でバタヴィア石油会社 (Bataafse Petroleum Maatschappij) が設立され，インドネシアの石油生産と輸出で圧倒的な支配権(1920 年代まで生産シェアの約 85％)を確立した．こうした農産物・鉱産物の生産拡大により，蘭印全体の輸出額は 1874–1875 年平均の約 1 億 8,800 万ギルダーから 1911–1920 年には平均して 10 億ギルダー強に増加した(表 14-3)．輸出先におけるアジアの比率は 12.6％ から 46.7％ に増え，ヨーロッパの比率は 75.3％ から 39.7％ に下がった．アメリカとの貿易が顕著に増えるのは第一次世界大戦後である(第 15 章 1 参照)(Korthals Altes 1991: 157; 宮本 2003: 165–180; 加納 2004: 21–23)．

　輸入では，1851–1855 年のピークに全体の 70％ 以上を占めたヨーロッパ製綿製品が 1906–1908 年には 20％ 強に減少した．これに代わって，1870 年代からビルマ，シャム，仏印からの米の輸入が本格化し，ピークの 1901–1905 年には輸入の 13.7％ を占めるに至った(第 12 章 1 参照)．これにともなって，輸入相手はヨーロッパの比率が 1874–1875 年の 60％ 弱から 1901–1905 年には 50％ 弱

に下がる一方，アジアの比率は同じ期間に30％強から50％弱まで増加した．輸入額全体は，同じ期間に約1億1,000万ギルダーから約2億ギルダーに増加した(加納 2004: 21-24)．このように，1870年代以降の蘭印における貿易拡大は，主な貿易相手をヨーロッパからアジアに転換しながら生じたのである．

　プランテーション農業の発展は，地域社会に大きな影響を与えた．ジャワのサトウキビとタバコの栽培は，農園企業が農民から水田を借地して実施されたが，特にサトウキビ栽培は植え付けから収穫まで18カ月前後土地を占有して農業用水を優先的に使用し，収穫後には地力を低下させたため，稲作へのダメージが大きかった．こうして1870年代から米の自給が不可能となり，農民は借地料と労賃の受け取り，さらに生産物の買い上げを通じて農園企業にいっそう依存するようになった．それに対しジャワのタバコ栽培は，農民の小規模栽培を企業が指揮監督する小経営方式で進められ，また栽培時期が雨季稲作と重ならなかったため，農民はそれ以外の作付けを行う余地があった(植村 2001: 56-59)．植民地政庁は自由主義政策のもと，農民による土地の「個人的占有」権(売買，相続，譲渡などの処分権)を付与する政策を打ち出したが，「共同体占有」の水田の方が砂糖プランターに利用しやすかった(第13章2参照)こともあって，糖業の発達した中・東ジャワではあまり広がらなかった．外島ではスマトラ北東部のデリでタバコ栽培がオランダ人プランターにより1863年に始められ，製品がオランダで好評を得て急成長した．労働者はジャワと中国から大量に導入され，懲罰も含む劣悪な環境で酷使された．19世紀末からスマトラ南部，南カリマンタンなどでもゴムの大規模プランテーションが開設されたが，小規模栽培にはそれほど初期投資が必要なかったため，リアウ諸島，アチェ，東スマトラ，西カリマンタンなどでは現地農民が世帯平均500本ほどを植え付けるのが主流となった(宮本 2003: 120-121, 165-180)．

　ジャワなどにおける農民の窮状が知られるようになったことも要因として，1901年にオランダ政府は蘭印住民の福祉向上を謳った「倫理政策」の実施を表明した．この政策のもと地方議会や植民地議会(フォルクスラート)が開設されたが，有権者は男性高額所得者に限られ，議席はヨーロッパ人議員が常に多数になるよう配分されるなど，多数の現地住民の利害を代表するものとはならなかった(宮本 2003: 124-125)．現地住民の教育機会もしだいに整備され，高等

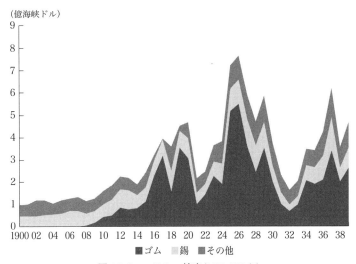

図 14-2　マラヤの輸出(1900–1939 年)
出典：*Economic History of Malaya*, Historical GDP Accounts Table 16, Table 32 (https://www.ehm.my/data/historical-gdp-accounts)および鈴木 2020: 288 に基づき筆者作成．

教育にも門戸が開かれたが，高学歴を得た人びとはしだいに植民地社会の不公正を認識するようになり，彼らのなかからナショナリズム運動が発展した．

英領マラヤ

　英領マラヤでは，錫とゴムが輸出の中心となった．マレー半島の錫鉱山は鉱床が浅く高度な技術や大規模投資を必要としなかったため，19世紀末まで安価な設備と大量の中国人労働力を用いた中国資本が支配した(第13章2参照)．当初は中国向けが多かった錫の輸出(第8章1参照)は19世紀後半から主に欧米に向けられるようになり，特にアメリカのブリキ産業(主に缶詰生産)の需要を満たした(第15章1参照)．20世紀に入ると地表の鉱床が枯渇し始め，大規模な資本と高度な技術を持つ西欧系企業が優勢となり，1937年には中国系の約2倍の規模となった．輸出量は18世紀後半の平均250 t余りから1905年には約5万2,000 tに達した(図14-2)．マラヤは世界恐慌や第二次世界大戦の混乱期を除き1970年代初頭までほぼ一定して年間約5万tの錫を生産し，常に世界生産の約半分を占めた(Drabble 2000: 70–71; 水島 2001: 67–74; 吉村 2001: 192; University of Malaya 2016)．

ゴム栽培は，当初からイギリス系企業を主体に進められた．イギリス政庁はプランテーション作物としてもともとコーヒーを導入し，1880年代からヨーロッパ人プランターに大規模な土地を特恵的に譲渡していたが，1890年代末から生産過剰によりコーヒー価格が下落する一方でゴム価格が急騰し，多くの農園がゴム栽培に転換した．ゴム輸出の大半がアメリカに向けられ，成長する自動車産業にタイヤの原料を提供した(第15章1参照)．政庁が大規模農園を税で優遇し，またゴムノキは植え付けから収穫まで5年を要することから，当初は現地人の参入が困難で，ゴム栽培は主に欧米人プランターが経営しインド人移民労働者を用いる(第13章2参照)大規模エステート(100エーカー以上の農園)で行われた．こうしてゴムは1910年代半ばから錫を上回り輸出の中心となった(図14-2)．もっとも，20世紀初頭からマレー人農民もチェッティア(第13章2参照)から少額融資を受けて自家農園でゴム栽培を開始し，1930年代半ばにはそうした小規模農園が全体の38%に及んだ(Drabble 2000: 111-112; 水島 2001: 74-84; 鈴木 2020: 289-292)．

フィリピン
　フィリピンは，1898年のパリ講和条約によってスペインからアメリカに領有権が移ったが，反スペイン運動を主導していた革命政府が1899年1月にフィリピン共和国を樹立した．これに対しアメリカはすぐに軍事介入し，革命政府を打倒して(フィリピン・アメリカ戦争)1900年に支配を開始した．アメリカのとった戦略は，将来の独立を約束し，有産階級の権益を保持・拡大することで，彼らを革命勢力から引き剥がすことであった．ペイン・オルドリッチ関税法(1909年)とアンダーウッド・シモンズ関税法(1913年)によって米比間で相互に関税が免除された結果，対米貿易の割合はそれまでの約半分から1930年代には4分の3にまで拡大した．こうしてアメリカとの経済関係が強まるにつれ，輸出産品生産に依存するアシエンダ(大規模農園)領主はアメリカ統治を支持した．フィリピンの輸出は19世紀以来マニラ麻，砂糖，煙草が中心で，1900年代末からココナッツ製品が加わり(表14-4)，主としてアメリカに送られた．アメリカからは綿布，機械類，乳製品，小麦粉などが輸入された(永野 2001a)．
　マニラ麻は船舶用索具の原料として用いられ，19世紀半ばから国際海運の

表14-4 フィリピンの主要輸出品の構成比（1858-1940年）

(単位：輸出額＝千ペソ，構成比＝%)

年度	構成比									輸出総額
	マニラ麻(未加工)	砂糖	タバコ(加工・未加工)	コプラ関連品[2]	ココナッツ加工品[3]	コーヒー	刺繍製品	木材	その他	
1858	22.5	22.7	17.3	0.5		3.1			33.7	9,417
1863	18.6	31.4	27.3		0.1	3.1			19.4	10,057
1878	22.7	47.3	11.9	0.0	0.2	4.5			13.3	17,470
1888	41.7	32.3	12.6	0.7	0.1	7.7			4.8	26,293
1898[1]	58.9	7.6	27.1	2.4	0.1				3.9	10,331
1908	50.6	17.5	8.7	18.6	1.1				3.6	65,202
1918	43.0	11.7	10.0	3.8	23.4		1.6	0.2	6.1	270,389
1928	17.2	30.7	5.5	16.4	17.6		2.9	2.0	7.8	310,109
1938	8.8	43.2	4.3	13.0	12.6		4.4	2.4	11.3	231,591

出典：永野 2001a: 92-93 を改訂．
注1：1898年は8-12月のみ
注2：コプラ＋コプラ粉
注3：ココナッツ油＋乾燥ココナッツ

発展とともにイギリスやアメリカ向けの輸出が増加した．1920年代以降はメキシコやタンザニア産のサイザル麻との競争により価格が低迷したが，日本を主な輸出先として年間140-180万tほどの輸出を維持した．

砂糖生産は1880年代前半まで，ムスコバド糖(糖蜜を多く含み糖度が低い)が主力で，全輸出10-20万tの約半分がイギリス向けであった．しかし1883-1884年にヨーロッパで甜菜糖業が発展するとアメリカや東アジアが主な輸出先となり，それぞれ1880年代と90年代に10-15万tが輸出された．1910年代になると遠心分離機などを備えた近代製糖工場で糖度の高い分蜜糖が生産され始め，1934年のピークに約120万tが生産され，主にアメリカに輸出された．1920年代後半に製糖工場への投資額の半分を占めたのはフィリピン系業者であり，2割強がスペイン系でアメリカ系資本は3割弱に過ぎず，フィリピン経済における現地資本(主に地主層)の強さを示している．サトウキビ農園は1938年までにネグロス島西ネグロス州が全体の4割強を占め，次いで中部ルソン地方パンパンガ州が1割強を占めた(永野 2001a)．

こうして輸出用一次産の生産が増える一方で，フィリピン人を中心とする地主層は小作人からの買取価格を低く維持した．砂糖の生産地域では米などの食

料や必需品を移入や輸入に依存したため，貧しい農民にとって低収入は生活の困窮に直結した．こうしたなかで1920年代から共産主義勢力が農村に浸透し，世界恐慌下に各地で頻発し戦後も引き続いた農民運動や共産党勢力拡大の素地となった（第17章3，第19章2，第20章4参照）（Corpuz 1997: 286-291）．

大陸部

　大陸部における米輸出の展開については第12章1で述べているので，ここでは米に関連する政策や産業とそれらが社会に与えた影響を概観する．

　下ビルマは1852年にイギリス領とされて以来，デルタの開発が進められた．それまでジャングルに覆われていた土地が上ビルマからの移民によって開墾され，1862年に約190万人であった下ビルマの人口は1884年までに433万人に増加した．デルタ開発の初期には開墾した土地を所有する機会が豊富であったため，チェッティアの融資もあって（第13章2参照），1881年時点で下ビルマの農民の約71%が自作農であった．精米業では1860年代からヨーロッパ人が最大勢力であり，彼らはヨーロッパ向けの輸出，海運，保険業にも携わった．それに次ぐのがインド人および中国人業者で，前者はインドおよびセイロン向けの，後者はシンガポールや香港への輸出を主に担った．しかし1880年代から土地が稀少化し，農業限界地で栽培が行われるようになると，生産が不安定化して返済が不能になる者が増えた．この結果，下ビルマにおける自作農の比率は，1891年に61.9%，1911年に41.3%，1921年に34.5%，恐慌下（第17章3参照）の1931年には23.1%と顕著に低下した（伊東・根本 1999: 371-375; 斎藤 2001）．

　シャムでは1855年のバウリング条約締結以降，まず砂糖や胡椒の輸出が増え，米は1870年代から主要輸出産品となり，19世紀末まで全輸出の6割ほど，1901年からは8割以上を占めるようになった．チャオプラヤーデルタの水田開発は王族によって1860年代から進められていたが，1877年にラーマ5世（チュラーロンコーン王）が投機を制限し，新耕作地の地税を3年間免除したことから，農民による開田が進んだ．1889年以降は民間企業に運河開削と土地開発の利権を付与し，さらに開田が加速した．精米業にはまずヨーロッパ系業者が進出したが，やがて中国系商人も最新式の機械を備えた精米所を設立し，農

家からの直接買い付けを行って支配的な地位を築いた．彼らはさらに海運業や保険業にも進出し，香港やシンガポール向け輸出の主な担い手となった．1919年に天候不良にともなう不作が起き，1921年初頭まで米輸出の禁輸や統制が行われたものの(第16章1参照)，それ以降は1920年代を通じて米の生産と輸出が拡大した(宮田 2001)．

　ベトナムでは，1859年にサイゴンを陥落させたフランスが翌年にサイゴン米の輸出を解禁して以降，米生産が拡大した．植民地政府はメコンデルタに積極的に運河を建設し排水して可耕地を創出し，政府はこうした新開地と土地登記がなされていない未耕地を国有地に編入して申請者に払い下げた．19世紀末までに入植した農民には自作農も多かったが，その後は運河の開発とともに払い下げが大規模に行われ，フランス人およびベトナム人による大規模土地所有が進んだ．米の集荷，精米，さらに輸出を担ったのは中国系商人で，サイゴンのチョロン地区がそれらの中心として発展した．1920年代後半にはフランスで資本を植民地開発に回す政策がとられ，水田開拓がメコンデルタ西部(トランスバサック地方)にまで拡大するとともに，大規模土地所有がいっそう進んだ(1920年代末には人数で2.5%を占める大規模地主が水田の45%を所有)(髙田 2001)．

域内分業とアジア域内貿易の進展

　このように，島嶼部における輸出産品と大陸部デルタにおける米生産は並行して拡大し，東南アジアの域内分業が進んだ．人口希薄なスマトラ北東部やマレー半島などに開かれたプランテーションや鉱山の周辺には労働者が中国，インド，ジャワなどから集められたが，その食糧は輸入に依存した．古くから稲作が盛んであったジャワも，輸出産品生産が増えるにつれ(表14-2)稲作に回す労働力が不足し，1870年代から米の輸入地域に転じた．つまり，島嶼部における輸出拡大は，大陸部における稲作の発展によって可能となったのである．このようにアジア域内で生じた分業を可能にしたのがアジア域内貿易である(第12章1，第15章1参照)．

　アジア域内貿易を効率的に進めるうえで重要な役割を果たしたのが，シンガポールであった．イギリス領として設立されたシンガポールを，域内貿易のハブとして発展させたのはアジアの商人たちであった．第12章2で述べたよう

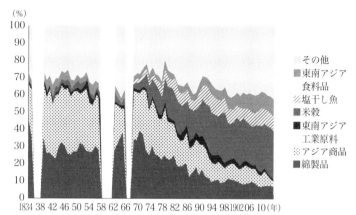

図14-3 シンガポールの東南アジアへの輸出品構成(1834-1913年)
出典：小林 2019: 132
注　：シンガポールから東南アジア諸地域(英領ビルマ、シャム、仏領インドシナ、マレー半島、英領ボルネオ、フィリピン、蘭領東インド)への輸出に占める主な商品の比率を示す。「アジア商品」は、アヘン、生糸、絹織物を含む。「東南アジア工業原料」は、石炭、石油、ガンビール、ラタン、グッタ・ペルカ(アカテツ科の樹木から採れる樹脂で、絶縁性が高く電信ケーブルの被覆材となる)、皮革、錫、コプラ、ゴムを含む。「東南アジア食料品」は、タバコ、茶、ベーテルナッツ、ココナッツ油、砂糖、サゴ、コーヒー、胡椒、タピオカを含む。

に、島嶼部からブギス人やマレー人などが中国向け産品をもたらし、大陸部からは華人商人が米を運び、主としてシンガポール在住の中国人商人がそれらを域内再輸出用に買い取った。シンガポールが東南アジア域内に再輸出した産品は1870年頃までインド産アヘンとヨーロッパ産(主としてイギリス産)綿製品がそれぞれ30%前後を占めていたが、それ以降はともに大きく減少する(図14-3)。代わって急増するのがビルマ、シャム、コーチシナ産の米で、1890年代からはシンガポールの域内向け輸出の20-30%前後を占めるようになり、主に蘭印外島と英領マラヤに送られた。主に蘭印で作られた塩干し魚も1870年頃から域内輸出が増加した。これらの産品を島嶼部各地に届けたのは当初はブギス人やマレー人であったが、やがて中国系商人が重要な役割を果たすようになった(小林 2012)。彼らがシンガポールを拠点としたのは、無関税政策に加えて港湾設備や電信などの輸送・通信インフラが利用でき、銀行から融資や海外送金のサービスが得られたからである(川村 2023)。こうして欧米勢力がもたらした資本や公共財とアジア人の持つネットワークが結びつくことによって、開港や植民地化といった欧米からの「衝撃」が東南アジアにおける貿易の活性化に

つながったといえる．

　第一次世界大戦中には，東南アジア全域で日本からの輸入が増えた．主な輸入品は綿製品をはじめとする雑多な工業製品で，大戦中にヨーロッパからの工業製品の輸入が停滞したのを機に市場に浸透した．蘭印での日本製品販売は当初ジャワの華人商人と神戸の華人商人のネットワークに依存していたが，1920年代半ばから日本独自の貿易・商業網の形成が模索され，大手商社（三井物産，日本綿花，三菱商事など）や銀行（台湾銀行，横浜正金銀行など）が進出した．第一次大戦後にヨーロッパの生産が回復してからも，現地社会に浸透した安価で高品質な日本製品への需要はなくならなかった（第17章3参照）（宮本 2003: 184-187; 泉川 2015: 17-32）．

第3節　発展と代償──南アジア

マクロ経済的状況

　かつてインド史の通説として，19世紀後半は，その第4四半世紀に起こった複数の飢饉が象徴するように，貧困化の時代と考えられていた．インドの民族主義的な歴史観では，地税をはじめとする過重な課税，そしてイギリス本国への「富の流出」など，イギリスによる植民地的な収奪がこの時期の貧困化をもたらし，ひいては飢饉による大規模な人的被害につながったと主張された．しかし，このような認識は単純過ぎ，この時期のインド経済を「貧困化」のみで語ることはできない．

　すでに述べたように，通貨の不足が一つの要因になって，19世紀の第2四半世紀にデフレーション的現象が起きていたが（第13章3参照），1850年代以降，徐々に物価が上昇するマイルドなインフレーションに転換していった．その第一の理由は，鉄道建設にともなう貨幣的・金融的影響である．インドの鉄道建設は，植民地政府による元利保証という破格の優遇政策によって，イギリスの投資家にとって有利な投資対象となり，インドへ多額の資本が流れこむことになった．元利保証とは，5%の利子と元本が，鉄道経営の実態とは無関係に保証される制度を指す．インドの鉄道会社は，採算がとれない場合も，インド財政によって赤字分を補塡されたので，このような制度が可能になっていた．こ

うしてインドにおける通貨不足が解消することにもなり，インド経済がデフレーションから緩慢なインフレーションへと転換する一因となった．ちなみに鉄道の総延長距離は，1861 年の 1,587 マイルから，1881 年の 9,723 マイル，1901 年の 2 万 4,185 マイルへと大きく増加した．19 世紀後半のインドにおける鉄道建設は，アフガニスタンに隣接する北西インドの安全保障という副次的要因もあったが，内陸地域の経済開発（特に，棉花などの一次産品の輸出を目的とする）を基本的な要因とするものであった．

　第二の理由として，鉄道建設の飛躍的な進展が実体経済にも大きな影響を与え，緩やかではあるが経済成長につながったことが挙げられる．鉄道によって輸送費が大幅に低下し，内陸部で生産された付加価値の低い商品作物の移動が可能となり，インドから海外への一次産品輸出が大幅に増加した．棉花を筆頭に，油性種子，茶，ジュートなどの商品作物のみならず，パンジャーブ地方から小麦などの食糧穀物も大量に輸出されるようになった．ほぼ同じ時期に，海上輸送においても大きな技術革新が起き，蒸気船の普及およびスエズ運河の開通（1869 年）によってヨーロッパ・アジア間の物流は大いに促進され（第 11 章 1 参照），インドからの一次産品輸出の増加に帰結した．こうした輸出需要の拡大も，インド経済がデフレ的状況から脱するうえで大きな一因となった．

工業の発展

　かつて通説的には，19 世紀のインドでは，植民地政府における自由貿易政策などによって，工業化は著しく妨げられてきたと考えられていた．しかし，幾つか顕著な形で工業化が進行したことは確かである．たとえば，19 世紀半ば以降，ボンベイ（現ムンバイ）を中心とするインド西部で近代的な工業が立ち上がった．1870 年代以降，創業ブームが起こり，インドの近代的な綿紡績業は，1883–1884 年の工場数 79，雇用者数約 6 万人という状況から，1913–1914 年の工場数 271，雇用者数 26 万人まで成長した．すでに述べたように，インドは 19 世紀の前半にかつての綿製品の輸出国としての地位を失い，イギリスから綿糸と綿布を輸入するようになっていたが，こうした状況を大きく転換させることになったのである．

　注目すべきは，このような綿紡績業を立ち上げたのがインド系の商人・企業

家であったという事実である．インド西部では，中国へのアヘン輸出や棉花輸出で財を成したインド系の商人・企業家が（第12章2参照），新たな投資対象として，近代的な技術を用いた工場制の綿紡績業を選択したのである．生産技術はイギリスから導入しつつインド内の低賃金労働を雇用することによって，少なくとも国内市場や中国市場では十分に競争しうる近代的な紡績業が成立したのである．

インド西部の紡績業と対照的なのが，インド東部のカルカッタ（現コルカタ）におけるジュート工業である．製品のジュート袋は，19世紀に交通革命がもたらした一次産品貿易の増加にともない，梱包用に需要が爆発的に増加した．1870年代に創業ブームが起こり，1883–1884年の工場数23，雇用者数が約4万8,000人という状況から，1913–1914年の工場数64，雇用者数が約21万人にまで発展した．ジュート工業の場合，その資本の所有者は，イギリス系，特にスコットランド出身者が大半を占めた．彼らの投資活動は，ジュート工業のみならず，背後に控えるアッサムなどの茶生産，さらにはビハールにおける石炭生産などにも向かった．

これらの事例から，ボンベイの綿紡績業にはこの時期のインドの工業化の自生的な側面が，逆にカルカッタのジュート工業にはその従属的な側面が現れていると捉えることも可能である．いずれにしても，近代的な工業が一部の都市で出現したことは確かである．それに加えて，在来産業としての工業部門も一定の発展を遂げた．確かに，19世紀の前半に進行した「非工業化」(deindustrialization)（第13章3参照）は，綿織物産業のうち海外への輸出に特化した地域で著しかった．しかし，国内需要向け綿製品を生産していた部分が壊滅することはなかった．インドに輸入されたイギリスの綿製品は，高級な薄地布の需要に食い込んだだけで，大衆が需要した綿製品の市場には浸透しなかったのである．インドの大衆が求めたのは，太糸を使用した粗布であり，これを生産した在来の綿織物産業は生き残った．イギリス綿布と在来綿布のあいだで市場の「棲み分け」が生じたのである．実際，ボンベイを中心とした近代的紡績業が生産した綿糸の主要な供給先は，このような在来綿織物業であった．19世紀の第4四半世紀には，インド綿糸は中国へもかなり輸出されたが，同じように在来綿織物業にも供給されたのである（柳澤 2019; Ray 1992; Tomlinson 1998）．

このように，19世紀後半には農業部門において生産の拡大があり，また工業部門においても限定的であれ生産の拡大があったので，経済全体としてこの時期に緩やかではあるが一定の経済成長が起きた．19世紀を通して見るならば，世紀前半のデフレ的状況から後半のマイルドなインフレ的状況への転換が起こったのである．

飢饉と疫病の時代

しかしながらすでに第2章2で論じたように，人口変動の趨勢は経済的動向と全く逆の傾向を示している．すなわち，19世紀の前半に相対的に着実な人口増加が見られ，他方で19世紀の後半にきわめて低い人口増加率を記録しているのである．

19世紀後半から20世紀の初頭にかけて大規模な飢饉およびさまざまな疫病が繰り返し発生し，死亡率が著しく高まったことが，低い人口増加率をもたらした．マイルドなインフレ的状況の時期に，なぜこのような飢饉と疫病が頻発したのだろうか．このような事態は，「貧困化」では説明できない(表14–5)．

インドでは植民地政府による国勢調査(センサス)が行われるようになったので，飢饉による人的被害をある程度は数量的に把握できる．19世紀後半の三大飢饉に関しては，1876–1878年の飢饉は約820万人，1896–1897年の飢饉は約260–410万人，さらに1899–1900年の飢饉は約210–320万人の死者をもたらしたと推計されている．

これらの飢饉は，いずれもエルニーニョ現象(第2章2参照)がもたらした旱魃に起因する．エルニーニョ南方振動(ENSO)が起きたときに，その波及現象として，インド洋海域に例年に比べて高い海面水温がもたらされる．その場合，6月から9月にかけてインド亜大陸に雨をもたらす南西モンスーンが不順となる．すなわち，例年は夏季においてインド内陸部における低気圧とインド洋における高気圧の気圧差により南西モンスーンが発生するが，エルニーニョの年にはインド洋の海面水温が高くなり海陸の気圧差が小さくなるために，南西モンスーンが弱まり降雨が減って，旱魃がもたらされる．

大規模な旱魃がインド亜大陸南部を襲った1876–1878年には，エジプト，南アフリカ，中国，ブラジルなど世界各地で異常気象が発生し，深刻な旱魃によ

表 14-5　インドの実質国民所得の成長率と人口増加率
(単位：％)

	国民所得	人口	一人あたりの所得
1860–85 年	1.76	0.53	1.23
1885–1900 年	1.01	0.55	0.46
1900–14 年	1.45	0.45	1.00
1914–47 年	1.14	1.08	0.06

出典：Roy 2006: 78

る食糧危機が各地で多数の死者をもたらした．これらはすべて，エルニーニョに起因するものと考えられている．特に，インドと中国における人的被害が甚大で，インドの場合は約 1,000 万人，中国の場合はおよそ 1,000–2,000 万人の死者が出たとされている．

　エルニーニョは純粋に自然現象であるが，この時期に旱魃の影響を受けやすい状況がインド農業の基盤に生じていたことも考慮に入れる必要がある．19 世紀の第 4 四半世紀の時点で，インドの多くの地域では劣等地が開墾されるようになり，食糧穀物生産が旱魃の影響を受けやすくなっていたと推定される．19 世紀の前半から比較的堅調な人口増加が続き，それにともない耕地面積の拡大も続き，灌漑などのインフラの改善がない限り，耕作フロンティアがほぼ尽きてしまったために，劣等地までが耕作されるようになったと考えられる．このように 19 世紀第 4 四半世紀の段階で，「土地の稀少化」が起こっており，そのためにエルニーニョによる被害が増幅されたのである(脇村 2019: 104–108)．

　しかし，人口圧力だけが問題であったわけではない．さらにこの時期の交通革命によりインド農村は世界経済に包摂されることになり，一次産品輸出が増加したが，成長のトリクル・ダウン(滴り)効果は農村の各階層に均等には分配されなかった．特に，農村の貧困層(農業労働者，職人層，零細農)の実質的な賃金や所得はほとんど向上せず，むしろ貨幣経済化や商品作物化にともなう不安定要因も加わって，飢饉の際に人的被害がこれらの階層に集中した．

　1870 年代に始まる半世紀における低人口成長率は，飢饉に加えて，天然痘，コレラ，ペスト，マラリアなどの疫病に帰因するところも大きかった．人口動態統計が始まった 1870 年代以降は年々の死因データが入手できるが，1890 年代初頭から 1930 年代末にかけて，英領インドにおけるコレラによる死者の数

は約800万人であり，ペストによる死者は同じ期間に約1,250万人にものぼった．このような疫病による死者の数は，飢饉によるそれに劣らない．加えてこの時期の感染症は，飢饉に併発して起こることが多かった．その点で特筆されるべきは疫病マラリア(epidemic malaria)で，飢饉に連動して発生し，多大の死者をもたらした．したがって，飢饉による死者と疫病による死者を切り分けることは難しい．

19世紀後半に疫病が多発した理由は，この時期における疾病環境(disease environment)の悪化にあった．第一に，コレラやペストによる膨大な死者は，鉄道の発達による人の移動の活発化が感染症の流行の程度と範囲を増幅したことから説明できる．ちなみに，コレラは，インド・ベンガルを起点として，19世紀に六度のパンデミックとなって世界を席捲し多大の死者をもたらしたが，蒸気船など海上交通の革命が大きな意味を持った．第二に，この時期に進展した都市化にともなう衛生状態，特に水質の悪化が，コレラの流行を拡大させた．第三は，開発による自然環境の変容である．この時期の疫病のうち最も人的被害が大きかったのはマラリアであるが，インドの北西部では，用水路灌漑の発展が浸水地の拡大につながり，アノフェレス(病原体であるマラリア原虫を媒介する蚊)の繁殖を促進して，熱帯熱マラリアによる死亡者数を大きく増加させた(脇村 2002)．

国際収支

人口変動に着目すると19世紀後半(さらに20世紀初頭)はこのような災厄に見舞われた時代であったが，マクロ経済的には「不況」や「停滞」で特徴づけられる時代でなかったことはすでに言及した通りである．その意味で，インドがイギリス帝国の覇権に経済的な意味で大きく貢献したことは間違いない．こうした状況を国際収支の側面からも確認してみよう．輸出では1860年代以降，綿花・ジュート・茶・小麦・米などの一次産品が大幅に増加した．輸入では，高級綿布など消費財に加えて，鉄道の建設資材や汽車・車両など，および近代的綿工業やジュート工業で使用される資本財などが大幅に増加した．もっとも貿易収支は，輸出が輸入を大幅に上回る貿易黒字の状況であった．この点は，19世紀の前半からの連続性が認められる．

表 14-6 インドの輸出と輸入，およびインド・イギリス間の貿易
(単位：十億ルピー)

	輸出	輸入	輸出余剰	イギリスからの輸入	イギリスへの輸出	インドの対イギリス貿易収支
1890–99 年	10.5	7.4	3.1	0.6	0.3	-0.3
1900–09 年	15.9	11.4	4.5	0.9	0.5	-0.4
1910–19 年	24.9	17.6	7.3	1.1	0.7	-0.4
1920–29 年	33.5	27.0	6.5	1.4	0.7	-0.7
1930–39 年	18.1	15.2	2.9	0.5	0.5	—

出典：Rothermund 1993: 81
注　：各列の数値は 10 年間の総計

　ただし，保険・金融・海運などサービス収支，そして投資収益および本国費(軍事費・行政費・鉄道証券利子など植民地統治の過程で必要とされた諸経費でイギリス本国に支払われる必要があった金額)などの所得収支では，インドは大幅な赤字を計上していた．したがって，19 世紀後半のインドにおいて，経常収支(貿易収支＋サービス収支＋所得収支)は持続的に赤字であった．サービス収支と所得収支における大幅な赤字は，基本的にイギリス本国とのあいだで記録されていた．要するに，保険・金融・海運などサービスにおいて本国イギリスに全面的に依存し，さらに本国費はイギリスによる植民地支配にともなう費用であったこと，そして投資収益の大半はこの時期に進められた鉄道投資にともなう利子であったことからも，サービス収支と所得収支は植民地支配という関係性を色濃く反映していたといえる．さらにこの時期のインドの国際収支を，多角的貿易決済という側面から位置づける必要もある．19 世紀末に近づくにつれイギリスの製造業は，アメリカやドイツにおける製造業の台頭を受けて相対的に競争力を低下させていた．しかしイギリスの貿易収支は，これら二国を含めた欧米諸国に対して大幅な赤字を計上しつつも，インドに対しては大幅な黒字を記録していた．インドの国別貿易収支を見ると，欧米諸国に対しては大幅な黒字であり，他方でイギリス一国に対して大幅な赤字であった(表 14-6)．要するに，覇権国イギリスの国際収支は，インドが鍵となるこのような多角的貿易決済によって帳尻が合っていたということになる．イギリスの製造業の競争力が低下した世紀転換期において，イギリスの国際収支にとってのインドの役割がいっそう意味を持つようになってきていたのである．

第V部
20世紀前半のアジアと世界経済

第Ⅴ部は，第一次世界大戦から第二次世界大戦終結後の国際秩序形成までの時期を取り扱う．第 15 章は，第一次大戦後の国際分業体制再建の試みとアジアにおける大戦の影響を概観する．イギリスが支えていた分業体制は大戦で崩壊し，代わって覇権国となったアメリカは貿易や投資の国際的拡大に消極的で，戦後に再建された体制は不安定化した．アジアでは，大戦中にヨーロッパからの輸入が途絶したこともあって，日本・中国・インドなどで工業化が進んだ．最終節では都市の成長にともない新たな消費の形態が生まれたことを紹介する．

第 16 章は，日本帝国経済の形成とその変容を概観する．日本の植民地は，内地向けの食料や工業原料の生産地となることや，日本製品の市場となることが求められ，そのために通貨・関税制度の再編や交通通信インフラの整備などが行われた．こうして台湾では農業が進展し砂糖と米が増産された一方で，朝鮮では日本との分業関係を深めながら工業化が進んだ．

第 17 章は，世界恐慌の影響を検討する．日本は金本位制を離脱し，低為替放任政策と積極財政によって恐慌を脱したが，東南アジアとインドの輸出依存経済は大打撃を受け，農村部で社会不安が広がった．中国でも国際的な銀価変動により経済が動揺したが，政府が貨幣を統一し外国為替レートを安定させた．

第 18 章は，日本のアジア進出が各地にもたらした影響を検討する．日本では戦時統制経済のもとで国家が経済のあらゆる分野を統制するようになった．さらに自給自足圏として「大東亜共栄圏」が構想され，朝鮮も各種の動員計画に組み入れられたほか，東南アジアでは日本に需要のない商品作物の生産が抑制され，米など自給産品の増産が図られた．しかし貿易の途絶や労働力の動員は各地で食料不足や物価上昇を招き，人びとの生活を苦しめた．

第 19 章は第二次世界大戦後の秩序形成を概観する．各地でかつての植民地から多くの独立政権が生まれたが，それにともなう混乱も甚大だった．アジアの西側諸国ではアメリカ主導で固定為替相場制下の為替自由化と自由貿易体制の確立が目指され，その実現のため IMF などの国際組織や制度が形成された．日本では GHQ が占領政策を実施し非軍事化・民主化を進めたが，国際情勢の変化を受けてしだいに経済復興路線に転換した．

第15章
世界経済の転換とアジア

　1914–1918年に起こった第一次世界大戦は，主戦場となったヨーロッパと，それ以外の地域とのあいだで異なる結果をもたらした．ヨーロッパでは戦争によって軍人約1,000万人と民間人約1,000万人もの死者を出したほか，戦争に起因する餓死・病死も2,000万人にのぼり，住宅，工場設備・機械などの資産の損害は直接的には1,800–2,300億ドル，間接的にも1,500億ドルであったと試算されている(キャメロン・ニール 2013: 222)．また，大戦がヨーロッパで行われたことによって，戦前の国際分業体制を支えていた諸制度——自由貿易原則，国際金本位制，多角的貿易決済網——(第11章1参照)も崩壊した．

　他方，アジア・アメリカでは大戦景気がもたらされ，特に日本・中国・インドにとって大戦は工業化が進展する契機となった．まず，イギリス・フランス・ロシアなどのヨーロッパ交戦国で需要が拡大した軍需品・食料品の生産と輸出が増大した．また，アメリカの景気拡大はアジアからの消費財や工業原料の輸出を喚起した．さらに，ヨーロッパ交戦国からアジアへの財・サービスの供給が停止したことで，それを代替するように各地域で輸入代替工業化が発生したほか，工業化で先行する日本からさまざまな財(綿製品など)・サービス(海運業・貿易業など)が供給されるようになった．

　第一次世界大戦が終結すると，ヨーロッパの復興とともに，戦前の国際分業体制を支えていた諸制度をいかに再建するかが国際経済の問題となった．しかし，大戦によるイギリスからアメリカへの覇権国の交代や，大戦中におけるアメリカ・アジアの生産力の上昇とヨーロッパの復興が合わさることで発生した過剰生産不況などを要因として，「正常状態への復帰」は容易に進まなかった．

第1節　国際分業体制の動揺とアジア

ヨーロッパの復興問題と「ドル還流」

　国際経済の再建において，ヨーロッパ交戦国，特に国際経済への影響力の強いイギリス・フランス・ドイツの経済復興は重要な課題となった．しかし，敗戦国のドイツは生産力が大幅に低下したうえに，ヴェルサイユ講和条約でGDPの2.5倍という返済困難な賠償金が課せられ，戦勝国のイギリス・フランスも戦費・軍需品の調達のためにアメリカに多額の債務(イギリスは8億ポンド，フランスは5億ポンド)を抱えており，ヨーロッパの復興は容易ではなかった．イギリス・フランスは債務の圧縮をアメリカに要請したが，拒否された．フランスは債務返済のために，ドイツに対する賠償金の取り立てを強め，1923年には賠償金の返済不履行を理由に，ドイツの主要な鉄・石炭産地であるルール地方を保障占領するなどした．ドイツは戦時インフレや金融政策の失敗からハイパーインフレに見舞われた．

　事態を重く見たアメリカは，ヨーロッパ政策を転換した．まず，ルール占領の解消，賠償金の年返済額の削減，借款供与などを盛り込んだドーズ案を1924年に成立させたほか，積極的に民間資本を輸出するなどして，ドイツの経済復興と賠償金の返済能力を支えた．それは，ドイツから賠償金を得たイギリス・フランスのアメリカへの戦時債務の返済を可能とし，アメリカはそれを元手にドイツやヨーロッパに再投資した．こうした，アメリカ(投資)→ドイツ(賠償金の支払い)→イギリス・フランス(戦時債務の返済)→アメリカ(投資)……という資金循環によって，ヨーロッパの復興は支えられた(「ドル還流」)．しかしそれは同時に，ヨーロッパ経済や国際経済の動向が，アメリカの資本輸出の動向に影響されるという脆弱さを意味した．

国際分業体制の動揺

【自由貿易の動揺】　各国政府は戦後不況の対応として自国産業を保護するために，関税率の引き上げはもちろん，輸入数量割当などの非関税障壁を設けたほか，輸出補助金などの輸出促進政策をとった．イギリスは自由貿易政策を基本

表 15-1　主要国の金本位制・再建金本位制の採用年・離脱年

	金本位制		再建金本位制	
	採用年	離脱年	復帰年	離脱年
イギリス	1816	1914	1925	1931
豪州	1852	1915	1925	1929
ドイツ	1872	1915	1924*	1931
オランダ	1875	1914	1925	1936
ベルギー	1878	1915	1926*	1935
フランス	1878	1915	1928*	1936
アメリカ	1879	1917	1919	1933
イタリア	1884	1914	1927*	1934
日本	1897	1917	1930	1931

出典：三和・原 2010: 114; 河﨑・村上・山本 2020: 232
注　：再建金本位制への復帰の「*」は新平価での復帰

的に維持したが，オーストリア・ハンガリー帝国の解体によって誕生した東ヨーロッパの新独立国は経済ナショナリズムを掲げて保護貿易政策をとった．また，世界的な過剰生産による農産物価格の下落，将来の戦争への備え，共産主義の抑制などのために，農民・農業保護政策もとられた．さらに，アメリカはもともと保護貿易主義であったが，大戦を経て最大の経済大国となってからも緊急関税法(1921年)，フォードニー・マッカンバー関税法(1922年)といった保護関税政策を発動した．

　国際連盟は幾度も経済会議や貿易会議を開催して保護主義を抑制しようとしたが，各国政府はさまざまな関税・非関税障壁を設けて国内産業を保護した．戦後の世界貿易は大幅に縮小し，GDP に占める貿易の比率は 1913–1929 年のあいだに 22% から 15% に低下した(馬場ほか 2012: 193–194)．

【国際金本位制の動揺】　金本位制とは，通貨の価値を金の価値によって保障する通貨制度である．イギリスが 1816 年に金本位制を採用すると，主要国も 1870–90 年代にかけて金本位制を採用していった(表15-1)．金本位制を採用する国は，自国の通貨一単位を金の一定重量と結びつけて通貨の価値(法定価格)を定義し，金の自由な輸出入，紙幣と金の交換(兌換)などを保障する．たとえば，日本は 1 円を金 0.75 g，アメリカは 1 ドルを金 1.5 g と結びつけた．そして，金本位制をとる国家間の通貨の交換比率は金を基準として一定となる．たとえば，1 円は金 0.75 g，1 ドルは金 1.5 g だったので，100 円＝金 75 g＝50 ド

ルとなる．これを金平価と呼ぶ．

　金本位制が持つ効果は二つある（三和 2002: 111-112 を参考）．第一に，為替相場が金平価を中心に狭い範囲で安定する，実質的な固定相場制度であるということである．貿易にともなう国際決済はポンドやドルといった信用の高い外国為替＝基軸通貨で行われ，その相場は需給関係で変動する．たとえば，日本がアメリカに 400 ドルの輸入超過となり，ドルへの需要が高まったため 100 円＝40 ドルとなったとしよう．輸入代金 400 ドルを為替市場で調達するためには 1,000 円が必要となる．しかし，金本位制下では 800 円で済む．なぜなら，金の輸出入と兌換が保障されているため，日本の銀行に 800 円を持ち込んで兌換請求すれば金 600 g（1 円＝金 0.75 g）が得られ，それをアメリカへ輸送して（金現送），アメリカの銀行で兌換請求すれば，400 ドル（金 1.5 g＝1 ドル）が得られるからである．このように，金本位制では貿易収支の黒字・赤字は金の流入・流出によって決済され，円・ドル相場は金平価±金現送費の範囲に収まるのである．

　金本位制の第二の効果は，貿易収支（と景気）の自動調節機能である．たとえば，ある国の経済が好況になって物価が上昇した場合，輸入増・輸出減を通じて貿易収支は赤字に向かい，それは上述のとおり金の流出で決済される．金本位制下では兌換請求に応じられるように通貨発行量は金保有量に規定されるから，中央銀行は金利を引き上げて通貨を吸収するデフレ策をとる．その結果，当該国は不況になって物価が下落し，輸入減・輸出増を通じて貿易収支は黒字に向かい，それは金の流入をもたらす．金保有量の増大を受けて，中央銀行は金利を引き下げるなどして通貨発行量を増大させるインフレ策をとる．その結果，その国の経済は再び好況となる．金本位制の下では，各国の金融政策が固定相場制を維持するための金の流出入に対応して行われるというデメリットを持ちつつ，貿易収支や景気を安定化させる（貿易黒字・赤字，好景気・不景気が循環する）というメリットがあった．

　ただし，各国間の金利差も金が移動する要因となるため，自動調節機能が単純に働くわけではない．また，金本位制下では兌換請求に応じられる通貨発行量を維持すればよいので，金が流出した場合は通貨発行量を減少させる必要があるが，金が流入した場合は必ずしも通貨発行量を増大させる必要はないとい

う「ルールの逸脱」が可能であった．これを「不胎化」という．たとえば，政府・中央銀行がインフレを懸念すれば，金流入にもかかわらず通貨発行量を増大させないという手段をとることはあった．そのほか，日本は通貨発行の裏付けとなる準備金と貿易収支に応じて流出入させる金とを分けていたため，貿易収支の変化が準備金の増減に直接影響しなかった．自動調節機能がどこまで働くかは不透明であったが，当時の人びとは金本位制にその機能があると信じていた．そのため，第一次世界大戦という非常事態に対応するために各国政府は金の保有を政府に集中させるため金本位制から一度は離脱したものの（表15-1），戦争が終わると，早期に金本位制を再建するべきと考えたのである．

　金本位制の再建に際しては二つの問題があった．第一に，経済復興や不況脱却を，金本位制に復帰してその自動調節機能に任せるのか，あるいは金本位制に復帰せず主体的な金融・財政政策を通じて達成するのかである．好景気の持続が望ましい時に，金本位制の自動調節機能を働かせるためにデフレ策をとることは望ましくない．言い換えれば，国際経済の安定化を優先させるために国内経済の安定化を犠牲にすることができるか，という難問に各国は直面したのである．

　第二に，金本位制に復帰する場合，金平価をどのように設定するかも重要な問題となる．各国は自国通貨の信用維持のために，大戦前の固定相場（「旧平価」）での金本位制への復帰を望んだが，現実の為替相場は金平価に対して切り下がっていた．たとえば，ヨーロッパ交戦国では膨大な戦費をまかなうための諸政策によって通貨流通量が増大してインフレと通貨価値の下落が発生しており，1913年と比較した1920年の対ドル相場は，ポンドは76％，フランは36％，マルクは7％にまで下落していた（馬場ほか 2012: 189）．したがって，旧平価での復帰を選択する場合，デフレ政策をとって為替相場を回復させる必要があり，それは経済復興や不況からの脱却（輸出促進）を遅らせることになる．

　以上のように，①金本位制に復帰するか否か，②復帰する場合は旧平価と新平価のいずれを採用すべきかが問題となり，国際金本位制の再建への足並みは乱れたのであった（表15-1）．アメリカは1919年に金本位制へ復帰したが，ドイツは1924年，イギリスは1925年，フランスは1928年まで復帰できなかった．また，イギリスは旧平価で復帰したために輸出産業が苦境に陥る一方，フ

ランスは旧平価の5分の1の価値に相当する新平価で復帰したことで輸出産業が成長した．1925年のイギリスの復帰をもって国際金本位制は再建されたとされる．しかし，戦前の金本位制とは異なって，イギリスのポンドやロンドン金融市場の地位は低下し，アメリカのドルやニューヨーク金融市場が台頭することで，二つの基軸通貨と国際金融市場が生まれた．時々の環境に応じて二つの国際金融市場のあいだでは投機目的を含む短期資本の活発な移動が行われるようになり，再建金本位制は不安定なものとなった．

さらに，再建金本位制では，次のような問題が顕在化した．1920年代の後半から1930年代の初めにかけて，アメリカは「ルールの逸脱」を顕著な形で行ったのである．同時期のアメリカは，大幅な経常収支の黒字を抱えていたにもかかわらず，中央銀行である連邦準備制度理事会(以下，FRB)は金融緩和政策をとらなかった．経常収支の黒字は，ドル高を招き，アメリカに金が流入した．FRBは流入した金との交換で国内に貨幣(ドル)を供給しつつも，他方で銀行に貸した貨幣(ドル)を回収するという措置を行った．こうして，アメリカ国内のマネーストックは増加することがなかった．これは，すでに述べたように金の「不胎化」と呼ばれる政策である．

この金の不胎化政策は，金本位制の自動調節メカニズムを損なうことになる．なぜならば，経常収支の赤字国にとって，アメリカが金の不胎化政策による金融引き締め政策をとるために，対米輸出が増加せずむしろ減少するため，金本位制で想定されている為替レートを維持するために輸入を減らさざるをえず，結果的に経常収支赤字国は，金融引き締め政策を継続せざるをえないことになり，不況・デフレも継続することになる．こうして，再建金本位制はきわめて不安定なものとなったのである(岩田 2012: 119-121)．

【多角的貿易決済網の動揺】 はじめに，19世紀末から20世紀初頭にかけての時期における多角的貿易決済網を概観することにしよう．いうまでもなく，イギリスがその中心的な位置を占めていた．また，世界的な資金循環においても，イギリスが中心であった．国際経済をイギリス，工業国(主にアメリカ・大陸ヨーロッパ)，一次産品地域(主に欧米の植民地)に分けた場合，貿易収支では一次産品地域はイギリス・工業国の双方に輸出超過，工業国はイギリスに対して輸出超過であるが，一次産品地域に対して輸入超過，イギリスは工業国・一次産

品地域の双方に輸入超過であった．この状況が続くと，いずれイギリスは国際貿易から脱落し，次いで工業国も脱落して，国際貿易は崩壊する．しかし，戦前のイギリスは貿易収支の赤字を上回るサービス収支(海運料・保険料など)と所得収支(投資に対する利子・配当など)の黒字によって経常収支で大幅の黒字を達成し，それを対外投資に向けることで，資本不足地域の経済を支えていた．そして，経常収支レベルで見ると，イギリスは一次産品地域に対して出超となり，世界的な資金の動きはイギリス→工業国→一次産品地域→イギリス→……という流れで循環していた．

　このような多角的貿易決済網の背景として，以下の点を理解する必要がある．1870年代以降，工業国すなわちドイツなど大陸ヨーロッパ諸国やアメリカの工業化の進展にともなって，イギリスの工業製品における国際競争力は著しく低下した．イギリスの貿易収支が，アメリカや大陸ヨーロッパに対して赤字となっていたのは，こうした理由による．しかしながら，こうした赤字構造を埋めたのが，植民地インドの存在であった(第14章3参照)．イギリスは，インドにおけるいわば「非関税保護」によって，インドに対しては大幅な黒字を維持し続けた．インドにおける政府調達は，排他的にイギリスの製品に向けられ，鉄道建設にともなう資材・設備も，ほぼすべてイギリスからもたらされたのである(デ・チェッコ 2000: 31)．

　さらに，サービス収支および本国費を合わせた貿易外収支も黒字であったので，イギリスはインドに対する経常収支において大幅な黒字を計上した．かくして，全体としてのイギリスの経常収支が黒字であったのは，インドが存在したためであり，イギリス中心の多角的貿易決済網の鍵を握ったのは，まさにインドであった(井上 1995: 136)．

　しかし，大戦を境としてイギリスのサービス収支・所得収支の黒字は大幅に減少した．たとえば，アメリカ海運業の台頭の影響を受けてイギリス海運業は停滞し，それはサービス収支の黒字の停滞・低下をもたらした．また，イギリスは大戦中に戦費や軍需物資の調達のために海外資産の24%を売却しており，所得収支の黒字も低下した．経常収支の黒字の縮小によって，イギリスは世界の資金循環を支えきれなくなり，それはポンド・スターリングの不安定化ももたらした(菅原・河﨑 2018: 150–151)．イギリスに代わる最大の海外投資国はア

メリカで，ヨーロッパ経済の復興と成長を支える「ドル還流」はその象徴であったが，アメリカはイギリスとは異なって国内市場が大きいために国内投資も活発であり，海外投資が国内投資へと振り向けられる可能性が相対的に高いという点で，多角的貿易決済網も戦前に比べて脆弱となった．

さらに，多角的貿易決済網の鍵であったイギリスのインドに対する貿易収支の黒字および貿易外収支の黒字の両者が第一次世界大戦後に縮小した点も，イギリスの経常収支の黒字を縮小させた．すなわち，インドの輸入貿易に占めるイギリスの比率が大きく低下したこと，それと同時に，1920年代の後半以降，インドの輸出が減少して貿易の黒字幅が大きく縮小し，イギリスがインドから本国費を徴収する基盤が狭隘化したことが大きい．こうして，大戦前に比べるとイギリスの海外投資の基盤は，「短期借・長期貸」という脆弱性をはらむことになった．また，投資先がオーストラリアやインドなどのイギリス帝国内に集中するようになり，投資内容も，財政赤字の補塡や国際収支危機の救済など「非生産的」な性格を強めたのである（井上 1995: 14）．

大戦後から1920年代のアジア

【ワシントン体制】　第一次世界大戦を契機とするアメリカのプレゼンスの高まりは，アジアにおいても同様であった．1919年に締結されたヴェルサイユ講和条約は，国際連盟の創設や「民族自決」の概念の登場などでアジアにも影響を与えたが，基本的にはヨーロッパにおける秩序形成を目指すものであった．一方，第一次世界大戦中には日本の旧ドイツ膠州湾租借地の占領，対華二十一カ条要求，シベリア出兵などによって東アジアの情勢は大きく変化していた．太平洋地域でも，赤道以北の旧ドイツ領南洋諸島が，国際連盟のC式委任統治領として日本の統治下に入った．アメリカは東アジア・太平洋における日英米間の新たな協調体制（ワシントン体制）を構築する必要性を認識し，ワシントン会議（1921-1922年）を開催した．本会議の結果，主力艦の保有率を定めた五カ国条約（ワシントン海軍軍縮条約），中国の領土保全・門戸開放・機会均等を定めた九カ国条約，日本が大戦中に占領した旧ドイツ膠州湾租借地を中国に返還する条約などが定められた．

大戦後の日本外交は，1918年に成立した原敬内閣によって方向づけられた．

原は大戦後の世界の趨勢である国際協調やデモクラシーに順応する考えであり，ワシントン会議への参加はその現れであった（五百旗頭・奈良岡 2019: 128-129）．五カ国条約は財政における軍事費の負担を軽減するものであり，九カ国条約は満蒙権益（日露戦争の勝利とその後の日露協約および対華二十一カ条要求によって日本が満洲・内蒙古地域に設定した権益）を除外とすることとなったため，日本は英米協調を重視して条約に調印した．英米協調と満蒙権益の両立は大戦後から1920年代はもちろん，1930年代に入って軍部の対中国外交政策への発言権が高まってからも，時々の政権による程度の差はあれ，外務省の基本的な外交方針であった．

　しかしながら，ワシントン体制は日英米の協調外交の体系であり，中国（北京政府）を従属的な地位に位置づけたほか，ソ連を体制から除外するなど，不安定なものであった．九カ国条約では中国の情勢や日本陸軍の台頭が不安定要因となった．九カ国条約に参加した北京政府はドイツ権益の回収など一定の国権回収を進めていたが，財政逼迫と軍事勢力間の騒乱でしだいに正当性を失い，代わって国民党が北伐によって中国本土を統一し，国権回収を進めていった（和田ほか 2014: 174-176）．そして，中国における国権回収の動きを満蒙権益の危機と捉えた日本陸軍（関東軍）によって1931年に満洲事変が引き起こされ，九カ国条約は事実上崩壊した．また，五カ国条約は，1930年に補助艦の制限も含めたロンドン海軍軍縮条約へと発展したが，日本の海軍内で穏健派（条約派）に対して強硬派（艦隊派）が優位に立つと，日本は1936年に軍縮条約から脱退し，1938年には軍縮条約が事実上失効した．

【アジア太平洋経済圏の萌芽】　大戦を境として，東アジアや東南アジアの経済にとってもアメリカのプレゼンスは高まった（表15-2）．1914年にパナマ運河が開通したことは，アジア太平洋とアメリカ東海岸を結びつけることになった．東アジアについては後に詳述するが（本章2，本章3参照），日本の対外貿易に占めるアメリカの比率は，1900年代から1920年代にかけて，輸出で11ポイント，輸入で15ポイントも上昇した．アメリカの好景気を背景に生糸の輸出がいっそう増大したほか，日本の重化学工業化を支えるための機械・金属類の輸入が増大して，アメリカは日本の最大の経済パートナーとなった．また，中国の対外貿易に占めるアメリカの比率は1910年から1930年にかけて輸出では5

表 15-2 アジア諸地域の貿易に占めるアメリカの比率　　　　　　　　　　(単位：%)

日本				中国			
輸出		輸入		輸出		輸入	
1900–09年	1920–29年	1900–09年	1920–29年	1909–11年	1929–31年	1909–11年	1929–31年
31.3	42.2	17.5	31.9	9.0	13.8	7.1	19.2

蘭領東インド				英領マラヤ			
輸出		輸入		輸出		輸入	
1913年	1929年	1913年	1929年	1913年	1927年	1913年	1927年
2.2	14.5	2.1	12.0	14.2	44.0	1.8	3.2

出典：三和・原 2010: 25; 久保・加島・木越 2016: 144–145; 加納 2012: 86; 加納・大木 1995: 42

　ポイント，輸入で 12 ポイント上昇した．輸入におけるアメリカのプレゼンスの高まりが顕著なのは，大戦ブーム期に成長した工業部門において機械や原燃料の需要が拡大したためである(本章 3 参照)．

　アメリカのプレゼンスの高まりは，英領マラヤや蘭領東インドでも同様であった(第 14 章 2 参照，表 15-2)．蘭領東インドにとってのアメリカのプレゼンスは大戦前までは無視しうるほど小さかったが，1920 年代には輸出・輸入ともに総額の 10% 以上を占めるようになり，1929 年には輸出相手の第 3 位，輸入相手の第 2 位となった(加納 2012: 86)．英領マラヤにとっても輸出におけるアメリカのシェアが急増し，1927 年には 44% を占めた．こうした背景には，アメリカの好景気のほかに自動車産業の成長があった．アメリカのフォード社によって「部品の互換性」「作業の標準化と分業」「移動組立方式」を特徴とする大量生産システムが確立され，自動車の大量生産と低価格化が実現した．T 型フォードの生産台数と価格は，1903 年の 1,708 台・850 ドルから 1923 年には 200 万台以上・295 ドルとなった(河﨑 2018a: 130–131)．自動車産業の成長はタイヤ製造業や石油産業の成長を誘発し，ゴムやガソリンの原料となる石油への需要が急増した．アメリカは一貫して世界のゴムの半分以上を消費し，英領マラヤは世界生産の 3 分の 1 を占めた(水島 2001: 71, 77)．英領マラヤと蘭領東インド(スマトラ)で生産されるゴム(図 15-1)や蘭領東インドで採掘される石油の多くがアメリカに向けて輸出されていたのである．

　19 世紀後半から第一次世界大戦前夜まで，アジア経済は欧米経済に従属す

図 15-1 マラヤのゴム園．パラゴムの幹に傷をつけて樹液を採取し，シート状に加工して売却された．マラヤのゴムプランテーションではインドからの移民を多数雇用した．
出典：飯本・佐藤 1942：口絵

る一方で，アジア域内の経済的紐帯(アジア域内貿易)が拡大するという構造にあった(第12章1，第14章2参照)．すなわち，生糸(日本・中国)，錫，ゴム，石油(マレー半島を含む東南アジア島嶼部)といった一次産品の対欧米輸出の拡大はアジアの人びとの購買力の上昇につながり，その一部は欧米品の購入に充てられたほか，東南アジア島嶼部の砂糖や大陸部の米，東アジア・インドの軽工業品(綿製品や雑貨)の購入にも充てられたのである．こうしたアジア域内貿易は大戦後も維持拡大されていったが，アジア対欧米関係では，東アジア・東南アジア島嶼部からの一次産品の輸出市場として，あるいは東アジアの工業化を支える重化学工業品(機械類)や原燃料の供給地域としてのアメリカの重要性が高まるという変化があった(図15-2)．

他方で，海外直接投資においては，アメリカのプレゼンスは日本を除けば高くなかった．日本経済において1920年代は正貨流出を阻止するために積極的に外資導入が図られた時期であり，外国資本の対日直接事業投資が活発になった．その中心は自動車産業とゴム製造業で，1931年に外国資本が参加している企業82社のうちアメリカは36社で約半分を占めた(杉山 2012: 369–372)．中国にとって海外からの投資は貿易収支の赤字を補う重要項目であり，1900–20年代にかけて民間直接投資が増大したが，国別に見るとイギリスと日本が約70%を占め，アメリカは1914年の3%から1931年に6%へと若干の上昇をみたに過ぎなかった(久保・加島・木越 2016: 147–148, 151–152)．

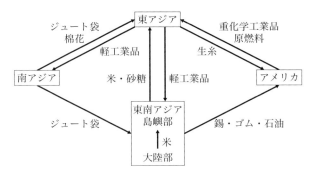

図 15-2 戦間期のアジア域内貿易とアジア・アメリカ間の貿易の概念図
出典：筆者作成

　東南アジアでも，基本的には宗主国からの資本投資をベースに，華人投資（主に英領マラヤと米領フィリピン），インド人投資(主に英領ビルマ)が加わるという形であった(加納 2012: 8)．日本からの投資は大戦中に商社・銀行の支店開設，マニラ麻農園への投資という形で一定程度進んだが(第 17 章 3 参照)，戦後不況の到来や戦後の国際秩序である「国際協調」の影響で，欧米植民地への投資は抑制されたため，1920 年代にはほとんど進まず，東南アジア経済へのインパクトもほぼなかった．

第 2 節　民国期の中国経済

第一次世界大戦の衝撃

　1914 年 7 月に第一次世界大戦が勃発すると，欧州諸国は自国の軍需生産に集中し，中国を含むアジア市場から撤退，ドイツの中国における利権は失われ，欧州からの工業製品の輸入は激減した．大戦後期には，欧米での戦時インフレとドイツの無制限潜水艦作戦は海上輸送費を戦前の 10-20 倍に高騰させ，結果的に外国製品の価格を押し上げて中国への流入を減少させた．たとえば 1917-1919 年のイギリスの綿織物輸出は戦前期と比較して半減した．こうして欧州からの輸入が減少する一方，軍事工業の原料となるタングステン・アンチモンなどの鉱産物，革や羊毛などの兵士用の衣料原料・食糧関連のヨーロッパ向け輸出は増大した．こうした輸出ブームは銀価の上昇にもかかわらず，欧州諸国

の復興需要によって大戦後も3年間続いた(Bergère 1989; 狭間ほか 1996; 堀・木越 2020).

このようにして，第一次世界大戦は中国の産業に大きな機会を与え，個人の企業家による空前の投資ブームとなった．1914年から1922年まで続いた経済ブームを「民族企業家の黄金期」と呼ぶ．1913年から1920年にかけて，動力機関を有する工場は698工場から1,759工場，労働者は27万人から56万人と2倍以上に増えた．洋務期に重工業が重視されたのに対して，この時期には後述するように綿紡績業が発展したほか，製粉などの食品加工業，紙巻きタバコ，製紙，マッチといった比較的簡単な技術で製造可能な軽工業を中心に発展が進み，上海を筆頭に沿海・沿江の都市で起業ブームが展開した．また，黄金期の平均資本額は28万元で，第一次世界大戦前の47万元よりも少なく，中小企業が発展を支えた(堀・木越 2020).

近代的な鉱工業生産力の成長率の推計では，黄金期(1914-1922年)の成長率は年9.6%，1912-1949年は5.6%，南京国民政府の時代(1928-1936年)は6.0%であり，第一次世界大戦期は後述する改革開放期に匹敵する高い成長率であったといえる(久保 2012; 堀・木越 2020).

なお，欧州諸国の中国からの撤退は日本とアメリカにもチャンスを与え，アメリカは金融部門で中国進出を拡大し，対中貿易も拡大，中国の対外貿易におけるアメリカのシェアは1917年までに11%から20%に上昇した．日本は山東半島のドイツ権益を獲得するとともに，綿紡績業をはじめとする工業部門への直接投資を行った．中国への輸出も拡大して中国の輸入における日本のシェアは戦前の15.5%から1919年の29.9%に増大した(Bergère 1989).

このように，第一次世界大戦を契機に繊維産業を中心とする軽工業が発展，外国製品を中国製品に置き換える輸入代替型工業化が進展した．以下，繊維産業の中核である綿紡績業と蚕糸業を中心に，清末に遡りつつ，民国期の各産業の概要を示したい．あわせて，民国期の地域経済の一例として，東北地域の大豆経済を取り上げてみたい．

清末における中国の綿紡績業の勃興
中国へのイギリス製綿布の輸出は限定的であったが，1880年代以降，中国

はインド産の機械製綿糸を大量に輸入するようになる．中国における機械紡績業は1878年に李鴻章が設立した上海機器織布局が最初で，操業は1890年と遅れたが，その後は一定の成功を収めた．上海機器織布局による上海での10年間の独占の期限が切れると，中国系紡績業が拡大したが，大半は上海に集中し，内国税の免税特権によって関税分だけ優位に立ち，外国製綿糸に対抗した．

　下関条約で開港場における外国人の製造工業設置が認められると，欧米系商社主導の綿紡績工場の設立ラッシュが起こった．さらに，光緒新政(本章5参照)期の実業振興策によって民間商人の投資が認められたために，中国資本の紡績ブームが起こり，紡績工場の立地も上海から江南デルタ一帯に拡大した．

　しかし，中国における機械製綿糸の需要は400万ピクル(1ピクル＝約60kg)程度であり，中国紡績業の発展のためには輸入されるインド・日本綿糸との競争が必要であった．20世紀初頭の銭安傾向のなか，輸入機械製綿糸の消費者価格が急騰する一方，中国棉の原棉価格と賃金の点で銀建てコストを低下させた中国綿糸の競争力は向上し，その市場は江南から全国に拡大した(森 2001)．

民国期中国資本紡の発展と在華紡の進出

　先述のように，中国資本紡発展の契機となったのが第一次世界大戦の勃発であり，綿布輸入が激減し，中国資本の織布業の発展をもたらした．第一次世界大戦後の1910年代末から1920年代初頭にかけて「紗貴花賤」(綿糸の価格が高く原料の棉花が安い)といわれる好条件の下，中国資本紡は急激に拡大，1913年に50.4万錘であったのが1919年に71.5万錘，1925年に184.6万錘に達し，地理的にも上海・江南デルタから天津・青島などに広がった(森 2001；第12章1参照)．

　1920年代になると，資金力と高い技術力を持つ日本の紡績資本が進出する．その背景には第一次大戦期における資本蓄積と日本国内綿製品市場の狭隘化にともなう過剰資本の輸出と，国内の賃金水準上昇や中国の関税の実質的な引き上げおよび日中間の生産技術格差の縮小により低下していた競争力の維持という狙いがあった．この生産拠点の移転は世界でも先例のないほど急速であり，進出先は上海が中心で，青島が第二の中心となった．このように日本から中国に進出した紡績資本を在華紡といい，在華紡は生産設備が最新であったこと，

中国資本が間接労務管理を行ったのに対して直接労務管理を進めたこと，設備管理が優れていたこと，商社と連携して市場において有利に対処したことによって中国資本よりも優位に立った(高村 1982; 森 2001; 久保・加島・木越 2016)．

中国紡績業の再編と棲み分け

　中国紡と在華紡の発展により，中国の太糸生産力は増大，中国の紡錘数は1913年に84万錘であったのが，1919年には129万錘，1925年には332万錘となった．当時，1錘あたり年に太糸1.9ピクルを紡出可能で，これだけの紡錘がフル稼働した場合の生産量は1925年には631万ピクルとなり，輸入分を度外視しても需要の400万ピクルを大きく上回った．太糸価格が暴落するなか，中国国内の棉花は需要過剰により高騰したために1923年には恐慌となり，倒産する中国紡が続出した(森 2001)．

　太糸の生産過剰については在華紡も中国紡と同じ問題を抱えており，さらに1927年の第一次山東出兵が引き起こした日貨排斥(日本製品ボイコット)は打撃となった．そこで在華紡は，在来織布業向けの太糸から1920年代に勃興した沿海都市部の近代織布業向けの細糸の生産へと急速に転換した．また織布部門も粗布から中国都市部・東南アジアを市場とする薄地の機械製綿布へと転換し，薄地綿布を原料とする加工綿布へも進出した．近代的な織布業の拡大は細糸の需要を生み出し，約400万ピクルの太糸を使用する在来織布業と細糸300万ピクルを使用する近代織布業の拮抗する二大市場が重層的に形成された(高村 1982; 森 2001; 森 2005)．

　一方の中国紡は在華紡に倣い細糸へと転換するものと，在来綿業へ太糸を供給するものに棲み分けることになった．前者は上海に展開して経営基盤が安定，廉価な外国棉を使用し，1930年代から細糸生産を開始，その一部は在華紡に匹敵する利益率になった．その他の大部分は華北内陸部と江蘇・浙江に立地したが，これは原棉産地・太糸の大消費地という有利な立地条件を持っていた．しかし，後者は1930年代の農村恐慌にともなう在来織布業の衰退による太糸需要の減少と自然災害による中国棉花の暴騰によって大きな打撃を受け，改革を迫られる(森 2001; 久保 2005; 久保・加島・木越 2016)．

　日中戦争直前の1936年，綿糸では中国紡が58.4%，在華紡は39.1%のシェ

アを占めていたが，細糸に限ると在華紡が優位で，機械製綿布においても在華紡が 57.4%，中国紡が 37% と在華紡が優位に立っていた．中国紡と在華紡は競合しつつ技術水準を高めて発展し，機械製綿糸は 1927 年に輸入代替化を達成し，機械製綿布も 1930 年代には中国産が輸入品を圧倒した(森 2001; 久保 2005)．

近代蚕糸業の勃興

近代蚕糸業では，広東で 1874 年から足踏み繰糸器と煮繭用の湯温維持のためのボイラーを用いた簡便な製糸工場の導入が始まった．上海では，1878 年に設立された旗昌洋行(Russell & Co.)の製糸工場が蒸気機関と繰糸器械を用いる工場の成功例となり，以後，その方式が用いられ続けた．日清戦争以降，外国資本に加えて生糸売込商・繭商人・買辦などの中国資本の器械製糸工場の発展がみられた．製糸工場の設立には資金・技術面で外国人商人・外国人技師を必要としたが，一方で外国資本は原料繭の買い付けが困難で，中国資本が外国資本を圧倒，製糸工場の大半は中国人商人の所有となった(曽田 1994; 清川 2009)．

製糸工場設立には多額の資本を必要としたために経営は不安定であったが，1907 年頃から上海を中心として安定的な発展がみられるようになった．その背景には周辺に膨大な過剰労働力を有し，女子労働力が持続的に流入したこと，繭行(繭取扱問屋)制度の普及により原料繭が安定的に供給されるようになったこと，工場施設のレンタル経営方式である「租廠制」が拡大したことにある．租廠制によって多額の固定資本の投資から解放され，製糸工場の経営に着手することが容易になり，第一次世界大戦直後，上海では租廠制に依存する工場の比率は 80%，無錫では 67% にのぼった．もっとも，租廠制では所有と経営が分離していたことにより，所有者は蚕糸業の専門的知識を有さず，通例は 1 年契約で経営者は短期的な利潤を求める傾向にあり，設備の更新や新技術の導入が進まないという欠点もあった(曽田 1994; 清川 2009)．

器械製糸業のうち，上海器械糸は生産性が低かったが，江蘇・浙江で生産された上質の繭を原料として使用できたために高品質であり，日本産より優れ，市場はフランスの高級絹織物業であった．一方広東器械糸は原料繭が江蘇・浙

江よりも劣って高級糸生産には不適であったこともあり，フランスの中低品質織物業に使用された．こうした中国蚕糸業は手織りも多く生糸消費量が停滞していたフランス絹織物業を主たる市場としていたのに対し，日本の蚕糸業は力織機を使用して大量生産を行うアメリカ市場に向けて安価で均質な生糸を大量に供給することで発展した（曽田 1994; 清川 2009）．

第一次世界大戦後の蚕糸業

第一次世界大戦によってフランスの絹織物業は大打撃を受け，生糸輸入も減少した．一方で，アメリカ向けヨーロッパ生糸の輸出が減少したため，その代替として中国生糸のアメリカへの輸出が拡大した．アメリカ絹織物業界は日本による生糸の独占的供給を回避することで価格抑制を図り，中国生糸の輸入を増進し，中国蚕糸改良運動を支援したため，日本生糸との本格的競合が始まった（曽田 1994）．

これに対し，日本の蚕糸業は雑種強勢という遺伝法則を利用した一代交雑法，気温や保蔵条件に左右されない人工孵化法の導入や生糸の品質を向上させる多條繰糸機の導入によって品質・生産性を向上させて対抗した（清川 2009）．

大恐慌はアメリカ市場における生糸価格の暴落を招き日中双方の蚕糸業に打撃を与えたが，輸出量に変化がなかった日本に対して中国の輸出量は激減し，以後も回復できなかったうえ，ヨーロッパ市場でも中国糸の日本糸による代替が進み，国際競争力を失った中国の蚕糸業は危機的な状況に陥った．

そこで，国民政府は蚕糸業改善のための産業政策や普及改良事業を推進した．1934 年には強い権限を持つ蚕糸改良委員会が設立され，こうした中央政府の動きに呼応して浙江省などの省政府も各種の施設や機関を整備し，蚕種統制を進めた．また，日本で開発された多條繰糸機の導入や一代交雑種の普及も進んだ．このような蚕糸業改善の背景には，日本の専門学校への留学生たちが帰国して日本の技術の導入に大きな役割を果たしたことがある（清川 2009）．

このような蚕糸業の転換のなかで，自己資本が少なく経営基盤が不安定な上海の製糸工場が衰退したのに対し，原料産地に立地し，自己資本が充実していた無錫の薛家が保有する製糸工場は新技術を積極的に導入し，繭行を統制することで発展した．こうして，一部の中国資本の製糸工場はアメリカ市場で日本

製品と競合する実力を持つようになったが，その成果がみられる前に日中戦争が始まった(奥村 2004)．

なお，中国の蚕糸業の輸出比率は 44-55% であり，個々の小農による足踏み式繰糸機による国内消費用の在来糸生産が広範に広がっており，民国期を通じて持続していたことも忘れてはならない．

その他の軽工業

従来，工業化の観点から綿紡績業と蚕糸業に関心が集まっていた．しかし，産業の規模でいえば，1933 年の時点で小麦粉の生産額は 15 億元，植物油は 6.2 億元，タバコは 4 億元であり，綿糸の 5.1 億元，生糸の 1 億元を上回るか，それに匹敵する規模を持っていたことには注意が必要である(狭間ほか 1996)．

小麦粉を生産する製粉業において，機械を動力に用いた近代製粉工場が最初に設立されたのは香港である．その後，在来の挽き臼式製粉場の動力部分のみに機械を用いた工場が上海，天津，広州等の各地に設立された．1897 年以降，上海を中心として中国人商人も機械製粉工場に参入した．第一次世界大戦で輸入粉が途絶して輸出が急増したことは製粉業発展の大きな契機となった．外国資本との技術的格差がなかったために，中国資本を中心に製粉工場は増大し，華北・華中の大都市に拡大した．そのなかでも中国最大の国際貿易都市で国内流通の要でもあった上海は，低廉な輸入小麦の利用や，全国市場への製品移出が可能であったため，機械製粉業の中心であり続けた．ただし，中国の小麦粉生産全体でみた場合，在来の挽き臼式手工業の比重は大きく，個々の農家の自家製粉はさらに重要であり，機械製粉が占める割合は全体の 2 割程度ともされ，その位置づけには注意が必要である(久保・加島・木越 2016)．

タバコの場合は，1903 年にアメリカ資本の英米タバコ会社が上海に進出し，上海や武漢に大工場を設立，内陸農村地域に至るまで市場を拡大し，1920-30 年代にはその市場占有率は 6-7 割に達した．マッチは 1880 年に上海で製造工場が創設されたが，19 世紀末までは輸入品が多かった．1920 年代になると全国に 100 を超えるマッチ工場が設立され，国産品が輸入品を駆逐していく．全体として軽工業において近代的な工場の設立は 1920-30 年代に集中し，この時期に輸入代替化も進展した(久保・加島・木越 2016)．

重化学工業と鉱工業

　鉄鋼業は 1890 年に張之洞によって漢陽鉄廠が設立され，日本資本を入れながら 1908 年に鉄鉱石・石炭の採掘業と合わせて漢冶萍公司（かんやひょう）に改組されたが，1925 年には経営が悪化して製鉄事業は中止された．一方，東北地方において日本が鞍山や本渓湖に製鉄所を設立し，手厚い支援のもとで発展したが，製品の大半は日本に輸出された（久保・加島・木越 2016）．

　化学工業では 1918 年に天津に設立された永利製鹼公司（1934 年に永利化学工業公司）を中心として民間企業によるソーダ産業が政府の保護もあって発展し，1930 年代半ばで中国の自給率はソーダ灰が 50％，苛性ソーダは 30％ に達した．機械工業・造船業では，国営の造船所や鉄道車両工場の生産が拡大したほか，繊維工業をはじめとする軽工業の機械設備などの自力生産も進んだ（久保・加島・木越 2016）．

　このように，民国期に重化学工業は一定の発展はみられたものの，重化学工業の生産額は 1933 年の時点で電気機械が 2,000 万元，造船業が 1,000 万元程度であり，全体的には未発展であった（狭間ほか 1996）．

　鉱業をみると，中国においては 10 世紀には製鉄用にコークスが用いられるなど，古くから石炭が利用されてきたが，その採掘は手掘りで経営は小規模であった．近代的な石炭採掘業は 1870 年代後半に始まり，日清戦争後の列強の利権獲得にともなう外国資本の大量進出により大きく発展した．これに対抗して 1910 年代からは民間の中国資本の炭鉱も次々と開設されて，華北を中心に産炭量が増大，石炭の自給化が進み，用途としては工業用・交通機関用の比率が増した（久保・加島・木越 2016）．

農業と農村手工業

　1936 年に就業者数の 77.7％，粗付加価値額の 53.4％ を農林水産業が占めたという推計もあるように，民国期の中国経済の主要な部分は農業にあった．民国期を通じて農業生産は増大したものの，それは人口増加率に等しく，土地生産性の向上は限定的で，生産量増大は主に耕地面積拡大によった．耕地面積の拡大の 70％ は東北地方で，そのほか甘粛・湖北・雲南・四川でみられた．また民国期には商品作物の栽培が拡大したが，なかでも工業原料と連動したゴ

マ・大豆・菜種・棉花・落花生・葉タバコ・サトウキビなどの栽培が増えた．このうち棉花は20世紀初頭以来良質のアメリカ棉の導入が進み（瀬戸林 2008），1930年代にその自給化に成功した．工業化にともない上海をはじめとして都市化が進み，都市人口が増大，農村から都市への食糧供給も増加した（久保・加島・木越 2016; 堀・木越 2020）．

また，農村手工業は1930年代においても工業部門の生産額の65–70％を占めた．これらの手工業では，天津・青島・上海などの紡績工場で製造された綿糸を使用した農村部の個人経営・家族経営による綿織物業は有名であるが，他にも繰綿，生糸の再繰，都市部の近代工場の加工品の下請け，織物・紙巻きタバコ・マッチ・小麦粉などの模造品などがあり，多くが都市の工場生産と関連していた（Grove 2006a; 堀・木越 2020）．

満洲大豆経済の発展

18世紀以降，華北・満洲産の大豆は，江南において肥料として使用されていたが，19世紀中葉以降は，華南の砂糖生産向けの肥料として利用されるようになった．しかし，1880年代から華南の砂糖生産が停滞するなかで，日清戦争後になると満洲産の大豆粕は肥料用として日本への輸出が激増，日露戦争後には油脂加工業・飼料用として大豆がヨーロッパに大量に輸出されるようになった．満洲大豆の生産と輸出拡大の背景には，満洲における鉄道敷設とそれにともなう北部満洲の開発があり，大連やウラジヴォストークが主たる輸出港となった．1916年に奉天省に成立した張作霖政権はこの大豆流通の最終段階を掌握し，大豆を買い付けて輸出して外貨を獲得，その外貨で近代兵器を購入して軍事力を大幅に増強した．こうして同政権は政治的基盤を強化するとともに，軽工業に投資して産業育成にもつなげていった（安冨・深尾 2009）．

以上のように，民国期には近代工業が発展したものの，近代工業が経済全体に占める割合は4％程度といわれ，限定的であった．ただし，近代工業が刺激となって農業や農村手工業の発展を引き起こしており，この民国期の蓄積をもとに，中華人民共和国の工業化も進展していく．

第3節　大戦ブームから戦後不況下の日本

大戦ブームの到来

　日清・日露戦後経営のなかで経常収支(貿易収支＋貿易外収支)の赤字が定着化し，日本経済は金本位制の維持が困難となるほどの危機に陥っていた．しかし，第一次世界大戦によって日本の経常収支は黒字化した．日本の経常収支は1913年には139万円の赤字であったが，1917年には991万円の黒字となり，正貨保有量も1913年の3.8億円から1920年末には21.8億円となった(三和2002: 91-92)．その背景には，①ヨーロッパ連合国からの輸入の途絶による重化学工業部門での輸入代替化，②ヨーロッパ連合国において需要が増大した軍事品や食料品の輸出の増大，③ヨーロッパ製品の輸入が途絶したアジアや好景気に沸くアメリカへの軽工業品の輸出の増大があった．こうした経済全般にわたる好景気を「大戦ブーム」と呼ぶ．

【諸産業の活況】　軽工業では，大戦ブームに沸くアメリカへの生糸輸出の増大が外貨を稼いだ．また，アジアへの綿製品輸出も増大した．綿糸では紡績機械の国産化や付加価値の高い高番手綿糸の生産という変化をともないつつ，1913-1920年に生産量は約1.5倍に増大した．また，綿布でも，紡績会社の兼営織布(自社で生産した綿糸の一部を用いて綿布も生産すること)の強化や地方の織物産地における力織機の導入によって生産力が増強され，同期間に生産量は約2倍となった．これら綿製品の輸出先は，大戦前はほぼ中国に限られていたが，大戦期から1920年代には東南アジアや英領インドへの輸出が拡大した(第14章2参照)．

　重化学工業部門では輸入代替化が進んだ．ヨーロッパ籍船舶の軍事転用を背景とする船舶不足によって海上運賃・傭船料が高騰したため，日本の海運業が活況を呈し，それは船舶需要の増大を通じて造船業の成長をもたらした．民間の船舶建造量は1913-1919年に約12倍に増大した．船舶の建造は鉄鋼需要を生み出したが，鉄鋼生産量は生産能力の限界のため同期間に約2倍増にとどまり，アメリカの鋼材の輸入が増大した．大戦景気を十分に活かすことはできなかった点に，重化学工業の限界が示されている．

第三次産業では，上述した海運業のほか貿易業も成長した．大戦中にアジアにおけるヨーロッパ商社のプレゼンスが後退したため，三井物産，三菱商事，鈴木商店などの日本の商社は，日本と諸外国との直接貿易はもちろん，諸外国間の第三国貿易も扱うようになった．

【ブーム下の問題】　一方，正貨保有量の増大にともなって通貨発行量も増大したことで，物価が上昇して実質賃金は下落した．また，綿糸・生糸・米などの商品や土地・株式に対する投機が広く行われ，1918年には米騒動も発生した．政府は投機や物価上昇を抑制するために，公定歩合の引き上げ（通貨流通量の抑制効果），生活物資の輸入税減免（物価下落効果），綿糸の輸出許可制（投機抑制効果）などの対策をとった．また，生産性の低い企業が乱立したため，1920年代に不況が始まるとその経営は行き詰まり，これらの企業を救済するか整理するかが経済政策上の論点となっていく．大戦ブームは，財政難と経常収支の赤字という問題を解決するものではなく，むしろ問題を先送りする結果となったのである．

不況対策と金解禁

【不況への対応】　日本では，1920年3月に東京株式市場が大暴落して，1920年恐慌が始まった．戦後の欧州諸国の生産回復と国際競争の激化によって生産過剰が問題となり，紡績業などを中心として，業界を挙げての生産調整が行われた．また，ヨーロッパの復興によって大戦ブーム期の貿易黒字の構造（輸出増・輸入減）は逆転し，再び貿易赤字が定着した．株式や商品価格の暴落を受けて多くの企業経営が悪化すると，それらの企業に融資していた銀行の経営も悪化した．戦後不況により金融機関は巨額の不良債権を抱え経営状態が悪化していたが，それが1923年の関東大震災の救済措置として行われた「震災手形」（震災の影響で支払困難となった手形）の最終処理の過程で表面化し，1927年には金融恐慌が発生した．金融恐慌は日本の金融行政の転換点となり，中小銀行の合併が進んだほか，政府による銀行監督の強化が行われた．

　日本では生産過剰不況や貿易赤字をどのように解決するかが，金本位制への復帰か否かという問題とからみ合って，戦間期の経済政策の論点になった．これらの問題に対する認識と対応は，当時の二大政党で大きく異なった．

「積極主義」をとる立憲政友会は，不況の原因を需要の過少に求め，国債発行も辞さない積極的な財政出動によって需要を創出して，企業・銀行を支援しようとした(財界支援)．貿易赤字に対しては，財界支援による輸出促進を通じて解消しようとした．政友会の外交政策は相対的に対外強硬的であった．中国で国民党による北伐が開始すると，国民党による中国の統一が日本の満蒙権益を危うくするとみた政友会内閣は，居留民保護を大義名分として軍隊を派遣した(山東出兵)．対外強硬は軍事支出拡大による財界支援(特に軍需関連産業)という点で，経済政策ともリンクするものであった．そして，積極的な財政支出を制限する金本位制への復帰には消極的であった．

　一方，「均衡主義」をとる憲政会(のち民政党)は，不況の原因を供給の過剰に求め，財政支出を極力抑えて生産性の低い不良企業・銀行を淘汰しようとした(財界整理)．生産性の低い不良企業を淘汰し，限りある資源を生産性の高い優良企業に集中させれば，輸入が抑制されるとともに製品の国際競争力が高まり，貿易収支が改善するとした．また，憲政会の外交方針は相対的に国際協調的であったが，それは緊縮財政(軍事予算の削減)とも合致した．そして，憲政会は自動調節機能への期待と国際協調を重視する立場から，金本位制への復帰に積極的であった．

【金解禁】 1920年代は政友会の積極政策が基調となり，財政支出は増大していった．しかし，政友会の積極政策は貿易収支の改善には結びつかなかった．財政出動を受けて国内物価が海外に比べて相対的に高くなり，輸入が促進されたからである．

　1928年に関東軍が引き起こした張作霖爆殺事件によって政友会内閣が総辞職すると，民政党内閣が成立した．蔵相に就任した井上準之助は旧平価による金本位制への復帰に本格的に取り組んだが，その背景には金本位制への復帰を不可避とする状況があった(杉山 2006)．フランスの金本位制復帰によって主要国では日本だけが金本位制に復帰していなかったし，1931年に償還期限が迫っていた外債を借り換えるには金本位制に復帰して国際金融市場の信用を得ることが不可欠であった．物価高による国際競争力の低下に苦しむ財界も，金本位制への復帰を望んだ．そして，現行の為替相場は旧平価に対して下落していたが，新平価での復帰は実現困難であった．民政党は議会で少数派であったた

め，新平価への移行に必要となる貨幣法改正が可決される可能性がなかったからである．ただし，資源に乏しい日本にとって海外からの原燃料の輸入は不可避であるため，輸入コストの低下のためには旧平価での復帰の方が有利であった．

民政党内閣は財政緊縮と消費節約を図って為替相場を回復させるとともに，予算の一部を金の購入に充当して正貨(金)を蓄積した．そして，為替相場が旧平価に近づいた1930年1月に金本位制へ復帰した．また，貿易収支を均衡させるために，一時的な不景気に耐えながら財界整理(産業合理化)を進めて国際競争力を強化しようとした．前年10月に始まったアメリカ発の「世界恐慌」の影響が徐々に出始めていたが，「真の好景気」を目指すべく緊縮政策を通じた産業合理化が続けられた．

また，民政党内閣は軍拡を抑制するために，1930年のロンドン海軍軍縮条約にも調印した．しかし，緊縮財政や軍備縮小を嫌う軍部や政敵の政友会から，軍部の反対を押し切っての軍縮条約への調印が統帥権を干犯しているとして問題視され，首相の浜口雄幸は東京駅で暴漢に襲われた．1931年には満洲事変が勃発し，事変後の政局をめぐる閣内不一致で民政党内閣が総辞職すると，政友会内閣が成立した．こうして蔵相高橋是清の下で日本の経済政策は新たな展開を迎えることになる(第17章1参照)．

工業化の進展と資本輸出

【産業の展開】 製造業(第二次産業)では1910–1920年に，軽工業の比率は79%から67%へ下落する一方，重化学工業の比率は21%から33%へと上昇した(三和・原 2010: 11)．軽工業中心という構造に変化はないが，重化学工業化が着実に進んだのである．

軽工業の中心は綿紡績業であった．従来の綿紡績業では輸入した綿花を綿糸に生産して，国内外の綿織物業に販売していた．1912–1928年にかけて綿糸生産への設備投資が進んで，生産能力(錘数)は約3倍，生産量は約2倍となった．しかし，当該期に重要な点は，綿紡績工場が兼営織布を拡大させたことであり，綿布の生産能力(織機台数)は約3.5倍，生産量は約4倍となった．第二に，従来は中国に偏重していた輸出市場が，蘭領東インドや英領インドなど，アジア

一帯に拡大したことが指摘できる．この背景には大戦ブーム下での東南アジア・インドへの綿製品輸出の伸長があり，1920年代になっても日本の綿製品はこれらの地域で受容され続けた(第17章3参照)．

重化学工業のうち，重工業については大戦ブームの影響で海運業が造船業の発展につながり，それが鉄鋼や機械の発展を生み出したことは上述した．1920年代に入るとヨーロッパ品の輸入再開と，軍縮の影響による軍需品生産の抑制によって，重工業の成長は一段落した．他方，兼営織布化によって織機に対する需要が高まるなかで，1926年には豊田自動織機が設立されるなど，織機の国産化が進んだ．また，電力会社間の競争による電力料金の値下げによって，電力多消費型産業が新たに登場した．その中心は肥料工業であった．日本の肥料工業は従来のリン酸系の肥料(過リン酸石灰など)の生産を主としていたが，大戦後には窒素系肥料(硫酸アンモニウム)の生産が盛んとなった．そのほか，レーヨンなどの化学繊維工業や，アルミニウム精錬などの金属加工業も発展した．

【満洲および中国関内への資本輸出】　大戦ブームから戦後不況期は中国(満洲を含む)への資本輸出が拡大した時期であり，1914–1931年に対中国投資に占める日本の比率は13.6%から35.1%(2位)に上昇した(三和・原 2010: 102)．中国への資本輸出のうち，約70%が満洲，約30%がそれ以外(中国関内)であった．

満洲への資本輸出の大半は，南満洲鉄道株式会社(以下，満鉄と略記)に対する投資である．満鉄経営の軸は，ポーツマス条約でロシアから租借権を譲渡された旧東清鉄道南部支線の長春・旅順間の鉄道事業であり，港湾経営も含む運輸部門は，日本の軍事的・経済的進出に寄与し，附属事業としての鉱山・製鉄所の経営は日本に不足する資源の確保を通じて外貨を節約する機能を持った．さらに満鉄経営には旅順・大連などの都市整備やそこでの医院・学校経営を担う「地方経営」が含まれ，非採算部門であったものの，日本人に好ましい生活環境を整備することで，日本人の満洲進出を後押しする効果を持った．

中国関内への資本輸出の中心は綿紡績業であった．本章2で述べたように，日本の有力企業が上海や青島に次々と工場を建設した(「在華紡」)．

しかし，日本製品はしばしば，外国製品の排斥と国産品の使用を呼びかける「愛国貨運動」に直面した．その背景には，大戦後に中国人の民族意識が高揚

して反帝国主義運動が盛んに行われていたこと，大戦ブームを契機として日本と同様に中国でも輸入代替工業化が進展したことなどがあった．旅順・大連の当初の返還年であった1923年(対華二十一カ条で期限延長)には「旅大回収運動」が起き，1927-1928年には山東出兵に対する抗議運動が起きたが，そのなかで日本製品はボイコットの対象となった．

　外交問題ばかりが要因だったわけではない．1925年に上海の在華紡で起きた中国人労働者の待遇改善を要求するストライキをきっかけに，大規模な抗日運動「五・三〇運動」(本章5参照)が起きた．日本側は「自由競争」を盾に，これらの運動が経済問題を政治問題化しているとして非難したが，中国側は，そもそも競争の枠組みが不平等条約によって不当に歪められており「自由競争」は詭弁に過ぎず，日本企業は労使問題を等閑視しているとした．日本企業の資本輸出の背景には国内の労働問題の激化があったが，知識階級を中心とする社会運動の高揚によって，中国でも労働者の権利に対する意識が芽生えていた．日本企業は中国社会の変化にも対応しなければならなかったのである．

第4節　インドの世紀転換期，第一次世界大戦，そして1920年代

金為替本位制の成立

　インドは19世紀の前半以降，銀本位制をとってきたが，1870年代に始まった国際的な銀価の低落はルピー安を招き，輸出には有利な条件となっていた．しかし，植民地政府であるインド政庁にとっては，「本国費」の支払いおよび投資収益の回収に要する費用が，ルピー単位では著しく増大するという事態となった．その結果，インド政庁は財政的な理由から，そして本国政府(特に，インド省)は背後に控える金融的な利害(ロンドンのシティ)から，銀本位制の継続を再検討せざるをえなくなった．

　こうして，1893年にインド造幣局の銀の自由鋳造が停止され，さらに1899年には「インド鋳貨および紙幣法」が制定されて，金本位制に向けて事態は推移した．ところが，この時点までは「金通貨をともなう」金本位制(金貨本位制)が目指されていたが，実際に20世紀初頭に成立したのは，「金通貨をとも

なわない」金本位制，すなわち「金為替本位制」であった．したがって，インドで使用される通貨はルピー(銀貨)のままであった．というのは，金本位制の実現のために，インド政庁が金準備を設置して自らの管理下に置こうとしたが，結果的にはイギリス本国政府(大蔵省)の強い要請によって，それは阻止されたためである．その一つの理由は，1899 年に始まった第二次ボーア戦争の勃発とその深刻化によって，ロンドンにおける金準備が低位に落ち込んだことである．そうした状況下で，インドにおける金準備のために，イギリスからインドへ金が流出することが懸念されるようになったのである(デ・チェッコ 2000: 69–75)．

　結局のところ，インドで準備されつつあった金準備はロンドンに移され，ボーア戦争の財政需要から起こったイギリスの公債に使われることになった．また，イギリスとインドのあいだでなされる決済は，インド省の発行するインド省証券(council bills)によってなされ，金の移動は避けられた．また，こうした手段によってポンドとルピー間の交換比率が，安定的に維持された．このような事態の成立は，より俯瞰的に理解する必要がある．世紀転換期前後から第一次世界大戦直前の時期まで，インドの輸出はきわめて好調で，貿易収支は大幅な黒字を記録した．通常，金本位制の下であれば，こうした貿易黒字はインド自体の金準備の増大に貢献したはずであるが，実際にはそうならずに，イギリス・ロンドンの金準備の安定に貢献した．このような状況は，次のような的確な表現で示すことができる．「世界経済が 19 世紀末「大不況」を脱して，とりわけ 20 世紀初頭において景気回復と好況局面をむかえるにつれて，インドの一次産品輸出が激増しはじめ，その結果，インドは世界市場から膨大な黒字を稼ぎ出すことになった．イギリス本国は，こうしたインドの輸出余剰に吸着して巨額の貿易および貿易外余剰(「本国費」)を収取し，これを国際収支上の「安全弁」とすることによって膨大な海外投資を敢行することができた」(井上 1995: 81)．

第一次世界大戦の工業への影響

　第一次世界大戦はインドの工業化における質的な転換の始まりとなった．これ以降，インドは輸入代替工業化の道を歩み始め，インド市場におけるイギリ

ス製品のシェアは低下していく．インドの総輸入額に占めるイギリスの比率は1910-1911年の62.2％から1940-1941年の22.9％へと低下し，その代わりに日本やアメリカなどのシェアが高まった(Roy 2006: 97)．これと同時に，インド市場における国産品のシェアも大きく伸びた．

第一次世界大戦はインド工業にとって文字どおりの僥倖であった．ヨーロッパが戦場となることによって，ヨーロッパ，特にイギリスからの工業製品の輸入が途絶え，いくつかの産業における輸入代替工業化の道が開かれた．このことは綿工業に最もよく当てはまる．綿製品の輸入は，1906-1908年の平均21億ヤードから1916-1918年の平均14億ヤードへと激減したのに対して，国産生産は6億ヤードから13億ヤードへと大きく伸びた(Rothermund 1993: 67)．ジュート工業の場合には大戦による輸出市場の拡大があった．ヨーロッパ戦線の拡大とともに，戦場で使用される土囊用ジュート袋の需要が増大した．また石炭業でも増産が記録され，生産量は1906-1910年の約1,100万tから大戦終了時の約2,000万tまで上昇した．しかしながら，これらの生産拡大は既存設備の稼働率の上昇と雇用数の増加によって行われ，設備投資はともなわなかった．なぜなら，大戦によってヨーロッパからの資本財輸入が不可能となったからである．ただし，大戦中の高い利潤率によって急速な資本蓄積が可能となり，大戦後には大幅な設備投資につながった．

第一次世界大戦の農業への影響

1911年時点でインドの労働人口の76％が第一次産業に属していたことを考えると，第一次世界大戦の農業部門への影響は重要な問題である(Roy 2006: 367)．結論からいうと，工業部門，特に企業家の場合とは異なり，第一次世界大戦がもたらしたインフレーションの影響は，下層の農民および農業労働者にとっては致命的なものであった．

大戦の終末に早魃による凶作の影響もあって，急激に食糧価格が上昇した事態の根底には，大戦に起因するインフレ圧力があった．インドにおける通貨流通量は1916年の約26億ルピーであったが，1918年には約40億ルピーにまで増加し(Rothermund 1993: 73)，食糧価格の急騰を招いた．1900年の価格を100とした場合，1917年の米の価格指数は125であったのに対して，1918年には

208にまで上昇した．貧困層の食糧であったモロコシ(ジョワール)(第3章1参照)の価格指数もまた，同時期に93から211へと急騰した(Rothermund 1993: 71)．こうした食糧価格の騰貴は，農村住民の多数を占める貧困層(農業労働者，職人層，零細農)の食糧入手量を低下させた．

このような食糧価格の騰貴は，1918年にインドを襲った新型インフルエンザ(通称，スペイン風邪)の大流行とそれによる大規模な人的被害につながった．食糧価格の高騰にともなう栄養不足によって，農村や都市の貧困層でインフルエンザによる死亡率が著しく高まった．わずか数カ月の間にインドにおけるインフルエンザの死者は約1,700万人にも達した(脇村 1999: 90)．この出来事は，第一次世界大戦がインドに及ぼした影響を示している．ちなみに，日本ではスペイン風邪により約45万人の死者が出たとされ(速水 2006: 239)，小規模とはいえない被害であったが，インドの人的被害の途方もない大きさは明らかである．

関税政策と通貨政策

植民地政府(インド政庁)の経済政策は，基本的に財政政策と通貨政策によって規定された．財政政策に関しては1914年以降も均衡財政主義が貫かれたが，その意味合いはそれ以前とは異なってきた．大戦中に軍事費の増加にともなう財政支出の拡大に対して，均衡財政の原則から新しい税源の模索がなされた．かつて税収の根幹をなした地税の比率はすでに低下しており，それに代わって関税収入の増大が見込まれ，1917年には輸入綿製品関税がそれまでの3.5%から7.5%に引き上げられた(Chatterji 1992: 199)．これは結果的にインドの綿業資本にとって追い風になった．

1922年に財政の自主権がインド政庁に与えられたことは特筆される．これによって，インド政庁は本国政府の許可なく，関税率を定めることができるようになった．その後，1920年代に二度にわたって，関税率が引き上げられた．植民地インドにおける経済政策はイギリスの綿業利害(ランカシャーの事業者)よりも，金融利害(シティー，ジェントルマン)を優先するものであったという指摘があるが，1910年代以降の関税政策の場合，その指摘はいっそう当てはまる．しかしより重要な点は，この時期の関税政策の背後にはボンベイやアフマダー

バードなどインド内における近代的綿工業の圧力が存在したことである．植民地政府はこれらの綿工業資本が独立運動と結びつくことを恐れていたため，それから離反させるためにこれらの資本家に一定の譲歩をせざるをえなかった．

他方，関税政策とは対照的に，インドの金為替本位制の下での通貨の側面では，インド工業に不利な政策がとられた．通貨政策の主眼は，大戦後に乱高下したルピーとポンドの為替レートを安定的かつ高めに設定することに向けられていた．1919年12月に1ルピー＝2シリング4ペンスであった為替レートは，1921年初頭には1ルピー＝1シリング3ペンスまで低下した．一方イギリス側は，植民地インドの為替レートをできるだけ高めに維持することに腐心した．具体的には，インド政庁が流通している銀貨を回収するという手段を通じて，1924年には1ルピー＝1シリング6ペンスに上昇した．このレートは，その後ほぼ継続的に維持された．このような政策は，本国費などのインド政庁による本国政府への支払いを円滑にし，他方でランカシャーなどのイギリスからの綿製品輸入を促進するという効果を持っていた．しかしこれはインド側の輸出にとって不利な条件であり，綿業資本をはじめとするインドの資本家にとっての不満の種となった．こうした通貨政策もまた，明らかにイギリスの利害を優先したものといえよう (Rothermund 1993: 78)．

経済ナショナリズムの登場

すでに述べたように，第一次世界大戦中の物価騰貴が，農村では農業労働者や貧しい農民の，都市では工場労働者の生活を圧迫した．M. K. ガンディーが独立運動の中心に登場してくるのはこの時期のことである．都市中間層，特に知的エリートの運動の域を越えなかった独立運動が，ガンディーの指導のもとに農村および都市において大衆的性格を獲得し始める．このような独立運動の大衆的な拡がりをもたらした一つの要因は，大戦末期における大衆の生活水準の低下であった．南アフリカから帰国したガンディーが1917年から翌年にかけて，局地的な規模であるが農民や労働者の闘争に関わったのは，こうした状況を背景にしていた．

インドにおいて労働組合が本格的に始まったのは，第一次世界大戦中とその直後である．その嚆矢となったのは，1918年に結成されたマドラス労働組合

である．1920年には陸続として組合が生まれ，この年には，全インド労働組合会議(AITUC, All-India Trade Union Congress)の創立大会がボンベイ市で開かれ，この時期までに125の組合が登記された．こうした組合の成立とともにストライキが続出し，ベンガルでは，1920年の後半だけで110件が発生した．ただし，この当時の組合指導者は主として中間層の民族主義者からなり，労働運動の戦闘性を抑制する役目を果たした．民族運動のアジェンダを優先するかぎり，階級対立の側面は後景に退く．

同様のことは農民運動についてもいえる．農民運動も同時期にインド各地で激化したが，その多くは農村の貧困層によって示される運動の戦闘性を抑制する傾向があった．

第一次世界大戦中から1920年代にかけて，インド系の資本家たちの政治的ビジョンは大きく変化した．彼らは，それ以前はインドの独立をめざす民族運動と結びついてはいなかった．確かに，インド系の資本は，大戦中に急激な資本蓄積を実現したが，大戦後の不況と植民地政府による為替操作(すでに述べた，ルピーの対外的価値の高めへの設定)によって，自らの利害が著しく阻害されていると感じ始めたからである．こうして彼らは民族運動に接近するようになり，G. D. ビルラーや P. タークルダースといった経済人が，ガンディーやインド国民会議と頻繁な連絡をとるようになっていった．1920年代にこうした機運が強まり，1927年にインド商工会議所連合が結成された．これは，イギリス系資本家によるベンガル商業会議所などに対抗する組織であった．

第5節　都市の成長と近代消費社会

20世紀前半のアジアは都市の成長とともに人びとの消費行動や意識に変化が生じ，その変化は経済・社会・文化に急激な変容をもたらした．これまでの諸章で見てきたようにアジア経済史の分野には生産と流通に関する膨大な研究の蓄積があり，それらの研究成果はグローバル経済史をアジアから照射することの意義をいかんなく示してきた．一方，消費に関する研究はいまだ十分とはいえない．そこで本節では新たに着手されている消費の研究を紹介し，消費主義 vs. ナショナリズム，歓びに根差した消費，模倣とローカルな生産，市場の

重層性など，消費からの視点が近代アジア像の再構築にどのような論点を提起しているのかを考えていきたい．

消費主義 vs. ナショナリズム，近代アジアの物的風景（material landscape）

　17, 18 世紀にオランダ・イギリスで起きた消費の拡大は，ヨーロッパ中核地域に特有の事象ではなく，徳川期の江戸・大坂・京都，明清期の江南都市や北京など同時期のアジアでも観察できる現象であった．消費の拡大は都市だけでなく農村部の一部でも見られた．19 世紀初頭の日本では，農業と地主経営を事業活動に結びつけて勃興した豪農層が都市部の消費のあり方を取り入れて，居宅を改築し，衣・食にこだわり，より上品な娯楽への支出を行うようになった（フランクス・ハンター 2016: 8）．このように，アジアにおける消費主義は「西洋化」のはるか以前に地域の内部で創出されたものであるが，その後の西洋の産業化はアジアにおける消費主義の表現のあり方にさまざまな影響と陰影とを付与した（ルミア 2016: 351）．

　近代アジアにおける消費主義とナショナリズムの対抗はその一例である．20 世紀前半のアジアでは，欧米，そしてやや遅れて日本から流入するようになった「近代的な」商品に対抗して国産品を愛用しようという運動が展開した（第 13 章 3 参照）．インドでは，ヒンドゥー教徒とムスリムの分離を意図した 1905 年のベンガル分割令の公布が，民族運動高揚の契機となった．インド国民会議では穏健派に代わって急進派が主導権を握り，激しい反対運動が展開された（第 13 章 3 参照）．そして，1906 年にベンガルのカルカッタで開催された国民会議では，イギリス商品排斥，スワデーシ（国産品愛用），スワラージ（自治獲得），民族教育の 4 綱領が決議された．イギリス商品排斥の中心はイギリス製綿布である．また，従来民族資本の蓄積が遅れていたベンガルで，地主や中小企業家が出資した紡績工場や，マッチ・石鹼・陶器・皮革工場などが出現した（内藤・中村 2006: 154）．第一次世界大戦後にガンディーが指導した非暴力による植民地支配への抵抗運動（非協力運動）では，伝統的な手紡ぎ車（チャルカー）が国産品のシンボル的存在となった．

　中国では 1905 年にアメリカ商品排斥運動が，1915 年には日本が袁世凱政権に対して突き付けた二十一カ条の要求への反発から日貨排斥運動が起った．

1919年，第一次世界大戦終結を受けて開催されたパリ講和会議において中国代表団は二十一カ条の破棄と山東の旧ドイツ利権の返還を要求した．しかし，イギリス・フランスは日本を支持したためこの要求は拒絶され，これを機に5月4日に北京大学などの学生らが天安門広場に集まりデモを行い新日派官僚の家を襲撃，さらに各地で日本商品のボイコットやストライキが発生し幅広い層をまきこんだ愛国運動に発展した（五・四運動）．1925年上海の日本人経営の紡績工場（在華紡）での労働争議をきっかけに起こった五・三〇運動（本章2参照）は，イギリスを中心とする租界警察の発砲によって数十人の死傷者を出し，運動の矛先はイギリスにも向かった．

　これらの国産品愛用を呼びかける「愛国貨運動」やスワデーシが中国・インドにおけるナショナリズムの高揚に重要な役割を果たしたことは疑いない（潘 1998; Gerth 2003）．一方，当時の市場調査報告などから，人びとが日常の生活で購入する品について国産品愛用運動の影響はそれほど大きくはないという指摘もある．リンダ・グローブが指摘するように，中間生産財も含めて考えると，そもそもある商品を外国製か国内製かに二分することは実は難しい（Grove 2006b）．近代中国では「新土布」という手織り綿布が普及したが，これはインド製や日本製の機械製綿糸を使用した手織りの綿布である．インドでも下層民用の安価な手織りサリーの材料には日本製人絹糸が使用された．政治的エリートによる国産品愛用運動に登場する商品には，高次元の政治経済的意味が付与されることが一般的である．しかし，市場の選好を形づくる中心に位置するのは商品を使用する人である．普通の人びと（ordinary people）はお金の使い方について限られた選択肢しか持たないけれども，その限定的なオプションは近代アジアの物的風景を少しずつ着実に変化させた（Dikötter 2007: 21）．この点は消費の視角から近代アジア像を再構築する際に根幹的な意味を持つといえる．

歓び（pleasure）に根差した消費と近代アジアの社会変動・文化変容

　どのような人びとがどんな商品に惹かれてそれを手に取り，そして購入したのか．この問いに応える作業は近代アジアで進行していた階層間・コミュニティ間の社会変動や文化変容を検討する作業でもある．

　近代日本の経済発展は在来部門の成長と同時に急速な都市化をともなった．

1893-1918年の都市人口は5年増加率で15%を超えており、全国人口の増加率の3倍前後を記録した(沢井・谷本 2016: 189)．都市部の出生率は明治中期には農村部を大きく下回り、死亡率の高さもあって人口の自然増減率がマイナスの年もあったが、1900年代に入って都市部の下層社会でも世帯形成が進み、自然増減率は恒常的にプラスとなった．日露戦後期の都市は、農村での小農経営から排除された幅広い階層に家族の形成・再生の機会を提供する場となっていた(沢井・谷本 2016: 190)．

　両大戦間期には、産業別有業者数の点では農林業が依然として最大の就業部門であったが、そのウエイトは着実に低下した．農業の構成比の低下は主として商業や接客業を中心とする第三次産業の拡大によってもたらされていた(沢井・谷本 2016: 247)．市域拡張による「大大阪」(1925年)や「大東京」(1932年)などの巨大都市も成立し、新聞・ラジオ放送(1925年)・雑誌の普及、百貨店の展開、主婦や「職業婦人」などの購買が中間層の新しい消費を牽引した．こうしたなかで単身者と核家族を中心とした大都市では、第一次世界大戦以前にはみられなかった早すぎる「大衆社会」状況が出現した．もっとも、都市においても富裕層では直系家族も珍しくなかったし、俸給生活者や自営業者などは直系家族と核家族との中間の形態にあったとの評価もなされている(沢井・谷本 2016: 283–286)．

　中国では、清末から中華民国期にかけて進行した政治社会変動が、沿海都市部を中心に人びとの生活や意識を変える広範な文化変容をもたらした．中国の都市化率は断片的なデータしかなく、また都市の定義によって推計に差があるが、19世紀末から1930年代にかけておおよそ4–6%とされる(久保・加島・木越 2016: 13)．20世紀前半期においても人口のほとんどは農村と市場町(鎮)に居住し、最大の就業者部門は依然として第一次産業が占めたが、1870年代から進展した国際貿易とともにその拠点として港湾都市が成長し、1900年頃には人口50万人以上および10万人以上の都市が沿海部および主要河川沿いに形成された(堀・木越 2020: 82–83)．なかでも上海は1935年には370万人を抱える大都市に成長し、新聞・雑誌・映画・百貨店・娯楽場が人びとの消費需要を高める装置となった．

　20世紀初頭、清朝は改革を求める官僚の意見を取り入れて教育・軍事・法

制・実業振興にわたる抜本的な制度改革を試みた(光緒新政)．この時期にみられた新しい消費としては，辮髪から長髪への変化にともなって流行した帽子や，科挙の廃止(1905年)と新式学堂設置に対応して需要が伸びた学校用品がある．中学堂が設置された省内の主要都市や大学が開設された大都市では，「学生」たちの政治意識や衛生意識の変化にともなう新しい消費が生まれた．

両大戦間期中国における都市新中間層の台頭(岩間 2011)や，女性の身体意識の変化は，石鹸・歯磨き粉・香水・化粧品・パラソルなどの需要を生み出した．これらはいずれも必要というよりも歓びに根差した消費であり，使用すること自体がファッションや嗜好，健康や衛生概念など新しい生活様式と思考様式を表象するものであった(古田 2013)．マッチやランプは利便性が受け入れられて沿海部にとどまらず内陸農村部に広く普及した．そして急速に拡大するアジア市場を捉えたのは，欧米品ではなく安価な代替品としての日本品であった．

日本植民地では，都市部に居住する日本人との接触を通じて，現地住民のあいだに新しい生活・思考様式が浸透していった．植民地の都市人口比率は，1920–1940年間に台湾で9.7％から18.2％，朝鮮で3.4％から11.6％へと着実に増大していた．彼らが新しい生活・思考様式を導入する動機は，「歓び」に加えて，野蛮視からの解放にあった．日本は現地住民に同化を強く求めたが，それは言語にとどまらず行動にも及んだ．その代表的な要求が入浴であり，新聞・雑誌や初等教育の現場などを通して，入浴が帝国臣民の要件であることがしばしば喧伝された．たとえば，台湾では洗身の習慣があったが，同化要求を受けて，都市部を中心に整備された銭湯や公共浴場，あるいは学校に設けられた入浴施設で入浴するようになり，そこでは日本品や欧米品の高価な石鹸ではなく台湾品の安価な石鹸が用いられた(Hirai 2017b; 平井 2021)．

戦間期の東南アジアでは，アメリカ向けの一次産品輸出の拡大と日本からの安価な消費財輸入の拡大とが連関する動きが見られた(第14章2，第17章3参照)．タイヤ原料としてのゴムや大衆車の普及による石油の輸出で増大した購買力を背景に，綿織物・マッチ・琺瑯鉄器(洗面器など)・洋傘などの日本の安価な消費財の輸入が拡大することとなった．ゴム栽培では，ヨーロッパ資本によるプランテーションのほかに小農による小規模な自家農園栽培も増え，これも日本製の消費財や雑貨品市場を拡大する要因になった．

同時期のインドでも日本製の多様な装身具(ガラス製腕輪・ビーズ)や装飾タイルが輸入され，ファンシーさや清潔さを表象するものとして中下層の人びとや新興コミュニティに需要された(大石 2016)．新興の商人コミュニティであるマールワーリーは，不潔性のイメージを払拭するために日本製のマジョリカタイルで自宅を飾り付けた(豊山 2016)．日本製のメリヤス製品は，着心地の良いささやかな贅沢品として下層民の自立と社会的上昇の象徴となった(柳澤 2016)．下層カーストのあいだでは，バラモンなどの上位カーストの習俗を模倣することで自らの社会的地位を向上させようという動きであるサンスクリタイゼーションが広まっており，日本製の商品は，この新たな消費動向を支える働きをしていた．さらにサンスクリタイゼーションのなかで，この時期にバラモンに倣って下層階層がコーヒーやタバコなどの嗜好品を消費するようになったり，雑穀のみでなく米を食べ始めるようになったりと食生活が変化した．これは注目すべき消費傾向の変化といえる(Srinivas 1956; 柳澤 2019: 165–168)．20世紀前半における下層カーストの自立化傾向および地位上昇の志向が従来の社会的規制への抵抗となり，消費の多様化をともなうことになったといえよう．これらの商品は日本製の低廉さを前提としたが，しかし単調で標準化された大衆消費財ではなく，むしろインドをはじめとするアジア社会の階層性や複合的な多元性に見合う多様性を有していたことも見逃せない(大石 2016: 22)．

模倣・模造と現地生産・輸入代替，近代アジア市場の重層性

　消費の側における社会階層・コミュニティ・宗教の多様性や違いは，生産の側での製品の差別化と連動していたことは，アジア経済史にとって改めて注目してよい点である．日本在留の華商やインド人商人は日本品のアジア向け輸出に関与することが多く，彼らの仲介調整機能は消費と生産を連動するうえで重要な役割を果たしていた(籠谷 2000; 大石 2016: 21)．また，日本の在外公館や輸出組合，商工会議所，大阪府立大阪商品陳列所(1890年設立)などはアジア各地に人を送って盛んに市場調査を行っており，市場ごとに異なる消費性向とそれを見すえた日本での生産とを結びつけるうえで重要な情報を提供した．日本の近代雑貨工業は19世紀末に欧米の模造品製造として開始された．いずれも単品では高価格ではないので輸出統計で個別に見た場合，その重要性は認識しに

図 15-3　先施公司の香水ビンと大阪
製造業者の商標偽造
出典：古田 2013.

くいが，1919 年の輸出額 500 万円以上の主要品目のうち，上位 4 品目までは繊維製品で占められたが，第 6 位のマッチを先頭にメリヤス製品，陶磁器，真田，玩具，ブラシ，ボタン，帽子，琺瑯鉄器などの雑貨品が並び，雑貨品全体としては主要繊維製品に続く重要な輸出品であった (沢井 2013: 194; 山澤・山本 1979: 97, 176-179)．しかしその製造所は職工 10 人前後の零細なものが多かった．消費の側の嗜好や流行の多様性，宗教やコミュニティのアイデンティティ・個別性などの情報は，日本の零細な製造業者の生き残りがかかった切実な情報であり，製品の差別化に反映させる必要のある貴重なものであった (古田 2007)．

　19 世紀末から 20 世紀前半のアジアで頻繁に起きた問題の一つに輸入雑貨のコピー品の氾濫があった．中国の消費財市場では，日本人製造業者，在華イギリス企業，華商・華人企業のあいだで商標権侵害をめぐる紛争が多発した (本野 2023)．粗悪品や模造品が横行する市場は「良い市場」とはいえない．しかし，歴史的な経済発展の文脈をみると，技術移転やイノベーションに基づく正当かつ正規の経済発展に付随して，現地でのコピー品製造や模造品・シャディー品市場の簇生が，これら「新商品」の人びとによる旺盛な消費をとおして，その社会に広く深い文化変容をもたらしたこともまた事実である (Furuta 2017: 140)．こうした事象は 21 世紀初頭まで深圳などで盛んに行われていた「山寨」と総称される携帯電話や電子機器などのコピー品の製造だけでなく，

18–19 世紀ヨーロッパでも観察できた．ドイツで新たに進展した化学薬品製造にともなって身体に悪い添加物がワインや紅茶の色を良くするために使用されたことは，ビー・ウィルソンが紹介しているとおりである（ウィルソン 2009）．近代東アジアで高いブランド力を有した「先施公司」商標を偽造した大阪零細業者による香水や化粧品のビン（図 15-3; 古田 2013），妥協と主体性の入り混じったインドの模造品（大石 2016: 34），ローエンド品だがある種の斬新さを有する遊興の品など，どのような模倣や模造が行われたのか，そのあり様から市場や社会の複合性と重層性を描くことは興味深い方法である．同様の手法はグローバル経済史にとっても有用な意味を持つものといえよう．

第16章
帝国日本の社会経済

　19世紀末から20世紀前半にかけて，日本はアジア・太平洋に植民地を持つ「植民地帝国」となった(第14章1参照)．近代の植民地帝国の特徴は，植民地経営のあり方が「収奪」から「開発」(投資)へと移行したことにあるが，日本の植民地経営は，日本経済が直面した財政難と貿易赤字を背景として，とりわけ開発志向が強かった．本章では日本帝国経済の形成と構造，日本の食料原料基地としての植民地経済の再編，工業部門の成長について概観する．

第1節　日本帝国経済の形成と構造

帝国日本の構造
【内地と外地】　19世紀末から20世紀前半の日本は「内地」と「外地」で構成された．内地とは，1889年の憲法公布時点の領土で，日本政府によって統治され，国全体のために制定された法規が原則として施行される地域を指し，本州・四国・九州に，明治以降領有していった蝦夷(北海道)・千島列島・琉球(沖縄県)・周辺の島嶼部(小笠原諸島など)が含まれる．それに対して外地とは，憲法公布後に獲得された領土であり，総督府や庁といった外地行政府によって統治され，その地域のために特別に定められた法規が施行される地域を指す．外地の範囲には日清・日露戦争によって獲得した台湾，樺太，関東州・満鉄附属地，韓国併合によって獲得した朝鮮のほか(第13章1参照)，旧ドイツ領でヴェルサイユ条約(1919年)により国際連盟からの委任統治領として施政権を獲た南洋群島が含まれる(第15章3参照)．なお満洲事変を受けて1932年に成立した「満洲国」は，実質的には日本の支配下にあったが，形式的には外国として扱われ，外地の範囲には含まれなかった．

帝国日本が内地と外地で構成された背景には，藩閥が支配する政府と，その対抗勢力として台頭した議会(政党)との対立があり，政府は新領土への議会の干渉を阻止するため，新領土を政府の「直轄地」としたのであった(檜山 1998)．このようにして政府は外地行政府を媒介として議会の掣肘を抑えながら外地を統治・経営することができたのであった．その結果，外地に施行される法令は，①総督が発する命令(台湾と朝鮮のみ)，②政府が外地のために特別に定めた勅令，③政府が外地にも施行すべきと判断した一部の法律，のいずれかとなった．また，外地で行われる政策は，外地行政府が原案を作成し，それを監督官庁(内務省，拓務省など)や関係官庁(大蔵省，外務省，内閣法制局など)と交渉・調整したうえで実行され，交渉・調整過程では内地の利害と外地の利害が対立することもあった．

　帝国日本は多様なエスニック・グループを包摂していた．これらのエスニック・グループは対外的には「日本人」であったが，対内的には異なる戸籍に登録されることで厳然と区別されており，たとえば1940年の国勢調査では「内地人」「朝鮮人」「台湾人」「樺太人」「南洋人」に区分されていた．1940年の総人口約1億人のうち，最大は内地人7,350万人であり，朝鮮人2,480万人，台湾人550万人がそれに続いた(条約局第三課 1957: 10)．

【地方統治】　現地住民と直接対峙する地方統治の方式は内地と異なり，外地では「自治」の範囲が大幅に制限されていた．台湾の場合，1920年までの地方行政府は総督府の出先機関に過ぎなかったが，1920年と1935年の地方制度の改編を経て地方団体(州・市・街庄，日本の県市町村に該当)に予算編成を含む一部の権限が委譲されるようになり，地方団体の首長は官選であったが，諮問機関(協議会)や議決機関(州会・市会)が置かれた．しかし，制限選挙や半数官選制などの措置により，人口の大半を占める台湾人の民意が反映される余地は狭められた．また，行政費の節減を目的に，台湾の伝統的な自治組織であった「保甲」が一般行政・警察行政を補助する末端行政組織として再編され，治安維持から農事改良までさまざまな事業に利用された．

　朝鮮では1917年までに都市部では府，農村部では面が基礎的な地方行政の単位として整備された．府は，併合以前から開港場を中心に置かれた日本人の居留民団を前提としたものであった．また面の設置は，自然村(洞・里)の自治

的な機能を奪い，行政による支配の強化を意図したものであった．府尹・面長など，地方行政の責任者は任命制だったが，1920年と1930年の地方制度の改編を経て，住民による諮問機関(協議会)が導入されたほか，多くの人口を抱える地方団体では公選制の議決機関(府会・邑会)も置かれた．しかしこれらの選挙は制限選挙であり，一部の地主・資本家層を除いて，ほとんどの朝鮮人に制度的な政治参加の途は開かれていなかった．

【官僚機構】　外地の官僚制度は基本的には内地の官僚制度が持ち込まれたもので，高等官と判任官で構成される官僚と，判任官より下位の非正規雇用である雇員・傭人で構成された．その規模は膨張の一途をたどり，1926年時点で官僚全体のうち内地勤務者は69％で，残り31％が外地勤務者であった．高等官は東京で実施される文官高等試験(高文試験)の合格者から任用されたが，内地での任用を想定した出題であったため，外地に関する知識や言語を身につけていなかった．他方，判任官は高文試験に加えて，各地で実施される普文試験による任用，学歴による任用，実務経験者からの任用など，多様な任用経路があった(岡本 2008)．

　台湾人や朝鮮人も官僚になることは可能であったが，内地人に対して大きなハンディキャップを抱えていた．試験は筆記・口頭を問わず日本語で行われたほか，高文試験は一定の学歴がなければ受験資格は与えられず，そのような学歴を付与する教育機関は当初は外地にはなかった．また，任用率も内地人が圧倒的に高く，台湾人や朝鮮人は任用されたとしても総督府などの中央行政機関の内局で勤務することには大きなハードルがあった．

植民地開発の「基礎工事」

　外地では経済的近代化をもたらす「開発」が志向された．その背景には，統治の正当性の確保のほかに，日清・日露戦争後に日本が直面した，財政難と貿易収支の赤字という経済問題があった．財政難は外地経営に要する追加的な財政支出を困難とし，政府は外地行政府に経営費を自弁することを求めた(「財政自立」)．また，貿易収支を改善するために，外地には内地が輸入している食料や工業原料の代替生産地となることや(「食料原料基地」)，日本製品の市場となることも期待された．そして，本格的な開発に先立つ「基礎工事」として，地

租改正，通貨・関税制度の再編，交通通信インフラ整備が進められていった．

【地租改正】　地租改正は，土地測量によって地籍を作成・登記して土地所有権者を確定する土地制度の変革と，地価を基準とする地租を所有権者に直接金納させる地税制度の変革から成り(宮嶋 1994)，前者は土地売買や土壌改良を促進して農業成長に寄与し，後者は地租収入を安定化させる効果を持つ．

台湾では，一つの土地に対して所有権者(納税者)である大租戸，耕作権者である小租戸という二人の権利者が存在する複雑な土地所有形態が形成されていた(「一田両主制」)．地租改正は清統治時代の末期に洋務派官僚(第13章1参照)の劉銘伝によって試みられたが成功するに至らず，台湾総督府によって1898–1904年に土地調査事業が実施された．本事業は，土地を測量して所有権者を確定する「土地調査」を行った後に，一田両主の土地に対しては大租戸が持つ大租権を買収して小租戸を所有権者とする「大租権整理」を実施し，最後に地租率を改定する「地租改正」を行うという三段階を踏んだ(江 1974)．

所有権の確定は申告制に基づいており，課税対象となる田畑面積は36万haから62万haへ増大した．また，大租権の買収は，大租額の3–5.4年分に相当する金額を公債の発行という形で行われた．これによって，「一地一主」という近代的土地所有制度が確立された．一方，無主地や無申告の有主地(田畑面積の約6%)，および山林原野を主とする未開墾地の大半は官有地に編入された．そして，当初予定していた200万円の地租増徴に見合うように地租率を決定していった．地租改正後に減租を求める運動が各地で展開されたものの，農民の負担が一様に増大したわけではなく，旧小租戸は地租の増徴額が旧大租額を下回っていたために負担は軽減された(江 1974: 233)．

朝鮮では，朝鮮時代後期にはすでに土地私有の観念が確立し，土地の取引も頻繁に行われていたが，国家はそれを事実上把握していなかった．日清戦争後の1898年，朝鮮(大韓帝国)政府は全国的な土地の測量と地契(地券)制度の実施を図ったが，完了できなかった．日露戦争後，朝鮮が日本の保護国となり，開港場外の水田を購入して地主化する日本人が増加すると，土地家屋証明制度による公証制度が実施された(1906年)．

最終的に全土の土地測量と所有権の確定が果たされたのは，1910年から18年にかけて行われた土地調査事業によってであった．これにより従来把握され

ていた面積を大きく上回る487万町歩の所有権が確認された．所有権の確認は地主の申告によることを原則とした．実際に筆地数でみて全体の99.5%は申告通り認められ，紛争地の扱いを受けたのは0.5%だった（筆数基準）（宮嶋 1991: 525-526）．紛争の大半は国有地と査定された耕地に集中していた．これは朝鮮時代に官衙・王室が徴税権を分与された土地について（駅屯土），耕作者の所有権を認めるかどうかに関わっており（宮嶋 1991: 470-486），朝鮮特有の土地制度のあり方が近代的な所有権設定とのあいだで摩擦を起こした例といえる．

こうして土地所有権が確定されたことで，土地の商品化や資本転換が容易となった．土地調査事業の終了とほぼ同時に，土地金融を主業務とする朝鮮殖産銀行が設立されたのは偶然でない．土地調査事業そのものが日本人や特定階層の利益のため恣意的に実施されたとする見方は現在ほぼ否定されているが，この事業の完成が地主制の展開を後押ししたことは疑いないであろう（宮嶋 1991: 550-554）．1920年代からの産米増殖計画（第16章2参照）も，地主たちが直接の事業主体となったという意味で，土地所有権の確定を前提としたものであった．

そのほか，関東州では，当初はロシア統治時代の制度が踏襲されたが，1914-1923年に土地調査事業が実施されて，地価・所有権者が確定した（平井 1997: 253）．また，樺太と南洋群島では地租は賦課されなかった（平井 1997: 183, 269-270）．

【通貨・関税制度の統一】　通貨・関税制度の再編は帝国内の経済空間を一体化し，帝国内分業を促進する効果を持った．関税制度の再編では，日本の関税圏への包摂が目指されたが，それが困難な場合は特恵関税を採用して帝国外貿易との差別化が図られた．前者の例は台湾，樺太，朝鮮（1920年以後），南洋群島であり，これらの地域と内地との貿易は一部例外を除いて無関税となった．一方，後者の例は関東州と朝鮮（1920年以前）であり，関東州は租借地かつ自由港のため，朝鮮は列強との摩擦の回避を目的に10年間の関税据置がなされたため，関税上は「外国」の扱いとなった（山本 1992: 78）．

通貨制度の再編では，地域によって日本通貨圏の包摂と分離が併用された．樺太や南洋群島といった経済規模が小さな地域では日本の通貨が流通した．一方，経済規模が大きい台湾と朝鮮では，日本の通貨をそのまま通用させた場合，これらの地域で発生した通貨危機が内地に波及する恐れが予想された．そのた

め，通貨発行権を有する植民地銀行（台湾銀行・朝鮮銀行）を創設し，植民地銀行券（台湾銀行券・朝鮮銀行券）と日本銀行券との等価での自由交換を保証した（山本 1992: 83）．内地・外地間での取引における為替変動リスクは解消され，帝国内貿易や内地から外地への産業投資が促進された．

【交通・通信インフラ】 帝国内分業を促進するインフラ整備は，日露戦争後に進められた．内地では鉄道国有法（1906年）によって統一的輸送網が確立したが，ほぼ同時期に台湾・朝鮮・満洲でも鉄道網が整備されたほか，これら地域を結ぶ蒸気船網の構築と港湾整備も進められた．

台湾では，清統治末期に西部縦貫鉄道の建設や基隆港の整備が進められたが，資金力と技術力不足のために鉄道は基隆・新竹間が敷設されたのみで，基隆港の整備もほとんど進まなかった．台湾総督府は同事業を引き継ぎ，1899–1908年に基隆から台北・台南などの主要都市を経由して南部の要港である打狗（のち高雄）を結ぶ西部縦貫鉄道を全通させ，第一次大戦期に輸送力問題が深刻化すると，複線化を進めて輸送力の強化を図った．港湾整備では，四つの開港場のうち基隆港と打狗港が重点的に整備され，1945年の段階で両港はそれぞれ係船能力が1万t級30隻以上，標準荷役能力が約300万tの近代港湾に変貌した（高橋 1993: 269）．そして，内地・台湾間の海運では，総督府の命令航路を受命した大阪商船・日本郵船が定期航路を開設したほか，さまざまな海運会社が不定期航路を設けた．

朝鮮では，大韓帝国期に鉄道の敷設と港湾の整備が進められた．鉄道では，1899年以降に民間資本によって京城・仁川間の鉄道のほか，京城・釜山間と京城・新義州間などの主要路線が開通し，朝鮮半島を縦貫する鉄道が完成した．内地における鉄道国有化と関連してこれらの鉄道は統監府に買収され，のちに総督府に引き継がれ，鉄道網の拡充や輸送力の強化が図られていった．港湾整備では，韓国政府期に仁川や釜山などが修築されていたが，朝鮮総督府は総工事費用の3分の1を釜山港に投下して，内地との連絡強化を図った．内地・朝鮮の海運は大阪商船のほか，1912年に日本郵船と大阪商船が主導して設立された朝鮮郵船によって担われた．

満洲では，ロシアから租借権を譲渡された南満洲鉄道と大連港の整備が進められた．鉄道は標準軌への転換や部分的な複線化によって輸送力が強化された

ほか，1911年には安奉線(奉天・安東間)が完成して，満洲・朝鮮間の大陸物流が強化された．また，大連港の整備も進められ，1910年代に係船能力は汽船40隻20万t，標準荷役能力は約600万tというアジア最大規模の港湾となった．満鉄は大連・上海間の航路を開設したほか，子会社の大連汽船が台湾，日本，ウラジオストクなどの航路に進出した(高橋 1993: 281)．

樺太では，1906年に主要港湾の大泊港と豊原とのあいだで鉄道が開通したのを皮切りに，東西両岸沿いに鉄道が敷設された．樺太と内地間の海運は当初は中小の海運会社に担われていたが，1914年にこれらの会社によって北日本汽船が設立された．南洋群島では，南洋興発株式会社による製糖鉄道を除くと鉄道は敷設されず，南洋群島・内地間の航路は日本郵船が担った．

食料原料基地化

以上の「基礎工事」と並行しながら，外地では日本の食料原料基地としてさまざまな一次産品(農林水産物と鉱物)が生産された．外地では工業化も進展するが(本章3参照)，基本的には農業社会であったといってよい．

【砂糖と米】 なかでも重要な一次産品は砂糖と米であったが，次節で詳述するため，ここでは概略だけ説明する．

砂糖は日本の主要な輸入品で，その自給は貿易収支の改善にとって重要課題であった．砂糖の主要な産地は台湾であり，1900年代に工場制機械工業としての近代製糖業が移植された．また，第一次世界大戦期の砂糖価格の上昇を背景に，内地の沖縄や北海道，外地の南洋群島と朝鮮，さらに満洲でも近代製糖業が勃興し，サトウキビやビート(甜菜)を原料とする粗糖が生産されたほか(朝鮮では失敗)，内地や朝鮮では輸移入した粗糖を加工した精製糖の生産が行われた．製糖業は帝国に最も広く分布した産業であり，1930年頃に日本は砂糖の自給を達成した(図16-1)．

米は日本人の主食として自給が目指されるようになった．日本では人口と所得の増大によって19世紀末には米の自給が困難となり，台湾と朝鮮からの米(外地米)の移入が促されたほか，東南アジア大陸部から米(外米)を輸入する「外米依存政策」が採用されていた．しかし，1919-1921年頃に東南アジア大陸部での不作にともない米の禁輸措置が発動された結果，外米依存政策は破綻

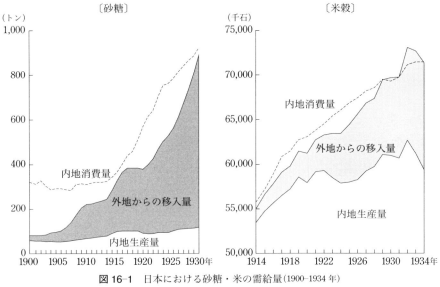

図 16-1 日本における砂糖・米の需給量(1900-1934 年)
出典：台湾総督府『台湾糖業統計』各年，食糧管理局 1942: 26-27.

し，米価の安定と米の自給をセットとする食糧自給政策へ切り替えられた(大豆生田 1993)．内地における米の増産は消費量の増大に追いつかず，拡大する需給ギャップは外地米の移入によって埋められた．台湾ではジャポニカ種の蓬萊米(ほうらいまい)の開発や，大規模灌漑設備である嘉南大圳(かなんたいしゅう)の建設(1920-1930 年)，朝鮮では産米増殖計画が実行され，米の増産と対日移出の促進が図られ，日本は1930 年代前半に米の自給を達成した(図 16-1)．

【肥料】　帝国日本では農業の生産性を向上させるために肥料の消費が増大した．肥料は，成分量は少ないが現金支出を要しない自給肥料(緑肥，人糞尿など)と，成分量は多いが現金支出を要する販売肥料(魚肥，大豆粕，化学肥料など)に分けられる．台湾や朝鮮の伝統的農業は肥料節約的であったため自給肥料の消費が中心で，販売肥料の消費はほぼ皆無であったが，食料原料基地化の過程で販売肥料の消費量が増大し，1938 年には台湾と朝鮮で日本の 3 分の 1 の規模の販売肥料が消費されるようになった(図 16-2)．

　台湾や朝鮮における販売肥料への需要は，肥料貿易や肥料工業の形成につながった(図 16-2)．肥料貿易の嚆矢は日露戦後における満洲・日本間の大豆粕貿易であった．満洲産の大豆粕は中国沿岸貿易の重要商品であったが(第 10 章 1

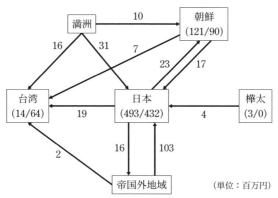

図 16-2 帝国日本における肥料の生産・消費・貿易(1938年)
出典：平井 2017: 159; Hirai 2017a: 78
注：自給肥料は含まない．
日本，台湾，樺太，朝鮮の数値は生産額／消費額である．

参照)，20世紀初頭には日本の肥料需要の増大を受けて日本へも輸出されるようになり(宮田 2006)，後に台湾，朝鮮へも盛んに輸出されるようになった．第一次大戦後にはヨーロッパで生産された化学肥料である硫酸アンモニウム(硫安)の使用が拡大した．その背景にはヨーロッパの化学工業の影響があった．油脂工業の成長によって油脂原料となる大豆への需要が増大し，その価格が上昇する一方，化学肥料工業ではハーバー＝ボッシュ法によって硫安が安価かつ大量に生産できるようになったため，大豆粕と硫安との相対価格が後者に有利な方向に変動したのである(坂口 2003)．1930年代になると，日本のほか朝鮮でも硫安生産が始められ，帝国内で硫安の輸入代替化が進められていった．

【木材】　そのほか，樺太の木材も重要な一次産品であった．木材の用途は家庭や産業でエネルギーとして用いられる燃材と，産業でさまざまな方途に用いられる用材に大別され，近代日本では燃材消費量が年間 1–1.5 億石で推移する一方，用材消費量は約 2,500 万石から約 1 億石へと 4 倍も増大した(山口 2021: 6)．用材は建築用材，坑木，枕木，パルプ用材，包装用材などに分かれ，国産材のほか，アメリカなどからの輸入材や樺太からの移入材が供給された．樺太材は1920年代に発生した虫害の影響で伐採が進み，建築・土木用材，包装用材，パルプ用材として内地に移出された．1920–30年代半ばまで，パルプ用材の年間供給量に占める樺太材のシェアは 20–55% と高く，樺太の存在によって内地

表 16-1　1935 年の内地の貿易構造

輸出	食料品		原燃料		軽工業品		重化学工業品		合計(含その他)	
	金額(百万円)	割合(%)	金額(百万円)	割合(%)	金額(百万円)	割合(%)	金額(百万円)	割合(%)	金額(百万円)	割合(%)
帝国圏	176	55	83	46	469	23	429	62	1,202	37
台湾	51	16	19	10	69	3	80	12	218	7
朝鮮	65	20	51	29	244	12	185	27	559	17
満洲	61	19	13	7	157	8	163	24	425	13
外国	142	45	97	54	1,539	77	260	38	2,074	63
合計	318	100	180	100	2,009	100	688	100	3,276	100

輸入	食料品		繊維原料		鉱物性燃料		重化学工業品		合計(含その他)	
	金額(百万円)	割合(%)	金額(百万円)	割合(%)	金額(百万円)	割合(%)	金額(百万円)	割合(%)	金額(百万円)	割合(%)
帝国圏	616	82	40	4	42	20	126	18	1,015	31
台湾	277	37	0	0	1	0	23	3	314	10
朝鮮	282	37	38	4	7	3	70	10	486	15
満洲	57	8	2	0	34	16	32	5	215	7
外国	137	18	943	96	170	80	570	82	2,257	69
合計	753	100	983	100	212	100	696	100	3,272	100

出典：山本 1992: 128-129
注　：満洲は関東州と満洲国の合計

の山林負荷は大いに軽減された(山口 2021: 12).

開発の帰結

【帝国内分業】　開発の基礎工事と産業育成の結果，外地と内地の間では緊密な分業関係が形成された(表 16-1，表 16-2)．1940 年を事例にすると，全貿易額に占める帝国内貿易額の比率は，内地 29%，台湾 91%，朝鮮 84% であり，これは欧米列強とその植民地(アメリカ領フィリピンを除く)のあいだの貿易結合よりも高い水準であった．外地は食料供給を通じて内地の外貨節減に寄与し，内地の重化学工業製品の市場としても重要な役割を果たした．外地は当初こそ消費財(食料や軽工業品)の市場に過ぎなかったが，しだいにインフラや製造業で需要される資本財の市場にもなったのである(堀 2009: 174)．一方，戦時期の内地で需要された原料(特に棉花)や燃料(特に原油)の供給での寄与は乏しく，後に日

表 16-2 内地・台湾・朝鮮の主要経済指標

内地（38.3 万 km²）

	人口		実質 NDP		産業構造(%)			鉄道営業距離 (km)	貿易結合 (%)
	総数 (千人)	市部人口率 (%)	総額 (百万円)	一人あたり (円)	第一次	第二次	第三次		
1910年	49,184		7,559	154	31	20	50	7,670	17
1920年	55,963	33.1	10,662	191	28	22	50	10,157	12
1930年	64,450	36.4	13,287	206	23	32	44	14,404	22
1940年	71,420	40.7	23,306	326	14	43	43	17,355	29

台湾（3.6 万 km²）

	人口		実質 GDP		産業構造(%)			鉄道営業距離 (km)	貿易結合 (%)
	総数 (千人)	市部人口率 (%)	総額 (百万円)	一人あたり (円)	第一次	第二次	第三次		
1910年	3,254		342	105	36	20	44	454	82
1920年	3,694	9.7	437	118	37	20	43	637	76
1930年	4,593	13.5	716	156	39	23	38	883	84
1940年	5,872	18.2	903	154	35	28	37	882	91

朝鮮（22.1 万 km²）

	人口		実質 GDP		産業構造(%)			鉄道営業距離 (km)	貿易結合 (%)
	総数 (千人)	市部人口率 (%)	総額 (百万円)	一人あたり (円)	第一次	第二次	第三次		
1911年	16,615		950	57	53	6	41	1,055	65
1920年	18,619	3.4	1,447	78	64	11	25	1,859	71
1930年	21,058	5.7	1,857	88	52	14	34	2,771	82
1940年	24,302	11.6	2,859	118	42	32	27	3,161	84

出典：平井 2023: 243; 高橋 1993: 266-267
注1：実質 NDP・GDP：台湾と朝鮮は 1935 年価格，内地は 1934-36 年平均価格．
注2：貿易結合：全貿易額に占める日本・台湾・朝鮮間の貿易額の比率．内地と台湾の 1910 年の数値は 1911 年の数値，全地域の 1940 年の数値は 1938 年の数値．
注3：産業構造：朝鮮の 1911 年の数値は 1912 年の数値である．
注4：鉄道営業距離：官有鉄道のみ．1940 年の数値は，台湾と朝鮮は 1935 年，内地は 1936 年の数値である．

本の中国や東南アジアへの侵攻が進められる遠因となった．

　ただし，帝国内諸地域の関係は分業だけではなく，内地と外地，あるは外地相互の利害が相剋することもあった．たとえば，外地米の移入による米価低落は 1920 年代後半には内地の農家経営を圧迫するとして問題視されるようになり，移入規制の機運が高まったが，朝鮮や台湾はそれに反発した．最終的にこの対立は外地米の移入規制などを通じて，内地利害を押し通す形で終結した

(松本 1983)．また，砂糖の自給が達成されると，過剰生産を避けるために生産制限の必要性が高まったが，帝国内各地の製糖業者は自らの利害を主張して減産に応じず，最終的に帝国外地域への輸出を通しての解決が図られた(平井 2017)．

【経済成長】 開発の「基礎工事」や産業育成，内地との分業の結果，外地では内地に匹敵する経済成長を経験した．すなわち，1910年代初頭と1940年を比較した人口と一人あたり実質GDPの変化は，台湾では1.8倍・1.5倍，朝鮮では1.5倍・2倍であった(表16-2)．

第2節　食料原料基地としての植民地

砂糖の増産

【台湾における近代製糖業の移植】 台湾では手工業による在来製糖業が展開していたが，日本の砂糖自給のためには，工場制機械工場による近代製糖業の移植が不可欠であった．しかし，近代製糖業の移植に際して，製糖工場を設立・運営するための資本の不足が問題となった．製糖工場は製糖機械や製糖鉄道などの設置・運営のために百万円単位の資本を必要とするが，日本や台湾にそれだけの資本を製糖業に投下できる資本家はほとんどいなかった．

砂糖原料であるサトウキビの安定的な調達が困難であったことも，製糖業への投資を妨げた．砂糖を大量生産する近代製糖業では，砂糖原料も大量に必要となる．世界の砂糖産地では製糖工場が広大な農地の所有権・使用権を持ち，製糖工場の管理の下で大量に砂糖原料が生産栽培されていた．一方，東アジアでは主に家族労働力を用いた小農経済が一般的であり(第7章1参照)，台湾では商業的農業の発達と私的所有権の確立によって，土地の価格が高く，製糖工場が広大な農地の所有権・使用権を持つことはできなかった．そのため，製糖会社は他社と価格競争をしながら，小農が栽培したサトウキビを購入しなければならず，それは砂糖の生産コストの上昇を意味するため，製糖業への投資を躊躇させるに十分な理由となった．小農経済を前提として，製糖工場が需要するサトウキビをいかにして安価かつ安定的に確保する環境が整えられるかが，近代製糖業の移植の鍵となったのである．

総督府は製糖業の保護育成のために，1902年に台湾糖業奨励規則を施行して，製糖工場の設立や製糖機械の購入，サトウキビの生産性の向上につながる肥料の購入に対して補助金を下付した．また，総督府は1905年に製糖場取締規則を施行して，各製糖工場に「原料採取区域」を設定し，区域内で栽培されたサトウキビの独占購入権を与えた．その結果，製糖会社は他社との買収競争を通じてサトウキビを購入する必要がなくなった．一方，農民は作付け選択の自由こそ残されたが，サトウキビを栽培した場合は特定の製糖工場への販売が義務付けられるようになったため，砂糖市場から切り離され，単なる砂糖原料（サトウキビ）供給者に転落した（矢内原 1929）．

　日露戦後になると，積極的な財政出動に支えられて内地の景気が回復したほか，鉄道国有法によって民間に大量の資金が供給されたため，砂糖商や貿易商を中心に製糖業への投資が相次ぐことになった．1900年に三井家が台湾製糖を設立していたが，当該期には横浜の増田屋や安部幸商店，神戸の鈴木商店や湯浅商店の出資などによって製糖会社の設立が相次いだ．また，内地で精製糖を生産していた大日本製糖が台湾に進出した．

　台湾で生産されたのは主に低純度の粗糖であったが，台湾の製糖会社は1910年代半ば以降に内地で精製糖工場を設立し，台湾で生産した粗糖を原料として高純度の精製糖を生産するようになった．また，台湾製糖が森永製菓に出資したほか，明治製糖が明治製菓や明治乳業を設立するなど，台湾糖業は日本の製菓業・乳業の発展にも寄与した．

【台湾糖生産量の増大】　砂糖生産量は，サトウキビ栽培における栽培面積と土地生産性，サトウキビを砂糖に加工する際の歩留によって決定される．1900–10年代の砂糖生産量の増大は栽培面積の拡大に支えられていた．製糖工場は原料採取区域内の農民をサトウキビ栽培に誘引するため，買収価格や各種奨励金などを盛り込んだ「栽培奨励規定」を提示した．買収価格は砂糖の市場価格ではなく，対抗作物の収益を基準として決定された．台湾ではサトウキビの最大の対抗作物は米（稲作）であったが，サトウキビの収益よりはずっと少なかった．製糖会社は稲作収益を基準にサトウキビの買収価格を設定することで多くの利益を獲得できた．農民にとってサトウキビは最も収益の高い作物であり続けたが，その収益は原料採取区域制の導入によって低下した．

しかし，1910年代末における内地の米価上昇を背景に台湾の稲作収益が改善されると，こうした事態は終焉を迎えた．1920年代には稲作に侵食されてサトウキビの栽培面積は減少するようになった．製糖会社はサトウキビの買収価格を引き上げたり買収条件を改善したりして，農民のサトウキビ離れを食い止めるとともに，土地生産性や製糖歩留の向上を通じて生産量の維持・増大を図った．土地生産性の向上のために，蘭領東インドからの高収性品種の導入や，各地の土壌に最適な肥料の開発が行われ，これらの品種や肥料はその使用を奨励金の付与の条件とすることで農業現場に普及していった（平井 2017）．また，製糖歩留の向上のために，サトウキビの含有糖分を可視化する糖度計や，糖分圧搾率を高める機械の導入・改良が進められた．これらの技術開発にあたったのは総督府の糖業試験場や製糖会社の研究部に勤務する農業技術者であった．

【産地拡大と砂糖自給】 第一次世界大戦による好況の影響で砂糖価格が高騰すると，台湾以外の地域でも近代製糖業が勃興した．熱帯・亜熱帯に位置する沖縄・南洋群島ではサトウキビを原料とする製糖業が成長し，それぞれの地域の財政や雇用を支える基幹産業として位置づけられた．また，温帯・寒帯に位置する北海道・朝鮮・満洲ではビートを原料とする製糖業が勃興した．ビートは深く根を張って土壌を柔らかくすることで，他の輪作物の生産性の向上にも寄与するため，ビート栽培は農業の集約化に欠かせないものとされた．

これらの新興産糖地域では台湾の経験が導入された．すなわち，糖業試験場などの技術開発システムが導入され，そこでは台湾で経験を蓄積した技術者が赴任してくるといった現象もみられた．また，南洋群島と北海道では「原料採取区域制度」が導入された．先発した台湾に加えて，これら新興地域の砂糖生産が加わったことで，日本は1929年に砂糖自給を達成した．

米の増産①――台湾米

【台湾米の生産と対日移出】 台湾の在来米はインディカ米で1,400もの品種が栽培され，一部地域では二期作も行われていた．しかし，在来米が低収性品種であったことや，内地市場でインディカ米に対する評価が低かったことから，1910年代までの米の生産量は400万石台で推移した．しかし，1920年代以降に米の生産量は急増し，1930年代半ばには900万石を超えた（表16-3）．増産

表 16-3　台湾・朝鮮における米増産策の結果(1920-1935年)

台湾	在来米 生産量(千石)	在来米 耕地面積(千ha)	在来米 生産性(石/ha)	蓬莱米 生産量(千石)	蓬莱米 耕地面積(千ha)	蓬莱米 生産性(石/ha)	純搬出量(千石)	消費量(千石)	一人あたり消費量(石)
1920年	4,857	492	9.9				675	4,184	1.13
1925年	5,182	481	10.8	731	58	12.5	1,588	4,325	1.06
1930年	5,435	474	11.5	1,763	128	13.7	2,313	4,886	1.06
1935年	4,917	412	11.9	4,137	264	15.7	4,643	4,412	0.88

朝鮮	生産量(千石)	耕地面積(千ha)	生産性(石/ha)	純搬出量(千石)	消費量(千石)	一人あたり消費量(石)
1920年	14,039	1,454	9.7	2,744	11,295	0.61
1925年	16,017	1,486	10.8	4,555	11,462	0.59
1930年	17,924	1,529	11.7	6,529	11,395	0.54
1935年	21,882	1,598	13.7	8,431	13,451	0.59

出典：平井 2023: 247
注　：純搬出量＝(輸出量＋移出量)－(輸入量＋移入量)

分の大半は米が不足する内地への移出に充てられ，1920年に20%であった輸移出率(輸移出量／生産量)は1935年には50%となった．他方，内地移出の増大によって台湾内の一人あたり消費量はむしろ低下し，代わって甘藷や麦などの消費量が増大した．

【蓬莱米と嘉南大圳】　米の増産を可能としたのは，高収性のジャポニカ種の蓬莱米の開発であった．蓬莱米は内地市場で評価され，農会，米商，地主は積極的にその栽培を勧誘した．一部の農民は在来米から蓬莱米に作付け転換し，それが在来米の需給を逼迫させて在来米価格を押し上げ，市場向けに在来米を栽培する農民も現れた．その結果，1910年代に約50%に過ぎなかった米の商品化率は，1930年代には70%を超えるに至った(堀内 2021: 47)．蓬莱米の高収性を発揮するために投入する肥料の消費量も増大した．高収性の蓬莱米の登場と肥料消費量の増大に支えられて，台湾の稲作の土地生産性は向上していった．

台湾南部に広がる嘉南平原14.5万haを灌漑する「嘉南大圳」の建設(1920-1930年)も米の増産に大きな影響を与えた．嘉南平原は雨季と乾季が明確に分かれ，水への依存度が低い雑作物を中心とする輪作が行われていた．総督府は米とサトウキビの増産のために嘉南大圳を建設し，灌漑対象域でサトウキビ・

水稲・雑作物の輪作を強制することで，雑作物を犠牲にする形でのサトウキビと米の増産を図った．その結果，雑作物に偏重していた作付けは雑作物・サトウキビ・水稲に平準化され，灌漑・土地改良・品種改良にともなう生産性の向上と相まって，嘉南平原における米とサトウキビの収穫量は増大した．

【科学技術のリスク】　米の増産は農家経営リスクを高めながら進められた側面を持っていた．品種の更新は，農家経営の規模を変えることなく，かつ現金支出をほとんどともなわないために受け入れられやすいが，その品種に適合した栽培法――施肥量，水管理，病虫害防除など――の導入が不可欠となるため，栽培法全体を変えていく圧倒的な推進力を持っている(田中・今井 2006: 103-104; 藤原 2012: 21)．蓬萊米は多肥が必須であったから，肥料品質の鑑定，肥料購入費の調達などの追加的負担が生じた．農業は現金収入の機会に乏しいため，農民にとってリスク回避は重要となる．在来米は生産性・市場評価が低く高収益は見込めないが，外部環境の影響(市場価格，施肥量，自然災害)に対する耐性が高いという点で，栽培上のリスクは小さかった．他方，蓬萊米は生産性・市場評価が高く高収益が見込めるが，自然災害への耐性は不確実で，市場向け生産のため，栽培の失敗，想定外の災害などで期待された収入が見込めないこともあるという点で，経済的上昇と没落の双方の機会をもたらす，相対的にリスクの高い品種であった．農民は蓬萊米の栽培に慎重であったが，警察を動員しての半強制的な品種交換や地主との小作契約，あるいは経済的上昇機会の誘惑から逃れることは難しく，多くの農民がリスクに身を投じるようになったのであった(斎藤 1972: 25; 藤原 2012: 70, 78, 131-134)．

また，嘉南大圳も農家経営上のリスクをもたらしていた．嘉南大圳の灌漑地域では三年輪作が強制されたため，農民は雑作物に加えて新たにサトウキビと水稲の栽培法を修得する必要があったほか，土壌改良・水租納入・労働力雇用などの追加的費用を要した．一部の農民は水路を破壊して水租の納入を拒否したり，指定外作物を栽培したりするなどして三年輪作に対抗した(清水 2015)．

米の増産②――朝鮮米

【朝鮮の貿易構造】　朝鮮は1876年の開港直後から日本を最も重要な貿易相手国としていた．日本の工業化にともない，1890年代には日本産の近代綿業製

品と朝鮮産の米穀・大豆を中心とする農工間の分業＝「綿米交換体制」が顕在化した（第14章1参照）．植民地化後，こうした傾向はさらに強まった．朝鮮貿易における対日貿易の比率は，1910年当時，輸移出において80％，輸移入において70％であったのが，1930年には輸移入94％，輸移出79％にまで上昇した（金洛年 2008: 580-581）．またその内容も，農工間の分業という性格は引き続き顕著で，特に1920年代後半から30年代後半にかけては，対日移出額の50％以上が米穀によって占められた（堀 2009: 52）．経済的な分業という観点で見ると，植民地期の朝鮮は日本帝国の一部に深く包摂され，基幹的な食糧の供給を担う農業植民地として位置づけられていたといえる．こうした状況は，1930年代後半に朝鮮の工業化が進むことで変化するが，それについては次節で改めて述べる．

【朝鮮米の対日輸移出と産米増殖計画】　日本において外国産米の輸入が増加したのは1890年代である．急速な工業化と都市化にともなって，国内産米の供給を上回る速度で需要が増加していた．この時期の最も重要な供給元は東南アジアの大河川デルタであり，朝鮮米の供給は相対的に少量かつ不安定であった．しかし東南アジア米がインディカ種であるのに対し，朝鮮米は日本米と同じジャポニカ種であったことから，日本市場ではより高い評価を受け，阪神地域の都市圏で主に消費された．

　こうした外国産米の輸入拡大を，日本政府は必ずしも歓迎していたわけではない．日本国内の米価安定，地主・米作農家の利益擁護という政策目標を両立させることは難しかった．また米の輸入額は1903-1905年にかけて日本の総輸入額の10％を超えており，国際収支の圧迫要因としても無視できなかった（大豆生田 1993: 82）．日本政府は日露戦争中の1905年7月に第二次非常特別税の一環として導入した米穀輸入税を戦争終結後も撤廃せず，これは朝鮮米の供給拡大の障害となっていた．しかし1910年に朝鮮が植民地となった後，1911-1913年の米価騰貴を機に，日本政府は植民地米の積極的な導入に舵をきった．1912年に朝鮮から日本への米移出税を撤廃し，1913年には日本側の朝鮮米移入税（植民地化と同時に輸入税を移入税に改称）も撤廃したのである．一方で外国米の輸入税は据え置かれた（米騒動後の1918年11月に免除された）．

　これにより朝鮮米の対日移出は急増したものの，第一次大戦後期における米

穀需要の逼迫は深刻で，1918年7月には米騒動の勃発を見た．戦時下のヨーロッパ諸国が深刻な食糧不足に苦しんだことも，日本政府に積極的な増産をともなう米穀自給政策を促す契機となった．その一環として，朝鮮では1920年に産米増殖計画が実行に移された．その内容は1934年までの15年間に43万町歩の耕地改良を行い，920万石の米を増産するというものだった．耕地改良の眼目は水利施設の整備であり，降雨量の季節差が大きい朝鮮半島の自然条件のもとで水田作を安定させ，収量を向上させるためには必須の課題であった．

しかしこの計画は，資金の多くを事業者(土地の所有者やその組織する水利組合)自身の調達に委ねており，折からの金利上昇もあって，順調に進行しなかった．そこで日本政府は計画の内容を大幅に変更し，1926年から産米増殖更新計画を実施することとした．更新計画では事業資金の90％近くを国庫補助金ならびに大蔵省預金部資金(日本国内の郵便貯金)を原資とする政府斡旋の低利資金によってまかなうこととした．また事業実施のための特殊会社(朝鮮土地改良株式会社)を設立したほか，購入肥料の利用促進のための融資を行うといった施策もあわせてとられた．

更新計画は14カ年での完成を目指していたが，1929年の大恐慌による米価暴落と農村の窮乏化を直接の契機に，朝鮮米の流入に対する日本国内の地主・生産者の不満が高まり，1934年をもって事実上中止された．とはいえ植民地化当初に1,000万石前後だった朝鮮の米穀生産高は1931年には1,900万石を超えた．そして生産高に占める輸移出高は，1912年に4.5％だったものが1921年には21.9％，1936年には51.4％となった．日本側から見ると，1920-30年代の米消費量の5％以上が朝鮮米によって占められることになった(林采成 2019: 32)．明治期から朝鮮米が用いられてきた大阪市では，1933年の消費量の80％超が朝鮮米であったという推計もある(西澤 1935)．1920年代末には，米穀の国内生産量に朝鮮・台湾からの移入量を足し合わせた数量が恒常的に消費量を上回るようになった(大豆生田 1993: 182; 図16-1)．帝国内での「自給」という目的はひとまず達成されたといえる．

【地主小作制の展開】 朝鮮における水田の小作地率は，植民地化当初ですでに65％に達しており，1930年代半ばまでに68％へと微増した．畑の小作地率は水田より低かったが，1920年代後半に50％程度となった．農家戸数で見ると，

純小作農は 1920 年に 40% 程度だったのが，昭和恐慌期に 50% を超えた．逆に自小作を除いた自作農の比率は 20% に満たなかった(金洛年 2002: 87-88)．ただし経営面積で見ると，零細農や大経営農ではなく，5 反から 3 町歩の中規模農が増加している点は注意される．家族経営に適合的な規模を保ち，集約性を高めることで生き残ろうとする小農の姿が見て取れる(堀・木越 2020: 148)．

一方で地主には日本人も含まれていた．日本人の所有耕地が朝鮮の全耕地に占める割合は 1910 年の 2.9% から 1932 年の 9.0% へと増加した(金洛年 2002: 98)．100 町歩以上の所有者に絞れば，朝鮮人よりもむしろ日本人の方が多くなる(たとえば 1936 年で朝鮮人 385 人，日本人 561 人)(林采成 2019: 27)．そうした日本人大地主は，東洋拓殖会社をはじめ，会社形態をとる場合が多かった．日本人にせよ朝鮮人にせよ，地主たちは日本市場への米穀移出を念頭に，高利潤を目指す企業的な経営を行う傾向が強くなっていった．

対して農家戸数の過半を占める小作農は，米穀移出の恩恵をほとんど受けなかった．1930 年代初頭の推計では，市場で商品化される米の 60% 弱は全農家戸数の 3.6% に過ぎない地主が販売したもので，逆に戸数の 53% を占める小作農は，地主に収穫物の現物で小作料を支払うと自家消費分も確保できず，市場から飯米を購入していた(金洛年 2002: 90)．植民地期の朝鮮では，米穀の増産にかかわらず対日移出増加と人口増加によって，居住者一人あたりの米穀消費量が減退したこと，満洲からの食用粟の輸入などを勘案しても，それを十分に補うに至らなかったことは，ほぼ異論がない．それを肉や魚介などの副食物の多様化を示すものとみる見解もあるが(朱益鍾 2008: 222)，そのような想定は身長等の体位の推移と符合しないとして退ける見解もある(林采成 2019: 第 1 章注 43)．

また離農者の増加も，米穀移出の恩恵がすべての階層にいきわたった訳ではないことを傍証している．1930-1940 年の間に，朝鮮における男子の農業従事者は 49 万人の減少をみた．この間に，朝鮮の農村からは 279 万人が流出し，朝鮮内の都市部に 125.8 万人，日本・満洲に 153.5 万人が移動したとされる(堀・木越 2020: 149)．これらの人びとが現在の在日朝鮮人・中国朝鮮族の主なルーツとなった．

一方でマクロ的に見て，米穀移出にともなって蓄積された農業部門の剰余は，

相当部分が工業産品を含む民間消費に向かい，朝鮮の工業化と日本からの資本誘引の背景の一つとなったことが指摘されている(金洛年 2002: 96-97)．日本向けの米穀移出を軸とした農業経済の変化は，さまざまな波紋を広げつつ，植民地支配下での工業化へと道を開いたということができる．

第3節　植民地の工業化

台　湾

　台湾の産業構造に占める第二次産業の比率は1910年の時点で20%であり，1940年には28%にまで上昇した．ただし，台湾の工業生産額の多くは製糖業や籾摺・精米業が占めていた．砂糖や玄米・白米を工業製品とみなすのか否かによって，台湾の工業化のイメージは大きく変わることに注意が必要である．

　しかしながら，第一次世界大戦期以降には製糖業以外でも工業化に向けた動きが官民双方で見られた．日本への砂糖および米の供給が成果をあげる一方(前節参照)，総督府では台湾の経済構造が農業依存・対日依存となっていることが問題視され，1910年代前半には新たな経済政策が模索されていた．第一次世界大戦の勃発と大戦ブームの到来は，ヨーロッパ勢力が後退した東南アジアから工業原料を輸入し，それを加工して東南アジアに輸出する「南進工業化」を構想させることになった．

　しかし，南進工業化はさまざまな要因で実現しなかった．第一に，具体的な工業化政策を立案するに至らなかった．大戦期に総督府や台湾銀行が進めた「南進」は，工業化政策を立案する基礎材料となる調査活動が主体であり，資源開発のための具体的な投資はほとんど行われなかった．1920-30年代に入ると，総督府は第1回南洋貿易会議(1926年)への参加や，臨時産業調査会(1930年)と熱帯産業調査会(1935年)の開催を通じて，東南アジアへの積極的な投資を訴えるが，それは外交一元化を望む外務省の警戒を招く結果となり，政府のバックアップを得られなかった(河原林 2011; 河原林 2014)．

　第二に，総督府は工業化に不可欠なエネルギーの供給においても失敗した．第一次世界大戦前夜の台湾の電力供給能力は低く，工業化を推進できる状況になかった．そこで総督府は台湾中部の日月潭に10万kWの発電能力を持つ大

容量水力発電所を建設して，既存産業に 3.6 万 kW，新規産業に 6 万 kW を供給して工業化を推進する電源開発計画を立案した．1919 年に半官半民の国策会社として台湾電力株式会社が設立され，水力発電所の建設が開始された．しかし，大戦ブームによる工事費の高騰のほか，1920 年代には不況の影響で増資や社債募集に失敗したことで工事は中断され，1926 年に計画そのものが中止に追い込まれた(北波 2003; 湊 2011)．

一方，政策の枠外で民間資本による着実な工業生産の拡大が見られた．台湾の工場(5 人以上の職工，または 5 人未満の職工で動力を有するもの)数は，1918 年に 2,244 箇所であったが，1929 年には 5,795 箇所へと約 2.6 倍に増大していた．1929 年の工場のうち，台湾人経営は 5,275 箇所，内地人経営は 520 箇所であり，工業化は内地人だけではなく台湾人によっても推進されていた(木村 1988)．

工業化の契機はいくつかあるが，まず，食料品を中心に外部市場(主に内地)で台湾の工業製品に対する需要が高まったことが挙げられる．1936 年を例に挙げると，工業製品の生産額に占める輸移出額の比率は約 70% であり，台湾の工業成長は主に島外(とりわけ内地)の需要に刺激されたものであった(金洛年 2004: 139)．

つぎに，台湾内部でも工業製品に対する需要は増大しており，1913–1937 年における工業製品の実質消費額の年平均成長率は，内地の 4% に対して台湾は 7% であった(堀・木越 2020: 167)．まず，外部市場向けの工業品生産の拡大を受けて，その生産に必要な中間財や資本財に対する需要が拡大した．たとえば，砂糖の生産では甘蔗の生産性を向上させる肥料，製糖工場の建設・運営に必要な資材(鉄骨，セメント，製糖機械など)，サトウキビや砂糖を輸送する包装材や鉄道資材(機関車，貨車，レール)などの工業製品が必要であった．また，インフラ整備はセメント・レール・鉄骨といった資本財の需要に，都市化や同化政策を通じて普及した西洋由来の新しい生活様式がマッチ，雨傘，ゴム靴，衛生用品などの消費財の需要につながった．これら台湾内部で需要が高まった工業品は，当初は中国や内地から輸移入されていたが，需要の拡大や関税引き上げによる輸入品の価格上昇などを背景に，高度な技術や資本を要しない財，とりわけ消費財では輸移入品を代替する形での工業化が始まったのである(堀内 2021: 74–76; Hirai 2017b)．

また，中小工場の動力化が進んだことも，工業化を促した要因であった．職工5人以上を雇用する工場の動力化率は1918年の23％から1936年には45％にまで上昇し，業種別では窯業や雑工業では低かったものの，機械器具工業や食料品工業では80％以上で何らかの動力が用いられていた(堀内 2021: 78)．1920年代の動力化の上昇を促したのは電動機であった．蒸気機関とは異なって電動機は小型であり中小零細工場でも導入できたため，中小零細工業の成長が可能となった．

　一般的に工業化に必要な労働力は，商業的農業の進展が農民層分解をもたらし，土地を失った農民が都市部に流れて潜在的な工場労働者となることで供給される．しかし，台湾では都市部ではなく農村部で工業生産が拡大した点に特徴があった．工場数では約70％，職工数でも約60％が街庄に立地した(堀内 2021: 107)．台湾人世帯は現金収入を得るためにさまざまな副業に従事したが，台湾が食料原料基地として再編され，その自然環境から多様な商品作物の生産が可能であったために，農業・農村にとどまったまま副業に従事することができ，農業部門から完全に切り離された「近代的労働者」は相対的に少なかった．

　そのため，工業部門が安定的に操業を行うためには，農家からの季節的・副業的な労働供給で対応できる農産加工品を農村に立地させることが優位であった．農村工業の発展は，台湾が農業に比較優位を持つ経済として再編されるなかで，工業品需要の拡大という経済環境の変化に適応しようとする農民の主体的対応の結果として発生したものであった(堀内 2021: 140)．

　農業部門から非農業部門への労働力供給圧が小さかったため，インフラ建設などの大規模な公共事業が発生すると，労働需給が逼迫して労賃が高騰し，労働力を大量に必要とする大規模工場(製糖会社など)の活動が制約されることになった．こうした工場では大陸からの中国人労働者を雇用することで問題の解決を図ろうとした．しかし，大戦後の台湾では穏健な自治獲得運動や急進的な共産主義活動まで幅広い反植民地活動が展開されており，総督府は中国人労働者の流入がこれらの活動を刺激する可能性があるとして消極的であった．相対的に高い労賃もまた資本主義的経営の隘路となった(大島 2015)．

朝　鮮

　朝鮮では 1930 年代から工業生産額が顕著に増加した．こうした工業化の進展について，日本資本による軍需工業化の移植によるものであって，朝鮮人による工業の生産・消費とは無関係な「飛び地的」工業化に過ぎなかったと見る場合がある(工業化をめぐる議論については堀(1995: 11)を参照)．だがこのような見方は一面的に過ぎない．この時期の朝鮮では，工業製品に対する民間需要が急速に拡大していたし，それを前提とした朝鮮人自身の工業生産も増加した．確かに日本からの投資の規模は大きかったが，それも朝鮮における市場の拡大と無関係ではなかった．こうした傾向が変化し，軍需工業化と呼ぶのが相応しい状況になるのは，1937 年の日中戦争以後のことである．ここでは，それ以前の状況を念頭に朝鮮の工業化について述べる．

　まず朝鮮における工業製品の消費と生産について，大まかに見てみよう．貿易統計によれば，1920 年から 40 年の間，工業製品の輸移入総額は 7.8 倍となったが(その大半は日本からの移入)，これが朝鮮内の工業製品消費に対して占める比率は 50% 台で，おおむね一定していた．そして朝鮮内の工業生産は，この間に 8.1 倍に増加している．つまり，日本からの移入も朝鮮での生産も，そして朝鮮内での消費もすべて大幅に伸びていたのであり，朝鮮の工業化が日本との分業関係を深めながら進行していたことが見て取れる(堀 1995: 37)．

　朝鮮における他産業との関係はどうだろうか．サービス業を除いた物的財貨の生産額を 100 として農業・工業・鉱業の比率を見ると，1918 年に農業 79.5，工業 14.6，鉱業 1.2 であったのが，1940 年には農業 42.9，工業 40.8，鉱業 7.8 となり，鉱工業を足し合わせれば農業を上回るに至った．付加価値額で見れば工業の比率はこれより減少するが，その成長倍率で見ると，同じ期間に農業は 1.7 倍の伸びであったのに対し工業は 8.4 倍であったから，目覚ましい成長があったことは間違いない(金洛年 2002: 128; 許粋烈 2008: 122)．

　さらに業種別に見てみよう(表 16-4)．1918 年から 1935 年までの間，最大の業種は「食料品」であった．その中心は精米業や醸造業などの農産加工業であった．対して成長率の高さで目立つのは「化学」であり，この間に 10.5 倍の成長を遂げている．その中心となったのは硫安など化学肥料やその関連産業であった．一方で日本の工業化を牽引した紡織や金属・機械器具などの業種は，

表 16-4　朝鮮の工業生産額・業種別(1918–1940 年)　　　　　　(単位：千円)

	紡織	金属	機械器具	窯業	化学	木製品	印刷製本	食料品	その他	合計
1918年	25,742	23,721	2,733	4,212	14,063	2,758	2,643	44,926	59,362	180,160
1925年	41,408	19,780	5,210	10,305	41,971	6,286	8,074	97,508	77,618	308,160
1930年	45,693	11,964	10,087	10,460	42,056	5,546	8,666	82,173	63,810	280,455
1935年	82,328	26,989	11,525	17,563	147,834	8,243	12,744	169,420	91,027	567,673
1940年	232,178	129,669	76,665	61,654	699,442	35,028	19,071	373,404	246,523	4,591,038

出典：金洛年 2002：付表 5-3〜5-7

表 16-5　朝鮮における民族別工業生産額の変化(1926/1939 年)

	1926 年		1939 年	
	金額(円)	構成比(％)	金額(円)	構成比(％)
Ⅰ家内工業	195,503,045	34.8	382,349,998	20.2
①朝鮮内の日本人資本	5,412,563	1.0	57,687,303	3.0
②朝鮮人資本	190,090,482	33.9	323,834,756	17.1
Ⅱ民間工場	317,314,017	56.5	1,435,725,082	75.7
①「内地」大資本	18,650,338	3.3	413,393,139	21.8
②朝鮮内の日本人資本	210,628,505	37.5	642,024,460	33.9
③朝鮮人資本	83,197,357	14.8	380,307,483	20.1
Ⅲ官営工場	48,534,300	8.6	77,936,425	4.1
工業生産額合計	561,351,362	100.0	1,896,011,505	100.0

出典：許粹烈 2008：148

一定の成長を遂げてはいるが，中心的な地位は占めていない．

このような一見アンバランスな成長の過程は，生産主体のあり方とも対応している．朝鮮における工業生産の主体を民族別に区分し，1926 年と 1939 年とを対比した表 16-5 から，この間に家内工業が大きく縮小し，工場制生産が拡大したことがわかる．そして民間工場のなかでは「内地」を本拠とする大企業と朝鮮人資本の工場とがいずれも成長している．

前者を代表するのは 1908 年創立の日本窒素肥料株式会社を持株会社とする企業グループ，いわゆる日窒コンツェルンである．電力技術者の野口遵が設立した日窒は，九州を拠点として発電事業ならびに電力を利用した化学肥料(硫安)・人絹の製造に従事していた．野口は朝鮮北部における水力発電の可能性に着目し，1926 年に朝鮮水電株式会社，1927 年に朝鮮窒素肥料株式会社を設立した．中国との国境をなす鴨緑江の支流赴戦江に発電所を建設し，その電力

を利用した硫安工場を興南で稼働させたのは 1929 年である．以後日窒は，鴨緑江水系に相次いで大規模な水力発電所を建設し，興南の工場も拡張して，肥料のほか百数十種の化学製品を製造する世界有数のコンビナートとした（姜在彦 1985）．これにより，たとえば化学肥料が大量かつ安価に供給されたことは，朝鮮さらに台湾における購入肥料の利用を促進し，米穀の生産性の向上に寄与した（堀・木越 2020: 143-144）．

　1920 年代後半から 30 年代にかけては日窒のほか，三井・三菱・鐘紡・浅野セメントなど，日本に本拠地を置く大資本が朝鮮に進出した．朝鮮総督府は当初，朝鮮の工業化について明確な方針を持っていなかったが，宇垣一成総督（在職 1931-1936 年）の時期から金融・税制や用地確保などで便宜を図り，積極的な誘致を図るようになった．その背景には，昭和恐慌期から農村の窮乏が顕著となり，さらに日本市場で日本米と朝鮮米の摩擦が深刻化するなかで，新産業の育成が急務と考えられたことにあった．日本では 1931 年に重要産業統制法が実施され，大資本の活動に一定の制約が加えられた一方，同法が 1937 年まで朝鮮では施行されなかったことも，大資本の朝鮮進出を促した．

　一方で朝鮮人工場は相対的に小規模で，精米・醸造などの食品加工業に集中していたが，1930 年代になると化学・紡織・機械器具工業など多方面に展開するようになった．生産額や資本規模においては日本人工場の方が大きかったが，工場数で見た朝鮮人工場の比率は，1922 年時点の 46％ から 1938 年の 60％ へと着実に増加した（金洛年 2002: 138）．

　こうした朝鮮人工業の成長においては米穀移出による利益が大きな役割を果たしていた．工業だけの数値ではないが，朝鮮人会社のうち地主・穀物商を代表者とするものの比率は 1925 年 32.5％，1939 年 36.7％ で微増の傾向にあった．また個人株主の払込資本金の中で，株主が地主・穀物商であるものの比率は，1925 年の 29％ が 1939 年には 47％ となった（金洛年 2002: 112-115）．農家の中で，米穀移出の利益を享受できたのが地主層に限られていたのは事実だが（前節），それは確実に朝鮮における工産品市場を拡大させ，さらに非農業部門への投資を導くことになったと考えられる．

　そうした朝鮮人企業家の代表的な事例として金性洙が挙げられる．金性洙は朝鮮南部の穀倉地帯である全羅北道の出身で，父は朝鮮開港後，米穀の対日輸

出に成功して地主として成長した．金性洙は弟の秊洙とともに日本に留学した後，1919年に京城紡織株式会社を設立，1923年に製造を開始した．これは朝鮮人が近代的な製造工場の設立に成功した最初期の事例である．金性洙は積極的に朝鮮人技術者を雇用し，朝鮮人の経済ナショナリズムに訴える広告戦略をとったほか，朝鮮語新聞『東亜日報』の創刊(1920年)，普成専門学校(現高麗大学校)の校長を務めるなど(1932年)，文化的な事業にも積極的に参加した．一方で京城紡織の操業開始にあたっては朝鮮総督府の補助金を獲得し，1939年には満洲国に子会社を設立する等，植民地支配への協力を通じて利益を追求したという意味での「親日派」の側面もぬぐい難く，植民地支配からの解放後も褒貶の定まらない人物の一人である(エッカート 2004; 朱益鍾 2011)．

第17章
世界恐慌とアジア

　第一次世界大戦を経て経済大国となったアメリカは，1920年代前半こそ好景気を謳歌していたが，後半には農業部門と工業部門の双方で生産過剰による景気後退局面を迎えていた．一方，1920年代に株価が4倍になるほど株式ブームが起きており，連邦準備制度理事会(FRB)は株式ブームを抑えるために1928年から金融引き締めに転じたが，それはアメリカ経済のいっそうの景気後退はもちろん，アメリカからの資本輸出の停滞や海外からの金の流入(海外諸国にとっては金流出)を通じて世界経済を冷え込ませることとなった．

　1929年に入っても株価は引き続き上昇したが，10月24日に株価の大暴落が発生した．株価下落は所得の減少のほか，将来への不確実性による投資や消費の抑制につながり，アメリカ経済は恐慌状態に陥った．それは，アメリカからの資本輸出に支えられていたヨーロッパ経済の恐慌や，アメリカの商品需要に支えられていたアジア経済の恐慌にもつながった．こうして，アメリカで発生した恐慌は「世界恐慌」へと拡大していったのである．

　各国は拡張的な財政・金融政策による不況克服を目指し，金本位制から離脱して管理通貨制度に移行した(表15-1)．また，不況克服のために保護貿易政策が採用され，植民地との間では帝国特恵関税(ブロック経済)が形成された．1933年にロンドン世界経済会議が開催され，世界経済を安定させるために金本位制の復活や関税・輸入割当の削減が目指されたが，アメリカが国内経済優先と国際的責任の放棄を伝えたことで，なんら効果をあげることはできなかった(キャメロン・ニール 2013: 236-238)．

　こうして，第一次世界大戦後に不安定ながら再構築された国際分業体制(第15章1参照)は崩壊することになったのである．本章では，世界恐慌がアジア経済に与えた影響を概観する．

第1節　昭和恐慌からの脱出と貿易摩擦

昭和恐慌からの脱出

　日本では1930年に世界恐慌の影響が現れた．特に個人消費支出と民間固定資本形成という民間部門での減少が著しく，物価下落の影響を受けて農家の所得は半減し，農村恐慌が深刻な社会問題となったほか，農村から都市への人口流入によって労働市場は供給過剰となり，工場労働者の賃金も減少した．

　1931年9月に発生した満洲事変の処理をめぐる閣内不一致で総辞職した民政党系の若槻禮次郎内閣の後を受けて，1931年12月に成立した政友会系の犬養毅内閣は，金本位制からの離脱を断行した．円為替相場の急落は，輸入品価格を上昇させて輸入防遏（ぼうあつ）効果をもたらすとともに，輸出品価格の下落を通じての輸出促進効果ももたらし，国内産業にとって好ましい経営環境が生み出された．また，積極的な財政出動が行われた．1931年に約38億円にまで抑えられていた財政支出は急増して1933年には約57億円に達し，その多くは軍事費や産業促進費につぎ込まれた．大幅な歳出増大に見合う財源は増税ではなく国債発行によって調達され，歳入に占める国債の比率は1930年の2％から1935年には30％へと急増した．国債の大量発行は，民間の資金需給を逼迫させて金利の上昇をもたらし，企業の設備投資を圧迫する（クラウディング・アウト）．そのため，通貨発行権を持つ日本銀行が国債の購入を引き受けた（引き受け分と同額の通貨が新たに発行され政府に供給された）．これは，政府が必要とする財源を供給しつつ，民間の資金需給の逼迫を回避し，さらに財政出動によって民間に資金を供給して景気回復を図るものであった．そして，日本銀行は積極財政がインフレーションをもたらさないよう，保有する国債を適度に売却して民間資金を吸収した．

　低為替放任政策と積極財政によって，日本は世界に先駆けて恐慌を脱した．当該期には金属工業（鉄鋼業）や機械工業（造船・電気機械）といった重化学工業部門が成長し，重化学工業化率は1930年の33％から1935年には44％まで上昇したが，その背景にあったのは，第一に，軍事費への財政出動に加えて，為替相場の低落や保護関税政策によって重化学工業品の輸入代替化が進んだこと，

第二に，やはり為替相場の下落に支えられて輸出を伸ばした軽工業の発達が機械需要を生み出し，それがさらに金属に対する需要を生み出すという連関が生まれたことなどが指摘できる．

　政府の財源調達の手段として，日本銀行が全面的に協力する「国債の日銀引き受け」は画期的な金融政策であった．しかし，マネーサプライの急増はインフレを招く可能性があるため，政府は1934–1935年度の財政支出を抑制する方針をとったが，1935年には日本銀行による国債売却額は政府からの国債引き受け額の77％にまで低下し，民間からの資金吸収が十分機能しなくなった．これを放任すれば，インフレーションを抑制できなくなるだけでなく，国債価格が下落して資金調達が困難になる．政府は軍部からの軍拡要求を抑えて1936年度予算で歳出削減の方針に出たが，内閣の打倒と軍事政権の樹立を企てる陸軍の若手将校らが引き起こした二・二六事件によって失敗した．

　戦前日本の財政における最大の焦点は軍事費であった．日清・日露戦後経営期には，藩閥政府は議会（政党）の反発を受けながら，拡大する軍事費を調達するための増税を行った．戦間期になると，政党政治の下で軍事費の拡大をいかに抑えるかが問題となった．1920年代には，軍縮条約への参加や金本位制への復帰といった外部からの軍拡抑制が可能であった．しかし，国際金本位制の崩壊，満洲事変の拡大，軍縮条約からの離脱など，1930年代には外部からの軍拡抑制は困難となり，二・二六事件によって軍部からの軍拡要求を抑えることはほぼ不可能となった．

貿易構造の変化

　拡張的な財政・金融政策を通じて，世界に先駆けて恐慌から脱出した日本であったが，積年の問題であった経常収支の黒字化を達成することはできなかった．1935年の貿易額は輸出32.7億円・輸入32.7億円であり，一見すると貿易収支は均衡しているように見える．しかし，このなかには台湾・朝鮮・満洲国といった円を決済通貨とする取引が含まれており，外貨（ポンドやドル）を決済通貨とする取引では輸出20.7億円・輸入22.5億円で，約2億円の支払い超過であった（山本 1992: 128–129）．日本が保有する正貨は減少し，経済統制が行われる原因となっていく（第18章1参照）．

地域別に見ると，対欧米貿易では輸入超過，対アジア貿易では輸出超過であった．対欧米貿易では，とりわけアメリカを市場とする生糸の輸出が世界恐慌の影響で減少する一方，工業成長が工作機械のほか金属原料(屑鉄)や石油などの原燃料の輸入を増大させ，綿業の成長も綿花の輸入の増大につながった．対アジア貿易では，綿製品と雑貨の輸出が増大した．綿布の輸出量は1930年代前半に約2倍に増大したが，1935年をピークとして減少していった．地域別にみると，従来の主要市場であった中国・満洲は減少，英領インド・蘭領東インドは頭打ちとなり，代わってそれ以外のアジア，アフリカ，中南米といった「新市場」の比重が高まった．雑貨はアジア以外に欧米へも輸出されていたが，1930年代には綿製品と同様に「新市場」の比重が高まった(白木沢 1999)．

　綿布や雑貨の輸出が停滞した要因として，中国の場合は，購買力の低下，日貨排斥，関税自主権の回復による輸入代替化の進展があった(次節参照)．英領インドや蘭領東インドの場合，世界恐慌による購買力の低下に加えて，「二国間主義」の台頭があった．一般的に，二国間の貿易で貿易収支が均衡していることはまれで，相手国によって出超することもあれば，入超することもある．多角的貿易決済の下では出超と入超をさまざまな国との貿易関係のなかで相殺し，最後に貿易外収支によって調整される．しかし，世界恐慌を契機として国際分業体制が崩壊するなかで，二国間で貿易収支の均衡を図ろうとする「二国間主義」が台頭した．その下では，輸入超過となっている国に対しては関税引き上げや輸入割当といった輸入抑制，あるいは自国製品の輸出促進で貿易収支の均衡が図られることになる．世界恐慌下の貿易縮小局面において，日本製品が低為替放任政策によって世界各地へ輸出攻勢を強めると，それは相手国からすれば「二国間主義」の破壊と捉えられることになる．日本は主要輸出先である英領インドとの日印会商や蘭領東インドとの日蘭会商において，綿製品・雑貨の輸出抑制と英領インドの棉花や蘭領東インドの砂糖の輸入促進について交渉する必要に迫られ，それが当該地域への輸出の停滞につながる場合もあったのである(白木沢 1999; 本章3, 4参照)．

第2節　幣制改革と日本との対立

世界恐慌と中国

　中国に世界恐慌の影響が波及したのは1931年になってからである．まず，農産物の価格が下落し，農民の現金収入が減少したうえ，農村部の治安悪化から上海を中心とする都市部に銀が流出したことによって，農村部では銀が不足して金融市場が逼迫，農村恐慌が発生した．さらに欧米への生糸輸出の激減と農村の綿糸需要の悪化は，蚕糸業や綿紡績業などの製造業にも大きな影響を与えた．

　中国経済をいっそう混乱させたのは，世界的な銀価の変動である．19世紀以降，国際的な銀価は第一次世界大戦期を除き漸落していたが，1929年からは急落した．そこで1928-1929年にかけて相対的に銀価の高い中国にアメリカなどから銀が流入し，上海では不動産のバブルを引き起こした．

　その後，諸外国が通貨を切り下げ，国際的な銀価が高騰すると，中国の国際収支は赤字となり，中国から銀の流出が始まった．1934年6月に国際的な銀価を安定させるためにアメリカが銀買い上げ法を施行すると，中国から銀が大量に流出，上海では担保物権である不動産市場が暴落して金融恐慌が発生した．

　このように，国際的な銀価の変動によって中国経済が動揺したことは，中国が銀本位であることの脆弱性を示しており，通貨制度改革の必要性が高まった（城山 2011）．

幣制改革

　当時の中国の通貨制度は複雑であった．清代以来，通貨である銀は銀錠（ぎんじょう）といわれ，銀両建てで表示される秤量貨幣で，地域・業種によって異なる単位を用いていた．19世紀以降，多様な銀貨が輸入されるようになったほか，清末以降，中央政府および各省が品位の異なる銀貨を鋳造した．このほか，銀と並ぶ通貨で，日常的な小口取引に使用されていた銅銭は穴の開いていない銅貨に切り替わったが，その品位と形状も多様であった．1920年代，紙幣の使用も拡大したが，これも多様な外国銀行・中国系銀行が発行したものであった．以上

のように，中国の貨幣制度は発行主体，通用する範囲も一様ではなかった．

　一方，上述のように都市部，特に上海への銀の集中が進んでおり，上海では1933年3月，南京国民政府が秤量貨幣である銀両の使用を禁止し，銀元貨幣を発行，銀本位貨幣の統一がなされた．これを「廃両改元」という．この上海での成功をみて，4月に南京国民政府によって廃両改元は全国に拡大された．これによって通貨統一の目標は紙幣に絞られた．

　通貨制度改革を進めるため，南京国民政府は英米の協力を求め，イギリスは大蔵省顧問リース・ロスを派遣して支援し，アメリカもこれに協力する姿勢を示していた．そして1935年11月，中央・中国・交通の政府系3銀行の紙幣を法幣(法定通貨)とし，今後使用する通貨は法幣のみに限定することになり，中国は銀本位制から離脱した．

　幣制改革後，法幣発行額は激増し，銀地金は政府系3銀行に集中，3銀行以外が発行していた各種紙幣の回収も進展，中国の貨幣総量中に占める法幣の比重は高まり，貨幣の統一へと進むことになる．また，悪性の通貨インフレも回避し，外国為替レートも安定，法幣に対する信頼度が上昇した．

　幣制の統一が進み，安定化したことの背景には，第一にアメリカ・イギリスの支援があった．アメリカは国民政府が保有する銀をドルで買い上げることによって中国の外国為替準備，ひいては法幣への信認を支えた．イギリスは香港上海銀行などのイギリス系銀行・企業に対して幣制改革への協力を義務づけた．第二に，国民政府による金融機関統制の強化がある．国民政府は紙幣発行権を政府系銀行に集中させ，政府の各発券銀行に対する統制を強化し，外国為替市場への統制力を強化していた．第三に，1920–30年代において，交通インフラの整備にともなって中国経済の統合が進み，共産党掃討にともなって国民政府の西南地方などへの影響力が強まっていたことがある(久保 1999; 城山 2011)．

　幣制改革後，中国は深刻な不況から立ち直り，外国為替レートの切り下げによって輸出は拡大し，貿易赤字は続いたものの，海外の華人による送金と外国投資の拡大によって国際収支は安定した．しかし，財政均衡の点では，国民政府の共産党掃討作戦と対日戦争準備にともなって軍事費が膨張して財政赤字は拡大しており，将来的な法幣の信用維持は困難な状況にあった(城山 2011)．また，小額貨幣が不足していたことから，基層レベルにおいて地域通貨の発行は

続いた(Kuroda 2020).

国民政府の関税政策と日本

　清末以来，中国において不平等条約の解消が課題とみなされたが，なかでも領事裁判権の撤廃と関税自主権の回復が，主たる目標となった．しかし，領事裁判権の撤廃は中国における司法制度の改変や監獄システムの整備などが必要で困難であったため，中華民国北京政府においても関税自主権が主たる目標となった．1927年に成立した南京国民政府は，中央財政が関税に依存していたこともあり，関税自主権の回復を優先した．その際には，列強と国際会議を開催するのではなく，二国間交渉の積み重ねによって，列強の連携を分断して成果を積み重ねていくことになった．1928年7月，アメリカは列強のなかで最も早く中米関税条約，中国の関税自主権を承認し，12月には中国のナショナリズムの標的となることを懸念してイギリスも政策転換を行って関税を承認した．日本は中国産品と競合する軽工業製品を中国に大量に輸出していることもあり，最も強く抵抗したが，1929年には新関税を承認し，1930年には関税自主権を認めたため，中国は関税自主権を回復することができた．その後，日本との交渉を経つつ，中国は輸入品の関税率を引き上げることによって関税収入を増大させた．そして，関税収入を償還基金として内債を発行し，関税収入は国民政府財政の基盤となった．また保護関税によって軽工業を中心とする輸入代替化が進展したが，結果的に軽工業輸入額の減少によって日本への打撃となり，日中経済摩擦は激化した．

　日本はこれに対抗して対中投資の拡大を図ったが，それには限界があった．そこで1931年の満洲事変で東北を侵略し，東北を中国本土から切り離した．さらに華北分離工作を行って1935年には日本の影響下に冀東防共自治政府を成立させるとともに，国民政府の高関税を回避するため，この冀東地域を利用して密貿易を行い，国民政府の関税収入に打撃を与えた．こうして，経済面でも日中の対立は深まっていった(久保 1999)．

第3節　恐慌下の東南アジア

　1929年にアメリカで始まった世界恐慌は，輸出に依存する東南アジア経済に大打撃を与えた．もっとも，人びとへの影響は，以下に述べるように地域や生業によって濃淡があった．

島嶼部

　蘭領東インドでは，ヨーロッパ，インド，日本などが砂糖の輸入を減らしたため，砂糖の輸出が1928年の約3億7,000万ギルダーから1936年には約3,400万ギルダーに急落した．ゴムの輸出も欧米での需要減から約1億7,000万ギルダーから2,000万ギルダー余りに急減した．ジャワ糖のロンドン価格は1920年代前半平均の100 kgあたり37.5ギルダーから1935年には4.4ギルダーに，ジャワ煙草のアムステルダム価格は78ギルダーから46ギルダーに下落した．こうした事態に対処するために，1931年に蘭印政庁は他の砂糖生産国と協定を結び，輸出および生産制限を行った．煙草やゴムは小規模生産者が多いことから(第14章2参照)，政庁主導の生産制限はそれほど効力を持たず，糖業ほどの生産縮小は起きなかった．農園などの民間企業や政庁で職員が大幅に解雇されたが，はるかに安い給料を受け入れるインドネシア人には雇用のチャンスとなり，物価の下落(1929–1936年に47％)により実質賃金は上昇した(植村 2001: 53–55; 宮本 2003: 181–184; Van Zanden and Marks 2012: 99–100)．

　大幅な収入減となった農民に対して，それまで低利融資を行っていた政府系庶民金融銀行は一斉に貸し付けを引き締めたため，多くの農民が土地を手放した．これにより，水田の個人的占有が優勢であった西ジャワやジャワ東端部では地主制が発展した．共同体占有が一般的であった中・東ジャワ(第14章2参照)では土地の売買はあまり行われなかったが，外部の富裕農民や高利貸し業者によって担保地が集積され支配が強まった(植村 1997: 490–492; 植村 2001: 56–61; 宮本 2003: 141–146)．

　大幅な貿易赤字により日用品などの輸入が困難になったため，政庁は輸入代替型産業の育成に取り組んだ．外資系・オランダ系の大規模民間企業が石鹸工

場や紡績工場に投資したほか，現地の資本家や協同組合が繊維・織布産業に進出し，後に民族産業となるバティック産業が活発化した．クレテック煙草(クローブ入り煙草)はそれまで華人が家内制手工業で生産していたが，この時期に現地人資本による工場生産に移行し現在に至っている．工業部門がジャワのGDPに占める割合は1920年代後半に15%ほどだったが，1938/39年には28%に上昇した(宮本 2003: 189-192; Van Zanden and Marks 2012: 101-102)．

英領マラヤの輸出総額は1929年から1932年のあいだに5億4,600万ドルから1億5,700万ドルへと73%も急落したが，輸出量の削減は生産者の強い抵抗もあって22%に過ぎなかった．それでも生産調整のため錫の主要生産国で国際協定が結ばれ，1931-1941年のあいだに断続的に輸出割当が課された．ゴムにおいてはより大規模な生産地協定が結ばれ，1934年に輸出割当が設定されたが，オランダがこれを受け入れず，マラヤはゴム生産世界首位の座を蘭印に奪われた．錫やゴム産業の雇用も減り，多くの中国人やインドネシア人の労働者が帰国した．帰国できなかった者はシンガポールなど都市に流入し，失業者の急増は犯罪の増加につながった．消費される米の70%を輸入(1925-1929年)していたマラヤでは貿易の縮小により食糧が不足し，灌漑への投資など政府が1930年代に実施した増産の試みも効果は少なかった(水島 2001: 81-84; Drabble 2000: 124-135)．

フィリピンでは，10年後の独立を約束する独立法が1934年にアメリカで成立し，独立準備を行うコモンウェルス政府が1935年に発足した．この政府は，アメリカと相互無関税貿易を維持するなど，経済関係をむしろ強化することで恐慌を乗り切った．フィリピンの輸出総額は1929-1930, 1930-1931, 1931-1932年の各年においてそれぞれ約18%, 21%, 14%の下落を続けた一方で，フィリピンからの輸出におけるアメリカのシェアは1929年の75.7%から1933年には86.3%に達した．砂糖の輸出先におけるアメリカの比率は1921-1925年の8割強から，1930年代にはほぼ100%に達した．こうして砂糖輸出は1934年まで伸び続けて約120万tの最大量に達し，1935年にいったん50万t強に落ち込むものの，1936年には90万t強と30年代初頭の水準に回復した(表14-4も参照)．輸出は砂糖，ココナッツ製品，マニラ麻，煙草に偏っていたが(第14章2参照)，その傾向は恐慌時にさらに強まり，全輸出におけるそれら

の割合は 1929 年の 86.7％ から 1932 年には 91.6％ に上昇した(Corpuz 1997: 250–252).

マニラ麻産業では独自の展開がみられた．20 世紀初頭から日本人移民がダバオ周辺で栽培に従事し，自営者請負耕作制度(自営者が栽培会社の獲得した土地を開墾し，収穫物の一部を会社に納めた残りを自身の収入にする)のもとで生産を増やしていたが，1920 年代からは葉から繊維を取り出す作業に機械を導入するなど，合理化によって輸出量を増加させた(20 年に 1 万 3,000 t，30 年に 4 万 9,000 t，40 年に 8 万 7,000 t 弱)(永野 2001a).

もっとも 1930 年代には恐慌の影響で農民の収入が減少し，これが契機となって中部・南部ルソン地方などで労働運動や農民運動が高揚した．コモンウェルス政府は 1937 年に「社会正義計画」を打ち出して農民や労働者の保護を図ろうとしたが，議会で強い力を持つ地主層により計画は骨抜きにされた．そのため農民は，フィリピン共産党の指導もあってストライキや破壊活動を活発化させ，雇用維持などを要求した．これに対して政府は，1939 年から治安警察軍も動員して運動を厳しく弾圧した．こうした経験が第二次世界大戦中の共産主義勢力による武力闘争(第 18 章 2 参照)につながる一方で，困窮した人びとのなかには伝統的地方有力者(地主層)の庇護に頼る者もいた(永野 1986: 441–445; Ricklefs et al. 2010: 254–255).

1930 年以降には，恐慌により社会全体で購買力が落ちたことや，1931 年に日本円が急落し(低為替放任政策，本章 1 参照)製品が低価格化したこともあって，再び東南アジア各地で日本製品の輸入が増えた．日本最大の輸出品である綿製品のうち，東南アジア向けの比率は 1929 年の約 14％ から 1937 年に約 22％ に増え，満洲や英領インド向けを抑えて最大の輸出先となった(堀 2009: 149)．英領マラヤでは，1925 年から 1933 年のあいだに綿織物輸入における日本製品の比率が 18％ から 69％ に増加する一方で，イギリス製品は 58％ から 20％ に減少した(Drabble 2000: 127)．シンガポールでは 1934 年における綿布輸入のうち 75％ が日本製品であった一方，イギリス製品は 18％ であった(籠谷 2000: 186–187)．蘭領東インドでは 1931 年に日本からの輸入額がオランダからの額を上回り(泉川 2015: 20)，綿布輸入において日本製が占める割合は，1920 年代半ばから 1933 年にかけて 32％ から 75％ に急増した(宮本 2003: 186)．フィリピン

における綿製品シェアは1929年には日本製が19.7%,アメリカ製が58.7%であったが,35年には日本製が42.7%に急増し,アメリカ製の44.2%に肉薄した(永野 2004: 109).この他にはマッチやランプなどさまざまな日本製雑貨が東南アジア各地で広く浸透した(第15章5参照).

日本製品の輸入増加は,植民地政庁とのあいだに摩擦を引き起こした.イギリス政府は1934年に植民地において外国織物(主要ターゲットは日本製品)の輸入割当を課し,フィリピンでも1935年に日本側がアメリカの圧力に屈して綿布輸出の自主規制を始めた.オランダ植民地政庁は1933年からセメントやビールに,翌年には繊維製品に輸入制限を課した.日本とオランダは1934年から政府間交渉(日蘭会商)を開始して,相互に受け入れられる貿易規模の策定を図ったが,日本にとってジャワ糖輸入の拡大は台湾糖業保護の観点から困難であり,中断を挟んで1937年まで続けられた会商は協定締結に至らなかった.こうした取り組みにより一部の地域で輸入量は減少したとはいえ(本章1参照),多くの植民地政府は安価な日本製品の流入を止めることは社会不安の要因となることを理解し,極端な制限には踏み切らなかった.日本側が輸出を自主規制したフィリピンでは1940年にアメリカ綿布のシェアが72.6%まで増加したが,華人やインド人が活発に貿易した英領マラヤでは割当制度はほとんど効果を持たなかった.各地の華人住民のあいだでは日本の中国侵略に反発して1937年から日本製品のボイコットも発生したものの(第15章3参照),ジャワやフィリピン,英領マラヤでは販売を担う華人商人のあいだで利益の減少が忌避され,効果は限定的であった(杉山 1990: 95-98; 籠谷 2000: 185-202; 永野 2004: 108-111; 早瀬 2013: 126-149; 泉川 2023: 280-292).

貿易の増加は日本海運業者の東南アジア進出も促した.1921年にジャワ・中国・日本間の航路を経営するオランダ企業JCJL (Java-China-Japan Line)と日本郵船などの日本業者は海運同盟を結び,蘭印への航路の経営を安定させた.しかし1931年に石原産業海運が蘭印各地に定期航路を開設すると値下げ競争が始まり,両国政府が1934年から海運交渉を開始した.蘭印政府は輸入貨物を強制的にオランダ船に積載させるなど強硬な自国船保護主義をとり,日本側は最終的に妥協して,石原産業海運を排除した主要4社で南洋海運株式会社を設立して航路を統制し,積荷配分率でも大幅に譲歩する形で1936年に海運協定

を妥結した(小風 1990: 110–140; Drabble 2000: 127; 宮本 2003: 186–189).

東南アジア貿易はようやく 1930 年代後半に本格的に回復し，1939 年にヨーロッパで第二次世界大戦が勃発すると，戦略的備蓄のために空前の貿易ブームが起きた．英領マラヤのゴム生産量は 1939/40 年に 55 万 t 余りに及んだが，そのブームは 1942 年の日本軍政開始によって突然の終焉を迎える(Drabble 2000: 125–126; Ricklefs et al. 2010: 242–245).

大陸部

大陸部の国々では，主要輸出品であった米の価格が暴落し，各国の経済や社会に大きな影響を与えた．仏印では，サイゴンの籾米価格が 1931 年から大幅に下がり始め，1929 年の 100 kg あたり 7.11 ピアストルから，最低値を記録した 1934 年には 1.88 ピアストルまで下落した．植民地政庁は不況の影響を受けた大土地所有者に対する保護政策を導入し，その結果大土地所有者の土地比率がさらに高まった．企業の合併が増え，特定企業による寡占が進んでいったが，他方で不況にともなう賃金の切り下げや解雇も行われ，失業が深刻となった(高田 2001; 桜井 1999a).

ビルマでも米価格の下落が農民を困窮させた．ラングーンの平均米輸出価格は 1930 年後半に大幅に下落し，1926/27 年のトンあたり 152.4 ルピーから 1933/34 年には 57.3 ルピーに下落した．この結果，ビルマの主要な輸出米の産地である下ビルマのペグー・イラワディ管区では自作農が所有する農地の比率が 1936/37 年から 1935/36 年までのあいだに 69% から 44% まで下がり，不在地主の所有率が 23% から 46% へと倍増した．これは自作農が借金を返済できず担保の土地を金貸し業者のチェッティアに奪われたためであり，仏印と同じく大土地所有者への土地の集積が起こった(Brown 2005).

米価格の下落は，シャムにおいても同様であった．バンコクの米輸出価格の平均値は，恐慌前には 1 ピクル(約 60 kg)あたり 8 バーツ近くまで上昇したが，1930 年代に入ると平均値が 3.5 バーツで低迷した．米に依存していたシャムの輸出も大幅に減少し，1927 年には 2.76 億バーツであった総輸出額は 1931 年には 1.34 億バーツと半減し，どちらも 1910 年代後半のレベルまで後退した．特に，消費財の輸入が大幅に減少し，一人あたりの消費財輸入額は 1926–1930 年

平均の 6.29 バーツから，1936–1940 年には 2.91 バーツと半分以下に減少した（宮田 2001; Sompop 1989）．

　いずれの国においても，米価格の大幅な下落が輸出額の急減をもたらしたものの，米の輸出量自体はそれほど大きな変化はなく，むしろ輸出を増やして利益を確保しようとする動きも見られた．稲作に依存していた農民は大きな打撃を受け，借金の担保として水田を失った者も少なくなかったが，多くは支出を削減してこの困難を乗り越えようとした．しかし，仏印では 1930 年にホー・チ・ミンが結成したインドシナ共産党などにより組織された農民グループがメコンデルタ各地でデモを実施し，ビルマでも同年末に元僧侶サヤー・サンが農民を動員してエーヤーワディーデルタで反乱を起こし，やがて全国に波及した．シャムでは政府の財政状況の悪化にともなう軍人や公務員の減給や解雇が彼らの不満を高め，1932 年 6 月の立憲革命によって絶対王政が立憲君主制へと移行する契機の一つとなった（高田 2001; 伊東・根本 1999; 柿崎 2007）．

第 4 節　大不況とインド経済

疲弊する農村

　1929 年に始まる世界大不況は，インドの農村に深刻な影響を与えた．第一の影響は農産物価格の暴落である．1930 年初頭から 1931 年末にかけて，小麦の価格は継続的に低下し半額に至った．当時，インドの小麦は海外には輸出されておらず，価格は国内の需給関係で決定されていたけれども，低価格のオーストラリア小麦が輸入されるようになり，価格水準を引き下げることになった．こうした影響を阻止するために，1931 年には輸入小麦へ保護関税が課せられた．暴落は小麦にとどまらず，代替財としての雑穀の価格低落も引き起こした．他方，米は小麦の代替財ではなかったので，国内における小麦価格の低下による影響を被らなかったが，海外市場における米価格の低下が影響して，米の価格も 1930 年末から 1931 年にかけて暴落した．このような価格の低落は，農業生産に大打撃を与えた．すでに 1920 年代の初頭以降，農業生産とりわけ食糧穀物生産の成長率は鈍化していたが，1930 年代にその傾向は強まった．

　第二の影響は信用の収縮である．恐慌によって引き起こされた国際的な資金

循環の停滞はインドにも及んだ．ボンベイやカルカッタのような港湾都市に存在する大銀行が地方都市にある小銀行への貸し付けを停止すると，さらにこれらの小銀行が農村の商人や金貸しへの資金供給を渋るようになった．こうした連鎖の果てに農村において信用危機が発生した．農産物価格の低迷がこうした傾向と相乗効果を持ったことはいうまでもない．農村の金貸しは農民への貸し付けを拒否するのみならず，負債の返済を求めた．農民は所有する土地や退蔵していた金(装飾用)の売却に追い込まれた．ただし農産物価格が低下するなかで，土地価格は必ずしも低下しなかった．売却された金は海外(特にイギリス本国)へ流出した．

このような状況にもかかわらず，この時期の人口増加率は1％を超えていた．第一次世界大戦前のインドを脅かした飢饉や疫病がほとんど見られなくなったからである．したがって，1921年から1946年までの期間に，人口成長率(1.12％)は食糧穀物生産の成長率(0.13％)を大きく上回った(Roy 2006: 117)．そのために一人あたりの食糧穀物入手量は同時期に低下した．確かに飢饉のような深刻な危機は見られなくなったが，農村における慢性的貧困はより深刻化した．1930年代にインド国民会議による運動が農村においてもかなり広汎な支持基盤が得られたのは，ガンディーの政治指導によるところが大であったとしても，このような状況も根底にあったといえる．

また，農民運動の組織化も進んだ．1920年代における農民運動の活発化についてはすでに触れたが(第15章4参照)，1936年4月には，S. サラスワティらを中心とする左翼諸勢力のイニシアティブによって，ラクナウで全インド農民組合(AIKS, All-India Kisan Sabha)が結成された．農村経済の悪化を背景として，土地や小作権を有する農民が地主・商人・金貸しへの不満を強めていったことが背景にある．

高為替政策・デフレ政策・帝国特恵関税

1929年の大恐慌によって，アメリカの海外投資が大きく後退し，その波及効果として，イギリスにおいて，国際収支の悪化，金の流出の問題が浮上した．結局，1931年に，イギリスは金本位制から離脱することになった．こうした状況のなかで，インドの通貨であるルピーは，金とのつながりを失ったポンド

に1ルピー＝1シリング6ペンスのレートでリンクする形で，いわゆる「スターリング・ブロック」に編入されることになったのである．このような状況下で，1930年代にインド政庁がとった通貨・金融政策は，高位の為替レートを維持しつつ，インド内では通貨供給を抑制するデフレ政策であった．これは，本国費の支払いや投資収益の回収を確実にするという本国側の利害が優先されたことを意味している．また，財政収支をできるだけ抑制しようとする財政均衡主義もデフレ政策の一要因であった．こうして，世界的大不況によってもたらされた物価の低落を阻止するどころか，むしろそれを悪化させるような対応となった．

　しかしながら，このような政策はディレンマもともなっていた．すなわち高為替はインドの輸出を困難にするため，インドの貿易収支の黒字を維持するうえで不利な条件であった．貿易黒字が維持されなければ，植民地インドから本国イギリスへの資金の移転も不可能となる．しかしながら，本国政府も予期せぬ好都合となったのは，すでに述べたように，疲弊する農村において金の窮迫的販売が行われるようになっていたことである．この時期に金の輸出が起こったのは，イギリスが金本位制を離脱して以降，ポンドの平価が切り下げられ，ポンドにリンクしていたルピーも減価した結果，金のルピー建て価格が上昇したためである．農産物価格が大幅に下落するなかで，金のみが価格を上昇させたため，地税，地代，利子の支払いに困っていた農民たちが，退蔵していた金の販売を余儀なくされた（井上 1995: 165）．ただし，金の海外輸出については，高い金価格で売って得た資金が，国内で投資されたという解釈もある．すなわち，金の販売は投機的な行為であったとされるのである．確かに1930年代に銀行への預金は増えたとみられ，農業から工業へ資金が移転した可能性は存在する（Tomlinson 1979: 37）．いずれにしても，多量の金の輸出は，インドの輸出余剰が維持されることにつながり，結果的に高為替が継続され，ひいてはインドのデフレ状態をさらに悪化させることになった．以上の政策，とりわけ通貨政策は，インドの農業部門と一部の工業部門に不利な結果をもたらし，植民地政府への強い批判を招いた．こうして，農民，商人，金貸し，資本家など，多くの勢力による会議派への支持が強まった．

　通貨政策とは対照的にイギリス側は，関税政策ではインド側の利害関係者に

大きな譲歩をすることになった．ここにおいて自由貿易の原則はほぼ完全に放棄されることになる．イギリス本国は，1920年代後半からの貿易収支の悪化にともなって，1931年の異常輸入関税法，そして1932年の輸入関税法によって，自由貿易政策を放棄していた．さらに1932年のオタワ協定(帝国特恵関税)によって，崩壊した多角的貿易決済網に代えて，「スターリング・ブロック」の形成に向かうことになる(井上 1995: 142-143)．

こうしたなかでインドにおいては，綿製品に関して，1930年にイギリス以外の製品に20％，イギリス製品に15％の関税率が導入され，イギリス製品に特恵待遇が与えられた．この関税率は1931年にイギリス以外の製品25％，イギリス製品20％へ，さらに1932年にイギリス以外の製品31％，イギリス製品26％へと引き上げられた．1932年のオタワ会議(帝国経済会議)ではイギリス帝国内部における相互的な特恵関税の原則が謳われたが，この時期のインドにおける関税設定もおおむねその線に沿ったものであった．このような政策決定は，インド綿製品市場におけるイギリス綿業(ランカシャー)とインド綿業(ボンベイ)との利害調整の結果であるが，他方で第三の利害関係者も考慮に入れる必要がある．

第三の利害関係者とは日本綿業である．当時，インド綿製品市場におけるインド製品の占有率は増加し，イギリス製品の占有率は減少していたけれども，他方で日本製品の台頭が著しかった(本章1参照)．1932年における金本位制離脱以後に日本がとった低為替放任政策(本章1参照)は，高為替を強いられていた植民地インドのそれとは対照的な政策であったことから，半ば為替ダンピングによる強烈な販売攻勢と受け取られた．実際，日本が金本位制を離脱する前の1931年の円とルピーの為替レートは，1円＝1.36ルピーであったのが，離脱後の1933年には，1円＝0.75ルピーまで切り下がったのである．日本製品の脅威を前に，1933年にイギリス綿業とインド綿業の利害代表による合意(モーディー＝リース協定，Mody-Lees Pact)がなされた．こうして，日本の綿製品に対する関税率は，50％さらには75％にまで引き上げられたのである．これは，インド市場における両者の妥協の産物であった．ただし，イギリス製品と競合する一部の利害関係者(アフマダーバード)は，この協定を強く批判した(Rothermund 1993: 105)．

表17-1 インドにおける工業製品の国産化率の変化

		国産化率(%)	
		1919年	1936年
綿製品	grey and white	57.6	85.3
	coloured	69.6	74.1
砂糖		12.0	96.0
鋼鉄		14.0	70.0
紙		54.0	78.0
セメント		51.0	95.4
ブリキ		24.5	71.4

出典：Tomlinson 1979: 32

　日本綿業は，このような差別的関税の設定に対して，インド産棉花の輸入停止(ボイコット)という措置で対抗しようとした．こうした利害対立のなかで，1933-1934年に日本政府とインド政庁との間で，いわゆる「第一次日印会商」がもたれた．最終的には，日本製品に対する関税措置のある程度の緩和と引き換えに，インド市場における日本製品の上限を設定するという一定の妥協が成立した(Rothermund 1993: 105)．

工業の新展開

　1930年代のインド経済を概観すると，農業部門と工業部門の対照が著しい．すでに述べたように農業部門においては世界市場における需要の縮小の影響を被って，農業生産は停滞し，それに応じて農業生産者の窮状も深刻であった．それに対して工業部門では，大不況の影響を受けつつも，インド国内市場における輸入代替過程にともなって，インド系資本による工業の新しい展開が見られたことは特筆すべきであろう．

　第一は綿工業において新しい展開が見られたことである．20世紀初頭まで中国市場向けの紡績糸生産に傾いていたインドの綿工業は，国内市場向けの綿布生産を大きく拡大させた(表17-1)．20世紀初頭には，インドの工場製綿織物市場におけるインドの綿工業製品の比率は，2割程度であったが，1930年代後半には8割を超えて，輸入代替化を達成した(柳澤 2019: 155-157)．ボンベイ

やアフマダーバードといった既存の綿工業地域以外に，新しい生産地としてカーンプル，コインバトール，ショーラープルなどが登場した．さらに注目すべきことは，近代的綿工業以外に南インドを中心に手織生産や機械織生産（機械動力式の織機，いわゆる力織機を使って行う生産）が増加したことである．

第二は近代的な砂糖工業の誕生である．これまで，伝統的な技術で生産される粗糖（グル）は国内で生産されてきたが，精糖はもっぱら蘭領東インドから輸入していた．しかし，1932年に輸入精糖に対する禁止的な高関税が課せられることになったため，国内で精糖が生産されるようになった．

第三は農村における工業生産の展開である．すでに述べた綿布の手織生産や近代的な砂糖生産も含め，より裾野の広い農村工業が行われるようになった．1930年代になって，農業や土地への投資が停滞したのに対して，精米工業や搾油工業など農村工業への投資がさかんになった．また農村における自動車運輸産業への投資も増加した（Rothermund 1993: 112-114）．

以上のような農業と工業の著しい対照は農村と都市の対照とも重なっていた．農村においては，総じて農産物価格の低下は，所得の減少ひいては消費の減退に連動した．一方，都市においては必ずしもそのような傾向は見られず，特に中産階級の所得は低下せず，高為替を反映しつつ輸入品価格が割安になったこともあって，彼らによる旺盛な消費需要が見られた．

第18章
戦争と占領

　1937年7月に始まる日中戦争が中国の多くの地域を戦争に巻き込んだのに続き，1941年12月の日本軍のマレー半島上陸によって戦争は東南アジアに拡大，日本軍がインド東部に迫るなかで，南アジアも戦争の影響を強く受けることになる．戦争の拡大にともなって東アジアのみならず，東南アジア・南アジアも戦時体制に入り，その体制は戦後のアジア経済を規定していく．以下，各地域における戦時体制とその影響を検討してみたい．

第1節　戦時体制の形成 ——東アジア

　1937年の日中全面戦争勃発によって東アジアは完全に戦時体制に入った．日本は本国のみならず植民地や満洲国，そして占領地を総力戦体制に組み込んでいった．また，中国も国民政府・共産党支配地域においてそれぞれ戦時体制に対応した．1941年12月に太平洋戦争が始まると日本の占領地は東南アジアに拡大したものの，連合国側が有利になるにつれて日本の戦時体制は占領地も含め崩壊していく．そしてこの戦時体制は，東アジアの戦後の政治・経済体制にも大きな影響を与えることになった．

中　国
【日中戦争開始時の日中の格差】　中国においては，蔣介石が主導する南京国民政府が北方の軍事勢力を破って中国本土を統一，その後も大規模な内戦となった1930年の中原大戦で蔣介石はかろうじて勝利を収めた．しかし，共産党に対する掃討作戦はその後も続いた．満洲事変以降に日中対立が深まる中で，国民政府はナチス政権下のドイツに対して，タングステンなどの鉱産資源を売却

することで兵器や軍事工場を入手し，対日戦争に備えていた(田嶋 2013)．

　しかしながら，1937年の日中戦争開始時において，日中間には大きな格差があった．軍事面において，まず陸軍では，日本の常備軍が20万人とはいえ徴兵制により短期間で100万人以上の動員が可能であったのに対し，中国の全国200万人から成る陸軍兵士の多くは治安用で，戦力として動員できるのは80万人に過ぎなかった．しかも国民を把握する能力の限界から中国は募兵制をとっており，短期間の大量動員は不可能だった．海軍・空軍(航空部隊)にいたっては日本が圧倒的で，比較不能な状況にあった．

　工業面では，軍需産業で最も重要な重化学工業をみると，銑鉄・粗鋼の生産量は中国96万t・56万tに対して日本は191万t・470万tとされるが，「中国」のうち満洲国産が81万t・52万tを占めていたから実際は日中の差は15万t・4万t対272万t・522万tになり，圧倒的な格差であった．これは，日米開戦時の日米の鉄鋼生産量の格差をはるかに上回る．このほか，日中の格差は電力で8倍，苛性ソーダで31倍になった．しかも，工業地帯は上海を中心として江蘇・浙江・広東などの沿海部に集中し，制海権を握る日本が容易に侵攻し，接収できる地域にあった(奥村 1999)．こうした厳しい状況の下で，1937年7月，北平郊外の盧溝橋において偶発的な日中両軍の衝突が勃発，日本軍は北平・天津を制圧，8月には上海戦が始まり，日中全面戦争となった．

【国民党支配地域(大後方)】　日中全面戦争開始から約1年で，日本軍は上海・南京・漢口・広州を含む沿海・長江沿いの主要地域を占領した．占領地域の面積は151万km^2で満洲国を除く中国全土の47%，人口は1億6,900万人で全人口の約4割に及び，工業地帯の大半は日本軍の支配下に入った．しかし，日本軍の侵攻もここで限界を迎え，以後は持久戦に入る．

　日本軍の侵攻によって国民政府は四川をはじめとする内陸諸省に移転せざるをえなかったが，これらの地域には近代工業の2-3%しか存在しなかった．そこで日本軍に占領されやすい沿海部からの工場・工場労働者の内陸への移転を図ったが，上海租界だけで1938年以降に存在した4,700の工場のうち，移転できたのは448に過ぎなかった．一方で，奥地において鉱工業の奨励が行われ，406の民間工場が設立されたことは，内陸部の経済開発を促進した．しかし，これらの工場は軽工業が大半であり，戦時の需要は満たせず，外国の援助が重

要となった．そこで国民政府は対外ルートの建設と奥地の交通網を整備し，独ソ戦開始までは主としてソ連の，太平洋戦争開始後は米英の援助を受けることによって工業面での不足を補い，日本と対峙することが可能になった(奥村 1999; 石島・久保 2004)．

　戦時体制強化の中で，国家の肥大化が進んだ．国民政府軍事委員会に直属し，重工業の開発を進めた資源委員会は，太平洋戦争開始後に日本が経済封鎖を強化したことによって奥地経済が危機的状況に陥ると，経営ができなくなった民間資本を併呑した．その結果，石油・精銅・電子管・電線に関しては1942年に産品のすべてを資源委員会が奥地で生産するようになり，国家による統制が強化された(奥村 1999)．

　また，沿海・沿江部の喪失は，国民政府の歳入の8割を占める関税・塩税・統税といった財源の喪失を意味した．一方で奥地開発には莫大な費用を必要とし，田賦(土地税)・対外援助・公債発行・法幣増発に依存することになった．1941年6月には田賦が省財政から中央財政に移管され，金納が現物納になり，農民の手元に残った穀物も強制的に買い上げることになった．田賦は1943年の歳入の36%を占めたが，農民の負担は生産物の6割以上になり，きわめて重くなった．しかも，個々の農民の生産量を把握しないまま徴収しやすいところから徴税を行い，また徴兵も実施したことから，不公平な収奪や強制的な徴兵が横行し，農村内の対立は激化し，政府への不満も増大した．政府が個々人を把握しない状況では，総動員体制の構築は困難であった．

　歳出が歳入を大幅に上回る状態も続き，法幣の乱発でインフレは悪化した．都市の給与生活者の生計も苦しくなり，汚職と投機が蔓延，肥大化した国家の基盤は弱体化していた(奥村 1999)．

【日本軍支配地域】　日本軍支配地域のうち，経済の中心であった上海は上海戦の被害を受け，工場は一部移転したものの，残された中国企業の接収・復興が進んだ．日本軍占領地域は香港や仏領インドシナを通じて国民党支配地域と連結して交易ルートを確保したうえ，1939年9月に勃発した第二次世界大戦によってヨーロッパからアジアへの輸出が減少し，さらには安全な上海に資金が集中したこともあり，上海は「孤島の繁栄」と呼ばれる好景気の時期を迎えた．日本軍による占領地域支配が不安定であったことから，中国内での原棉などの

原料確保は困難であったが，外国棉を輸入し，綿業は高い利益をあげた．また，戦時中に日本企業が紡織用品の製造設備を日本から中国に移転したことは，人民共和国成立後における中国綿業の自律的発展に貢献することになった(富澤 2011)．

華北では満鉄とその子会社の興中公司，次いで 1938 年に発足した国策会社の北支那開発株式会社による開発が進められ，軍需関係の工業生産が増大し，鉄道などのインフラ整備が進み，1943 年までは満洲国や日本本土への貿易も維持された．

太平洋戦争が勃発すると上海共同租界などの各国租界に日本軍が進駐し，銀行・工場を接収した．しかし，日本側が十分な技術を有していなかったために，全面的な操業は困難であった．さらに，原料供給先と有力な市場であるインドや東南アジアを失い，貿易は停滞し，綿業をはじめとして工業も大きな打撃を受けた．戦況の悪化にともなって海上交通ルートも遮断されて貿易は激減し，経済が悪化した状況で終戦を迎えることになる(高村 1982; 堀・木越 2020)．

【共産党支配地域(辺区)】　国民党軍が正面から日本軍と戦ったのに対し，共産党軍は主として華北の日本軍の占領地域内でゲリラ戦を行った．1940 年夏に共産党軍は「百団大戦」と呼ばれる大攻勢をしかけ，これに対して日本軍が掃討作戦を展開，国民党軍との対立も深まり，1940–1941 年にかけて共産党は危機的状況に陥った．

そこで，共産党は「団結の中の闘争」を行い，地主を含む全階級を統一戦線に組み込み，その枠の中で階級闘争を行い，富と権力の再配分を図った．もっとも，華北農民の多くは零細な自作農であり，小作地は少なかったため，これまでの農民運動で用いられた「減租減息」(小作料と利子率の引き下げ)では大多数の農民を結集できなかった．そこで「古いツケの清算」運動を実施し，汚職・隠し田(黒地)・悪いボス(悪覇)・漢奸に反対する運動を展開し，共産党が組織する大衆集会で大土地所有者をつるし上げ，悪徳行為を動産・不動産の供出で償わせた．農民はこの運動に積極的に参加すればそれだけ多く分配を受けて手に入る果実は大きくなった．こうした運動が繰り返され，共産党は農民を動員することが可能になった．

1942 年秋になると，日本軍は主力部隊を対米戦に移動し始めたため，日本

軍占領地における守備隊が不足し始め，共産党は勢力を拡大した．1944年の日本軍による大陸打通作戦は国民党軍に大打撃を与え，国民党軍が退却した後の空隙に共産党軍が入り，その支配地域は拡大した(田中 1996)．

　日中戦争開始時の共産党の支配地域は陝甘寧辺区で人口150万人，党員4万人，兵力4万人であったが，1940年末には17の辺区に党員80万人，兵力50万人に達した．その後，日本軍の反撃で打撃を受けたが，1942年以降，華北農村部の共産党勢力は大幅に拡大，終戦時に共産党軍の兵力は132万人，支配地の人口は1億人に達していたといわれる．

日　本

【戦時統制経済】　二・二六事件(1936年)は，軍部の発言力が強まって経済の軍事化が進む契機となった(第17章1参照)．しかし，国内の重化学工業や資源賦存は軍事化要求に応えられる水準になく，したがって軍事費の拡大は必然的に軍事品の輸入の増大につながり，日本の貿易収支は急速に悪化した．日本にとって貿易収支・産業化・軍備拡張のバランスをいかにとるかが課題となり，1937年に成立した第一次近衛文麿内閣では，貿易収支の均衡を図りながら物資の需給を調整し，日本で不足する戦略物資の生産力の拡充を図ることが計画され，その直後に日中戦争が勃発したことで本計画の遂行は急がれることとなった．こうして，戦時統制経済が始まった．

　生産力の拡充の手段として，外貨を必要としない自給自足圏(円ブロック)の形成が求められた．戦間期の日本経済は製品市場(生糸・綿製品など)，および工業原料(屑鉄，棉花，羊毛など)や重化学品の供給において，英米圏に強く依存する構造にあった．日本の経済運営をめぐっては，英米依存を前提に英米との協調を図るべきとする路線と，英米依存を脱却して自給自足圏の構築を目指すべきという路線があり，1920年代までは前者の路線が支配的であったが，世界恐慌を背景とする国際分業体制の崩壊とブロック経済化によって，1930年代には後者の路線へと重心が移った．中国侵略によって英米の対日感情が悪化するなかで，できる限り英米との経済関係を維持しつつも，英米に依存しない自給自足圏(「日満支ブロック」)の形成が進められたのである(安達 2022)．

　以上の目的と手段の下で，政府は「臨時資金調整法」を制定して金融機関に

よる資金流通や株式社債投資を統制下に置いたほか,「輸出入品等臨時措置法」を制定してほぼすべての財の生産・流通・消費を統制下に置き,重要産業に重点的にモノとカネを配分できるようにした.統制経済の運営を担当した企画院によって,重要物資の年間の需給を定めた「物資動員計画」と,総力戦遂行に不可欠な基礎資材やエネルギーなどの戦略物資15品目の生産力の拡充を図る「生産力拡充計画」が策定された.また,より強力な経済統制のために,政府は1938年に国家総動員法を成立させて,勅令によって経済の全分野に対して介入・統制できるようにした.本法を根拠として1939年には国民徴用令が出されて,一般国民が軍需産業に動員されるようになった.

【日満支ブロック】 1932年に建国された満洲国は日満支ブロックを構成する重要な地域であったが,間もなく満洲の資源は種類や品質の面で自給自足経済圏の形成と発展に資する可能性が低いことが明らかとなった.それにもかかわらず,農業・工業・資源の全般にわたって総合的産業開発が実施されていった.農業では満洲開拓団(満蒙開拓団)が進められた.満洲移民は,対ソ防衛や満洲国の治安維持など関東軍の軍事的要請と,昭和恐慌下の農村救済の目的で1932年に開始された.1936年には「20カ年100万戸送出計画」へと国策化されて20年で500万人の送出が目指されるようになり,さらに日中戦争開始後には食糧増産という目的が加わった.移民が入植する耕地は関東軍の武力を背景に現地農民から収奪する形で調達されたが,農業環境が日本と異なっていたことから経営は困難を極めた.敗戦までの14年間に移民数は約27万人に過ぎず,目標達成に遠く及ばなかった(細谷 2021: 206).

1937年には,満洲に自立的な重化学工業基地を建設するとともに,満洲の基礎資源により日本の軍需工業体制に寄与することを目的とする「満洲産業開発五カ年計画」が実行された.当初計画では所要資金総額26億円であったが,同年7月に始まった日中戦争を受けて計画が修正され,所要資金総額50億円,そのうち鉱工業部門には39億円が配分され,鉄鋼,石炭,液体燃料などの基礎資材の生産の拡充が目指された.また,その中心的な会社として満洲重工業開発株式会社が設立された.しかしながら,本計画は現状に見合わない過剰な目標の設定や,資金・資材・労働力が円滑に供給されないことなどにより,鉱工業生産力の増強という点では成果を発揮したものの,生産と対日輸出の双方

で目標達成には遠く及ばなかった．

華北分離工作(第17章2参照)から日中戦争に至る中国への侵略の経済的意味は，満洲国の産業開発五カ年計画の実現に不可欠な資源であった鉄鉱石，石炭，綿花，羊毛などを，中国関内で獲得することであった．日本軍は占領地に傀儡政権を樹立して円ブロックに編入すると，1938年に北支那開発株式会社と中支那振興株式会社を設立し，中国の各種事業に投融資することで資源開発が行われた．しかし，日本への資源供給を優先する開発は，現地住民の生活水準の低下や輸送力の制限によってうまく機能しなかった．

【大東亜共栄圏】　以上のように，日満支ブロックでは日本経済の軍事化を支えきれず，英米圏への依存は依然として避けられなかった．そのため，石油・鉄鉱石・ゴムなどの資源が賦存する東南アジアへの進出が重要となった．1939年にヨーロッパで第二次世界大戦が勃発し，1940年にドイツがオランダ・フランスを占領して戦局を優位に進めると，日本は戦後処理で蘭領東インドや仏領インドシナがドイツ領に編入されることを危惧し，東アジアと東南アジアを自給自足圏とする「大東亜共栄圏」をスローガンとして掲げ，日独伊三国同盟でそれをドイツに認めさせることに成功した．1941年12月8日に米英に宣戦布告した日本は，1942年6月までにタイ(旧シャム，1939年に国名変更)を除く東南アジアを占領した(本章2参照)．大東亜共栄圏は，高揚する東南アジアの民族主義への対応や英米が打ち出した大西洋憲章へのけん制という意味から，一部地域の将来的な独立を認めつつ，日本が支配的・指導的立場にあってこれらの国・地域を統合するものとして構想されたのである(安達 2022)．

東南アジア諸地域の運営の基本方針は，「軍政を実施し治安の恢復，重要国防資源の急速獲得及作戦軍の自活確保に資す」(「南方占領地行政実施要領」)とされたように，日本からの物資供給を最小限にとどめるために各地域の「自活」を求め，日本へ「重要資源」を送るために日本の民間企業を進出させて石油，ゴム，鉄鉱石などの開発にあたらせた(本章2参照)．侵攻の際に破壊された生産設備は比較的早期に修復され，石油やボーキサイトなどの資源が円で決済されて日本へ輸送された．経済の軍事化，軍備拡張に不可欠な重要資源の入手に際して外貨は必要なくなり，日本の戦時体制は自給自足圏の拡大という形で完成したのである．

【外貨問題から輸送問題へ】　日満支ブロックから大東亜共栄圏へと自給自足圏が拡大したことによって，日本経済は外貨問題という積年の問題から解放された．一方，広大な自給自足圏から戦略物資を安定的に調達するためには，十分な海上輸送力を不可欠とした．

　太平洋戦争の開始時点で日本が保有していた船舶量は637万tで，戦時経済の維持に必要な船舶量は300万tと考えられていたので，兵員・武器輸送に必要な徴用船は300万t以下に抑える必要があった．そのため，初期作戦に大量の船舶を徴用し，作戦終了後に徴用解除することによって民需用船舶300万tを維持することとした．しかし，初期作戦終了後も戦線の拡大を図る陸海軍の圧力によって船舶の徴用解除はスムーズには行われず，海上護衛の失敗に基づく船舶の撃沈・喪失によって，1942年末には民需用船舶は180万tを割り込むようになり，1944年8月には全船舶量が300万tを割り込んだ．その結果，共栄圏内の物資輸送は種目と範囲の両面で制約されるようになり，東南アジアからの米輸送が満洲・朝鮮からの雑穀輸送に切り替えられたり，中国からの鉄鉱石輸送も朝鮮からの輸送に切り替えられたりした．戦力の限界を無視した軍事作戦とその失敗が輸送力の低下を招き，それが生産力の低下につながって更なる戦力の低下につながり，軍事作戦のいっそうの無謀化と失敗を招くという悪循環に陥ったのである．戦争経済を維持するための物資動員計画や生産力拡充計画を実行することはもはや不可能となった．

　国民生活も窮乏していった．食料では配給量の低下や，米から乾パン・大豆・サツマイモといった代用食へのシフトが行われた．12–49歳の一人あたり摂取カロリーの最低基準必要量は，性別や労働量に応じて1,900–3,200 kcalとされていたが，実際の摂取量は1945年には国民平均で1,800 kcalまで低下しており，そのうち約20%は闇取引など配給外の食料から得られたものであった(藤澤 2008: 8; 法政大学大原社会問題研究所 1964: 148–1149)．1944年末から日本各地の都市で空襲が始まり，1945年3月の東京大空襲では10万人が焼死した．また，1945年4月にはアメリカ軍が沖縄に上陸し，組織的な抵抗が終わった6月末までに，軍人・軍属10.6万人(うちアメリカ軍1.3万人)が戦死したほか，戦闘に巻き込まれたり病気・飢餓に陥ったりした民間人9.4万人が死亡した．

　生活の窮乏は大東亜共栄圏の各地で発生し，特に周縁部にあたる東南アジア

で顕著であった(本章2参照).東南アジアの人びとの生活は欧米への一次産品輸出で得た購買力を,欧米やアジアの食料品・生活品の購入に向ける形で成り立っていた(アジア間貿易).したがって,大東亜共栄圏が形成されて欧米やアジアとの自由な貿易関係が断ち切られれば,生活の窮乏は明らかであり,政府当局も東南アジア進出の前の段階でそれを認識していた(そのため「作戦軍の自活確保」が求められた).こうした認識は現実のものとなり,特に日本が制空権・制海権を失うと東南アジア各地で物価が高騰した.

朝鮮

昭和恐慌と満洲事変のショックにより日本「内地」の経済統制が進展するなかで,朝鮮では相対的に自由主義的な政策が維持され,それが日本資本の投資を誘致する要因となっていた(第16章3参照).しかし1937年3月には朝鮮にも重要産業統制法が施行され,38年5月には内地と同時に国家総動員法が施行された.こうして朝鮮は「大陸兵站基地」として戦時体制の下に置かれることになった.

企画院による各種の動員計画に朝鮮も当初から組み入れられた.たとえば物資動員計画においては,総督府がいったん物資の必要量を企画院に申請のうえ,その決定に従って配分することになり,朝鮮の生産物であっても独自の裁量は認められなかった.また生産力拡充計画においては,朝鮮は金属工業(軽金属・非鉄金属など)と鉄鋼に重点を置いた(庵逧 2011: 248-249).工業化の歴史が浅い朝鮮では,直接の兵器生産の規模は少なかったものの,原料や素材を含めた広義の軍需生産が全体工場生産額に占める比率は,1940年には30%を超えていた(許粋烈 2008: 180).

別の視点から見れば,これは重化学工業化の進展といえる.1930年に工業生産額の25%であった重化学工業の比率は,1939年に軽工業を凌駕し,1940年には51.6%に達した(許粋烈 2008: 135).その主要な舞台は朝鮮半島の北部であり,1920年代後半から開発された豊富な電力がその前提となった.たとえば朝鮮半島の東北端に近い咸鏡北道清津では,1941年に三菱,1942年に日本製鉄の工場が相次いで操業を開始した.

こうした戦時期の重化学工業は,ほとんどが日本からの投資によるものであ

った．戦後の米軍の推計によれば，1900–1945年のあいだの日本から朝鮮への投資は約80億円であったが，そのうち48%は1940年からの最後の6年間に集中していた(許粹烈 2008: 150)．1945年8月現在の工業部門の民族別資産は，民間部門に限っても，93%が日本人の所有であった(許粹烈 2008: 152)．

　戦時工業化の進展と並行して，企業活動への総督府の介入も進んだ．たとえば企業許可令(1941年)や企業整備令(1942年)などの「内地」の法令は朝鮮でも施行され，非軍需部門の統廃合が実施された．また軍需会社法(1943年)は1944年10月に朝鮮でも施行され，合計99社が指定されたが，そのうち朝鮮人会社は朴興植の朝鮮飛行機工業1社のみであった．この99社の資産が日本人会社資産に占める比率は61.9%にのぼった(許粹烈 2008: 203)．

　こうした工業化の推進によって近代部門で就業する朝鮮人も増加した．1940年時点で朝鮮人有業者に占める農業の割合はなお74.4%を占めていたが，その後も徴兵等によって日本人労働力は減少したから，その分，朝鮮人の雇用は増加したと考えられる(金洛年 2002: 140–141)．たとえば朝鮮総督府鉄道局では，1944年に朝鮮人従業員が7万5,000人に達し，全体の70%を超えた．これについて，外的要因による変化とはいえ，朝鮮人労働者の熟練と技術蓄積の機会を開いたという見解もあるが，労働力の希釈化をもたらしたに過ぎないという否定的な評価もある(鄭在貞 2008: 532: 林采成 2005: 366)．

　こうした労働者の配置にも，総督府は，政府の労務動員計画(1942年から国民動員計画)に基づいて介入した．その一環として日本にも多くの労働者が導入された．1939年に始まったこの政策は，当初，使用者である企業自身が総督府に割り当てられた地域で労働者を募集する形で始まり，1942年には総督府の外郭団体である朝鮮労務協会が募集・斡旋を行う官斡旋と呼ばれる形態が加わった．1944年9月には朝鮮に国民徴用令が施行され，これに基づいた徴用が実施された．しだいに総督府の関与の度合いが高くなっていったことは，朝鮮においても戦時工業化にともなって労働需要が逼迫していくなかで，より強制力を高めなければ動員ができなかった状況を反映している．

　動員対象者の多くは農民であり工場労働の経験がなかったことから，炭鉱や土木工事等の労働に従事させられたが，待遇は多くの場合劣悪で，逃亡者も多かった．正確な動員数は明らかでないが1939年から1945年まで延べ70万人

以上が日本に移送され，うち30万人強が敗戦時，労働現場にいたと考えられる(西成田 2009; 外村 2012).

農業においては，日中開戦に加え1939年の朝鮮南部の大旱魃を契機として，1940年から朝鮮増米計画が実行に移された．「内地」米作との競合が問題となって1934年に産米増殖計画が中止されてから，わずか6年後のことであった(第16章2参照)．人的・物的資源の制約下，土地改良等の事業は円滑には進まず，1945年までの進捗状況は予定の24%に過ぎなかった．一方，1939年からは米穀の流通統制も「内地」と並行して実施された．農民は自家消費量を除く米穀を低廉な公定価格で供出するよう強制され，供出米は計画に沿って配給・移出された．1943年には朝鮮食糧管理令に基づいて朝鮮食糧営団が設置され，米穀の流通を一元的に管理した．1943-1944年には，生産量に占める供出量の比率が60%を超えた(李憲昶 2004: 379-381; 李熒娘 2015: 250-281).

米穀統制と人的・物的資源の制約による農業生産力の低下は地主制にも打撃を与えた．小作料は食糧営団が徴収し地主に支払う形となった．ただし日本「内地」とは異なり，農民の自作農化，すなわち地主制の解体が政策的に進められたわけではなかった(李憲昶 2004: 381).

第2節　日本軍政下の東南アジア ——統制と混乱

1942年初めから1945年8月まで，日本軍は東南アジアの大半の地域を支配下に置いて軍政を実施した．日本軍政は重要資源や食糧を獲得して日本帝国の自給自足を図ることを最重視し，時に暴力も用いて物資を調達しようとしたため，各地で多大な犠牲と強い反日感情を生んだ．欧米との貿易の途絶は社会に深刻な物資不足をもたらし，さらに軍政当局の場当たり的な政策により，多くの地域で経済が破綻した．

日本軍の東南アジア展開

日本が最初に東南アジアに軍を展開させたのは仏印であった．日中戦争時に重慶に拠点を置く蔣介石の国民党政権は，諸外国から支援物資を受ける輸送ルート(援蔣ルート)のうち，仏印北部のハイフォンから雲南省の昆明に至る滇越

鉄道を最重視した．1940年6月にフランスがナチス・ドイツに敗退したことを受けて日本はフランスに仏印北部への日本軍駐屯を要求し，同年9月にこれを実現して仏印経由の援蔣ルートを遮断した．翌年に蘭印の石油資源確保を目指した第二次日蘭会商が決裂すると，その直後の1941年7月に日本は仏印南部まで進軍させ，これが米英による日本への石油輸出禁止を招いた．これにより米英との戦争を不可避と捉えた日本は，1941年12月8日未明にマレー半島上陸と真珠湾攻撃を開始し，アジア太平洋戦争へ突入した．日本軍は瞬く間に進撃して1942年2月にシンガポールを占領し，同年6月までにビルマやフィリピンを含む東南アジアのほぼ全域を制圧した．

日本軍は一部地域を除いて植民地政庁を解体して軍政を施行し，フィリピン，英領マラヤ，スマトラ，ジャワ，英領ボルネオ，ビルマを陸軍が，スマトラ・ジャワ以外の蘭印を海軍が管轄した．日本軍政の目的は治安の恢復，重要国防資源の急速獲得，および作戦軍の自活確保とされたが(本章1参照)，日本軍の「自活確保」は現地社会からの収奪につながったため，日本支配に対する不満が高まった．これを受けて日本はイギリスの自治領化が約束されていたビルマと，すでにアメリカによって将来の独立が認められていたフィリピン(第17章3参照)に，それぞれ1943年8月と10月に「独立」を与えたが，どちらも日本軍の自由な軍事行動を認める傀儡国でしかなかった(後藤 2022)．

資源の獲得

石油は日本にとって最重要「国防資源」であり，蘭印の油田支配は当初から最大の目標と考えられた．戦前日本の石油総輸入量は年間約450万kl (うちアメリカから約300万kl)で，そのうち蘭印からの輸入は約80万klに過ぎなかったが，その産出量約795万klは日本が必要とする量をまかなって余りあると考えられた．オランダ側は日本軍到来時に多くの製油施設を破壊したが，奇襲が功を奏した南スマトラのパレンバン周辺の油田では設備の大半を日本軍がほぼ無傷で奪取し，1942年に210万kl，1943年には403万klの石油生産に成功した．しかし海上護衛戦の失敗により占領地から日本本土への輸送が困難となったことから(本章1参照)，1943年秋以降は生産を制限し，1944年の生産量は298万kl，1945年には72.5万klに低下した(倉沢 2012: 253–278)．カリマンタ

ン東岸バリクパパンの製油所は1年ほどかけて以前の半分ほどまで処理能力が復旧したが，アメリカ軍の空襲により1944年から操業が止まった(山﨑 2001: 250-252; 宮本 2003: 193-194)．

マラヤでは日本軍の急進撃によりイギリス軍による破壊は比較的軽微で，錫，ボーキサイト，石炭の生産施設がそれぞれ三井鉱山，石原産業，三菱鉱業により復旧され操業を再開した．鉄鉱山は軍政下で開発され，政府系金融機関の融資を得て民間企業が創設された．しかしいずれも抗日ゲリラによる破壊活動，関係者の非協力，技術者，燃料，修理部品の不足，さらに日本への輸送路の遮断等の問題から，生産は大きく落ち込んだ(吉村 2001: 198-201; クラトスカ 2005: 269-276)．

プランテーション産業の抑制

東南アジアの商品作物は日本では需要が小さかったことから生産の抑制が図られ，軍政当局が各地で減産を進めた．

ジャワおよびフィリピンでは砂糖生産が厳しく制限され，生産量はジャワでは1942年の約132.6万tから，1943年に68.4万t，1944年に49.7万t，1945年には8.4万t(1930年の2.9％)へ，フィリピンでは1940/41年の約105万tから，1941/42年に約50万t，1942/43年に3.7万tへとそれぞれ急減した．ジャワでは製糖工場が日本軍や現地の人びとによる収奪を受け，さらに独立戦争期にも深刻な破壊が生じたことから，糖業はその後も回復不可能な打撃を受けた(倉沢 2012: 234-246)．フィリピンではネグロス島を中心に，経済復興や治安維持を目的として，指定された日本の業者が余剰砂糖を買い付けたが，蔗苗の不足，農具の不足，治安の不良(ゲリラによる襲撃)などから生産量が激減した．ジャワおよびフィリピンではサトウキビから飛行機の液体燃料，アルコール，苛性ソーダなどを生産する試みも行われたが，資材不足などにより成果は乏しかった．他にはジャワの茶やコーヒー農園，スマトラのタバコおよびゴム農園が減産の対象となり，食糧(米と蔬菜)，棉花(後述)，麻，ヒマなどに転換された(倉沢 1992: 127-136; 永野 2001b; 宮本 2003: 194-195)．

英領マラヤで日本軍政当局はイギリス人などが所有する「敵産ゴム園」を接収して，その40％を邦人企業を中心とする組合に管理を委託し(残りは州長官

が保守），住民農園をそれまでの8%にまで圧縮し，いずれも指定された日本の商社が買い付けた．しかし輸送の停滞と深刻な食糧難から資材も労働力も不足し，1939/40年に55万t余りであった生産量は1941/42年以降15万t以下に急減した(吉村 2001: 201-207)．海外へ搬出できないことに加えて域内輸送手段の不足も深刻だった．イギリス軍の破壊により鉄道が寸断され，貨物船はまったく不足し，道路は整備が劣悪で，輸送の停滞はあらゆる経済問題の一因となった．もっとも生産設備への打撃は比較的少なく，マラヤのゴム産業は戦後間もなく復活する(クラトスカ 2005: 185-192, 257-266; 倉沢 2012: 246-253)．

食糧および棉花の増産

日本軍政当局は米や棉花など自給産品では増産を図った．特に米は日本軍の需要も大きかったことから，各地で増産と域内貿易の回復が試みられた．

人口が多く稲作も盛んなジャワは，食糧および棉花増産の主要ターゲットとなり，高収量品種(台湾の蓬莱米)の導入や日本人農業技術者による正条植え(苗を等間隔・直線に植える方法)の指導，灌漑・排水設備の設置事業，森林開墾，サトウキビ，茶，コーヒーなどからイネなど食糧作物への作付け転換が実施された．しかし結果は，サツマイモを除く主要穀物の著しい減産(表18-1)に終わった．その最大の要因はおそらく労働力不足である．「労務者」(後述)が各地で徴発され，成年男子が減少した．また米など主要作物の一定量が日本軍に強制供出させられ，残りも安い価格で買い上げられたことから，生産意欲が減退した．一人あたりの収入は1945年に1938年の半分まで落ちこみ，一部の地域で飢餓が生じた結果(後述)，西部ジャワのタシクマラヤ事件(1944年2月)やインドラマユ事件(同年6月)など強制供出を要因の一つとする暴動が各地で発生した(倉沢 1992: 91-113; 倉沢 2012:121-174; Dick 2002: 165-166; 宮本 2003: 196)．

フィリピンでも，新種肥料や蓬莱米を導入して米の増産を図ったほか，価格や流通の統制が試みられた．しかし，中部ルソンなど主要な稲作地帯で抗日ゲリラが活発化したことや，その他の地域でも低い設定価格のため農民が売り渋り，マニラでは1943年11月頃から米が枯渇した．それでも日本人が高値で買うことから，米は当局の規制をすり抜けて闇市場に流入し，輸送力不足や強盗の襲撃もあって価格が急騰した．もっとも1944年6月に日本軍がフィリピン

表18-1 日本軍政期のジャワにおける主要穀物生産高(1937–1945年)

	生産高(千t)					1937–41年からみた1945年の増減(%)
	1937–41年(平均)	1942年	1943年	1944年	1945年	
米	8,511	8,302	8,122	6,811	5,600	-33
トウモロコシ	2,056	2,165	1,603	1,211	900	-55
キャッサバ	8,249	8,735	7,521	5,558	3,100	-62
サツマイモ	1,309	1,312	1,083	1,493	1,400	7
ジャガイモ	41	28	19	12	—	—
大豆	301	352	273	110	60	-80
落花生	194	206	210	190	60	-69

出典：倉沢 1992: 108 を一部改訂
注　：米の数値は籾重量

防衛を決定し米を調達または押収するようになってからは，市場にはほとんど米が出回らなくなった(ホセ 1996).

　マラヤでも，食糧の約3分の2を輸入に依存していたことに加え，主要な米生産地である半島北部が1943年10月にタイに割譲され，食糧不足がいっそう深刻化した．軍政当局は米の増産キャンペーンを実施し，技術支援や二期作が可能な新品種(台湾の在来種と蓬莱米)の導入が行われたが，病害や虫害により成果はあがらなかった．1944年以後はゴムや茶が水稲に転換されたほか，国有林を伐採し陸稲などの食糧農産物が植えられた．しかしジャワと同様に強制供出により生産意欲が失われたこと，労務者の徴発で労働力が減少したこと，さらに灌漑設備が整備不良で劣化したことなどから，マラヤ全域の水稲生産高は1939/40年の31.5万tから1945/46年は21.5万tに減少した(倉沢 2001: 140–142; 吉村 2001: 195–196).

　「帝国の食糧給源」と位置づけられたビルマでも，軍政下で米の生産が悪化した(表18–2)．輸出の途絶により価格が暴落し農民が植え付けを控えたことに加え，精米所で働いていた多くのインド人が母国に逃げ帰ったため米の加工や流通に支障が出た．イギリス軍は日本軍侵攻時に貨車の多くを北部へ移動させ重要な橋梁を爆破したため，鉄道は寸断され貨車も不足し，さらに補修された鉄道も連合軍に空爆されて輸送が麻痺した．イギリス軍は多くの大型汽船も撤退時に破壊し，その後は連合軍の空爆により河川輸送も困難となった．このため下ビルマの米に依存していた北部で飢餓が発生するなど(倉沢 2001: 134–140)，

表18-2 ビルマおよびタイの米生産
(1937-1948年)

		ビルマ	タイ
生産高 (千t)	1937/38年	6,730	4,556
	1938/39年	7,925	4,524
	1939/40年	6,879	4,560
	1940/41年	8,037	4,923
	1941/42年	7,140	5,120
	1942/43年	5,734	3,863
	1943/44年	3,047	5,702
	1944/45年	3,650	5,108
	1945/46年	2,845	3,699
	1946/47年	4,010	4,642
	1947/48年	5,603	5,506
1937-41年からみた1945/46年の増減(%)		-61	-22

出典：Food and Agriculture Organization of the United Nations 1965: 15-16
注　：数値は籾重量

米の流通が著しく悪化した．戦争直後にはインド人が去った後の米の買い付け，精米，流通にイギリス軍が大規模に介入し，後にビルマ政府に引き継がれたことから，これらの分野に国家が介入する体制が形成された(第20章4)(倉沢 2012: 224-225)．軍政当局は国内の食糧不足にもかかわらず，米不足地域である日本，フィリピン，マラヤにビルマ米を供給しようと試みた．このうち前二者への長距離輸送は，日本軍が輸送路を防御できず不可能となった．マラヤへは沿海輸送が試みられたが，大型船の多くが破壊されたため，マラヤへの米輸出は1942年の約22万tから1943年の5.6万t，1944年の5,700tへと急減し，1945年には停止した(倉沢 2001: 143-147)．

　タイでは稲作への打撃は比較的軽微であり，戦時を通じてほぼ平年並みの収穫ができたことから(表18-2)，日本軍によってマラヤへの米輸出が試みられた．しかしマラヤの鉄道はイギリス軍撤退時に破壊され，車両不足も深刻で，国内輸送に困難を来した．マラヤへの米輸出は公式には三菱商事に独占権が与えら

れたが，実際にはマラヤの華人などが活発に密輸を行った．マラヤ・シンガポールへの米輸出のうち記録に残る量は 1942 年に約 26.2 万 t で，1943 年は不作により 6.1 万 t に減少したが，1944 年には 19.3 万 t，1945 年には 14 万 t であった（倉沢 2001: 147–151）．1945 年 8 月の時点でタイには輸出可能な余剰米が 78 万 t にのぼり，このことが日本の降伏後にマラヤやビルマの植民地で食糧不足が生じていたイギリスに対して，タイが強い交渉力を持つ要因となった（倉沢 2012: 222–225）．

貿易の途絶にともなう衣料品不足を補うため，ジャワとフィリピンではサトウキビ農園の棉作地転換が行われた．しかし棉花は乾季が短い地域には適しておらず，ジャワでの生産は記録が残る 1943 年に 1,250 t（目標の 29％）にとどまった（倉沢 1992: 113–118）．フィリピンでも気候の不適や虫害により，1942 年の収量は約 554 t（目標の約 24％）にとどまった．さらに地主や農民の非協力およびゲリラ活動による妨害もあり，1943 年末には計画の見直しが始まり 1944 年に多くの地域で放棄された（永野 1996; 中野 2012: 152–161）．

流通と物価

貿易が停止し物資が不足するなかで，軍政当局は各地で邦人企業を中心として業者に「組合」を作らせ，物流を統制しようと試みた．

ジャワでは食糧や棉花の生産は組合を通じて政府の管理下に置かれ，物流は日本の商社に委託された．しかし買取価格が安かったことから産品は闇市場に流れ，闇値が高騰した（Dick 2002: 164–165）．マラヤでは消費財品目ごと（鮮魚，野菜，衣料品など）に作られた組合が恣意的に価格を設定し，価格高騰の原因となった．闇市には米や砂糖のほかさまざまな食料が，ジャワ，スマトラ，マレー半島各地から密輸されて運び込まれていた（クラトスカ 2005: 192–200）．

生産セクターが停滞する一方で，インフラ事業や物資の買い上げなどのために政府支出は拡大したため，軍政当局は軍票（占領地で流通させるための通貨）を大量に発行してそれをまかなった．各占領地で従来と同じ通貨単位の軍票を発行したものの，為替レートはすべて円と等価とされ，事実上東南アジア各地の通貨価値は切り下げられた．1943 年に入ると軍票は南方開発金庫が発行するようになったが，物価の高騰に起因する軍事費の増大にともなって軍票の発行

枚数も急増した．このため，物資不足とも相まってインフレが急速に進み，1941年12月と1945年6月の物価指数を比較すると，シンガポールで350倍，ラングーンで約1,900倍に達した(岩武 1981; 後藤 2022)．タイでも日本軍は「特別円」と呼ばれるバーツ貨の提供によって軍費を調達したためハイパーインフレを招き，1945年1月のバンコクの生計費は1940年末と比較して食費において8.27倍，被服費において27.78倍となった(末廣 2020: 375–377)．

供出と健康の悪化

日本軍は各地で食糧や労働力の供出を，シンガポールではさらに「献金」を強制し，これにともなって住民の健康は著しく悪化した．

農業生産に適していると考えられたジャワでは特に食糧供出が厳しく実施された．地域によっては農民は次の植え付けのための種籾まで供出させられ，飢饉が広まった．綿織物から紙に至る日用品の自給生産も試みられたが，資本も技術も計画性も欠きほとんど成果を生まなかった．フィリピンは占領末期に上陸してきた連合軍との戦場となったこともあり，日本軍による暴力的な物資調達が頻繁に行われ，スパイ摘発を口実にした住民虐殺も多数生じた(倉沢 2012: 121–174; 中野 2012: 185–192)．自給食糧生産がもともと弱かった英領マラヤでは食糧供出が厳しく行われることはなかったが，自給率が低いため輸入の途絶による打撃が大きく，食糧不足が蔓延した(吉村 2001: 195–196; クラトスカ 2005: 303–305)．

日本軍は現地住民を労務者として鉄道や飛行場の建設などのインフラ整備に動員した．その総数を知るのは困難だが，ジャワでは約210万人(動員可能人口の約17%)が動員された記録がある(後藤 2022: 245)．なかには遠く外国まで動員された場合もあった．日本軍政下で最大のインフラ整備である泰緬鉄道――タイとビルマを結ぶ総延長415 kmの鉄道――はわずか1年半で完成されたが，この建設と運営には約1.3万人の日本兵と約6.2万人の連合軍捕虜が使用されたほか，約20万人のアジア人労務者がタイやビルマのみならずマラヤやジャワからも動員された．判明する限りでアジア人労務者の3人に1人が死亡もしくは逃亡した．マラヤからだけで7.8万人が送られ，そのうち4万人が死亡したと考えられている(倉沢 2012; 柿崎 2021b)．

食糧や労働力の供出には，日本軍が形成した大衆動員組織や隣組制度が利用された．宗主国によって弾圧されていたスカルノをはじめとするナショナリストが日本軍に協力することを条件に釈放され，住民の宣撫工作や動員に使われた．隣組は日本の制度をモデルに組織され，住民の監視や動員に効果を発揮したことから，戦後もルクン・トゥタンガ (RT) とインドネシア語に名を変えて維持され，特にスハルト政権 (在任 1968–1998 年) 下で住民監視に活用された (小林 2023)．

　シンガポールは日本軍政において東南アジアの最重要支配地域とみなされたが，住民の大半が中国系であることから，日本の中国侵攻後は強い反日感情が存在した．さらに占領当初に武力抵抗もあったことから，日本軍は異常な警戒心をもって支配に臨み，両者の緊張関係は 1942 年 2 月 18 日に，日本側が「大検証」，シンガポール人が「粛静」と呼ぶ虐殺事件に帰結した．日本軍は根拠なく「抗日分子」とみなした住民を拘束し，取り調べなく「容疑者」を補助憲兵に処刑させ，その被害者はおよそ 5,000 から 5 万人にのぼると考えられている．さらに日本軍政部は 5,000 万海峡ドルの「献金」を中国系住民に要請し，彼らは英領マラヤ全体で集めた 2,800 万ドルに加え，残りを横浜正金銀行から借金して全額を供出した (中野 2012: 126–135)．

　日本軍政当局は各地で米の配給を実施したが，それは深刻な生活の悪化につながった．マラヤでは輸入の途絶，流通の混乱，係官の不正，闇市場への流出などによりしだいに米の流通量は減少し，1944 年 10 月–1945 年 3 月の米供給量はその 2 年前の同期間の 12–16% となった．そのようななかマラヤで行われた米の配給は，軍政開始当初こそイギリス政庁が設定していた男性 1 人につき 1 カ月 21.8 kg (1 日あたり 727 g) が実施されたが，間もなく 1 日約 303 g になり，1943 年 2 月から 280 g，11 月に 240 g，1944 年 11 月に 160 g (日本人には 240 g)，軍政末期にはさらに 120 g まで減らされた．これに対し 1944 年 4 月における東京での配給は，男性 1 人 1 日 2 合 3 勺 (330 g) であった．ジャワでは軍政期に農民の米消費量が 1 日あたり 90–164 g であったという計算もある (倉沢 2012: 174–202)．

　こうしたこともあって，人びとの栄養状態の悪化は著しかった．芋類や大豆などの代用食品も流通したが，特に農村地域で栄養失調が広がり，疥癬などの

病気がはびこった．ジャワのスマランやバニュマスなど各地で飢餓が発生し，この結果ジャワでは 1944 年に出生率(1,000 人あたり 25)が死亡率(同 33)を下回り，近代史上初めて人口減少が起きた(倉沢 1992: 175–179)．シンガポールでもマラリア，赤痢，結核，乳児痙攣などによる死者が日本占領期に跳ね上がった．栄養不足に加えて労働動員も影響し，死亡者は男子で顕著に増加した．1937–1941 年の 1 年あたり男子死亡者数が 8,500–9,700 人余りであったのに対し(1941 年のシンガポールの人口は 76 万 9,216 人)，日本占領開始後は 1 万 8,694 人(1942 年)，1 万 3,718 人(1943 年)，2 万 9,515 人(1944 年)，2 万 4,304 人(1945 年)，9,537 人(1946 年)と推移した(クラトスカ 2005: 306–307, 355–358)．

現地政府の温存

仏印，ポルトガル領ティモール，タイでは，現地政府がそのまま温存された．仏印では開戦後も日本軍がそのまま駐屯を続けたが，植民地政庁には日本軍の軍事作戦に協力する限りにおいて主権を認め，フランス人官僚が任務を継続する二重支配が行われた．1944 年 8 月にドゴールがパリを解放し，戦況の悪化とともに連合軍の上陸も懸念されたことから，1945 年 3 月に日本軍は植民地政庁を解体した．日本側はベトナム，カンボジア，ラオスの保護国の皇帝や国王を「独立」させた(後藤 2022)．

シャムで 1932 年に立憲革命(第 17 章 3 参照)を主導し 38 年から首相の座に就いた陸軍出身のピブーンは，国名をタイに変えるとともにナショナリズムを鼓舞し，開戦前には日本の仲介によってかつてフランスに割譲した「失地」の奪還にも成功した．タイは，1941 年 12 月 8 日未明にマレー半島に上陸した日本軍と南部で交戦したものの，ピブーンが同日中に日本軍の通過を認め，その後日本と同盟を結び米英に宣戦布告した．彼は 1942 年 5 月にはタイ族の居住地域であるビルマ・シャン州東部にも進軍し，「タイ人の国」(Thailand)をさらに拡大しようとした．

経済面ではピブーンは首相就任以降，中国系資本への対抗を図り，さまざまな経済活動に国家資本を投入した．こうして華人が支配していた精米や米流通ビジネスが，1938 年に設置された国営企業タイ米穀社に統合されたほか，鉱業や製造業でも国営企業が設立された．このようにピブーンは，自身が戦後に

本格化させる経済ナショナリズム政策(第20章4参照)を戦前から開始したが,戦争にともなう資金・資材不足などにより,多くは円滑に操業されなかった(末廣 2020).

1943年に入ると枢軸国側に陰りが見え始めたことから,ピブーンは日本と距離を置き始め,翌年7月に首相を辞任した.他方で,日本との同盟に反対する人びとは国内外で抗日組織を作った.米英在住のタイ人たちで結成した抗日組織「自由タイ」のメンバーは,米英軍による軍事訓練を受けた後にタイに潜入し,ピブーンの辞任後に成立したクアン政権で主導権を握った.彼らは表では日本との同盟を維持しながら,裏では連合軍と連携して対日武装蜂起を計画した.この二面外交は終戦まで何とか維持され,日本とタイの衝突は回避された(柿崎 2007).

第3節　脱植民地化とインド経済

戦時経済と飢饉

1939年に始まる第二次世界大戦はインド経済に大きな影響を与えた.最大の影響はインフレーションである.植民地インドでも戦時経済へと転換し,インド政庁は財政赤字もいとわず多額の政府支出を続けた.直接的な影響として重要なのは政府の買い付け政策である.この戦争が始まるまでは,インド政庁は政府物資の調達を基本的に本国(イギリス)で行っていた.いわゆる「バイ・ブリティッシュ(Buy British)政策」である.第一次世界大戦後,物資の2割程度をインド内で調達するまでにはなっていたが,依然としてその原則は貫かれていた.しかし,第二次世界大戦の開始とともに,その政策は転換を迫られた.戦線で必要な土嚢用のジュート袋の需要や外地に送り出した約300万人のインド兵のための軍服需要などによって,ジュート工業や綿工業へのインド政庁による買い付けが増加した.

このようなインド政庁による買い付けによって,インド国内市場における製品価格は上昇した.しかも,政府支出の増加は,赤字財政ひいては貨幣供給の増加によってなされたので,一般的な物価水準はうなぎのぼりとなった.したがって,こうした事態は,ジュート工業や綿工業の資本家にとって,高い利潤

率という僥倖となったが，綿製品のような生活必需品の高騰はインドの大衆，とりわけ農村の生活者にとって大きな痛手となった．1942 年にインドの独立運動を担った国民会議派が，戦争協力に抵抗しつつ行った反英闘争である「クイット・インディア運動」(Quit India Movement, インド立ち去れ運動)が広がったことの背景には，このような状況が存在した．

インドの大衆にとって最も深刻だったのは，食糧穀物価格の暴騰であった．1942 年 2 月に日本軍がシンガポールを攻略し，さらにビルマの占領に至ったことによって事態は極度に悪化した．ビルマ米の輸入が不可能となったため，米の価格が急騰した．特に州政庁が必要な措置を行わなかったベンガルでは，価格が 2 倍以上に跳ね上がった．この価格上昇はきわめて深刻な飢饉に直結した．これが史上有名なベンガル飢饉で，1943 年から 1944 年にかけて約 300 万人の死者をもたらした．

この飢饉は食糧供給の絶対的な不足によって引き起こされたというよりも，農業労働者や零細農にとっての急激な相対価格の悪化によってもたらされた人災ともいうべき事態であった．というのは，1943 年のベンガルにおける米の作柄は必ずしも不作ではなかった．したがって食糧は市場に存在した．ただし戦争景気によって惹起された高価格のために，農業労働者などの農村の貧困層にはまったく手の届かないものになっていた．しかも米などの食糧穀物は戦時需要に沸くカルカッタに引きつけられたために，農村では食糧が不足気味となった．したがって多くの貧しい層は食糧を求めて都市へと向かった．カルカッタなどの都市では政府による配給政策が実施されていたが，このような難民はその対象から排除されていたこともあって，都市でも多数の農民が餓死した．19 世紀末に体系化した飢饉救済政策も，この時にはほとんど適用されなかった．

この飢饉では 1943 年以降もマラリア，コレラ，天然痘などの伝染病で多数の死者が出た．約 300 万人という死者はこれを含めた数字であり，ベンガルでは 18 世紀後半以来の，またインド全体としても 19 世紀末以来の大飢饉であった．このようなベンガル飢饉はいかなる意味でも自然災害ではなく，人災そのものといっても過言ではない．第一の原因は，戦争景気が引き起こした食糧価格の高騰であるが，他方でインド政庁の政策の失敗がその被害を増幅した．イ

ンド北東部に迫った日本軍への対処という戦略的配慮を優先して，飢饉救済政策を実質的に発動しなかったからである．

債務国から債権国へ

　1939 年以降，イギリスは，スターリング・ブロックに属するイギリス帝国・連邦諸国に「ドル・プール制」(Dollar Pooling System) を導入した．これは，スターリング・ブロックに属する各国が輸出によって稼いだ金および外貨（ドル）をイギリスが一元的に管理する制度である．この制度の下，「スターリング残高」(Sterling Balances) という制度が導入された．プールへ拠出した金・ドルと引き換えに得たポンドは，イングランド銀行内にスターリング残高（ポンド預金）となったが，ブロック内でしか使用できない域内通貨となった．それのみならず，イギリスが第二次世界大戦において，戦争に必要な物資やサービスをブロック内から「掛け買い」したが，まさにこのスターリング残高を利用して事実上の負債を重ねたのであった．その際，インドが保有したスターリング残高は，ブロック全体のスターリング残高の大きな部分を占めるに至っていた（三瓶 2003: 111–115）．

　この点をインドの事情に即してみてみよう．イギリス本国政府は戦争に必要な物資をインドに求めるなかで，大量の物資がインド政庁によって買い付けられ，インドからイギリスに輸出された．これらの物資の代金はインド政庁によってルピーで支払われたけれども，最終的な買い手である本国政府はインド政庁に代金を支払うのではなく，スターリング残高として処理され，宗主国であるイギリスのインドへの負債額として累積した．さらにインド軍をインド亜大陸以外の地域で使用するときの経費が本国政府の負担になるという取り決めがなされていたので，これらもインド側の債権となった．こうして第二次世界大戦が終結した 1945 年の時点においてインドは最大のスターリング債権国となり，その額は 10 億 3,000 万ポンドに達していた．

　このような巨額のスターリング残高の存在はインドの独立，脱植民地化にとって有利な条件となった．英領期のほとんどの時代において，インドはイギリスに対して債務国であったが，この時にその立場を脱することが可能になった．逆に言うと，イギリス側にとってインドを手放すことによって生じる債権未回

収の悪夢が払拭されたことになる．別の観点からから考えると，スターリング残高の存在は，インドの独立に向けての好条件となった．もし巨額のスターリング残高を保有するインドがスターリング・ブロックから離脱したら，著しいポンド危機を招くことになることが予想されたからである．したがって本国政府には，スターリング・ブロックに引き留めることと引き換えに，インド独立を約束するという物質的な動機が存在していた．

経済計画の起源

第二次世界大戦は，独立後インドの経済運営のための学習機会を与えることになった．分離独立後，特に1950年代から70年代までのインドにおける経済運営の特徴は，経済計画に基づく混合経済体制という様式であった．こうした特質の起源は，実は英領期の最終段階における経済計画の構想と，戦時経済の現実的な経験とにあった．

インドの民族主義者の側に「経済計画」という構想が最初に現れるのは，第二次世界大戦が始まる直前の1938年のことである．これは，ソヴィエト・ロシアにおける計画経済の進展に刺激を受けた一つの結果であった．1937年の州議会選挙によって圧倒的勝利を収めた国民会議派によって，J. ネルーを委員長とする国家計画委員会が設置された．この委員会には，有識者，資本家，労働組織代表や藩王国の代表なども参加した．しかし，1939年にイギリスがドイツに宣戦した後，宣戦がインドにも即座に適用されることが決定されると，会議派指導部は州政庁からの離脱を決定した．会議派が州政庁から退いたことで，国家計画委員会の意義は半減したけれども，委員会の活動はその後も続けられ，1940年に報告書が刊行された．

イギリス側にも経済計画の構想が存在した．これは，1942年に戦時内閣の閣僚であったE. ベヴィンとS. クリップスが提出したインドに関する経済計画構想である．この計画構想は，明らかに植民地政府が長らくとってきたレッセ・フェール(自由放任)原則と異なり，混合経済を示唆するものであった．しかしながら，この構想を公表することによる政治的なマイナス効果を予想したインド総督自らによって封印された．

戦局が連合国に有利になるにつれて，独立後をにらんだ経済計画の構想がよ

り本格化した．1944年に出版された「ボンベイ・プラン」は主としてインドの資本家によって構想されたものである．ボンベイ・プランの作成には，G. D. ビルラーやJ. R. D. ターターといったインドの有力な資本家が加わっていた．この計画構想は，いうまでもなく民間部門の活動を基幹に置きつつも，一部の重要産業における国有化の可能性を示唆し，さらに国家統制の必要性を論じていた．このような動きに対抗して，インド政庁は総督の行政参事会付属の「計画再建部」を設置し，ボンベイ・プランの作成に加わったメンバーの一人であるA. ダラールを中心に据えた．インド政庁側は，インド資本家による計画構想を取り込むことによって，この段階においても主導権を維持しようとしたのである．しかし，産業政策におけるイギリス資本の取り扱いをめぐって対立点が生まれ，ダラールは辞任してしまった．

　いずれにしても第二次世界大戦は，統治者と被統治者の両方において経済計画という理念の浸透が進んだ時期であったことは間違いない．分離独立後のインドにおける経済運営への遺産という点で，戦時経済における現実的経験もきわめて重要である．独立後のインドにおける「許認可権の支配」(License Raj)と言われるような産業に対する規制の体系は，戦時経済下における産業統制の経験との連続性で語られるべきである．独立後の経済運営が英領期の官僚制をほぼそのまま継承した行政によってなされたことも，この継続性を保証している．

第19章
戦後アジア秩序の成立と展開

　第二次世界大戦の終結は，日本帝国の解体にとどまらず，連合国の支配地域を含むアジア全体に植民地体制の終わりをもたらした．かつての植民地の多くは主権国家として独立を宣言したが，その実現に至る道程は決して平坦ではなく，支配継続を図る旧宗主国の攻撃や内部の理念対立によって，深刻な戦禍に見舞われた地域も多かった．一方でアメリカを中心とする旧列強は自由貿易主義を掲げた新しい国際秩序を形成し，ソ連を核とする共産圏と対峙しようとした．日本の占領改革と独立もこうした潮流を背景としたものであった．

第1節　日本帝国の解体，東アジアの内戦，朝鮮戦争

日本帝国の解体と人の移動

　日本は1945年8月14日にポツダム宣言を受諾し降伏した．そのことは翌15日，昭和天皇の肉声によるラジオ放送で発表された．日本帝国の版図と占領地は，それぞれ異なる形で連合国の占領下に入った．

　それまで「内地」と呼ばれていた日本本土の大半の地域は，アメリカ軍が実質的に単独占領した．既存の行政機構はおおむね維持され，これを通じた間接占領が実施された．ただし地上戦を通じて占領された南西諸島（沖縄）では米軍の直接軍政が敷かれ，千島列島と樺太は8月9日に参戦・南下したソ連軍の占領下に置かれた．かつて下関条約により清朝から割譲された台湾は中華民国に「返還」されることになり，国民党軍が進駐した．朝鮮半島は北緯38度線で南北に分割され，南半部をアメリカ軍が，北半部をソ連軍が占領した．朝鮮人のなかには自力で統一政府である朝鮮人民共和国を作ろうとする動きもあったが，

米ソの占領軍はこれを認めなかった．満洲国と関東州もソ連軍の占領下に置かれた．日本の降伏によって戦闘状態が終結したのは日本本土だけであり，旧植民地・占領地の人びとはさらなる混乱の中で新しい秩序の構築に取り組まなければならなかった．

帝国の瓦解はまた，突発的かつ大量の人の移動を促した．その一つは帝国各地および占領地から日本本土へと引き揚げる軍民双方の日本人の動きであり，もう一つは出身地へと戻る旧植民地人の動きであった．

まず在外日本人の引き揚げについて，日本政府は敗戦直後，膨大な人口流入が引き起こす混乱を恐れ，民間人の現地残留方針をとった．しかし実際には，敗戦直後から多くの人びとがさまざまな手段で引き揚げを開始し，1946年1月にはすべての日本人を米軍の責任で引き揚げさせる方針が決定された(浅野 2011: 76)．引き揚げ者の数は1949年までに軍民あわせて600万人を超えたと見られる(成田 2006: 180)．引き揚げの過程は，始まりつつあった冷戦の影響も受け，地域によって大きく異なった．アメリカの影響下にあった南朝鮮や台湾，中国本土からの引き揚げが比較的短期間で遂行されたのに対し，ソ連の占領下にあった北朝鮮や樺太，満洲からの引き揚げは困難で長い時間を要した．特に満洲では軍人を中心に約60万人がソ連軍によってシベリアに移送され労働に従事させられたり(シベリア抑留)，現地に残留した女性や子どもが帰国できない状況が長く続く(満洲残留邦人)といった問題が生じた．

植民地・占領地については，事情が相対的に明らかな南朝鮮と台湾の例を見よう．南朝鮮では，60万人以上の日本人が引き揚げた一方で，1946年7月までに日本・満洲・華北そしてソ連軍の占領下に置かれた北朝鮮から166万人以上が流入した．これは当時の南朝鮮の人口の1割を超えた(浅野 2011: 78)．そのうち日本からは最終的に140万人程度が南朝鮮に引き揚げたと考えられる．引き揚げた朝鮮人の中には，家族や財産を日本に残してきた者も多く，南朝鮮の混乱に直面して日本に戻ろうとする者もいたが，米軍と日本政府はこれを「密入国」として遮断した．一方で日本には50万人ほどが残留し，戦後に続く在日コリアン社会を形成した．

台湾では，1945年9月に南京で日本の降伏文書が調印されたのに基づき，同年10月，台湾総督府が統治権を中華民国に引き渡した．日本の植民地支配

から解放された台湾には国民政府軍が進駐し，国民政府による統治が始まった．しかし，その統治は台湾の人びとの期待を裏切るものとなった．新来の政権による住民の抑圧が深刻化し，1947年の二・二八事件(ヤミ煙草取締にともなう発砲事件に対する民衆の抗議デモを当局側が銃撃，台湾各地で官公庁や大陸出身者が襲撃される事態となった)をきっかけとして政府軍による大規模な殺戮が行われた．この武力弾圧は大陸からやってきた人びと(外省人)と戦前から台湾に在住した人びと(本省人)とのあいだの感情的対立を生み，台湾における社会的亀裂を固定化させる契機となった．

国共内戦

中国大陸では国共両軍の衝突が拡大し，1946年6月本格的な内戦に突入した．前年10月には蔣介石と毛沢東のあいだで双十協定が合意され，国民党の指導性を承認する一方，共産党の主張による党派間協議の場を設けることも決まったが，共産党軍を国民政府軍に統合することはできなかった．内戦の勃発を防ぐためアメリカはジョージ・マーシャル将軍を中国に派遣したが，調停は不調に終わった(田中 2020: 150)．

当初，430万の兵力を擁した国民政府軍は，約127万といわれた共産党軍を圧倒すると思われたが，1947年6月以降しだいに戦局が逆転し，1948年後半には共産党軍(人民解放軍)の優勢が決まった．中国共産党は1949年10月，共産党の主導の下，国民党政権打倒に向けて連携してきた他の政治勢力とともに，中華人民共和国の樹立を宣言した．内戦最後の大規模な戦いは西南地域で行われた．ただし，共産党はイギリスとの対立を避けるため，香港とマカオの「解放」には向かわず現状は維持され，中華人民共和国とイギリスは1950年1月に国交を樹立した．

他方，国民政府は大陸の大部分を喪失し，南京，上海，そして広州も失って，1949年12月台北への遷都を発表した．中央政府と国民党主要機構は台北に移転し，蔣介石総統の下で台湾において統治を続けていくことになる．このとき香港やアメリカに脱出した人もいたが，軍人や一般の商工業者を含む100万人以上，一説に200万人ともいわれる人びとが(久保 2011: 41)，人口600万人ほどの台湾に移動した．

共産党勝利の要因については論者によって説明が異なるが，第一の最も大きな理由は，国民政府が戦後の財政経済政策に失敗したこと，憲政実施をめぐる強行策で政治的孤立が表面化したことが挙げられる．戦中から混乱していた通貨政策は戦後さらに混乱をきわめ，1947年の物価上昇率は前年比で14.7倍に達した(久保 2011: 16)．旧日本軍や日本資本が経営管理していた生産設備の接収をめぐっても諸利害が対立し調整に難航した．他方，共産党は国民政府の失策に乗じ，それを背景に民主同盟などの中間諸党派に働きかけて連携を強めることに成功した．第二の理由は，共産党による農村での土地革命がある程度成果を収め，農民の支持と兵士の確保に成功したことであった(川島・張・王 2020: 92–93; 久保ほか 2019: 141–143)．第三は，共産党による東北の早期制圧であった．共産党は部隊を東北に移動させ，ソ連の擁護の下で，満洲国崩壊後の東北を速やかに制圧して正規軍部隊を整備することができた．1946年5月，ソ連軍は東北からの撤退完了を発表したが，共産党側はその時すでにソ連軍の黙認の下，旧日本軍の武器と装備の相当部分を手に入れていたといわれている(久保ほか 2019: 138)．

朝鮮戦争

1943年のカイロ宣言で，朝鮮は「いずれ」(in due course)独立するものとされていたが，その期日は明示されず，北緯38度線を境に分割占領されたことで，その見通しはいっそう不確かなものとなった．1945年12月に米英ソの外相会談で提示された5年間の信託統治の方針は，朝鮮人のあいだで賛否をめぐる混乱を引き起こし，1946年から1947年にかけて開催された米ソ共同委員会も決裂した．

アメリカは南朝鮮単独での政府樹立に方針を転換し，1948年5月に南朝鮮だけで国会議員の選挙を実施，8月には李承晩を初代大統領とする大韓民国(以下，韓国)が成立した．その過程で済州島では南朝鮮の単独選挙に反対する武装蜂起が起き，鎮圧の過程で約3万人が殺害された(四・三事件)．一方で北朝鮮でも1947年から単独での政府樹立を目指す動きが加速し，1948年9月に金日成を首相とする朝鮮民主主義人民共和国(以下，北朝鮮)が成立した．

こうして朝鮮半島に二つの国家が成立した．両国政府はいずれも自身が半島

全体を代表する政府であると主張し，対立は抜き差しならないものとなった．1949 年までに米ソ両軍が朝鮮半島から撤退し，力の空白が生じているなかで，1950 年 6 月 25 日に北朝鮮軍が南下を開始した．朝鮮戦争の勃発である．

　戦争は当初，北朝鮮軍が優勢であり，韓国軍は半島南端の釜山近郊にまで追い込まれたが，米軍を中心とする国連軍が韓国側に立って参戦したことで戦況は逆転した．一方で成立したばかりの中華人民共和国からは人民志願軍が北朝鮮側に立って参戦し，ソ連もこれに武器を供与した．朝鮮戦争は南北の内戦であるのと同時に冷戦の両陣営の代理戦争の様相を呈した．

　結局，戦線は北緯 38 度線の近辺で膠着し，1953 年 7 月，休戦協定が結ばれた．軍民双方の死者は韓国側 130 万人，北朝鮮側 250 万人と推定される．あわせて当時の朝鮮半島の人口の 10% を超える死者が出たことになる．さらに南北双方に生き別れとなった離散家族は 1,000 万人を超えるとされる（李成市ほか 2017: 159）．

国際関係のなかの国共内戦と朝鮮戦争

　国共内戦と朝鮮戦争は国際関係のなかで密接に関連していた．南北武力統一への金日成の意向に押されて，I. V. スターリンが北朝鮮の南進に承認を与えたのは，国共内戦で共産党が勝利したことが背景にあった．逆に，当初は台湾海峡防衛を明言していなかったアメリカであったが，H. S. トルーマン大統領は朝鮮戦争の勃発を契機に台湾海峡の中立化に踏み切る決断をしたのである（井口・松田 2007: 243）．

　1949 年 10 月中国軍は国民政府側の台湾防衛の拠点であった廈門沖の金門島を攻撃したが失敗，再び大軍を集結して台湾解放作戦実行に備えていた．この状況を変えたのは朝鮮戦争勃発であった．6 月 27 日トルーマン大統領は直ちに米第七艦隊を台湾海峡に派遣し，中国軍による台湾侵攻作戦を抑止する行動に出た．中国は作戦の実施を取り止め，台湾は「解放」を免れたが，国共内戦は決着がつかないまま，台湾海峡をはさんだ分断は現在に至る．

　一方で日本本土と沖縄の米軍基地は，朝鮮戦争の勃発により国連軍の出撃基地となった．国連軍への物資・用役の供給は「特需」と呼ばれ，日本経済の復興の重要な足掛かりとなった．さらにアメリカは，アジアにおける反共政策の

拠点として，日本の独立と同盟国化を急いだ．1951年のサンフランシスコ講和会議を経て，1952年4月に対日平和条約が発効したが，これはソ連をはじめとする東側諸国を排除したもので，単独講和と呼ばれた．これと同時に日本はアメリカとの安全保障条約を締結し，アメリカの国際的な軍事戦略の一環に組み込まれた（本章3参照）．

1952年にはまた，日本と台湾のあいだで日華平和条約が締結され，日本と韓国のあいだで日韓会談が開始された．韓国とのあいだでは植民地支配の清算をめぐって意見が対立したものの，最終的にはアメリカの斡旋によって，1965年に日韓基本条約が結ばれた．こうして日本は，アメリカと同盟関係にある近隣の資本主義国と関係を結ぶ一方，中華人民共和国と北朝鮮，ソ連とは対峙を続けることになった．

第2節　欧米植民地の解体と混乱

東南アジア

1945年8月の日本降伏は，東南アジアでも新たな戦いの始まりを意味した．フィリピンは戦前からアメリカの主導のもとに独立移行政府が形成され，タイでも抗日運動を展開していた勢力がすぐに英米の承認を得て主権を維持したが，やがてどちらも国内で激しい抗争に陥った．ビルマとマラヤではイギリスが「名誉ある撤退」を模索したが，現地側に移行体制が整わず，主導権をめぐり諸勢力が争った．これに対しドイツによる国土の占領を経験し敗戦国同様の挫折感を味わったフランスとオランダは，大国としての自負を支える拠り所として海外領土を必要とし，仏印と蘭印では独立を目指す現地勢力と宗主国が激しい戦闘を繰り広げた（木之内 2001: 228-229）．

【独立・主権維持から抗争へ──フィリピンとタイ】　日本降伏後のフィリピンでは，独立準備政府（コモンウェルス政府）が再びアメリカとの交渉を進め，1946年7月4日にフィリピン共和国が独立を果たした．しかし同年にアメリカ議会は復興支援と引き換えにフィリピン通商法（通称ベル通商法）を成立させて，アメリカからの輸入を8年間にわたり数量無制限・無関税とし，経済における支配的地位を維持しようとした．その一方でアメリカはフィリピンから輸入され

る一部農産物には数量制限を課し，国内産業の保護を図った(中野 2001: 74-76; 高木 2020: 42)．

　社会の復興とともに輸入が急増して貿易収支が悪化すると，資本逃避とインフレが進行し失業率は15％に達したが，政府は地主層に配慮して厳格な徴税体制の構築を避けた．こうして社会に不満が高まると，戦中にフィリピン共産党下で結成された抗日組織フクバラハップ(Hukbong bayan laban sa Hapon，通称Hukbalahap)が，不満を持つ小作農や土地なし農民を率いて1946年から中部ルソンで大規模な武装反乱を展開し，フィリピンは内戦状態に突入した．共産主義勢力の拡大を恐れたアメリカは1949年から積極的に介入し，1950年以降フクバラハップを軍事的に押さえ込むとともに，自由選挙を通じた政権交代を支援して，国防大臣も歴任したマグサイサイが1953年に大統領に就任するのを後押しした．マグサイサイは土地改革を実施して農民層の不満を和らげようと試みたが，改革は不十分に終わり政情不安が続いた(第20章4参照)(中野 2001: 77; Abinales and Amoroso 2017: 170-176; 高木 2020: 45-46)．

　タイでは自由タイ(第18章2参照)のタイ側リーダーであったプリーディーが，日本軍の降伏とともに英米への宣戦布告を無効とする「平和宣言」を発表した．これを容認するアメリカに対して，実害の多かったイギリスは当初慎重な姿勢を示したものの，最終的にこれを受け入れて1946年1月に平和条約を締結し，戦争状態が解消された．この結果タイの主権は維持され，敗戦国としての扱いを免れた．

　1946年3月にプリーディーが首相に就任したが，同年6月に国王ラーマ8世の怪死事件が発生して辞任し政情不安定となった．そこで巻き返しを図った陸軍が1947年にクーデターを起こし，翌年にピブーンが首相に就任した．かつて日本軍と手を組んだピブーンを米英は警戒したが，彼の反共の姿勢は米英の信頼を獲得した．これに対してプリーディーは海軍と手を組んで1949年にクーデターを起こすものの失敗し，二度とタイに戻ることはなかった．1951年にピブーンはクーデターを起こして議会を廃止し，権威主義体制へと移行した(柿崎 2007)．

【「名誉ある撤退」の混乱——ビルマとマラヤ】　ビルマでは1930年に結成されたタキン党がビルマ・ナショナリズムを鼓舞し，反イギリス闘争を推進したも

のの結局弾圧された．その後，タキン党のリーダー格であったアウンサンやウー・ヌらは日本軍に協力してビルマ独立義勇軍(後のビルマ国民軍)を組織し，1943年に日本の傀儡国として「独立」(第18章2参照)したビルマ政府の閣僚に就任した．しかし，戦況の悪化とともに彼らは抗日へ転換し，ビルマ共産党などと手を組んで「反ファシスト人民自由連盟」(パサパラ)を組織し，1945年3月に日本軍に対して一斉蜂起した．

戦後イギリスはビルマを漸進的にイギリス連邦内で独立させる計画を立てたが，パサパラは早期の完全独立を目指した．イギリスは最終的にアウンサンを中心にパサパラ内の穏健派を中心に独立させることを決意し，1947年2月のパンロン会議でアウンサンが少数民族の代表とのあいだで連邦国家の樹立を目指すことに合意した．パサパラは同年4月の制憲議会選挙で圧勝し，1948年1月にビルマ連邦として独立を果たした．しかしアウンサンは前年7月に暗殺され，初代首相にはウー・ヌが就任した．

独立後のビルマは漸進的な社会主義を目指したが，パサパラから分離したビルマ共産党が独立後まもなく武装蜂起し，少数民族カレン族のカレン民族同盟も分離独立を求めて武力闘争を始めた．さらに，パサパラ内部でも対立が発生するとウー・ヌは議会の混乱や地方での治安の悪化を収拾できず，1958年に国軍のネィウィンに選挙管理内閣を委ねた(伊東・根本 1999; 根本 2014)．

マラヤでは，日本降伏時の政治勢力が華人系やマレー系に分断されていたこともあり，統一された独立闘争は起こらず，イギリスが戦後政治形態の形成を主導した．イギリスは1946年1月に，旧英領マラヤとペナン，マラッカから構成されイギリス人総督を最高権力者とするマラヤ連合構想を発表したが，スルタンが統治権を失うことと，マレー人の特別な地位が否定されることにマレー系住民の不満が噴出し，統一マレー人国民組織(UMNO，1946年結成)が中心となって反対運動を繰り広げた．そのためイギリス当局は1948年2月にこれを撤回してマラヤ連邦構想を発表し，最高統治者であるイギリス人高等弁務官のもとでスルタンが各州を統治し，マレー人議員が行政評議会の過半数を占め，非マレー人の公民権獲得が困難となる制度を決定した．この方針には華人を主流とするマラヤ共産党など非マレー系勢力が強く反対したが，UMNOはイギリス当局と協力してしだいに統治の実権を握り，1957年にマラヤ連邦の成立

に至った．

　イギリスは日本軍降伏後まもなく直接統治を再開し，1957年のマラヤ連邦独立まで経済再建に取り組んだ．当初は食糧増産の試みも成功せず海運もすぐには回復しなかったことから，物資不足により1940年代末までインフレが続いた．錫鉱山は1949年になっても1940年の3分の2しか生産できなかったが，ゴム産業は比較的早く回復し，1947年には1940年の生産量を上回った．こうしてマレーシア（後にマレーシアとなる領域を指す．以下同）からの輸出は，1947年の10億ドル弱から1951年には35億ドル余りにまで急増し，GDP年間成長率は平均6.4%を記録した．しかし19世紀前から現れていた民族別分業構造——マレー人が主に世帯規模で農林水産業に従事し，インド人の大多数が農園や政府関連の賃労働に携わり，華人が商業から収入を得る——のため，1947年に一人あたり収入はマレー人で258ドル，華人で656ドル，インド人で560ドルと，大きな差が生じていた(Drabble 2000: 154–160)．

　イギリスは主権移譲後も鉱山やプランテーションなどに関連した経済的権益をマラヤで維持するために，それに反対するマラヤ共産党に圧力を強めた．これに反発した共産党は1948年に武装闘争路線を採択し，ストライキや資本家の殺害，さらに鉱山，プランテーション，鉄道，商業地区，警察署などへの攻撃を展開した．これに対してイギリス政府は同年に非常事態を宣言し，軍隊を投入して共産党掃討を図った．イギリスは親英華人組織を通じて農村部を支援する一方で，共産党への物資や食糧の供給を絶つために農村部住民を「新村」に強制移住させるなど，硬軟織り交ぜた対応で1960年頃までに武装闘争をほぼ平定した(原 2001; 鈴木 2020: 306–307)．

　ボルネオ島北西部の英領ボルネオ（第11章3参照）は戦後イギリス直接統治下に置かれたが，その後華人系住民の人口比を下げたいマレー系政治勢力によってマラヤ連邦への統合が図られた．こうして最終的に1963年に，マレー半島とボルネオ北西部（ブルネイを除く），さらにシンガポール（第20章4参照）も参加するマレーシア連邦が成立した(Drabble 2000: 152–154; Andaya and Andaya 2001: 282–283)．

【独立戦争と経済混乱——仏領インドシナと蘭領東インド】　仏印ではインドシナ共産党が1930年代に活動を活発化させたものの（第17章3参照），1938年に

南部での蜂起計画が失敗して活動は停滞した．その後，1941 年にホー・チ・ミンが帰国すると北部でベトナム独立同盟（ベトミン）が結成され，1945 年 3 月に日本軍がフランスの植民地政庁を解体すると（第 18 章 2 参照），活動を本格化させた．日本軍は阮朝の皇帝バオダイに独立を宣言させたが，ベトミンは一斉蜂起して政権を獲得することを決め，日本の降伏後にこれを実行して 8 月革命を成功させた．バオダイは 8 月末に退位し，9 月にハノイでホー・チ・ミンがベトナム民主共和国の独立を宣言した．

他方でフランスは南部に軍勢を展開して植民地を復活させ，民主共和国もいったんはフランス連合下に入ることに合意した．その後フランスが南部のコーチシナ共和国臨時政府を承認したことから 1946 年 12 月にホー・チ・ミンは全面抗戦へと方針転換し，第一次インドシナ戦争が始まった．フランスはバオダイを擁立して 1949 年にベトナム国を設立し，コーチシナを併合した．しかしフランスの戦況は徐々に悪化し，最終的に 1954 年にジュネーブ協定が調印され，北緯 17 度線の北側をベトナム民主共和国が，南側をベトナム国が支配することで休戦して第一次インドシナ戦争は終結した．これによってベトナムは南北に分割されたが，協定では 1956 年に選挙を行って南北統一を行うことになっていた（桜井 1999a; 石塚 2022）．

ラオスとカンボジアでは，日本軍がそれぞれ保護国の国王に独立を宣言させたものの（第 18 章 2 参照），真の独立を求めるグループが活動を開始した．第二次大戦が終わると両国王ともフランス連合内の自治国となることを承認した．両国とも憲法や議会を制定し，立憲君主制による議会制民主主義体制の構築を進め，最終的に 1953 年にどちらも完全独立を達成した．しかしラオス北部には左派パテート・ラーオの解放区が設置されるなど，国内の完全統一は未完であった（山田紀彦 2022; 山田裕史 2022）．

蘭印では 1920 年代から民族主義運動を主導したスカルノが，日本降伏直後の 1945 年 8 月 17 日にインドネシア共和国の独立を宣言した．これを認めないオランダは軍隊を派遣し，独立戦争が始まった．兵力に勝るオランダは共和国政府をジャワ中東部に追い詰め，1946 年に休戦協定を結ぶと共和国以外の地域に多くの傀儡政権を作り，旧蘭印を連邦国家に再編し経済的権益を維持しようとした．独立戦争のあいだもオランダは，ジャワでは経済回復を重視して，

表 19-1 インドネシアの食糧・輸出産品の生産水準(1937-1952 年)　(単位：百万ギルダー)

		1937 年	1950 年	1952 年
食糧生産	米	377.6	324.0	357.6
	トウモロコシ	99.6	56.7	59.1
	キャッサバ	106.1	57.2	74.6
	サツマイモ	22.3	14.8	23.8
	その他	38.3	26.1	32.6
小計		643.9	478.8	547.7
輸出産品	コーヒー	35.5	15.1	12.9
	砂糖	99.9	19.6	32.5
	タバコ	66.0	16.5	40.9
	茶	64.2	30.4	48.6
	コプラ	87.0	46.4	133.1
	ゴム	338.0	524.4	558.0
	石油	109.4	102.6	128.4
	錫	79.3	67.7	73.9
	その他	49.4	29.5	30.1
小計		928.7	852.2	1,058.4
合計		1,572.6	1,331.0	1,606.1

出典：宮本 2003: 206 を一部改訂．
注　：1950 年，1952 年は 37 年価格でギルダー換算．

多くの製糖工場やプランテーションを再占領し鉄道を復旧させた．米やその他の作物の収穫も増え，精米所が復旧し，米価は下落した．しかし 1947 年にオランダが共和国への攻撃を再開すると，共和国軍やゲリラ兵はプランテーション，製糖工場，鉄道，オランダへの協力者などを襲撃し，日本軍政期以上の被害を与えたため，輸出産品の多くはその後も低迷した(表 19-1)．それにもかかわらず，ゴムやコプラの回復が早いのは，これらが食糧生産に適しない土地で栽培され，戦時期も生産されていたためである．食糧生産は回復したものの人口増に追いつかず，大量の米輸入はその後も貿易収支を悪化させた(宮本 2003: 204-206; Van Zanden and Marks 2012: 136–137)．

共和国の内部では，独立戦争中に共産党勢力が軍の一部と手を結び，共和国政府に対して武装抵抗を試みたが，共和国政府は軍の主流派と協力して速やかにこれを鎮圧した(マディウン事件)．すると共和国政府を反共勢力とみなしたアメリカが介入し，オランダに手を引くよう圧力をかけた．これによりオラン

ダは 1949 年にインドネシア連邦共和国(インドネシア共和国および各地のオランダ傀儡政権から成る 16 カ国で構成)に主権を委譲した．これらの傀儡政権は間もなく自壊するか，あるいは進んで共和国傘下に入り，西イリアン(パプア領)を除く蘭印の領域が翌 1950 年にインドネシア共和国として統一された．他方オランダは独立交渉を通じて，共和国に旧蘭印政府の負債 113 億ドルを支払う義務(後に 1 億 7,100 万ドルまで減額)に加え，オランダ企業の経営・投資保証，利益送金の承認，オランダの利益に影響を及ぼす金融・財政政策をとる際の事前相談など，多くの権益を認めさせた(Dick 2002: 168–171; Van Zanden and Marks 2012: 137–138; 相沢 2020: 148–149)．

南アジア

インドでも，第二次世界大戦の終結によって，直ちに独立への準備が始まったわけではなかった．イギリスは引き続きインド国内の植民地統治を続けようとし，英印軍は依然としてその統治政策の要の一つであった．さらにイギリスは，日本軍が撤退した後の仏領インドシナやインドネシアに英印軍を派遣してこれらの地域を一時的に占領し，フランスやオランダの帝国主義支配が復帰するための手助けをした(Marston 2014: 151–199)．さらに英連邦軍の一部として，イギリスは英印軍を日本にも派遣した．英印軍師団は，1946 年 2 月以降，英連邦軍が管轄する中国・四国地方の中で主に島根県・鳥取県に駐留した(千田 1997: 151–155)．イギリスは第二次世界大戦後もアジアにおける帝国主義的な支配を維持し，状況に応じて自らの勢力拡大をも企図した．その際の要であったのが英印軍であり，大戦直後に一時的ではあったが大英帝国の範囲を超えて活動することが求められていた．

英印軍の派兵が象徴するように，イギリスは自治を認めたとしてもインドへの影響力を維持しようとしていた．しかし第二次大戦後のイギリスによるインド支配は大戦前の状況とは大きく変化していた．インド支配を支えていた植民地官僚は 1941 年以降，イギリス人の採用が中止されていた．さらに戦中にインドはイギリスに対して債務国から債権国へと変化しており，財政面において植民地支配は大きく揺らいでいたのである(第 18 章 3 参照)．

さらに第二次世界大戦の終戦とともにイギリスのインド支配に大きく影響を

与えたのが，捕虜として送られたインド国民軍（日本軍と協力してインドを武力で独立するためにマラヤで1941年末に組織されたインド人部隊で，日本軍とともに西進し，1944年に英領インド北東端のインパールでイギリス軍に敗れた）の兵士たちであった．インド政庁は1945年8月12日に彼らをイギリス国王への反逆罪などで軍事裁判にかけようとしたが，会議派はこれに反対して無罪を主張した．そして会議派がこの裁判問題を1945-1946年に行われた中央議会および州議会選挙の争点としたことで，この問題は政治化し，1945年11月以降に民衆の間でも広範な裁判反対運動が繰り広げられるに至った．その影響は英印軍にまで及び，カルカッタの空軍はデモを展開し，1946年2月にはボンベイのインド海軍が反乱を起こして2万人の水兵に影響が及び，インド洋上の各地でインド海軍のストが起こった（長崎 1999: 388-390）．一連の出来事の背景には，第二次世界大戦後もアジアにおいて酷使を続けるイギリスに対する英印軍の不満もあったと考えられる．

　このようにインド支配の維持が困難になるなかで，イギリスは1945年11月頃から新たな動きをみせた．1946年3月にイギリスから閣僚使節団がインドに到着し，イギリスからの権力移譲の交渉が始まった．閣僚使節団と会議派のネルー，ムスリム連盟のM. A. ジンナーのあいだで交渉が進められたが，閣僚使節団の統一連邦案はネルーに拒否された．すると1946年8月にジンナーはムスリムのための国であるパキスタンを獲得するために，ムスリムに「直接行動」を呼びかけ，ヒンドゥー・ムスリム間のコミュナルな武力衝突が，カルカッタなど各地で起こった．1946年9月にネルーを中心とする中間政府が組織され，最終的にヒンドゥーおよびシクの多住地域であるインドと，インドを挟んで国土が東西に分かれたムスリム多住地域から成るパキスタン（図19-1）が1947年8月15日に英領インドから分離独立した（長崎 2019: 145-146）．

　分離独立後，900万人のヒンドゥーおよびシクがインドへ，600万人のムスリムが東西のパキスタンに移動し，その混乱の中で宗教間の武力衝突が各地で起こった．ヒンドゥー・ムスリムのコミュナル対立は激化し，死者の総数は20-80万人と推測される（石上 2006: 203）．日本占領軍など域外の軍隊も復員し，旧英印軍全体の3分の2がインドへ，残りがパキスタンに分割された．

　英領インドの脱植民地化は，印パ分離の過程であるとともに，英領インドの

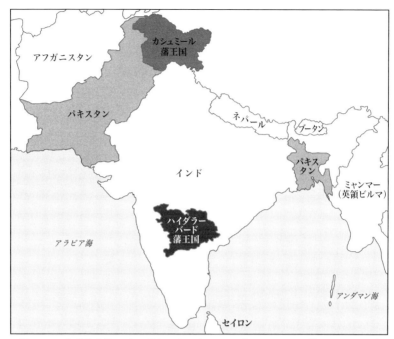

図 19–1 分離独立後のインドとパキスタンおよびカシュミール藩王国とハイダラーバード藩王国の領域(1947年)
出典：筆者作成　作図＝前田茂実

間接支配地域であった藩王国が印パに統合される過程でもあった．藩王国の統合は権力移譲の交渉のなかで十分に議論されず，藩王のなかにはイギリスの撤退を歓迎せず，会議派への警戒心を強める者も多かった．1946年に成立した中間政府には藩王国問題を扱う藩王国省が設置された．この時点では，藩王国に対して軍事・外交・コミュニケーションの権限移譲以外は要求せず，藩王国の内政は維持され，インド・パキスタンのいずれかに「加盟」することが求められたのみであった(井坂 1995:37–39; Menon 1956: 92–123)．

1947年8月15日の独立までに多くの藩王国が印パいずれかへ「加盟」し，加盟文書と内政維持を約した現状維持協定に署名した．しかし藩王がヒンドゥーで住民の多数派がムスリムであるカシュミール藩王国や，藩王がムスリムで住民の多数派がヒンドゥーであるハイダラーバード藩王国などのヒンドゥー・ムスリムの区分が困難ないくつかの藩王国は印パへの「加盟」が独立時までに決定しなかった．特に印パの国境地帯に位置するカシュミール藩王国の帰属は

両国の国防にとってきわめて重要な問題であり，両国がカシュミールへ軍隊を派遣して 1947 年 10 月に第一次印パ戦争が勃発した．1948 年 1 月に国連安全保障理事会が停戦を求めたが，戦争は継続し 1949 年 1 月に停戦が実行された．

この時の停戦ラインが事実上の両国の国境となっているが，正式に国境は確定しておらず，その後もカシュミールで印パの軍事衝突が続き，解決には至っていない．カシュミール問題は印パの国家間対立の象徴であり，ヒンドゥー・ムスリム間のコミュナルな対立を具現化し，激化させた．分離独立以前からコミュナルな衝突を抑えようとしてきたガンディーの運動は実を結ばず，ムスリムとの連帯を訴えるガンディーへも不信感を抱いたヒンドゥー教徒ナトゥラーム・V. ゴードセーにより 1948 年 1 月 30 日に彼は暗殺された．

印パ独立後は統合の過程も加速した．インド政府は藩王に恩給を支払い，彼らに内政権を委譲させて藩王国をインドに統合した．インドという新国家の形成のなかで，封建的な支配への反発が国民のあいだに強まっていったことも藩王国の統合を助けた．この交渉は小藩王国から始まり，1947 年の 12 月以降に各藩王国の統合が進み，藩王国は新たな領域に再編された．こうした状況下でハイダラーバード藩王国は，印パへの「加盟」に慎重な態度を示し，同国の独立を求める運動や藩王打倒を目指す共産党闘争などさまざまな運動が同国で起こった．インドは 1948 年 9 月に「警察行動」と称して同藩王国に軍事侵攻し，同国を併合して反政府的な運動を鎮圧した（井坂 1995: 40-47; Benichou 2000: 171-235; 長崎 2019: 148; 近藤 2019: 211）．

1947 年に英領インドは解体し，コミュナルな対立と暴力をともなう分離と統合の過程を経て，インドとパキスタンに再編された．

第 3 節　国際体制の構想と占領改革

国際体制の構想

第二次世界大戦後の国際秩序は，アメリカの主導により，保護貿易政策の否定と固定為替相場制下の為替自由化を二本柱とする自由貿易体制の確立を目標として構築された．その背景には，第一に，1930 年代の保護貿易・為替管理（通貨交換の制限）を特徴とするブロック経済体制が第二次世界大戦の原因の一

つとなったという認識・反省と，第二に，戦時中に製造能力を高めたアメリカにとって，戦後もその製造能力を維持するために輸出市場を確保したい意図があった．アメリカは戦後の時点で世界の鉱工業生産の約半分，公的金準備の約3分の2を保有していた．

戦後構想が具体化するのは，第二次世界大戦の帰趨が明らかとなった1944年であり，まずは固定為替制下の為替自由化が目指された．1944年7月，アメリカのブレトン・ウッズで開催された国際会議に参加した連合国44カ国は，金の価値で保障された唯一の通貨であるドルと自国通貨とを固定レートでリンクさせ，為替管理を撤廃するという新たな国際通貨システムに合意した．金1オンスは35ドルとされ，参加国はこのドルの価値に基づいて自国通貨とドルとの固定レートを設定した．固定レートは各国の経済状況に応じて調整・変更することが可能であった．

新たな国際通貨システムを維持するためには，各国の中央銀行が十分なドルを保有している必要がある．なぜなら，ドルは金の価値で保障された唯一の通貨であるため，為替市場では各国通貨売り・ドル買いの圧力が強まり，各国通貨の価値が固定レートに対して下落する可能性が強かった．この際，中央銀行が十分にドルを保有し，固定レートでの自国通貨とドルとの交換に応じ続けることができれば，誰も為替市場で自国通貨をドルと交換しようとはしなくなり，固定レートは維持される．もし，中央銀行が十分なドルを保有していなければ，政府は自国通貨とドルとの固定レートを維持できなくなる．実際に，1947年に為替管理を脱したイギリスのポンドは，ドルとの交換要求が殺到して，交換停止に追い込まれてしまった．

多くの国は戦争で経済が疲弊して深刻な物資不足に陥っており，戦争被害の小さかったアメリカなどからの物資輸入が拡大して，ドルが常に不足していた．したがって，何らかの対策がとられない限り，イギリスの事例のように，為替自由化を維持し続けることは困難であり，新たな国際通貨システムは機能不全に陥ることになる．そして，それは第二次世界大戦の一要因となった為替管理への回帰を意味することになる．

そこで，「国際通貨基金」(International Monetary Fund, IMF)が設立され，固定相場制度における為替レートの管理，通貨の交換制回復への支援に加えて，短

期的に経常収支の危機に陥った加盟国への融資を通じて，固定為替相場制度を推進した．ドル不足を理由とする過渡的な措置として通貨交換を制限している国は IMF 14 条国，通貨交換の自由を回復した国は IMF 8 条国と呼ばれた．IMF の業務・目標は，IMF 14 条国を IMF 8 条国へと移行させ，通貨交換の自由の推進を通して国際貿易を拡大させることにあった．

　自由貿易体制の構築は IMF のような国際機関の設立によってではなく，各国間の貿易交渉によって進められた．その中心的役割を果たしたのが，1947 年に締結された「関税及び貿易に関する一般協定」(General Agreement on Tariffs and Trade, GATT) である．GATT は 1995 年に国際貿易を司る国際機関として世界貿易機関(World Trade Organization, WTO)が発足するまで，貿易交渉の中心に位置づけられた．

　GATT の基本原則は三つある．第一に，自由貿易の推進である．保護貿易手段としては関税のみを認めて，その引き下げを交渉することとし，数量制限や数量割当などの非関税障壁は撤廃することが目指された．ただし，農業分野は例外として交渉の対象とはされなかった．第二に，最恵国待遇である．ある国に最も良い貿易条件(低関税など)を与えた場合，他の加盟国にも同じ条件を与えることで，交渉に要するコストを低減し，自由貿易を加速させることが目指された．ただし，途上国支援の一環として，途上国からの輸入には関税を引き下げることも認められた．第三に，多国間交渉であり，ブロック経済の形成につながらないよう，加盟国全体で交渉が行われることとなった．その一方で，一部の国のあいだでより自由度の高い貿易協定，たとえば自由貿易協定(Free Trade Agreement, FTA)を締結することは可能である．これは，加盟国全体の自由貿易を構築するまでの過渡的措置として認められたが，FTA 締結国と非締結国とのあいだで差別が生じることになるという点で第二の原則に反しているほか，ブロック経済の形成につながる可能性を持っており，運用しだいでは第三の原則に反する可能性がある．

　戦後国際秩序である自由貿易体制には為替自由化と関税障壁の撤廃が必要であったが，戦後復興が進まないなかでは各国は IMF 14 条国にとどまって為替管理を続け，関税障壁の低減が進んだとしても貿易拡大には容易につながらなかった．また，戦後の米ソ対立を背景に，社会主義体制をとる東側諸国は

1949年に経済相互援助会議(Council for Mutual Economic Assistance, COMECON)を結成して，西側諸国のIMF・GATT体制に対抗し，戦後に欧米の植民地から独立した国は西側・東側陣営に属さない「第三世界」を志向し，両陣営からの援助を引き出そうとした．ここに，戦後世界で圧倒的な経済力を持つアメリカが復興政策を強力に進めていくこととなり，マーシャル・プランの実行による西ヨーロッパの復興，ガリオア・エロア資金による占領地域の復興が図られた．

アメリカの対日占領改革

第二次世界大戦に敗れた日本は，外地のすべて(台湾・関東州・樺太・朝鮮・南洋群島)，内地の一部(沖縄と小笠原諸島)，大戦中に占領した地域の統治権を失い，連合国の占領下に置かれた．連合国軍最高司令官総司令部(Supreme Commander for the Allied Powers, SCAP，またはGeneral Headquarters, GHQ，以下GHQ)は占領コストを軽減するために間接占領方式を採用し，GHQが基本方針の策定や指導・監視を行うものの，実務的政策運営は日本政府が行った．GHQによる初期の対日占領政策は，日本の非軍事化にあり，その手段として政治経済の民主化が掲げられた．その背景には，戦前日本の社会経済が非民主的であり，財閥や地主などの支配層によって労働者や農民が困窮し，それが国外への軍事的膨張を生み出したのだという，アメリカの対日認識があった．支配層の富を解体し，労働者や農民の権利を伸長させていくことが日本の暴走を止める有効な手段とされたのである．しかし，連合国内部での東西対立の表面化，中国大陸の国共内戦における共産党の勝利などの国際情勢の変化を受けて，アメリカにとっての東アジアにおける日本の戦略的価値が高まった．その結果，対日占領政策は当初の非軍事化・民主化路線からしだいに経済復興路線へと転換していくこととなった．

まず，非軍事化政策として，軍需産業の解体や航空機などの製造禁止，さらに賠償として工業施設の国外移転(現物賠償)が実施され，特に工業施設の国外移転は日本の工業力水準を1925–1930年水準まで削減させることを目指していた．しかし，占領政策の転換のなかで，日本の工業生産力の維持が目指されるようになると，最終的に工業移設の国外移転の規模は当初案の約7%にまで引き下げられた．

民主化政策は，財閥解体，農地改革，労働改革の三点から進められた．GHQ は財閥企業を，封鎖的同族経営，持株会社によるコンツェルンの形成，独占性の強さという点で，非民主・対外膨張の象徴と捉えていた．まず，1945 年 11 月に持株会社解体指令などによって，主要財閥やコンツェルンの持株会社を解散させるとともに，財閥家族や大企業経営者を追放した．また，同族経営ではない大企業を解体させるため，1947 年にいわゆる独占禁止法が公布され，その具体的措置として出された過度経済力集中排除法により，325 社が独占的企業として指定され，企業分割の対象となった．しかし，対日占領政策の変化の影響を受けて，実際に解体されたのは 11 社にとどまった．

　日本の農業の特徴は，耕地の多くが耕作に直接かかわらない地主(不在地主)によって所有され，耕作農民が高い小作料を収めるという寄生地主制であった．政府はこれが農民の困窮や労働意欲の削減をもたらしていると認識し，不在地主の全小作地売却などの第一次農地改革案を策定した．しかし，GHQ はより徹底した改革を指示した．そのため，政府は不在地主の全小作地だけでなく，在村地主の平均 1 町歩を超える小作地(北海道は 4 町歩)を国が強制的に買い上げ，小作農に安価に売却する第二次農地改革を実施した．この結果，小作地率は 1946 年の 45％ から 1952 年の 9％ まで急落し，寄生地主制は事実上解体された．

　戦前の日本では，労働者の団結権や団体交渉権は認められておらず，労働争議は弾圧の対象であった．GHQ は労働者の権利の弱さが労働者の困窮の要因であるとし，労働組合の結成を奨励するとともに，労働運動を支持する姿勢を打ち出した．政府は労働組合法，労働関係調整法，労働基準法などの労働法令を整備して労働者の労働条件を改善した．労働組合は 1945 年秋頃から炭鉱などで事業所別に結成され始め，翌年から爆発的に増加した．しかし，東西対立の高まりを背景に，GHQ が左派政党主導の労働運動を警戒するようになると，1947 年 2 月に予定されていたゼネストに対して中止命令を出すなど，労働運動に厳しい圧力を加えていった．

日本の戦後復興と朝鮮戦争

　敗戦後，日本経済は混乱状態にあった．旧植民地など外地からの引き揚げや

戦地からの復員が進み，人口が増大して衣食住に関わるさまざまな物資に対する需要が発生した．一方，戦争による生産施設の損耗，原材料の途絶，労働力の不足を背景に，1937年を100とする産業別生産指数は敗戦時に鉱工業で30，農業で70となっていた．また，台湾・朝鮮の喪失と1945年の記録的な凶作によって，特に都市部で食糧不足が深刻化した．こうした需給ギャップは，政府による臨時軍事費や進駐軍経費の支出と相まって，激しいインフレーションをもたらした．

政府は，再び経済統制によってインフレの収束と生産の回復を図った．幣原喜重郎内閣は貨幣政策の観点から，1946年に金融緊急措置令などを制定して新円切り替えと預金封鎖を実施するとともに，物価統制令の制定によって価格統制を行った．続く第一次吉田茂内閣は財の供給を増やしてインフレに対応しようとし，1946年末に石炭・鉄鋼などの増産を目的に資材を重点的に配分する「傾斜生産方式」を閣議決定した．翌年には復興金融金庫が設立され，石炭・鉄鋼などの重要産業への融資(復金融資)が開始された．また，石炭や鉄鋼などの生産者に対しては，価格調整補給金によって赤字が補填された．

しかし，多額の復金融資は政府資金に加えて公債(復金債)の日銀引き受けによってまかなわれたため，紙幣発行残高は大幅に増加し，金融緊急措置によって一時的に収まったインフレは再び上昇した(復金インフレ)．また，価格調整補給金は生産者のコスト低下へのインセンティブを減殺した．傾斜生産方式も，石炭の増産には成功したものの，鉄鋼の増産はアメリカからの鉄鉱石・原料炭などの輸入開始を待たねばならず，効果は限定的だった．

アメリカはインフレの収束と日本経済の自立化(アメリカ援助の縮小)のために，均衡予算や融資制限などを盛り込んだ経済安定九原則を指令した．その実施のために1949年にアメリカから銀行家のJ. M. ドッジが派遣され，一連の改革(ドッジ・ライン)が行われた．ドッジは政府の補助金とアメリカからの援助に支えられた日本経済を改革するため，財政改革として超均衡予算，補助金廃止，復金融資の停止，直接税中心の税体系の勧告を実施したほか，対日援助改革としてアメリカからの援助に相当する金額を預金させ，それを復興金融債の償還やGHQが認めた公共事業などへの支出に充当させた．そして，輸出補助金としての性格を持っていた商品ごとに異なるレート(複数為替レート)を廃止して，

1ドル＝360円の単一為替レートを設定し，日本をIMF・GATT体制に引き入れる下準備とした．

　ドッジ・ラインによってインフレは急速に収束したが，一転して日本はデフレ不況に陥った．しかし1950年6月に勃発した朝鮮戦争は，こうした状況を一変させた．朝鮮に派遣されたアメリカ軍の中心は日本に駐屯し，日本はアメリカ軍の後方基地となった．軍事的緊張が高まる一方，アメリカ軍の兵站基地となった日本には，石炭・トラックなどの物資に対する需要のほか，航空機・自動車の修理や，アメリカ軍兵士の消費などのサービス需要が発生した．これが「朝鮮特需」である．アメリカはたとえ競争力で劣っていても戦地に近い日本製品を恣意的に購入した．特需の影響で日本の外貨保有高は急増し，それが資材や原料の輸入を可能にし，積極的な設備投資と生産拡大につながるという好循環が生まれ，1951年の鉱工業生産は戦前水準まで回復した．

　朝鮮戦争は占領政策にも影響した．アメリカは占領の継続が日本を西側陣営に引き留めることにマイナスに作用することを懸念し，日本を西側陣営として独立させることを企図し，日本本土におけるアメリカ軍の駐留を条件に独立を認めた．日本と連合国各国とのあいだで1951年9月にサンフランシスコ平和条約が調印され（ソ連や中国は除く），1952年4月に条約が発効して日本は独立を回復した．そして，日本は西側陣営の国際秩序であるIMF・GATT体制に加入した（IMFには14条国として加入）．1950年代前半には日本経済の復興と日本の国際社会への復帰が実現し，さらなる投資・消費需要が高まりつつあったのである．

第VI部
成長するアジア経済の光と影

第VI部　成長するアジア経済の光と影

　第VI部は20世紀後半から21世紀初頭(図20-1)までを対象に，成長するアジア経済の光と影を分析する．第二次世界大戦の終結は戦後処理をめぐって米ソの敵対的状態(冷戦)をもたらし，アジア諸国における新体制の成立や日本とアジア諸国との戦後賠償の行方に大きな影響を及ぼした．

　第20章では1950-60年代を中心に，日本の復興と高度経済成長，植民地からの独立と国民国家の動揺，中華人民共和国の社会主義建設，混合経済のインドなど，戦後多様な道をたどったアジア各地の経済過程を考察する．第21章は1970-80年代半ばに焦点を当て，ブレトン・ウッズ体制の崩壊と変動相場制への移行や石油危機によって，世界とアジアがどう変わったかを見ていく．人口爆発とアジアの農業，アジアNIEsの台頭，開発独裁の問題，中国の改革開放などと同時に，「停滞するアジア」の国々の存在にも目を向ける．

　第22章は1980年代後半以降を対象とする．1985年のプラザ合意による円高をきっかけに日本の対アジア投資が拡大し，東南アジアにおける輸出志向型工業化や体制の自由化が進んだが，90年代末にアジア通貨危機に陥った国もあった．中国経済は90年代以降急成長し，2001年のWTO加盟により世界経済に本格参入した．ベトナムなどでの市場経済化の動きやインドの経済自由化も重要な変化であった．また現在も続く地域連携の模索にも触れる．

　第23章ではまず，現在のアジアが世界のなかで占める経済規模を確認する．本書が検討してきたアジア(東・東南・南アジア)は今やアメリカやEUを凌ぐ存在になり，それには1990-2000年代以降急速な展開をみせたグローバル・バリューチェーンも大いに寄与した．東・東南アジアは域内の相互依存を深めることで地域としての成長を実現してきたが，こうした構造は不安定化する国際政治環境や生産年齢人口比率の低下などによって近年明らかに変化している．インドを中心とする南アジアが今後アジアのなかでどのような役割を果たすのかも重要なポイントになる．続く節では，経済発展にともなって生じた社会の変容をICT化とサービス産業，人口動態，家族とジェンダー，都市，教育から俯瞰する．第24章では，21世紀のアジアが直面する課題を人権と民主化，国内格差，エネルギーと環境，安全保障の観点から検討する．

第20章
アジア諸国における新体制の成立
(1950-60年代)

　第二次世界大戦の終結は，戦後処理のあり方をめぐってアメリカとソ連のあいだにイデオロギー的・軍事的に対立しあう状態(冷戦)をもたらした．アメリカは1949年にアメリカの軍事力を中核とする集団安全保障の枠組みとして12カ国からなる北大西洋条約機構(NATO)を結成し，ソ連は1955年に東欧諸国とワルシャワ条約機構を結成して対抗した．対立は経済面でも深い影をおとした．アメリカは1947年に，ヨーロッパ側が援助を受け入れるための共同機関を設置するのであれば，大規模な経済援助(4年間で130億ドル以上)を行う用意があることを公表した．これがマーシャル・プランである．西欧諸国は即座に受け入れを表明し，そのための機関としてヨーロッパ経済協力機構(OEEC)を設立した．これに対してソ連と東欧諸国は1949年に経済相互援助会議(COMECON)を設立し，翌年東ドイツも加盟して経済協力を進める体制を作った．さらに西側諸国は1950年に対共産圏輸出統制委員会(COCOM)を設立して，東側の軍事力強化につながる製品・技術の輸出を厳しく規制した．

　冷戦構造はアジア諸国における新体制の成立にも影響を与えた．第1節ではアジアにおける冷戦構造の形成と国際支援の枠組み，および日本とアジア諸国との戦後賠償の問題を考える．

　第2節は戦後復興のプロセスを経て1955年から高度経済成長期を迎えた日本と，台湾，韓国，北朝鮮が歩んだ経済建設の過程を検討する．第3節は1949年に成立した中華人民共和国の国家建設と社会主義化の歩みをたどる．第4節は東南アジアにおける国民国家の動揺と経済的な混迷を，そして第5節は市場経済を基盤としつつも国家による介入を進める混合経済の体制をとったインドを検討したい．

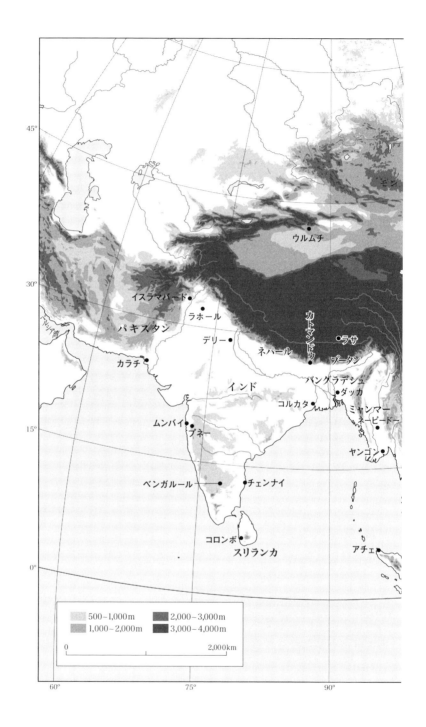

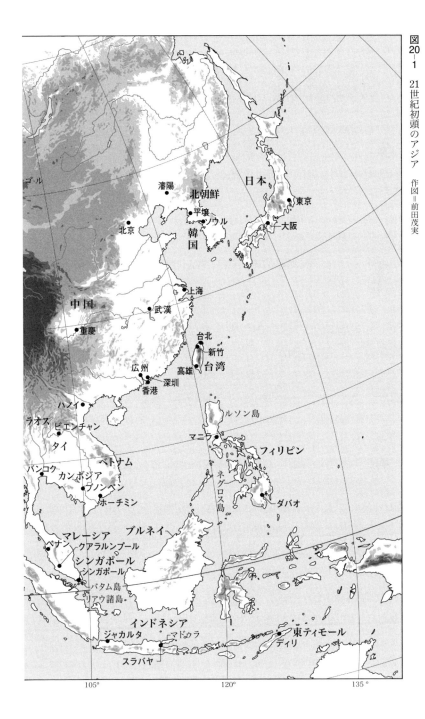

図20-1 21世紀初頭のアジア 作図=前田茂実

第VI部　成長するアジア経済の光と影

第1節　冷戦構造の形成，国際支援の枠組み，戦後賠償問題

　アジアにおける冷戦構造は1950年代に入って顕著となった．1949年8月にソ連が原爆実験に成功し，10月に中華人民共和国が成立した．1950年6月には朝鮮戦争が勃発し，10月に中国が参戦したことで，東アジアにおける冷戦の構図が固まった(第19章1参照)．西側からの中国向け戦略物資の輸出は統制下に置かれることになり，1952年にCOCOMの下に対中国輸出統制委員会(CHINCOM)が設置された．

　こうした状況を受けて，西側陣営のあいだでは，東南アジアに共産主義が浸透してくる危険性が急速に高まっているとの認識が広がった．ベトナムではフランスとホー・チ・ミン率いるベトナム民主共和国とのあいだで戦争が続いており，マラヤでも共産勢力が活動を活発化させていた．さらに，朝鮮戦争が勃発すると，北朝鮮と同様に中国がベトナム民主共和国を支援してフランスとの戦争に介入してくる懸念も高まった(木之内 2002)．

　このようななかで，イギリスと旧イギリス植民地から構成されるコモンウェルスが，イギリスから独立したばかりのインド，パキスタン，セイロンや東南アジアのマラヤやボルネオを支援する枠組みを設けることで合意し，1951年にコロンボ計画として発足した．これはアジアにおける共産主義の拡大を阻止するためにアジア諸国の経済開発を促進することを目的としており，やがて援助国，被援助国とも拡大し，1954年には日本も加盟した．コロンボ計画はいわゆる先進国から発展途上国への国際協力の始まりであり，ソ連や中国といった東側陣営による共産主義国への経済協力に対抗するものであった(渡辺 2014; 菅 2014)．

　西側陣営と東側陣営がそれぞれ新たに独立したアジアやアフリカの国々への支援の枠組みを作って陣営の維持と拡大を模索した一方で，アジアの中からはどちらの陣営にも属さない中立主義を掲げる国々も出てきた．セイロン，インド，パキスタン，インドネシア，ビルマからなるコロンボグループが呼びかけて，1955年にインドネシアのバンドゥンで開かれたアジア・アフリカ会議(バ

ンドゥン会議）には，日本や中国を含め計29カ国のアジア・アフリカ諸国が参加した．この会議ではアジア・アフリカ諸国の連帯，反植民地主義，非同盟を掲げた平和十原則を打ち出し，東西どちらにも属さない第三の勢力として結集する姿勢を示した（都丸 2014; 白石 1999）．

なお，日本はコロンボ計画に援助国として参加したが，日本とアジア諸国とのあいだには戦後賠償の問題が存在した．冷戦が顕在化するなかでアメリカは日本に過大な負担を強いる形での講和に消極的となったものの，独立した東南アジア諸国は賠償を求めたことから，最終的に1951年のサンフランシスコ講和会議では役務による賠償を原則とする形で，賠償請求権を持つ国と日本が今後交渉することで合意した．この結果，日本は1955年のビルマを皮切りに，フィリピン，インドネシア，ベトナム（南ベトナム）と相次いで賠償協定を結び，各国のインフラ整備や工業製品の供与などを行った．さらに，賠償請求権を放棄したラオス，カンボジアや，サンフランシスコ講和会議の時点では独立していなかったマレーシア，シンガポール，そして同盟国でありながらも戦時中に戦費として借りた「特別円」問題を抱えていたタイに対しては（第18章2参照）準賠償という形で交渉を行い，「特別円」の一部を除いていずれも役務や生産物の供与という形をとった．こうして，日系企業は東南アジアに復帰するための足掛かりを確保し，やがて政府開発援助（ODA）に引き継がれていった（中野 2002; 浦野 1999）．

台湾も賠償請求権を放棄し，のちに中華人民共和国も1972年の国交正常化にあたり発表された日中共同声明において放棄を表明した．日韓基本条約では日本からの経済協力と引き換えに相互の請求権を放棄するという形がとられた．こうして日本は，比較的「寛大」な処遇の下に国際社会に復帰したが，それは冷戦下でそれぞれの国家戦略が優先された結果であり，1990年代に冷戦が緩和し，東アジア諸国で一定の民主化が進むなかで，被害を受けた個人の異議申し立てが相次いだ．この問題は現在なお解決されたとはいえない．

インドの初代首相となったネルーは上述のバンドゥン会議および平和十原則の提唱において中心的な役割を果たした．しかし，冷戦の対立構造に左右されない第三の道を求める方針は外交および財政上の理由により早々に挫折した．外交上の理由は，1954年に平和五原則に合意した中華人民共和国との関係悪

化である．この原則は翌年に平和十原則に発展し，中印両国が第三の勢力のなかで中心的な役割を担うことが期待された．しかし両国の国境をめぐって不和が生じ，1959年のチベット動乱においてネルーはダライ・ラマ14世の亡命を受け入れ，1962年には中印国境紛争が起こって両国の対立は決定的となった（近藤 2019: 218-219）．財政上の理由は，1950年代末のインドの国際収支危機である．コロンボ計画におけるイギリスによるインドへの資金援助は，第二次世界大戦中にイギリスがインドに負った負債（スターリング残高，第18章3参照）が財源となっており，インドにとっては債権の回収を意味し，その額は13億ポンドにのぼった．しかしインドが1950年代後半に重工業優先の第2次五カ年計画を進めるなかで（本章5参照），スターリング残高は枯渇し，1958年には計画の縮小を余儀なくされた．同年にはカナダ，アメリカ合衆国，イギリス，西ドイツ，日本が参加するインド援助のために国際コンソーシアム会議が世界銀行ワシントン本部において開催され，インドはアメリカ合衆国を中心に欧米諸国の援助を受けていくこととなった．1962年の中印国境紛争では，米ソ英に軍事経済援助も求めており，インドが非同盟主義を貫く道は絶たれていった（秋田 2017: 72-80; 渡辺 2017: 79-82; 絵所 2019: 262-263）．

第2節　高度経済成長下の日本と台湾，韓国，北朝鮮

日 本

日本は1955年までに戦後復興を通じた成長を終え，朝鮮戦争の特需をきっかけとして1955-1973年に民間設備投資に主導された経済成長を経験した（高度成長）．1968年には西側諸国でアメリカに次ぐ第2位のGNPを達成し，「経済大国」となった．

高度成長の中で産業構造が高度化し，第一次産業の比重が低下する一方，第二次・第三次産業の比重が高まった．第二次産業の成長に寄与したのは，鉄鋼業・機械工業・化学工業などの重化学工業部門で見られた旺盛な設備投資であった．機械工業における設備投資が金属製品の需要を生み，それが金属工業の設備投資を生み出すという設備投資の連鎖（「投資が投資を呼ぶ」）によって，重化

学工業全般で生産性が上昇した．また，戦時期に海外で開発・実用化されていた生産技術，労務管理，品質管理などの成果を取り入れた設備投資が行われたことも，成長に寄与した．さらに，エネルギー面でも国内の石炭から，安価な輸入石油への転換が起こり(エネルギー革命)，エネルギー多消費型の重化学工業の成長を支えた．

　産業の成長は旺盛な労働需要を生み出した．農業部門から工業・サービス部門への労働力移動に加えて，労働組合の活動を通じた賃金上昇が達成されたため，労働者の可処分所得が増加した．また，農業部門でも，化学肥料・農薬・農業機械の普及による生産力の上昇，高米価政策，兼業化による農外所得の増加によって，他産業と比較すると低水準であったものの農家所得も上昇した．こうして内需が拡大した結果，当該期に登場したさまざまな耐久消費財への需要が高まり，家電産業が成長する要因となった．1950年代後半から1960年代にかけて洗濯機・冷蔵庫・白黒テレビの「三種の神器」が急速に普及すると，1960年代半ばには自動車，カラーテレビ，クーラーの「3C」も普及していった．

　対外関係では自由化が進められていった．日本は1952年にIMF，1955年にGATTに加盟していたが，当初は外貨保有量が少なかったため，為替制限が可能なIMF14条国として外貨割当による輸入制限を行ったり，景気拡大による輸入増が外貨準備高を減少させると景気を引き締めたりしなければならなかった(第19章3参照)．政府の輸出振興策や産業の国際競争力の強化によって外貨が蓄積されていくと，1960年代に入って貿易・為替の自由化が着手され，日本は1963年には輸入数量の制限を禁止するGATT11条国に，1964年には経常取引のための支払いおよび資金移動に対する制限を禁止するIMF8条国にそれぞれ移行し，同年にはOECDにも加盟した．

　1970年代前半に入って高度経済成長は終焉を迎えた．深刻な貿易収支の悪化に直面したアメリカが，過小評価されている円の切り上げを要求した結果，1971年に為替相場は1ドル360円から308円へ切り上げられ，さらに1973年には変動相場制へと移行したために，円高が進行した(第21章1参照)．また，1973年には第四次中東戦争の勃発を受けて中東諸国が石油価格の引き上げや減産を行った結果，石油価格が暴騰し第1次石油危機(オイル・ショック)が起

きた．輸入石油にエネルギーを依存していた各企業は，生産コストの上昇を製品価格に転嫁したため，インフレーションが加速した．田中角栄内閣の「列島改造」(高度経済成長下で生まれた都市・地方間格差の是正を目指して行われた一連の公共事業)ブームによって公共投資が拡大し，土地や株式への投機が起こったことも，インフレーションを刺激した．1974年には賃金・物価が前年比で20-30％の上昇を示す一方，経済成長率は戦後初のマイナス成長を記録した(スタグフレーション)．こうして高度経済成長は終焉を迎えたのである．

台 湾

第二次世界大戦後に台湾の統治は中華民国(国民政府)に引き継がれた．国共内戦が深刻化するなか，物資不足の台湾経済とインフレが進む大陸経済とが接合されたことで，台湾経済は悪性インフレに陥った．大陸からの敗退が不可避となった1949年になって，国民政府は「大陸反攻」のために，「最後の砦」である台湾の経済の立て直しに取り組んだ．まず，悪性インフレを終息させるために金融改革が行われた．1949年に台湾ドル(旧台幣)を4万分の1に切り下げた新台湾ドル(新台幣)を発行し，その発行高を金と外貨準備にリンクするよう抑えたほか，1950年には高金利政策をとって貨幣流通量を減らした．また，戦後の農業・工業生産力の回復，1949年に実施された農地改革による増産意欲の向上などを通じて物資不足がしだいに解消された．その結果，1950年代前半には物価は安定するようになった．

1953年以降，アメリカの経済援助を確保しながらの経済建設計画が開始された．政策目標として「農業で工業を育成し，工業で農業を発展させる」という農工併進が掲げられ，具体的には農業生産力の回復，農業余剰の工業部門への移転，工業品(農業機械，農薬，肥料など)による農業生産力の増強という三段階による産業成長が想定された．

農業生産力は1952-1953年頃には戦前の水準を回復していたが，1950年代以降になると耕地面積はほとんど拡大せず，耕地利用率(多毛作)と生産性の向上を通じた農業生産力の増強が図られた．生産性は，アメリカからの肥料や技術の援助を受けて向上していった．農業余剰は，貿易や財政などを介して工業部門に流出した．1950年代の輸出は主に日本市場へ向けた米や砂糖などの農

産品・農産加工品であり，アメリカによる援助と合わせて，工業部門の要する資本財(機械や原料)の輸入を可能とさせた．また，政府は米の強制買い上げ，米肥交換制，分糖制といった不等価交換を用いて，米や砂糖の取引から多額の財政収入を獲得し，それを工業化政策に用いた．さらに，低米価政策をとったことで労賃の低下が促され，農業部門から工業部門への若年労働力の供給と相まって，工業部門の競争力の強化をもたらした．一方，農業部門から工業部門への資本移転や農工間所得格差の拡大は，農業の衰退を招く結果となった．

工業部門では，良質の低賃金労働力と外国からの技術導入を活かした労働集約的生産を通じて，軽工業化から重化学工業化，輸入代替化から輸出志向化へと雁行的発展が短期間で達成された．1950年代には外貨不足を背景に，軽工業を中心に輸入規制・外貨割当を通じた輸入代替が行われた．国内市場の飽和が意識された1960年代に入ると，為替相場の切り下げや，1965年を最後に打ち切られたアメリカからの援助に代わる起爆剤として輸出加工区が設置されたことを受けて，軽工業では輸出志向への転換が開始されるとともに，重化学工業でも輸入代替と輸出志向がスタートした．その結果，台湾の貿易構造は，1950年代には農産物・農産加工物を日本へ輸出して，日本・アメリカから資本財・消費財を輸入する後進国型であったが，1960年代に入ると主に日本から輸入した資本財を用いて生産した製品をアメリカに輸出する加工貿易型へ変化して「太平洋(貿易)トライアングル」(第21章1参照)を構成するようになり，1970年代に貿易黒字が定着した．

製造業のリーディングセクターは当初は食品加工業であったが，しだいに繊維品，化学品，電機・電子(扇風機などの電気機器やラジオ・テレビなどの電子機器)へと移行した．繊維業は国共内戦を受けて台湾に避難した上海の民間資本によって担われ，1950年代後半から輸出産業化した．繊維品は1965年には砂糖を抜いて最大の輸出商品となった．化学工業では，重点産業として生産力の増強が図られた化学肥料で自給化が進むとともに，化学合繊やプラスチックといった輸出商品の生産量も増大した．電機・電子では，資本不足に悩む政府が外資導入に積極的な政策をとったことを受けて，輸出加工区を対象とした外国系企業(主に日米)の直接投資が重要な役割を果たし，扇風機などの電気機器やラジオ・テレビなどの電子機器が生産量を伸ばし，電機・電子品の輸出額は

1960年代末には繊維製品に次ぐ規模となった．

　工業化の担い手は公営企業から民営企業へと移り，付加価値ベースでは1954年に民営企業が過半を占めるようになった．民営企業の経営者には日本植民地時代に中小零細工業に従事していた者も多かったが，農地改革の補償の一部が四つの公企業(農林，鉱工，セメント，製紙)の払い下げの形でなされたことで，地主から転身した者もいた．

韓　国

　1953年の朝鮮戦争休戦後，韓国は製粉・製糖・紡績の「三白工業」を中心に，消費財の輸入代替化を軸として復興を進めた．その過程は台湾と同じく，アメリカの経済援助に大きく依存していた．援助物資の払い下げや為替管理，さらに日本人からの接収資産(帰属財産)の払い下げなどを通じて，政府は民間の経済活動に深く介入した．こうした李承晩政権の経済運営は，非効率性と政経癒着の温床になったと批判されることが多い．だが独立から日が浅く企業家の人材も限られた状況で，政府の支援が特定企業に集中したことにはやむをえない面もあり，後の経済成長の基盤がこの時期に育まれたことを強調する見方もある．

　反共統一を掲げて強権政治を敷いた李承晩政権は，1960年，不正選挙を糾弾する学生らのデモにより倒れた．その後，張勉を首相とする新政権が樹立されたが，その政治基盤は弱体で混乱が続くなか，翌年5月に朴正熙少将がクーデターを起こし政権を掌握した．朴正熙は1963年に自ら大統領となり，1979年に暗殺されるまでその地位にあった．

　朴正熙政権は政権を掌握した直後から日本との国交正常化に取り組んだ．李承晩政権が1953年から開始していた対日交渉は，植民地支配を正当化する日本側高官の発言をきっかけに中断していた．早期の国交樹立を望むアメリカの後押しもあり，韓国と日本は，韓国が植民地支配に起因する請求権を放棄する代わり，日本が5億ドルの経済協力を行う方式で妥結し，1965年に日韓基本条約を調印した．日本の経済協力資金は，同時に約束された民間借款とあわせて，韓国の産業基盤の整備に寄与した．しかし植民地支配に対する日本の責任を明確化せず，被害者の救済も疎かにしたままで国交正常化が強行されたこと

第20章　アジア諸国における新体制の成立

への韓国市民の不満は，民主化後の1990年代になって噴出した．

　朴正熙政権はまたベトナム戦争に参戦し，1965年から1972年まで常時5万人の戦闘部隊を派遣してアメリカ軍を支援した．これは北朝鮮と対峙する朝鮮半島へのアメリカのコミットメントを引き出すと同時に，経済的な利益も得ようとするものであった．アメリカの南ベトナムへの援助にともなう，物品・サービスの韓国企業への発注は，少なくない外貨収入を韓国にもたらし，ベトナム特需と呼ばれた．

　朴正熙政権は，民主主義への市民の欲求を抑制すると同時に，経済開発を優先することによって，北朝鮮との体制間競争で優位に立とうとした．1961年には経済企画院が発足し，独自の予算編成権に裏付けられた経済計画を立案した．政府の強力な指導の下で，まず繊維製品をはじめとする労働集約的な軽工業の生産拡大と輸出振興が図られた．一方で自主国防政策を背景として資本財・生産財の輸入代替も並行して追求された．1968年には世界銀行などが時期尚早と反対するなか，日韓基本条約にともなう経済協力資金と技術提供によって浦項(ポハン)総合製鉄(現POSCO)が設立され，1973年に操業開始した．

北朝鮮

　北朝鮮では解放直後，ソ連の軍政時期から無償没収・無償分配を原則とする農地改革や，重要企業の国有化，計画経済化などが推し進められた．1948年の朝鮮民主主義人民共和国の政府樹立と朝鮮戦争を経て，1953年からの戦災復興では，軍事的な観点から消費財生産よりも重化学工業による生産財の生産が重視され，工場の内陸再配置も図られた．その過程ではソ連や東欧諸国，建国間もない中華人民共和国など社会主義友好国の無償援助も大きな意味を持ち，1953年から57年頃まで，国家予算の1割を大きく超えていたとされる．また1954年から農業の共同化も本格的に進められた．

　反対派を排除し1956年頃に独裁的な地位を確保した金日成は，ソ連と中国の対立が深まるなかでも双方と友好的な関係を維持しようと腐心した．ただしCOMECONの正規加盟国とはならず，重工業優先の自立的な工業化を図ろうとした．1970年には「社会主義工業国」となったことを宣言したが，ソ連と中国の援助への依存から脱却できたわけではなかった．

第3節　中華人民共和国

1949年10月1日中国共産党は北京で中華人民共和国の樹立を宣言した．1921年中国各地からの代表13人とコミンテルン(Comintern)から派遣された2人の外国人が上海のフランス租界の一居宅で第1回党大会を秘密裏に挙行してから，30年足らずでの政権獲得であった．しかし，その国家建設は苦渋に満ちたものだった．

冷戦下の国家建設と社会主義化

成立当初，「新民主主義」を掲げていた共産党政権は1952-1953年に社会主義化の強行へと大きく舵を切った．その背景には1950年6月の朝鮮戦争勃発と同年10月の中国の参戦によって東アジアにおける冷戦の構図が固まったことがある．中国にとって，CHINCOMによる対中戦略物資輸出統制の下で(本章1参照)，国内資源をいかに動員するのかが喫緊の課題となったのである．他方，社会主義化に適合的な環境は建国前後から形成されてもいた．共産党は国民党政権下で続いた猛烈なインフレーションを貨幣回収政策によって抑え，その後再び生じたインフレには物資・金融面での統制を強化して新通貨である人民幣(元)の価値を安定させることにも成功した(梶谷・加島 2013: 257)．国有部門の拡大もある程度進んでいた．共産党政権の国営紡織工場は，国民党政権が旧日本資本の在華紡工場を接収して設立していた国有の中国紡織建設公司を受け継いだものである．他に国民党政権の資源委員会が経営していた油田，炭鉱，発電所や，国民党政権が接収した旧満洲国の大規模製鉄所なども共産党政権に引き継がれた．また共和国成立前から清華大学などで始まっていた「思想改造」と呼ばれる知識人に対する思想統制や，官僚の汚職や民間企業の不正に対する「三反・五反運動」が展開されて，職場集会の場での個人批判・摘発行為も始まった．大衆動員による政治運動はこのあとも繰り返し発動され，人びとが社会主義化を受け入れざるをえない素地を作り出していった．

1953年に始まる第1次五カ年計画(-1957年)はソ連の経験，技術，そして援助に依拠して進められ，集権的計画管理，重工業化，軍事力の構築が目指され

た．1950年代にソ連の資金と技術で建設されたプロジェクトは150件にのぼり(久保ほか 2019: 157)，中国は鉄鋼，石炭，セメント，電力などの基幹産業の基盤を得た．この間の経済成長率は6.4％に達し，工業部門がGDPに占める比率は戦前の16％から33％に上昇した(エクスタイン 1980: 266, 274；南・牧野 2014: 360, 453；堀・木越 2020: 286)．中ソ間の人的交流も進んだ．中国からは3万8,000人の留学生・研修生がソ連に派遣され，ソ連からは1万8,000人の専門家や顧問が中国に派遣された．

工業における国営企業の占める比重は社会主義化の強化とともに急速に高まった．重化学工業部門での新規の国営化に加えて，従来の民間企業の社会主義への「改造」も重要な課題であったが，多くの民間企業が私的資本と公的資本の合資を強行され，1954年から1956年という短期間で資本主義商工業の「公私合営」化が実現したのである．

一方，農業の「社会主義改造」は土地改革によって創出された大量の自作農を合作社に組織する農業集団化によって行われた．1954年までの組織化は自然集落の20–30戸が農繁期に助け合う程度の「生産互助組」という形であった．それが1956年までに「初級合作社」(20–30戸規模で土地の供出に基づく共同経営)，さらに「高級合作社」(200–300戸規模，土地の共同所有・共同経営，労働力に応じた収益の配分)へと進み，土地の集団所有制を核とする農業集団化が1956年までの短期間で完了したのであった．

政権が推進した重工業優先策は農工間価格差を通じた農業からの資源移転によって支えられた．農民から安い公定価格で農産物を買い取って，都市の工業労働者に供給することで低賃金を維持し国営工業企業の高利潤を保証し，その企業収入を政府財政に回収して重工業投資に向けるというメカニズムである．農村と都市は戸籍(1958年の戸口登記条例に代表される)およびそれと連動した食糧配給によって制度的に隔離され，農民の都市流入を制限した．

社会主義化にとってもう一つ重要な意味を持ったのは，勤務先や学校など人びとが所属する「単位(ダンウェイ)」を基礎とする社会の形成である(久保ほか 2019: 173–175)．食糧や物資の配給切符は単位で配布されたし，政治集会や娯楽映画の上映なども単位で開催された．単位社会は共産党政権にとって民衆を個別に掌握する装置として機能した．実際，思想改造運動や「反右派」闘争(1957年)の期

間を通じて，政権は民衆一人ひとりの経歴を個人檔案（とうあん）という文書（正式には「人事檔案」）に管理するようになった．

「大躍進」——中国型社会主義の模索

中国がソ連をモデルにした社会主義路線を選択した直後の1956年，スターリン亡き後ソ連の最高権力者となっていたN.フルシチョフはソ連共産党第20回大会でスターリンの個人独裁を鋭く批判する演説を行った．その衝撃は社会主義に対する信頼を揺るがし，同年中に東欧社会主義圏のポーランドでの暴動やハンガリー事件を引き起こした．一方，中国共産党は同じ年，自由活発な議論を促す「百花斉放・百家争鳴」の呼びかけを行った．しかし，これに呼応して噴出した批判は予想を大きく上回るもので，翌1957年共産党は一転して「反右派」闘争と呼ばれる言論弾圧に乗り出した．その結果，さまざまな分野で多くの優れた専門家が「右派」とのレッテルを貼られ，職場を追われたり責任ある地位から更迭されたりした．

一枚岩の団結とみられていた中ソ間には，実は1950年代初頭から徐々に亀裂が入り始めていた．1959年ソ連は2年前に締結した中ソ国防新技術協定を一方的に破棄し，核技術供与を待ち望んでいた中国は大いに失望した（その後中国は自力で開発し1964年原爆実験に成功）．ソ連は1960年には専門家をいっせいに引き揚げ，建設中のプラントを中断し設計図もすべて持ち帰った．その背景には世界戦略をめぐる中ソ間の対立があった．

そうしたなかソ連モデルとは異なる独自の社会主義を模索して，毛沢東が1958年に主導した急進的な社会主義建設運動が「大躍進」であった．「15年間に粗鋼生産でイギリスを追い越す」という毛沢東の発言に呼応して，各部門で実態からかけ離れた高い目標値が掲げられ，それを近代的技術ではなく在来技術と民衆動員によって達成しようとするものであった．多くの労働力が大規模な水利建設や全国の小型簡易溶鉱炉（「土法高炉」）での鉄の生産に駆り出された．当然ながら「土法高炉」で生産された鉄は低品質で使い物にならず，膨大な資源と労働力の浪費に終わった．イネの栽培法として推奨された「深耕密植」（深く耕しぎっしり植えて増収を図る）は土質の悪化と病虫害の蔓延を招いた．

また，生産の単位を8,000–1万戸規模に拡大した「人民公社」と呼ばれる集

団農場が各地で設立され，公共食堂，託児所，老人保養施設の利用を奨励する「共産風」と呼ばれる風潮によって生活の集団化も目指された．深刻な問題だったのは「人民公社」が人的動員のための装置として機能したことである．農村の男子労働力の相当部分が農耕以外の水利建設などに動員され，1959年の食糧生産は壊滅的な打撃を受け深刻な食糧危機が発生した．被害が拡大したのは水増し報告による架空の生産量に基づいて農民に過剰な食糧供出をさせたこと，生産減少にもかかわらず大量の食料を輸出していたことにあった．大躍進の犠牲者数は正確には把握できないが推計の仕方によっていくつかの数値が出されており，飢餓などの不正常な死を遂げた人は3,000万人以上あるいは4,500万人ともいわれる(楊 2012; ディケーター 2011; 丸川 2021: 63; 第21章2参照)．資源・労働力配分のミスは悲惨な結末をもたらした．

大躍進の混乱のさなか，チベットで大規模な反乱が発生した(1959年チベット動乱)．独立を宣言したチベット側と中国軍が衝突し，ダライ・ラマ14世がインドに亡命したことで中印関係は悪化し，1962年には中印両軍の大規模な軍事衝突に至る．

調整政策期

大躍進政策の失敗を受けて，1960年代に入ると市場経済の部分的復活を含む修正が始まった．とりわけ急務だったのは農業の復旧と近代化，そして軽工業の振興であった(第21章2参照)．人民公社の規模を縮小し，農民が自留地と呼ばれる自分の小さな畑で作った農作物や手作りの加工食品などを市場で販売することが認められた．国による農産物買い付け価格は引き上げられ(1961年の穀物買入価格は前年比25%ほど増)，農業分野に対する投資を増やし，西側諸国からの化学肥料および肥料農薬製造プラントの輸入(久保ほか 2019: 159)，灌漑用小型ポンプの普及，農村への電力供給の増加も図られた(エクスタイン 1980: 72–73; 堀・木越 2020: 289–290; 田島 2002: 446)．その結果，1964–1965年に至って農業生産はようやく1950年代半ばの水準に回復した．工業部門では生産性が低い生産設備が閉鎖されたり，日用品の製造に向けて西欧・日本からの投資で化学繊維工場などが建設されたりした．しかし，生産効率を重視する調整期は急進的社会主義の復活をうかがっていた毛沢東にとっては次の政治闘争を

文化大革命 ── 急進的社会主義の再挑戦

1965年末から中国では「プロレタリア文化大革命」(文革と略称)と呼ばれる政治運動の嵐が吹き荒れた．文革当初，先頭に立ったのは紅衛兵を名乗る文革支持の若者たちである．彼らは『毛沢東語録』を手にかざし「造反有理」(反乱を起こすことには道理がある)を唱えて，党・政府指導部の人物や文化人・知識人を集会の場に引きずり出し自己批判を迫った．政治動員数は今までにない規模にのぼり，学校，政治機関，企業は機能不全に陥り経済活動は停滞した．1967年の農業・鉱工業総生産額は前年比10%の低下を示し，翌1968年にはさらに4%強減少した．この時期に至り毛沢東らも紅衛兵の暴走を放置できないと認識した．文革で大学募集業務が停止され，1968年までに1,000万人以上の高校卒業生が進路を決められない状況にあり，紅衛兵運動の供給源にもなっていた．そこで彼らに対し都市を出て農村に入ることを呼びかけるキャンペーンが繰り広げられていく．山に分け入り農村に行こうという「上山下郷」運動である．その後，軍による秩序回復が図られ，1969年以降経済活動はしだいに回復に向かった．

しかし，1964年からのベトナム戦争の激化，1969年の中ソ国境紛争の発生により，財政支出に占める軍事費は1968–1972年の5年間で20%以上になった．調整期の末期から始まった軍事力強化のための「三線建設」や，自力更生のモデルとして喧伝された「大寨，大慶に学ぶ」運動にも限界があった(久保2011: 163–164)．文革期の中国経済は初期の混乱期を除けばプラスの成長率を示していた．しかし，賃金はほとんど上がらず，生活物資の消費は低水準に抑えられて人びとの生活は向上しなかった．同じ東アジア圏の台湾と韓国が強権体制下で高い経済成長を遂げつつあった(本章2参照)のに比べ，先進技術の移転や海外からの投資を欠いた中国経済の立ち遅れは明らかであった．1960年代までの文革路線はやがて転換を迫られることになる．

1970年代初頭の米中接近は中国が世界経済とのつながりを回復する契機となった．1971年中華人民共和国は台湾に代わって国連代表権を獲得した．翌1972年にはアメリカ合衆国大統領リチャード・ニクソンが訪中，日中国交正

常化も同年中に実現した．後に詳述するように，1970年代にはプラント輸入を中心に資本主義国との貿易関係が拡大し，世界経済との関係のなかで中国経済もしだいに変化し，1976年の毛沢東の死と「四人組」逮捕によって10年に及ぶ文化大革命は終焉を迎える(第21章5参照)．

第4節　東南アジアにおける国民国家の動揺

　東南アジアで国民国家の形成に取り組んだ人びとにとって，「国民経済」の確立は一つの悲願であった．現地住民が経済権益から排除され搾取されていることもナショナリズム運動の重要な契機であった以上，旧宗主国への経済依存を排除し，利益が国民に還元される「国民経済」を打ち立てることは疑いのない目標であった．

　こうして多くの国が経済ナショナリズム政策をとり輸入代替工業化を図ったが，上記の目標は最初から多くの矛盾をはらんでいた．第一に，外国企業や国際機関からの投資や支援は「新植民地主義」として警戒されたが，資本も技術も極度に不足した状況でその受け入れは不可避であった．第二に，多くの国で中国系など外部にルーツを持つ人びとの経済的優位が問題視され，「現地住民」を優遇する政策がとられたが，「外部者」の排除は多くの場合経済混乱につながった．第三に，工業製品の輸入依存を打破するための輸入代替工業化が進展すると，材料や中間財の輸入により貿易収支が悪化した．

　各国政府は経済計画を策定し国営企業を設立するなど，政府主導で経済成長を図ったが，国家による経済活動への介入は，しばしば非効率と腐敗を招いた．この時期の国家を外資導入に積極的な「外向型」とそうでない「内向型」の国を区分する議論もあるが(ミント 1973)，後述するように，多くの国で開放主義と保護主義のあいだで政策が揺れ動いた．

　1950–60年代の東南アジアは，概して経済的に混迷の時代だった．1980年以前の経済データは精度にばらつきがあるものの，図20–2はそれまでの期間にシンガポールを除く多くの国がさまざまな浮沈を経験した(後述)ことを示している．

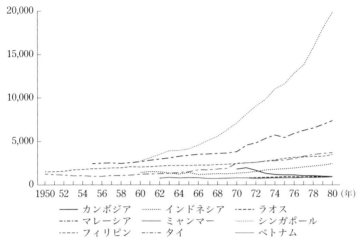

図 20-2 　東南アジア各国(ブルネイを除く)の一人あたり実質 GDP の推移(1950–1980 年)
出典：Penn World Tables 10.0
注　：単位は international dollar in 2017 prices

表 20-1 　フィリピンの商品別輸出の推移(1965–2000 年) 　　　　(単位：%)

	1965 年	1975 年	1980 年	1990 年	1995 年	2000 年
伝統 10 品目	92.6	70.6	45.5	13.7	8.7	2.9
コプラ	34.4	7.5	0.8	0.2	0.1	0.0
ココナッツ(乾燥)	2.5	1.3	2.0	0.7	0.4	0.2
ココナッツ油	8.5	10.0	9.8	4.4	4.7	1.2
砂糖	16.6	25.3	10.8	1.4	0.4	0.1
材木	20.4	8.5	4.7	0.2	0.1	0.1
銅精鉱	5.9	9.2	9.4	2.5	0.8	0.1
金	0.0	3.3	4.1	1.1	0.4	0.1
パイナップル缶詰	1.1	1.5	1.4	1.1	0.5	0.2
バナナ	0.0	3.2	2.0	1.8	1.3	0.8
アバカ繊維	3.0	0.7	0.5	0.2	0.1	0.0
非伝統的商品	7.4	29.4	54.5	86.3	91.3	97.1
電機・電子機器	0.0	2.0	11.6	24.0	42.5	59.1
機械・輸送機器	0.0	0.4	0.8	1.8	4.2	15.6
衣類	0.6	4.7	8.6	21.7	14.7	6.7
その他	6.8	22.3	33.4	38.7	29.9	15.7
輸出総額(百万ドル)	796	2,294	5,788	8,186	17,447	38,077

出典：鈴木峻 2002: 198 を一部改訂.

工業化の試み

　東南アジアで最も早く工業化を進めたのは，アメリカ政府からの復興資金を得たフィリピンで，1950 年代には一定の成果をあげた．すでに資本蓄積が地主階級のあいだで一定程度起きていたこともあり，1940 年代末から現地資本による輸入代替工業化が鉄鋼製品，タイヤ，ラジオ，セメント，電機，化学薬品，合成繊維，合板，ガラス，漁網，石油精製，軽金属，紙・パルプなどの部門で進展した．1950 年からは輸入と為替の管理によって外国製品の浸透を制限し，また中央政府が 1950 年代を通じて低金利政策を維持したことも，国内製造業に有利に働いた．こうして製造業は 1952–1956 年に 11.3%，1957–1959 年には 7.7% の高成長を記録し，国内純生産(NDP)に占める製造業のシェアも 1946 年の 4.8% から 1950 年に 12.5%，1960 年には 17.5% に上昇した．その結果 1960 年の工業化率(国内粗生産に占める製造業の比率)は 20% に達し，タイの 13%，インドネシア 8%，マレーシア 9%，シンガポールと韓国の 12% を引き離しアジアで日本に次ぐ位置を占めた．もっともフィリピンの工業化は国内市場をターゲットに進められ，表 20–1 が示すように，輸出に占める工業製品の割合は 1970 年代半ばまできわめて少なかった(福島 1989: 5–10; 鈴木峻 2002: 154–158; 森澤 2004: 3; 高木 2020: 42–44, 51; UN Comtrade 2024)．

　しかし消費が増えるにつれて輸入代替工業に必要な中間財の輸入も拡大し，1950 年代から外貨が慢性的に不足した．狭小な国内市場は飽和し，多くの製造業で過剰設備が生じた．輸出産業である農鉱業の関係者からの自由化要求もあって，1960–1962 年に輸入・為替管理の廃止とペソの切り下げが実施されたが，議会に進出した製造業者は 1955 年に外資導入法案を否決し，1962 年には政府に輸入関税の引き上げを認めさせるなど，保護主義的政策に回帰させた．こうして 1960 年代に製造業の生産性は低下し，雇用も増えなかった(福島 1989: 10–19; 鈴木峻 2002: 158–159; Abinales and Amoroso 2017: 179–186, 196–198)．

　タイでは 1948 年から再び首相の座に就いたピブーンが，戦前から進めていた経済ナショナリズム政策(第 18 章 2, 第 19 章 2 参照)をさらに進め，砂糖，セメント，麻袋などの分野で国営・公企業を設立し工業化を実施した．しかし，これらの企業には軍人が浸透して利権を漁り，資金も技術もないことから満足のいく生産はできなかった．国営企業を実質的に運営し，また既存の民間企業

で軍人を役員に受け入れて経営を維持したのは，ピブーンのナショナリズム政策の下で「タイ人」となっていった中国系の資本家であった（末廣 2020: 378-381）．ピブーン政権は経済的成果を残せずに，1957年にクーデターによって崩壊した．

　インドネシアでは独立戦争時（1945-1949年）にジャワの交通通信インフラと農業設備が大きく損傷し，外島では貿易や市場取引の管理が消滅し，これらは長く国内経済にダメージを与えた（表19-1）．外国企業はなおも支配的で，1952年に八つのオランダ系商社が消費産品輸入の60％を扱い，銀行や海運もオランダおよび英米企業が支配した．こうした状況で初代大統領スカルノは，経済ナショナリズム政策を追求した．1951年に始まる経済緊急計画では木材加工や鉄工業，織物業などの小規模工業が重視されたが，その一部であるベンテン計画では，プリブミ（華人系など外部にルーツを持つ人びとを除くインドネシア人）業者に優先的に輸入許可証や融資を与え，貿易業などでプリブミ事業家の形成を目指した．しかし経験も資本もないプリブミ有力者は許可証を華人資本家に転売し，1955年には許可証を持つ業者の約半分で華人が実権を握った．また，輸入許可証，外為融資，各種許認可の配分権限を持つ省庁や銀行に影響力を持つ政治家に一部の実業家が接近して，腐敗を誘発した．1950年代前半には紡績，セメント，苛性ソーダ，ココナッツ粉などの分野で輸入代替工業化が進められたが，成長のペースは遅く，ベンテン計画は1957年に打ち切られた．政府は収入を確保するために貿易を管理して石油，ゴム，コプラ，煙草，錫など輸出産品に課税したため，それらの産地であるスマトラ，カリマンタン，スラウェシとの対立が生じ，後述する地方反乱につながった（Dick 2002: 173-179; 宮本 2003: 208-213; Van Zanden and Marks 2012: 141-148, 150-160）．

　マラヤとシンガポールは，当初から外国資本を積極的に導入し外国企業による経済牽引を試みた点で，上記の国々と異なる．マラヤ連邦政府は1958年にパイオニア産業条例を制定して，産業発展に寄与すると認定された「パイオニア企業」に5年間の免税と利益や資本の本国送金を認め，関税を15％に低く設定するなどの優遇策を打ち出した．こうしてアメリカ，イギリス，日本など外国企業を中心としたパイオニア企業（1962年までに73社）が主に半島西岸に進出し，電池，塗料，電線，薬，タイヤ・チューブ，石油製品といった消費産品

表 20–2　マレーシアにおける GDP の構成比[1]（1960–1990 年）
（単位：%）

	農水産業	林業	鉱業	製造業	サービス業[2]
1960 年					
マレー半島	40.5[3]	n.a.	6.1	8.6	50.0
サバ	55.1[3]	n.a.	negl.	2.2	42.5
サラワク	45.5[4]	n.a.	8.5	8.2	38.0
1970 年					
マレー半島	26.6	1.6	5.6	14.0	53.0
サバ	19.8	34.9	negl.	2.4	42.9
サラワク	22.7	16.2	3.7	9.4	48.0
マレーシア	30.8	17.6	6.3	13.4	51.3
1980 年					
マレー半島	25.2	n.a.	8.0	22.0	48.0
サバ	14.7	20.4	21.3	4.0	39.8
サラワク	14.5	13.1	30.3	7.6	41.0
マレーシア	22.8	n.a.	10.0	20.0	47.2
1990 年					
マレー半島	16.0[5]	n.a.	7.0	30.0	47.0
サバ	26.2	10.4	20.0	7.0	35.9
サラワク	9.4	14.4	32.9	12.8	31.4
マレーシア	19.4	n.a.	9.8	26.8	44.2

出典：Drabble 2000: 188 を一部改訂．
注 1：四捨五入のため数値の合計は 100 にならない．
注 2：建設業を含む．
注 3：1967 年の数値．林業を含む．
注 4：1962 年の数値．
注 5：林業を含む．

を生産し輸入代替工業化が進行した．工業部門は 1961 年まで GDP の約 6％ に過ぎなかったが，1960 年代を通じて平均約 10％ の高い成長を示し，1970 年には GDP の 13％ 余りを占めるに至った（表 20–2）．1963 年に成立したマレーシア連邦（第 19 章 2 参照）の初代首相アブドゥル・ラーマン（在任 1963–1970 年）が経済活動にあまり介入しない政策をとるなかで，パイオニア企業は 1968 年までに付加価値の 3 分の 1 を生み出す（繊維や石油製品部門などでは 4 分の 3 以上）成長を遂げた．1968 年には投資奨励法が制定され，いっそうの外資導入と輸入代替化が進み，1960 年代の経済成長率は年平均 6.1％ に達した．輸出においても工業製品の比率は 1965 年に 28.1％ に達した（鳥居 1990a: 25–31; 北村 1990: 104–108; Drabble 2000: 168–170, 185–189; 熊谷・中村 2023: 45–46; UN Comtrade 2024）．

終戦直後にイギリス直轄植民地となったシンガポールでは，1959年の立法議会選挙で人民行動党党首リー・クアンユー(在任1959–1990年)が自治政府の政権を獲得した．彼はシンガポール単独での経済運営は不可能と考え，1963年にマレーシア連邦に参加した(第19章2参照)．人民行動党は1959年に発表した五カ年計画で一連の工業化政策を打ち出し，外国資本を活用した工業化を通じた雇用創出と住宅事情改善を最優先課題とした．1959年にはパイオニア産業法と産業拡大法が制定され，特定業種への新規投資および既存企業の拡張投資に最長5年間の法人税免除が認められた．1961年には1961–1964年国家経済開発計画を策定し，1961年に発足した経済開発庁の指導のもと，工業団地の造成や優遇税制の導入が実施された．この結果1963年から製鉄，繊維，化学工業，造船業などに日本を含む外資が進出し，工業製品の輸出が拡大し1965年までに輸出全体の20%を超えた(UN Comtrade 2024)．こうしてシンガポールは，マレーシア連邦内で突出した経済力を持つようになったことに加え，人口200万のうち華人が75%(1965年)を占めたことから，マレー人に特別な地位を認めるマレーシア連邦政府と利害が一致せず，しばしば衝突した．シンガポールが求めた共同市場や統一関税の審議は進まず，中央政府との対立が深まった結果，シンガポールは1965年に連邦から追放される形で独立した(木村 1990: 6–10; 坪井 2010: 19–56, 93–120; 田村 2020: 93–97)．

インドネシアの混乱

1950年代半ばからインドネシアはいっそう混乱に陥った．先述の貿易管理に不満を強めていた外島各地で1956年から複数の地方反乱が勃発すると，スカルノは1957年に議会を解散して終身大統領として内閣を組織し，大統領が強力な権限を持つ「指導される民主主義」体制を構築した．折から西イリアン(第19章2参照)をめぐってオランダと関係が悪化していたことも背景に，スカルノは1958–1959年にかけて郵便，国鉄，鉱山，銀行，私鉄，電気，ガス，海運などの分野を支配していたオランダ系機関・企業を接収し，国営化もしくは政府機関管理下に置いた．1959年までに軍は地方反乱を鎮圧して発言力を強め，国営企業を実質的に管理下に置き，基幹産業を支配した．スカルノはさらに国内民間資本を敵視し，肥料，セメント，製紙，化学，紡績，造船などの分

野で国営企業(実質的には軍の管理下)が設立された．貿易も国有貿易会社9社に委託され，輸出入の大半と国内流通を担った．民間企業に対する政府の監督と規制が強められる一方で，一部のプリブミおよび華人企業は軍有力者に接近し，政府や軍と癒着する華人系政商(チュコン)の台頭が始まった(Dick 2002: 183-186; 宮本 2003: 214-230; Van Zanden and Marks 2012: 149-150)．

スカルノは1963年に独立したマレーシア連邦(第19章2参照)をイギリス植民地主義として糾弾し「マレーシア対決」(1963-1966年)という軍事行動をともなう「危機」を作り出して国民の団結を図った．しかし，それを受けてIMFとアメリカは経済援助を停止し，他の西側諸国からの海外投資も途絶え(ただし戦後賠償に基づく日本の公共工事(本章1参照)とアメリカ石油大手の操業は維持された)，シンガポールとの通商関係も断絶した．これに対抗してスカルノは東側諸国に接近し，ソ連などから民生および軍事支援や重工業への出資を受けた．さらにスカルノは1965年に国連を脱退し，経済的自立を目指し輸入代替工業化プロジェクトを立ち上げたが，外貨準備も底をつき，物資の不足は深刻となり，紡績業の稼働率は1957年の82%から1966年には26%まで下落した．財政赤字を紙幣増刷でまかなった結果，1965年のインフレ率は595%に達し，インドネシア経済の近代的部門はほぼ崩壊した．おそらくこうした混乱(図20-2も参照)のため1963-1966年の輸出統計は得られないが，1967年になっても輸出総額はまだ1962年の水準を下回っていた(表20-3)(Dick 2002: 186-190; 宮本 2003: 223-225; Van Zanden and Marks 2012: 149-150)．

農業政策

フィリピンとインドネシアでは，土地改革が1950-60年代における農業政策の焦点となった．フィリピンではマグサイサイ政権(在任1953-1957年，第19章2)が農民の生活向上を目指した土地改革法を1955年に成立させ，地代限度を30%に定め利息も引き下げた．もっとも地主層の反発から，土地所有限度は個人で300 ha，法人で600 haと大規模に設定され，小作人の土地獲得は進まなかった．マカパガル政権(在任1961-1965年)は1963年の農地改革法で分益小作から定額小作への移行を推進し，土地保有限度も75 haに設定した．しかしこの政策に対し中部ルソン地方の地主が小作農を追放して対抗すると，農民も

表20-3　インドネシアの輸出構造の変化(1962-2006年)　　(単位：%)

	食品	原材料	鉱物性燃料	動植物油脂	工業製品					その他	輸出総額(百万米ドル)
						化学品	工業品	機械	雑製品		
1962年	10.9	54.3	31.6	2.6	0.3	0.2	0.0	0.0	0.0	0.0	682.8
1967年	16.7	39.1	35.7	3.6	2.4	0.3	0.6	1.6	0.0	1.7	670.7
1972年	13.2	26.9	49.6	2.6	3.9	0.6	2.5	0.7	0.1	0.4	1,842.6
1977年	10.0	15.7	65.7	1.7	3.4	0.5	2.1	0.5	0.3	0.1	11,224.1
1982年	4.0	6.7	78.4	0.6	5.1	0.3	3.5	0.8	0.6	0.3	23,433.7
1987年	8.3	9.1	40.5	1.4	20.3	1.2	15.4	0.3	3.5	1.3	21,168.0
1992年	5.3	5.2	22.4	1.5	32.7	1.6	16.8	2.9	11.5	0.3	50,282.9
1997年	6.0	6.9	20.9	3.6	36.8	3.0	15.4	7.3	11.0	10.7	62,926.3
2002年	4.8	5.6	17.3	3.3	39.6	3.7	13.6	12.2	10.2	0.4	80,521.1
2006年	4.0	9.6	20.2	4.5	35.0	3.8	12.6	10.3	8.4	0.4	136,696.3

出典：UN Comtradeより筆者作成．
注　：SITC分類(情報が得られるのは1962-2006年)を一部改訂．

1964年に農民解放同盟を組織して戦闘的な反地主運動を展開し，対立が激化した．地方では武闘革命を目指す共産党系の新人民軍(NPA)の影響力が広まり，各地で政情不安が続いた(野沢 1994: 36-37; 深見・早瀬 1999: 400-401; Abinales and Amoroso 2017: 179-182)．

インドネシアでは1960年制定の農地基本法が土地改革を謳っていたが，先述のように，接収されたプランテーション用地のほとんどが軍の管理下に置かれ，小規模農民への土地分配はわずかにしか実現しなかった．スカルノは国内政治では軍や地方有力者(主に地主)に妥協的で，自作農創出は理念にとどまった．これに対し共産党系の農民組合は，地主所有地の分配や地主と小作の収穫分配比率改訂などを一方的に行う実力行動に出た．これにより農民および共産党と，地主層やそれと関連する勢力との対立が深まり，1965年の9・30事件(第21章4参照)の下地となった(宮本 2003: 225-230; Van Zanden and Marks 2012: 153)．

タイでは戦争による打撃が相対的に少なく(表18-2)，米を利用した戦後復興が行われた．タイは戦後イギリスとの関係を正常化させる条件として，連合軍に対し米を無償で供出することが課されたが，1946年半ばから有償に変更され，1947年半ばからは国連緊急食糧委員会の管理に置かれた．タイは米供出を増やすために鉄道輸送の復興が必要と訴え，その結果日本からの鉄道車両の

輸入と引き換えに日本向けの米供出を増やすという事実上のバーター取引を行った．こうしてタイの米輸出量は1949年には100万tを超え，ほぼ戦前のレベルまで回復した．このような米の管理貿易の中で農民からの米の買取額と国際市場価格の格差が拡大し，1955年に自由貿易が復活すると国内の米価格が急騰する懸念があったことから，政府は輸出税(ライスプレミアム)を課し，これを国際市場価格に連動させることで国内米価の安定を図った．これによって消費者は安価な米を確保できたが，生産者は国際市場価格より低価格での売却を強いられ，稲作農家の所得を低く抑える結果となった(柿崎 2009; Ingram 1971)．

マレーシアでは終戦直後から農業が経済成長政策で重視され，GDPに占める農林業の比率は1960年代まで50%弱を維持した(表20–2)．まずゴム産業で1947年から政府の資金補助による高収量品種ゴムノキへの植え替えが始められ(1965年までにマラヤやサバの小農園の半分で，サラワクでは18%の農園で完了)，さらに1956年設立の連邦土地開発局(FELDA)が，大規模な処女地の開拓に資金援助したほか，住居や農具，技術指導を提供した．もっともゴム価格は朝鮮戦争(1950–1953年)以降低迷し，1950年代後半には合成ゴムの生産拡大もあり輸出見通しが暗転した．そこでアブラヤシの生産拡大が進められ，FELDAの資金も活用されて1960年代初めにマラヤは世界需要の20%を供給するようになった．ケダーやクランタンでは大規模灌漑により米の生産が拡大し，1930年代に40%余りであった食糧自給率は1960年に63%近くにまで上昇した(Drabble 2000: 165–168)．

社会主義諸国の混乱

1954年のジュネーブ協定でいったん南北に分断されたベトナムでは(第19章2参照)，南のベトナム国でアメリカの支援を受けた反共ナショナリストのゴ・ディン・ジエムが政権を樹立し，バオダイを退位させてベトナム共和国を建国し初代大統領に就任した．北のベトナム民主共和国を率いる労働党は，ジエム政権による共産主義者の弾圧を受けて南の武力解放を決断し，その結果1960年には南ベトナム解放民族戦線が結成され，各地で武装蜂起が相次いだ．これに対しアメリカ軍は南ベトナム政府を支援したが，1963年のクーデターでジ

エム政権は崩壊し，続く軍事政権も国内の武装蜂起を鎮圧できなかった．このため，アメリカは1964年のトンキン湾事件を口実に翌年から北ベトナムへの攻撃を開始し，いわゆるベトナム戦争が本格化した．

この間ジエム政権は，メコンデルタで稲作を復活させることによる経済活性化を試みた．政権は大土地所有制の解体を目指して1956年の土地改革法で土地所有の上限を100 haに設定し，超過分を政府が有償で買い上げて土地なし農民に売却したが，農民はその代金を6年間で支払わねばならず，従来の小作料より割高となった(桜井 1999b; 古田 2017)．

ベトナム民主共和国では，1958年から私的所有の制限や国有化・集団化を目指す「社会主義的改造」が実施された．ソ連や中国の経験に基づき，地主階層の土地を取り上げ貧農に分配する農地改革が1953年から紅河デルタを中心に進められた，しかしこの地域では零細な小農が一般的であったため，必要以上に多くの農民が「地主」とみなされて糾弾の対象となり，行き過ぎた土地改革となった(古田 2002; 古田 2017)．その後は農業の集団化が推進され，1960年までに全農家の約86％が合作社(集団農場)に参加するに至った．このうち初級合作社は個々の生産手段の所有権を認めていたが，高級合作社ではほぼすべての生産手段が共有となり，農民は労働の対価として報酬を受け取った．高級合作社化も急速に進み，1967年までに農家の約43％が所属した．このような農民の組織化は，ベトナム戦争への食糧や兵員の供出にも役立った(桜井 1999b; 古田 2002)．

1948年に独立したビルマでも社会主義経済の建設が目指され，特にエーヤーワディー(イラワディ)デルタでの大土地所有制を解体することを目的に，農地の国有化と土地なし農民への分配が試みられた．また，精米に加えて米輸出も国が管理することで外貨を獲得し，これを用いて国家が主導する輸入代替工業化が進められた．1958年に軍人のネィウィンが政権を握ると，軍の傘下にある国防協会が流通，運輸，エネルギーなどさまざまな分野に進出し，国内最大の企業へと成長していった．しかし社会主義経済の建設は順調には進まず，戦前に最大で年間300万t程度であった米の輸出は1950年に118万t，1960年に172万tと低迷した(高橋 2002; Brown 2013)．

第5節　混合経済のインド

　1947年8月15日，新生国家インドが誕生したが，この独立は新生国家パキスタンとの分離をともなうものであり，多大の犠牲をもたらした．その後も，インド内ではヒンドゥーとムスリムのあいだで衝突と殺戮が続き，1948年1月には，両者の融和を説いたガンディーがヒンドゥー原理主義者によって暗殺されるという事態まで起こった(第19章2参照)．そうした混乱を経て，1950年1月，インド憲法が施行され，インドは連邦制の民主主義国家として本格的に始動した．翌年，第1回の総選挙が行われ，国民会議派が勝利し，ガンディーとともに独立運動を主導したジャワハルラール・ネルーが初の首相に就任した．

　このようにして，インドの政治的な意味での「独立」は実現したが，経済的な意味での「独立」は，植民地期の末期における戦時経済の遺産を受け継ぐ形で，いわば統制経済的な要素を多分に受け継ぎつつ始まった．しかしながら，植民地下に強いられた他律的な制度を払拭しようという意欲も欠けてはいなかった．独立後のインドの経済運営は，混合経済(mixed economy)と特徴づけられる．すなわち，市場経済を基盤としつつも，国家による経済への介入を積極的に進める経済体制である．

　その出発点は，1948年4月の産業政策決議であった．これによって，公企業と民間企業が担当できるそれぞれの産業分野が設定され，①軍需産業，鉄道，原子力という国家にとって核心的な産業は，国家による独占的な分野であること，②石炭・鉄鋼・航空・造船・通信・石油の基幹産業の六業種では，既存の民間企業は別として，新企業はすべて国家による独占的な分野となること，③これら以外はすべて，私企業に開放される，という原則が定められたのである．

　1950年には計画委員会が設立された．社会主義国で行われた計画経済とは基本的に異なるが，国家が経済計画を策定し，それに基づいて公企業を設立するなどして，国家が積極的に投資を進める体制がつくられた．さらに，1951年には産業(開発・規制)法が定められ，民間企業は，新工場の設立，既存工場での生産能力の拡張，既存工場での新製品の製造，立地の変更という四つの領域でのライセンス取得が義務づけられることとなった．この産業(開発・規制)

表20-4 インドの各五カ年計画における成長目標・実績および諸指標

	第1次計画 1951-56年	第2次計画 1956-61年	第3次計画 1961-66年	年次計画 1966-69年
目標	2.1	4.5	5.6	
実績	3.6	4.2	2.7	3.7
農業	4.2	4.3	-1.1	6.3
工業	7.5	6.6	2.7	3.7
物価	0.9	5.3	6.9	7.9

出典：石上 2006: 215

法は，まさに植民地期末期の戦時経済からの制度を継承したものといえる．

1950年代インドの経済実績を評価するうえで，第1次と第2次の五カ年計画を振り返っておく必要がある．第1次五カ年計画(1951-1956年)は，農業を重視したバランスのとれた投資配分で，結果的にも期待した以上の成果をあげたと評価されている(表20-4)．その間の目標とされた経済成長率が2.1%であったのに対して，実績は3.6%であった．他方で，第2次五カ年計画(1956-1961年)は，意欲的ではあったが，大きな問題をはらんでいた．これは，重工業を優先的に発展させることを目指した「マハラノビス・モデル」と呼ばれる成長モデルに基づいていた．ソ連型の経済開発戦略を多分に意識したもので，工業化の初期段階では消費財産業を優先する一般的な思考を逆転させて，資本財産業を重視する発想に依拠し，鉄鋼業への投資がとりわけ重視されていた．しかも，投資資金の原資は外国からの開発援助に依存するもので，アメリカ，西ドイツ，イギリス，ソ連などの諸国から，半ば援助競争を煽るような形で獲得したのであった．このような第2次五カ年計画の実績は，目標であった経済成長率4.5%に対して，若干下回ったもののおおむね納得できる数値であった．特筆すべきは，資本財産業で一定の成果をあげたことである．粗鋼生産は1951年150万tから1966年660万tへと増加し，粗投資における機械部分の輸入比率は1950/51年の70%弱から1960年代後半には25%程度にまで下がった(石上 2006: 220)．

しかしながら，このような重工業優先の経済戦略が困難であったことに加え，独立後インドの混合経済においては輸入代替工業化戦略が根本的な難点であった．輸入代替工業化は，第二次世界大戦後の旧植民地国の多くが独立後に採用

した戦略で(本章4参照)，高い関税障壁をかけて工業製品の輸入を抑え，国内市場を基盤にした工業化を推進することを目指すものである．その結果，自国の工業化を一定程度は実現することを可能にしたが，その副作用は小さくなかった．インドの場合，ある意味では両大戦間期以来の輸入代替工業化政策の継続ということも可能である．両大戦間期に「輸出悲観論」的な認識が形成され，基本的にイギリスによる強いられたレッセ・フェール(自由放任主義)と自由貿易に対する嫌悪感は根強かった．その結果，インドは事実上，世界市場から退出したことになり，貿易収支の赤字，そして外貨の獲得を開発援助に頼るという事態を招いた．開発援助の資金は，もっぱら鉄鋼業などの公企業に向けられ，経済全体としての非効率性にも帰結した．また，外国からの直接投資をほぼ拒否したため，技術導入の停滞と国際競争力の喪失という結果にもつながった．ネルー時代の前半におけるインドは，東西冷戦下において「非同盟主義」の盟主として，ソ連や中国といった社会主義陣営にも親和的な外交姿勢を示し，アメリカやイギリスといった自由主義陣営の諸国に対して，特にその経済的関与に対しては警戒心を怠らなかった．

　農業部門では，英領期からの懸案として，土地所有の不平等，すなわち地主小作関係の問題が存在した．1950年代に土地所有構造の変革を目指すさまざまな土地改革が行われ，地域差は大きいものの，北インドにおける「ザミンダール制廃止法」はその典型的な事例といえる．英領期に土地所有権を認められ，植民地政府に地税を払っていたザミンダールなどの地主層(第9章3参照)は，この法律の執行によって土地所有が大きく削減され，実際の農耕を担っていた小作人層が土地所有権を獲得することになった．こうして，英領期以来の不平等な土地所有構造が一定程度は緩和されることになった．ただしインドの農村に分厚く存在する農業労働者や下層の小作人は大きな恩恵を受けず，1950年代のインドの土地改革は全般として不徹底であったと評価されることが多い．それにもかかわらず，1960年代後半以降の「緑の革命」(第21章2参照)の担い手となるうえで，農民層(いわゆる中間カースト)が土地所有という生産の基盤を確保したことは重要な一歩だったといえる．

　ネルー時代の経済運営に関して数値指標から評価するならば，工業化の面では大きな前進があった．第二次産業の成長率は，英領期の1900/01年から

表 20-5 実質 GDP 成長率のアジア内比較

(単位：%)

	1955–1990年	1990–2003年
日本	6.6	1.1
韓国	8.0	5.6
台湾	8.4	5.1
中国	5.3	8.6
インド	4.1	5.7
インドネシア	4.9	4.1

出典：マディソン 2015

1946/47 年の期間には 1.5% であったが，1950/51 年から 1964/65 年の期間には 6.8% へと飛躍的に上昇した．また，第一次産業の成長率は，1900/01 年から 1946 年にわずか 0.4% に過ぎなかったが，1947/48 年から 1999/2000 年までの平均は 2.5% に達した(柳澤 2014: 88)．しかし，国際比較で評価するならば，他のアジア諸国，とりわけアジア NIEs の代表的存在である韓国や台湾と比べると大きな差が生じたことは確かである．GDP の成長率は，1955 年から 1990 年の期間にインドは年率 4.1% であるのに対して，韓国と台湾は，それぞれ 8.0% と 8.4% であった(表 20-5)．このように，輸出志向型工業化戦略をとった諸国の実績に比較するとインドの経済成長は大きく劣るものであった．また，この時期のインドの工業化が重工業を重視し，綿工業のような労働集約的な産業を輸出産業化できなかったことは，「雇用なき成長」という禍根をもたらすものになった．

　第 3 次五カ年計画(1961-1966 年)の期間に入ると，インドは種々の問題から経済危機に直面することになった．1962 年には隣国・中国との国境紛争が起こり，また 1965 年にはパキスタンとのあいだで戦争を引き起こした．さらに，1965 年と 1966 年には大旱魃による食糧危機が起こり，大規模に食糧を輸入せざるをえなかった．これらの結果，インドは深刻な外貨不足に陥った．このような経済危機のために，第 4 次五カ年計画は実行されず，1966 年から 3 年間の休止期間(プラン・ホリデー)が置かれることになった．

第21章
開発を目指すアジア
(1970年代–80年代半ば)

　1970年代からは国際社会の変容を背景に，政府が主導する「開発」がアジアの多くの国々で重要なキーワードとなった．ドルが世界経済の基軸通貨としての信認に耐えられなくなり，アメリカが1971年にドルと金の交換を停止すると，主要通貨が変動相場制に移行して国際的な資本移動が活発化した．こうして産油国や欧米・日本に蓄積された資本は，労働力の安い生産拠点を求めて1970年代からまずNIEs（新興工業経済地域；韓国・台湾・香港・シンガポール）に流入し，1980年代からはさらに東南アジアの一部（タイ，マレーシア，インドネシア，フィリピン）に移動した（第1節）．これらの国々では政府が開発を重視して積極的に外資を誘致し，輸出志向型工業化が進展した．そうした政府のほとんどが強権的に政府批判を封殺し民主化要求を抑圧したが，それらが反共姿勢をとる限りアメリカは政治的・軍事的に支援し，政権の長期化につながった（第3, 4節）．

　こうした国々の工業化に寄与した要因として，「緑の革命」も重要であった．1950年代や1960年代には感染症の抑制などにより多くの国々で「人口爆発」が生じたが，1960年以降の「緑の革命」をはじめとする農業技術の進歩により，危惧されていた食糧危機は一時期の中国，インド，カンボジアなどを除きおおむね回避され（北朝鮮は例外），人口増および農業の近代化によって生まれた余剰労働力が工業を支えた（第2節）．

　それ以外の国々では，中国で1970年代初めから改革開放政策につながる動きが始まった．その頃に西側諸国との貿易が回復した背景には，ベトナムからの撤退後にアジアと新たな関係を構築しようとしたアメリカの意図が反映していた．政府は輸出用工業生産の制度構築，民間企業の復活，金融制度の整備などを実施し経済改革は進んだが，政治改革を求める動きは1989年の天安門事

件で挫折した(第5節)．共産党政権のベトナムとラオス，および独自の社会主義路線を選択したビルマでは，計画経済がうまく機能せず，深刻な経済不振に陥った．カンボジアでは数度の政変の後に極端な共産化が進められ，社会全体が大混乱に陥り，経済は壊滅し人口も大きく減少した．南アジアでは，インドが何度も政治経済的危機を経ながらも1970年代後半に経済的停滞から脱却し始めたのに対し，パキスタンとバングラデシュでは1973年の石油危機の混乱からクーデターが発生し，経済は復調したものの強権的体制が続いた(第6節)．

第1節　変動相場制への移行と石油危機
——輸出志向型工業化戦略への契機

　1950–60年代に発展途上国の多くは輸入代替工業化戦略をとり，経済成長という点では，一定の成果を収めた．しかしながら，1970年代に，この路線は限界を露呈した．1970年代の前半に，世界経済の諸条件が大きく揺らぐことになったのである．

　その第一の変化は，ブレトン・ウッズ体制(第19章3参照)の崩壊である．基軸通貨ドルに対して各国の通貨が固定相場を維持するブレトン・ウッズ体制は，1971年の「ニクソン・ショック」を機に崩れ去った．第二の変化は，1973年と1979年に起こった二度にわたる「石油危機」(オイルショック)であった．石油価格が一気に高騰し，世界の多くの非産油国の貿易収支を著しく悪化させることになった．その後，多くの発展途上国は，高い成長率を約束する輸出志向型工業化戦略に舵を切る．この戦略はアジアの一部諸国から始まり，アジアにおける国際分業のあり方に根本的な転換をもたらした．以下，この経緯をたどることにする．

　1960年代の後半に，ドルの過剰流動性問題が顕在化した．基軸通貨ドルの過剰発行のために，しだいにドルに対する信頼が揺らぐようになったのである．その原因は①ベトナム戦争が泥沼化し，1960年代にアメリカの軍事的関与が強まって軍事支出が増加したこと，②アメリカ企業の多国籍化とともに他国への直接投資が増加し，ドルの海外流出が拡がったこと，③1960年代に，西ドイツや日本などが製造業の国際競争力を増しアメリカ市場への輸出攻勢をかけ，

アメリカの貿易収支の赤字額が拡大したこと，の三つである．これらの帰結として，1971年のいわゆる「ニクソン・ショック」が引き起こされた．すなわち，アメリカの大統領リチャード・ニクソンは，金・ドル交換停止を発表したのである．こうしてブレトン・ウッズ体制は崩壊し，1973年には，固定相場制から変動相場制への移行が起こった．この変動相場制への移行は，その後の世界経済の枠組みを大きく転換させ，新しい時代の始まりを告げることになった．固定相場の維持に悪影響を与える国際的な資本移動を制限する必要がなくなり，銀行貸し付け，証券投資などの資本取引は国境を越えて自由に行われることが可能となり，またそのことが各国の経済発展に貢献するという考え方が有力となったのである(本章3,4参照)．

1970年代前半に世界経済の枠組みが大きく転換することになったもう一つの理由は，石油危機である．1973年の秋，イスラエルとその近隣アラブ諸国との間で勃発した第四次中東戦争の渦中に，アラブ産油国を中心とする石油輸出国機構(OPEC)は生産削減と石油の禁輸を決定した．その結果，石油価格が急騰することとなった．1バーレルあたりのドル価格は，1973年の2.70ドルから，1974年に9.76ドル，1975年に10.72ドル，さらに1976年には11.52ドルにまで値上がりした．また，1979年にイラン革命によってホメイニが実権を握ったイラン・イスラーム共和国は，石油の輸出を停止した．これにOPECも同調したため，原油不足となり，第2次石油危機に至った．石油価格の上昇は，1980年代前半まで続いた．

このような急激な価格上昇は，世界経済に多大の影響を与えた．変動相場制の下で，各国の金融政策が自由化しつつ通貨供給量が増えるなかで，石油価格の上昇はインフレーションを進行させた．さらに，1970年代後半になると先進国で，失業率と物価上昇率の大幅な上昇というスタグフレーションが起こった．こうした事態の帰結として，アメリカとイギリスをはじめとして多くの先進諸国では，ケインズ主義(大きな政府)への批判が強まり，新自由主義(小さな政府)へと経済政策のパラダイム転換が起こった．

石油危機の結果として，産油国のドル資金が大きく累積した．この巨額のドル資金は，いわゆる「ユーロダラー市場」，すなわちヨーロッパにおける米欧の銀行に流れることになった．このユーロダラーのうち，多額の資金が，石油

危機によって貿易収支が大幅に悪化した非産油発展途上国へと流れた．かつて，発展途上国の多くは，外貨を得る方途として，先進諸国からの開発援助か，国際的な金融機関からの融資に依存するしかなかったが，石油危機以後，民間の金融機関から融資を受けることができるようになったのである．こうして，非産油発展途上国が債務を累積するに至った．

　特に累積債務が大きくなったのは，ラテンアメリカ諸国である．ブラジル，アルゼンチン，メキシコなどは，多額の融資を受けることができたため，1970年代後半から1980年代前半にかけて多額の債務を累積した．しかし，こうした債務の累積は，1979年にアメリカ連邦準備制度理事会(FRB)が金利の引き上げを断行すると，きわめて困難な事態をもたらすことになった．すなわち，当時のFRB議長のポール・ボルカーは，アメリカのインフレーション対策の一環として大幅な金利の引き上げを断行し，短期金利を10%から20%に引き上げた．彼の政策は，ケインズ主義的な裁量的な金融政策によって過大になった通貨供給がインフレを招いたという認識のもと，通貨供給量の安定化を一義的に重視するマネタリズムの考えを体現していた．それと同時に，資金の貸し手である銀行部門の利害を擁護するものでもあった．アメリカにおける金利の引き上げは世界に波及し，累積債務問題を債務不履行の局面へ移行させた．上記のラテンアメリカ諸国のうち，ブラジルやメキシコなどは，債務不履行の懸念からIMFに救済を求めざるをえなくなった．

　変動相場制への移行，石油危機，さらには累積債務問題の顕在化といった1970年代の一連の経緯は，発展途上国の多くに，輸入代替工業化戦略の放棄を促すことになった．その理由は，以下の点にある．発展途上国における輸入代替工業化戦略は，基本的に貿易収支の不均衡をもたらす傾向がある．輸入代替工業化を進めるなかで資本財，中間財，そして原料の輸入が増加するが，輸出は伸びないというディレンマが起こるため，貿易収支が赤字にならざるをえなかった．それにとどめを刺したのが，石油危機がもたらした石油価格の高騰であった．加えて，変動相場制への移行にともなう国際金融の自由化は，非産油発展途上国が貿易収支の赤字を埋めるための資金融資を受けやすくしたが，その結果として膨大な債務の累積を招いたのである．要するに，輸入代替工業化路線をとっていた諸国は，外貨を稼ぐ手段としての輸出という方法を喪失し

ていたために，こうした路線の維持が不可能な事態に追い込まれたといえる．

　他方で，韓国・台湾・香港・シンガポールといったアジアNIEsは，石油危機後に短期的には貿易不均衡を引き起こし，ユーロダラー市場から多額の資金融資を受けたものの，その後必ずしも累積債務問題に直面しなかった．これらの国・地域は，1960年代後半から労働集約的な工業製品を海外に輸出し外貨を稼ぐ開発戦略，すなわち輸出志向型工業化戦略を推進していたことによって，貿易収支を黒字化し，民間銀行から多額の融資を受けていたにもかかわらず，返済不履行の問題を回避できたのである(本章3参照)．

　このようなアジアの一部諸国における輸出志向型工業化戦略の推進は，国際分業のあり方を大きく変えることになった．それまでと異なり，発展途上国が工業製品を先進国に輸出するようになったという意味では「新国際分業」と表現することも可能である．アジアNIEsの場合，繊維や雑貨などの労働集約的な工業製品を主にアメリカに輸出し，他方で資本財や中間財を日本から輸入するという「太平洋(貿易)トライアングル」，すなわち日本，NIEs，アメリカの三極で構成される国際分業のあり方が，東アジアの高度成長を可能にしたのである．

　変動相場制への移行が資本移動の自由化推進につながったことはすでに指摘したとおりであるが，アジア諸国においても金融の自由化が進められた．また，アジア諸国の側にも，先進国からの資金や直接投資が経済成長の源泉になるという認識の転換が起こり，その受け入れに積極的になった．その結果として，アジアNIEsを先鞭として，アジア諸国が輸出志向型工業化戦略をとり高度経済成長を実現するというパターンが定着していったのである(本章3, 4参照)．

第2節　人口爆発とアジアの農業

　20世紀の第3四半世紀に，アジア諸国のみならず，発展途上国で一般的に「人口爆発」(population explosion)ともいうべき現象が起こった．すなわち，1950年代以降，人口増加率が急激に高まったのである．発展途上国の人口増加率は，1900–1920年では年率で約0.6%であったが，1920–1950年において約1.2%となり，さらに1950年以降の50年間では約2.1%となった(リヴィ-バッチ 2014:

177).その要因として,二つのことが指摘できる.第一に,死亡率が急激に低下したことである.欧米などの先進諸国では 19 世紀末以来,徐々に低下した死亡率が,これらの国々では 1950 年代と 1960 年代に急角度で低下したのである.第二は,他方で出生率の水準が相対的に高かったことである.死亡率が低下した後に出生率が低下するまでには通常タイムラグがあるのだが,発展途上国の人口転換が始まる時点(死亡率の低下が始まる時点)での出生率(合計特殊出生率,TFR,15-49 歳の年齢層にある一人の女性が生涯に出産する子どもの数に相当)の水準(約 6)は,約 1 世紀前の西欧諸国の場合(5 未満)よりも高かったのである(リヴィ-バッチ 2014: 179).

このような「人口爆発」現象によって,多くのアジア諸国では資源制約の問題が顕在化した.すなわち,土地という資源の制約(耕地拡大の限界)によって,一人あたりの食糧生産が減少する可能性が生じたのである.こうした状況に対して,主に土地生産性の上昇をもたらす新技術の導入によって,この資源制約を克服する試みが,いわゆる「緑の革命」である.その過程を,アジアの人口大国であるインド,インドネシア,中国に焦点を当てて追うことにしよう.

東南アジアおよびインド

【人口】 東南アジアの人口増加率は,1930 年から 1960 年までの期間で年率で 1.8%,続いて 1960 年から 1990 年までの期間で 2.2%,そして 1990 年から 2000 年までの期間では 2.1% であった(第 2 章 2 参照).他方,インドの人口増加率は,1940 年代の 10 年間で年率 1.25%,続いて 1950 年代では 1.96%,そして 1960 年代には 2.22% となっている(表 21-1).人口増加率の高まりは東南アジアの場合,すでに 1930 年代以降に見られるが,インドの場合には 1950 年代以降に顕著になった.

人口増加の主たる要因はインドの場合,死亡率(1,000 人あたり)の低下にあった.死亡率は 1940 年代の 32.4 から,1950 年代の 25.9 へ,そして 1960 年代の 21.3 へと大きく低下した.その要因としては,感染症による被害が抑制されるようになったことが大きい.マラリアの例を挙げると,1940 年代後半の時点で,総人口 3 億 5,000 万人のうち毎年 7,500 万人が罹患し,そのうち 80 万人が死亡した.しかし,1953 年に始まった「全国マラリア根絶計画」(National Ma-

表 21-1　インドの人口諸指標(1921-1971 年)

	人口 (百万人)	増加率 (年率，%)	合計特殊出生率	死亡率 (千人あたり)	出生率 (千人あたり)
1921年	251.2	—	—	—	—
1931年	278.9	1.05	5.86	34.9	45.4
1941年	318.5	1.33	5.98	33.2	46.5
1951年	361.0	1.25	5.96	32.4	44.9
1961年	439.1	1.96	6.11	25.9	45.5
1971年	548.2	2.22	6.50	21.3	43.5

出典：Dyson 2018: 173
注　：人口以外の数値は，すべて 10 年間の平均である．

laria Eradication Programme)によって，1965 年までに罹患者は 10 万人にまで低下し，死者もほぼいなくなるまで改善した．この事業は，主にマラリアを媒介するアノフェレス蚊を駆除する DDT という殺虫剤を散布する方法に依拠して大きな成果を得たのである(Dyson 2018: 192)．

　他方，出生率(1,000 人あたり)はこの間に高止まりし，1940 年代の 44.9，1950 年代の 45.5，1960 年代の 43.5 へと推移した．合計特殊出生率では，1940 年代の 5.96，1950 年代の 6.11，1960 年代の 6.50 へと，むしろ上昇した(表 21-1)．

　1960 年代以降，東南アジア，インドのいずれの場合も，人口増加率が年率 2% の大台に乗った．これ以降，1980 年代末までの期間は，「人口爆発」の時代といってよい．「多産多死」が「多産少死」となる「人口転換」図式の第二段階における人口増加の過程が，いっそう顕著に現れたのである．その結果，全人口に占める扶養家族人口の比率が高まって，経済成長の足枷となった．

　こうした「人口爆発」が「食糧危機」に帰結したのがインドの事例である．すなわち，1960 年代中葉に大規模な旱魃が起こり，まさにマルサス的な危機(第 2 章 2 参照)が取り沙汰された．インドは，この危機をアメリカからの食糧輸入で凌いだが，それは外貨危機を招くことにもなった．

【緑の革命】　人口爆発と食糧危機の根本的な解決を可能にしたのは，「緑の革命」であった．緑の革命は，温帯地域で開発された高収量品種をアジアの熱帯および亜熱帯地域に適応させ実用化した新技術の導入過程を指す．新技術の機軸をなすのがイネとコムギの高収量品種であるが，それを十全に活かすためには，灌漑施設の整備と，品種の現地適応を促す試験場などの施設が必要となる．

また，高収量品種は，水の供給に加えて，化学肥料，殺虫剤，農薬などへの補完的な投資が必要となり，それを農民に促すためには政府による農産物価格政策や補助金政策が必要となる．したがって，政府による強力なイニシアティブが鍵となった．

東南アジアの場合は，米の「緑の革命」であった．イネの高収量品種は，1960年にフィリピンに設立された国際稲研究所(IRRI)で開発された．ちなみにこの研究所は，同年にフィリピン政府の援助のもと，アメリカの民間財団によって設立された独立研究機関である．

インドネシアは，米の「緑の革命」の典型的な事例である．1960年代前半まで年間約100万tにのぼる世界最大の米輸入国であったが，イネの高収量品種を導入すると，病虫害の障害を克服しつつ，1980年代前半に国内自給を達成した(速水 1995: 93)．インドネシアでは1960年代後半に政府が積極的な灌漑投資，小農に対する補助金政策などを推進し，それが功を奏した．結果的にインドネシアでは，食糧問題の克服のみならず，1970年から1985年にかけて，貧困層比率を60%から20%へと大幅に低下させることにも成功した(Henley 2015: 154)．

インドの場合には，1960年代後半以降，北西部(パンジャーブ州など)におけるコムギの高収量品種の導入が大きな変化をもたらし，短期間で大幅な生産増を実現した．この事例においては，電動ポンプ管井戸・化学肥料・殺虫剤・農薬などへの種々の補完的な投資が重要であった．この場合も，政府による積極的な農産物価格政策と補助金政策が功を奏した．他方で，インドにおける米の「緑の革命」はコムギよりも大幅に遅れ，1980年代にようやく始まり，インド東部で地下水灌漑が普及したことが重要な促進要因となった．

こうしてインドは，「緑の革命」によって穀物生産を大幅に増加させた．コムギの生産は1950年の650万tから，1990年代には約7,000万tへと10倍以上増加し，米の生産量は同期間に約2,000万tから約9,000万tへと増加して，インドは穀物自給を達成した．1960年代から1970年代半ばにかけて，インドは毎年200万tから700万tのコムギを輸入していたが，1970年代後半にはほぼ自給を達成した．米は，もともと輸入依存度は小さかったが，1990年代半ば以降，インドはタイ，ベトナムと並ぶ世界有数の米輸出国となった(藤田

2024: 298; 杉本 2011: 133).

「緑の革命」を成功に導いた最も重要な要因は水の制御であったが，東南アジアとインドでは，灌漑の形態が基本的に異なっていた．東南アジアでは重力流下式(gravity-flow)の用水路灌漑であったのに対して，インドでは地下水の揚水灌漑が主流であった．この差異は，持続性の差異をもたらしている．インドでは，揚水灌漑のエネルギー源が化石燃料(電力もしくはディーゼル油)であるためにコスト高の問題が生じ，それに加えて地下水の枯渇問題が，食糧生産の未来に暗い影を落としている(藤田 2024: 305).

中 国

【人口】 日中戦争から国共内戦までの長期の戦争が終結し平和な時代が到来した中国では，衛生状態・栄養状態の改善で死亡率が低下する一方で，政府の指導者は人口増大に肯定的であったため，出生率は高いまま推移し，人口は急激に拡大した(丸川 2021: 128).

1952–1958年頃には，比較的安定的に推移した経済の下で第1次ベビーブームが到来した．しかし，「大躍進」政策が始まると，経済は破綻し食糧不足によって人口は純減する異例の事態に陥り(第20章3参照)，1959–1961年の人口増加率は顕著に落ち込んだ．その後，反動として出生増が見られ，次いで第1次ベビーブーム世代が出産期に至ったことによる出生増も加わり，10年余りにわたる長期の第2次ベビーブームが生じた(木崎 2017: 60–62)．この間，年率2%を大きく上回る人口増加率を示した(図21-1).

1970年代に入ると，政府も人口の急増に危機感を覚え，1970年代前半から晩婚(女性は23歳，男性は25歳)，出産間隔の拡大(3年超)，出産数の抑制(多くとも2人)を求めるキャンペーンを開始し，人口増加率は1970年代半ばから1%台に下がった．さらに1979年に発動された「一人っ子政策」の結果，合計特殊出生率も急減し，1960年代末の6前後から2000年代初めには1.6程度まで低下した．この少子高齢化の進展については第23章3で改めて議論する．

【農業生産性の推移と緑の革命】 中国は1950–70年代まで重工業の発展を優先させる政策をとってきたが，その行き詰まりはしだいに明らかになっていた．原因は農業における生産性の低さにあった．農業の立ち遅れが工業の足を引っ

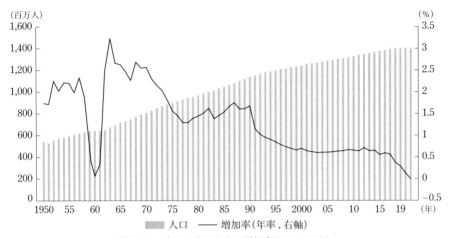

図 21-1　中国の人口と人口増加率(1950–2021 年)
出典：UN, World Population Prospects 2022b により筆者作成.
注　：中国本土(香港, マカオ, 台湾を含まず)の人口. 年中央値.

張る状態，すなわち開発経済学でいう「リカードの罠」である．本章5で見るように，改革開放政策の下で，政府による食糧買い上げ価格の大幅引き上げと，「農家経営請負制」の導入による集団農業の解体が進められた．その結果，個別農家のインセンティブは上昇し，伝統的小農経営に特徴的なきめ細かい農業経営が復活した．農業就業者一人あたりの農業生産も1979年以降上昇傾向に転じた(丸川 2021: 72–73)．

　農業生産性の上昇にとってもう一つ重要な要因となったのは，1960年代から70年代までに進められてきた農業投資と技術導入である．農民による水利建設の結果，灌漑面積は1953年から1978年までに2.1倍に拡大した．こうした基盤整備に向けた農閑期の大衆動員は，1960年代から70年代末まで全国の農村で毎年展開された(田島 2002: 455)．

　灌漑に加えて，多収量品種の普及と化学肥料の使用増加も単位面積あたりの収穫量の増大をもたらし，1960–80年代の米穀類の生産増に寄与した(表21-2)．イネの品種改良では，ハイブリッド米(交雑種)が1960–70年代にかけて湖南で開発され，その後全国に普及した．現在，中国で栽培されているイネの半分以上はハイブリッド米となり，収穫量の増大に貢献した．化学肥料の生産は1960年代に硫安が国産化されたほか，重炭酸アンモニア肥料の小型製造工場

表 21-2　中国における主な農産物の単位面積あたり収量の推移
(単位：kg/10 a)

	米	小麦	トウモロコシ	大豆	棉花	落花生	ゴマ
1931–37年	257	86	145	122	21	182	59
1952年	241	74	134	82	23	128	46
1957年	269	86	143	79	29	101	33
1962年	234	69	…	68	22	85	35
1965年	294	102	151	71	42	104	38
1980年	413	189	308	110	49	154	33
1990年	573	319	452	146	81	219	71
2000年	627	374	460	122	109	297	103
2010年	655	475	545	134	123	345	132
2014年	681	524	581	…	146	358	…

出典：久保・加島・木越 2016: 113

が設置されて不足する肥料供給を支えた．また1970年代に入ると，化学肥料製造の大型プラントが導入され生産は増加した(田島 2002: 446)．1980年代に化学肥料の増産と輸入拡大によって施肥量は急増し，灌漑・高収量品種・化学肥料という「緑の革命」の3要素がそろったことが，その後の農業の継続的な生産性上昇をもたらした．

多収量品種は肥料の多投を必要とし，病虫害にも弱いので，農民にとっては化学肥料や農薬への投資の負担が増えることが批判されている．他方で，多収量品種の普及は化学工業の発展を刺激した側面もあり，中国の場合もこうした両面性を持っていた(久保・加島・木越 2016: 120)．

第3節　アジアNIEsの台頭

1970年代にアジアやラテンアメリカで工業化を始動させた国々は新興工業国(NICs)と呼ばれるようになったが，そのうち香港・台湾・韓国・シンガポールはアジアNIEsと呼ばれて注目されるようになった．これらの国・地域は，自由化によって活発に移動するようになった国際資本を導入して(本章1参照)，国際分業に積極的に参加して輸出志向工業化を果たし，持続的に成長して中所得国を脱した点で，その他の新興国と異なる特徴を持つ．

香港

　1842年にイギリスの植民地となった香港はその後，中継貿易港・金融ネットワークの中心として発展してきた(第11章2参照)．しかし，中華人民共和国が朝鮮戦争に参戦したため，1951年に国連が中国大陸への戦略物資の禁輸措置をとると(第20章1参照)，香港の中継貿易は大打撃を受け，産業構造の転換が迫られた．

　そこで発展したのが軽工業であり，その嚆矢となったのが綿紡織業であった．綿紡織業発展の背景には，1945年以降に中国側から難民が流入して人口が増大し，低廉な労働力が存在していたことに加え，中華人民共和国が成立する過程で綿紡織業が発展していた上海などから経営者・技能工と，彼らが持つ資本・技術・ノウハウが香港に移転してきたことがある．さらに1950年代半ばになると，地元の広東系の人びとが設立した中小企業を中心として，アメリカを市場とするアパレル産業が発展，紡織業を上回る成長をみせた．その結果繊維産業は，1960年に製造業雇用者の47％を占めるに至った(杉谷 1989；佐藤 1989；濱島 2016)．

　1960年代には玩具・造花・雑貨などのプラスチック工業，トランジスタラジオをはじめとする電子工業が発展した．こうして香港は中継貿易から，原材料や部品・半製品を輸入して香港で加工して輸出する加工貿易へと転換した．このように次々と新たな工業が盛んになった背景としては，香港では自由経済体制と低賃金のなかで多数の企業家によって中小企業が形成され，市場の変化に迅速に対応できたことがある．工業の発展の結果，GDPに占める製造業の割合は1950年に9％であったのが，60年には25％，70年には31％に達し，工業製品の多くはアメリカ・イギリスに輸出された．輸出拡大のなかで，輸出需要に基づく港湾業や不動産業も発展した．また，外国銀行も進出して香港は国際金融センターへと成長し始めた(杉谷 1989；佐藤 1989；濱島 2016)．

　1970年代になると人件費の高騰と産業の高度化・多角化の遅れによって香港の製造業は国際的競争力を失ったが，サービス業が急速に成長した．中国で開放政策がとられると，香港の製造業は隣接する中国の珠江デルタに進出して委託加工が発展した(本章5参照)．その結果，香港は再び中継貿易を担う貿易センターとなり，また華僑資本の中国投資の窓口として世界有数の国際金融セ

ンターとなった．こうして香港は，1970年代から1980年代にかけて総じて高い経済成長を遂げ，NIEsの一つとしてアジア経済を先導した(杉谷 1989; 濱島 2016)．

1990年代になると中国経済の高度成長を背景に，中国大陸系の企業株式が香港株式市場で上場され，香港は世界中から中国大陸への投資資金を吸収，国際金融センターとしての地位を高めた．1997年の返還以降も香港経済は中国経済との緊密化を推し進め，2003年には香港・中国本土の経済連携緊密化協定(CEPA)が調印された．金融面では人民元の取扱業務が段階的に拡大，人民元のオフショアセンターとして機能するようになった．これによって中国大陸への投資窓口としての役割だけではなく，中国大陸資金が香港経由で海外市場に投資する，中国大陸企業の投資プラットフォームとしての役割を担うようになり，人民元の国際化を促進した．そして香港株式市場における中国大陸系企業のプレゼンスが拡大するなかで2019年，新規株式公開(IPO)による資金調達額ランキングで，香港は世界第1位となった(濱島 2016; 曽根 2022)．

以上のように香港は，中国大陸経済の閉鎖と開放という大きな外的変化に柔軟に対応して発展してきた(濱島 2016)．しかし，一国二制度の動揺は，香港経済の将来を不確実なものにしている(第24章1参照)．

台湾

台湾では1960年代に，蒋介石政権下で，低賃金労働力を武器とする加工貿易に支えられた輸出志向型工業化が開始された．しかし，台湾では経済成長にともなって労賃が上昇し，良質な低賃金労働力を武器とする労働集約型工業から技術・資本集約型工業への転換が必要となっていた．また，加工貿易は，資本財の輸入依存度を高めており，その自給化が必要となった．1973年に発生した第1次石油危機(本章1参照)への対応という意味もあって，1970年代以降，政府は次々と国家建設プロジェクトを打ち出して，台湾経済が抱える諸問題に対応していった．

国家建設プロジェクトの第一弾として，行政院長の蒋経国は1973年に「十大建設」事業の実施を発表した．本事業では事業予算53億ドルで，重化学工業(鉄鋼，造船，石油)の育成と，広義のインフラストラクチャーの整備(高速道

路，鉄道，港湾，空港，原子力発電所）の拡充が図られた．本事業は民間投資を活性化して雇用創出をもたらし，石油危機による不況からの脱却につながった．1978年からは「十二項目建設」事業が実施された．本事業は事業予算78億ドルで，十大建設事業の一部（港湾，環島鉄道，鉄鋼育成，原子力発電所）を補完・延長しつつ，農業近代化（水利改良，農業機械化の推進）と国民生活の充実（ニュータウン，国民住宅建設）を新たな目標に加えた．さらに1987年に「十四項目建設」事業が実施され，重化学工業化とインフラの拡張がさらに進められるとともに，医療保険など社会福祉問題の解決が目標とされた．また，工業のうち一般機械，電気機器，輸送機器，情報産業の四部門が戦略部門とされ，その発展のための金融環境，投資環境の整備が進められていった．

　これらのプロジェクトを通じて，台湾は1970-80年代に重化学工業国へと移行した．生産面では，重化学工業が工業総生産に占める比率は1960年代末から1980年代まで50%台で推移しており，重化学工業化は緩慢であった．しかし，貿易面では，重化学工業品の輸出が総輸出に占める比率は1969年の25%から1984年には47%へと上昇し，資本財が輸入総額に占める比率は輸入代替化によって1969年の34.7%から1984年の23.7%へと下落した．石油危機の時期を除くと貿易黒字が定着し，1988年には日本に次いで世界第2位のドル保有国となり，NIEsとして認められるようになった．

　台湾の産業が高度化する一方，競争力を失った労働集約的工業部門を中心として，1970年代後半以降に資本輸出（生産拠点の海外移転）が進み，投資収益収支は1983年を境として黒字に転じた．さらに資本輸出は1985年のプラザ合意（第22章2参照）によるドル安・元高の進展によって加速し，1988年には対外直接投資額が対内直接投資額を凌駕した．投資先はアメリカと東南アジア諸国に集中し，アメリカへは電機・電子・電気製品製造業やサービス業への投資が目立ったが，東南アジア諸国へは電機・電子・電気製品製造業に加えて台湾では競争力を失った各種製造業への幅広い投資が行われた（第22章2参照）．

　中華民国政府は「大陸反攻」を掲げ，国民党の独裁の下で国力強化の前提としての経済開発を行ってきた．そのため，経済面では早期に自由化が進められる一方，政治面では自由化は長らく抑制されていた．しかし，1970年代になると，国際連合からの脱退（1971年），蒋介石の死（1975年），アメリカとの断交

(1979年)といった内外の環境の変化もあって,国民党独裁に対する批判が高まった.1980年代以降,台湾では政治面でも自由化(民主化)が進められるようになり,第3代総統の蔣経国が1987年に戒厳令を解除すると,蔣経国を継いだ李登輝は1996年に中華民国総統の直接選挙を実現させ,2000年に民主進歩党の陳水扁が第5代総統に就任して政権交代が実現した.民主的な政治体制の下,経済面では1990年代以降にICT(情報通信技術)産業をリーディングセクターとして,さらなる成長を遂げていくことになる(第23章1参照).その際に重要であったのは,中国との経済交流であった.1993年に直接投資が解禁されて以来,中国は一貫して台湾の最大の投資先となった.第6代総統の馬英九が中国との経済交流をいっそう推し進めたため,2010年には海外直接投資の80%以上が中国に向けられるようになった.しかし,2010年代に入ると台湾に対する中国の政治的・経済的圧力が強まるなかで,中国経済への依存度は徐々に低下した.

韓 国

デタントや米中接近を受けて,朴正煕政権も北朝鮮との対決一辺倒の政策を修正せざるをえなくなった.1972年には北朝鮮との高官会談を初めて実施し,平和統一を原則とする共同声明を発した.一方で国内では引き締めを強め,朴正煕の終生在任を可能とする憲法改正を強行するなど,「維新体制」と呼ばれる独裁政治を敷いた.

自主国防を掲げた朴正煕政権は,工業化のさらなる推進を図り,1973年には重化学工業化宣言を発して,鉄鋼や機械などの重点産業に対して融資や税制を通じた支援を行った.韓国の重化学工業化は急速に進展し,1977年には付加価値生産額において軽工業を追い抜いた.たとえば1960年代後半に外国モデルの組立生産からスタートした自動車工業は,固有モデルの開発と量産体制の実現を目指す政府の振興計画の下で急成長し,1975年には現代自動車が国産化率90%の固有モデル「ポニー」の開発に成功した.

重化学工業化の担い手となったのは,政府の経済計画に積極的に呼応し,さまざまな特恵を享受した企業グループであった.その代表格である現代グループは,インフラ建設を手がける土建業を中心に,先述の自動車工業や造船業な

ど，政府のプロジェクトと結びついて急成長した．その創業者である鄭周永(チョンジュヨン)のように，カリスマ的なオーナー経営者に率いられた多角的な企業グループは，財閥(チェボル)と呼ばれるようになった．

韓国の国内市場は，こうした重化学工業化の急速な進展を受け止めるにはなお狭小であった．政府は財閥系商社の優遇などを通じて重化学工業製品の輸出を振興した．ラジオの組み立てからスタートした電子産業の場合，1970年代半ばには生産額の60％以上が輸出された．また資金の調達においても，アメリカや日本など海外からの借り入れが重要な役割を果たした(本章1参照)．輸出自由地域の設定など直接投資の誘引も試みられたが，外資企業への規制はなお強く，資本流入の多くは直接投資ではなく借款の形をとった．

韓国の急速な工業化は「漢江の奇跡」と呼ばれ，NIEsの一つと認められるようになった．しかし同時に，国内における分配の歪みや，海外からのショックへの脆弱性など多くの問題を生じていた．1979年の第2次石油危機を経て，1980年の韓国経済は1956年以来のマイナス成長を記録した．こうした情勢のなか，朴正熙は1979年10月側近の手で暗殺されたが，引き続き軍人出身の全斗煥が政権を掌握し，民主化を求める市民の凄惨な弾圧(光州事件)を経て，1980年9月に大統領となった．

全斗煥政権は，民間企業の一定の成長に加え，アメリカの圧力もあって，経済への介入をより間接的なものとし，金融の自由化も進めた．1980年代半ばからは，国際環境の好転もあって輸出産業が伸長し(ウォン安・低金利・低油価による三低好況)，戦後初の大幅な貿易黒字を記録したばかりでなく，マクロ経済も年率10％を超える高度成長を経験した．一方では，政府のチェックが弱められたことで，財閥のモラル・ハザード的な内部取引や非効率な過剰投資が深刻化していた．このことは1997年のアジア通貨危機(第22章2参照)の導火線となった．

シンガポール

シンガポールが経済成長を始めた1960年代は，政治・社会的には危機の時代だった．マレーシアに加えインドネシアとも対立するなかで1965年に独立したシンガポールは(第20章4参照)，食料はおろか水も自給できなかった．経

済的にもマレーシアという「国内市場」が失われたことに加え，GDPの40%を依存していたイギリス海軍基地が1968年に撤退を表明した．こうした事態に直面してリー・クアンユーは，国内政治では「生き残りのイデオロギー」を主張して人民行動党による独裁体制を正当化するとともに，経済的には欧米や日本との結びつきを強め，外資を利用した輸出志向型工業化に向かうことで危機を乗り越えようと試みた．このために政府はまず，1967年に「経済拡大奨励(措置)法」を成立させ，法人税や海外からの借入利率を大幅に下げて投資環境を整えた．さらに政府は外国企業をいっそう引きつけるために，低廉な労働力を活用する戦略をとり，労使関係に積極的に介入した．1968年成立の「労使関係(改正)法」は労組の交渉権を否定して経営者側の専決権を明記し，さらに政府，雇用者，労働者の三者で構成される全国賃金評議会(1972年設立)が，賃金を抑制的に調整した．こうした政策が功を奏して，外資-政府主導の輸出志向型工業が飛躍的に拡大し，製造業付加価値は1966–1973年に実質で年平均18.8%の成長を遂げた．製造業のGDP構成比は1960年の12.2%から1980年には24.1%に増加した(表21-3)．アメリカ，イギリス，オランダ，日本などの企業による外国直接投資は1968年から石油精製，造船，電機・電子(特に半導体)，化学・化学品，輸送用機器，繊維・衣料などにおいて急増し，各国通貨の変動相場制への移行(1973年)にともなう資本移動の自由化(本章1参照)に先立って外資が流入し始めた．こうして1970年頃から精製石油や工業製品を中心に輸出が急増し，それにともなって1965–1973年の年平均GDP成長率は12.4%に及んだ．賃上げ抑制が可能だった背景としては，労使が拠出して労働者が積み立てる強制貯蓄をプールした中央積立基金(CPF)を利用して住宅開発庁(HDB, 1960年)が公共高層住宅を低価格で国民に供給し，労働者の生活が改善されたことも重要である．HDB住宅への入居者は1978年に全人口の68%に，1999年に87%に達した．その一方で政府は左派系野党や労働組合を抑圧し，メディアに対する規制も強化する開発独裁体制(本章4参照)を構築した(木村 1990: 6–21; 森・佐藤 1990: 40–46; 手柴 1990: 258–260; 田村 2020: 101–108)．

　金融業が国策の主柱に据えられたこともシンガポールの特徴である．シンガポールの金融業は，1840年代にヨーロッパの民間銀行が進出したことに始まり(第11章1参照)，続いて発達した信局(中国系移民の送金システム)のネットワ

表 21-3　シンガポールの実質 GDP と産業別構成比の推移(1960-2020 年)　　(単位：%)

	GDP(百万米ドル)	製造産業	製造業	建設業	その他製造産業	サービス産業	卸・小売り	運輸・倉庫	情報・通信	金融・保険	ビジネスサービス	その他サービス業	その他
1960年	8,175.7	22.0	12.2	4.1	5.7	58.5	17.3	7.6	0.4	1.9	17.2	14.1	19.5
1970年	19,956.6	31.3	19.2	8.3	3.8	56.8	16.3	6.3	0.4	3.2	23.1	7.6	11.9
1980年	46,309.5	33.3	24.1	6.4	2.8	59.3	13.3	10.3	0.9	6.2	15.4	13.2	7.4
1990年	97,495.7	28.0	22.0	4.2	1.8	62.2	11.3	10.4	1.6	9.9	14.8	14.2	9.9
2000年	193,208.7	29.5	22.7	5.1	1.6	62.9	13.0	9.8	3.3	8.2	13.9	14.8	7.6
2010年	340,270.7	28.6	22.3	4.7	1.6	66.3	15.6	7.9	3.8	10.2	14.9	14.0	5.0
2020年	462,330.8	26.8	22.7	2.6	1.6	67.9	15.7	6.3	5.6	14.9	13.1	12.2	5.3

出典：Singapore Department of Statistics, National Accounts より筆者作成.
注　：2015 年価格．構成比は全数値の合計から算出し，GDP の数値はそのまま引用．ビジネスサービスは不動産，専門サービス，行政・支援サービスから成る．

ーク(第 12 章 3 参照)においてもシンガポールは東南アジアで中心的役割を果たした．華人系銀行は 1903 年に初めて設立され，その後も新規参入や合併を繰り返しながら成長し，1932 年に設立された OCBC (Overseas-Chinese Banking Corporation)は東南アジア最大の華僑銀行として欧米系金融機関と競合した．独立後は政府系開発銀行や後発の華人系銀行が，OCBC とともにシンガポールの工業化やさまざまな分野の経済開発を支えている．

　独立後には，国際金融センターとなることもこの国の重要な目標とされた．1960 年代からカリフォルニアの金融機関に在外華人の膨大な資金が集められていることに着目したアメリカの銀行が，それをシンガポールで吸収し運用に提供することをシンガポール政府に提案した．これを受けて政府は 1968 年に，国内勘定と区別した ACU (Asian Currency Unit)勘定制度を導入し，非居住者外貨預金に対する利子課税の免除を与え，ここにオフショア市場(国境を越えて行われる資本取引に比較的自由な取引を認めた主に非居住者向けの金融市場．国内市場とは規制や課税方式などが異なる)が成立した．通信などのインフラが整い政治的にも安定していたことに加え，1970 年には匿名預金制度が設けられたこともあって，1968 年末に 3,000 万米ドルであった ACU の総資産は，1970 年末に 3 億 9,000 万米ドル，1988 年末に 2,805 億米ドル，1992 年末に 3,550 億米ドルに成長した．シンガポールのオフショア市場における外国金融機関は 1985 年には

179 に増え，銀行部門預金の総負債に占めるオフショア市場のシェアは 1973 年以降 80% を超えた．1970 年代半ばからは政府関連企業や日系企業がシンガポールのオフショア市場で活発に起債して，中長期資金を調達した．外国為替取引も 1972 年から自由市場で行えるようになり，1978 年には為替管理が全廃され，政府は税制上も優遇して市場育成策に努めた．シンガポールのオフショア市場は，1973 年に自然発生した香港，1986 年発足の東京オフショア市場と連動してその後も拡大を続けた．こうしたこともあり，金融・保険がシンガポールの GDP に占める割合は，1960 年の 1.9% から 1980 年に 6.2% に拡大した (2020 年には 14.9% に至っている)（表 21-3）．こうしてシンガポールの金融業がその後大きく成長する基盤が 1970 年代頃までに整備された (手柴 1990: 258-271; Huff 1994: 302-305; 案浦 2001: 23-50)．

ところが 1973 年に第 1 次石油危機が発生すると (本章 1 参照)，投資が大きく減少して製造業は 1970 年代のほとんどにおいて低迷し，1975 年の経済成長はマイナス 1.6% に落ち込んだ．低賃金の労働集約産業への依存が強まり，低成長の罠に陥るのを恐れた政府は 1979 年に高賃金・高付加価値政策に転換し，国家主導で情報産業育成を図った．しかし 1980 年代に入りアメリカが不況に陥ると，輸出は 12 億ドル以上すなわち 5% 以上も急減し投資も減少した．その一方で賃金コストが高まり，1985 年には経済成長がマイナス 2.6% を記録した (木村 1990: 20-23; 森・佐藤 1990: 46-48; UN Comtrade 2024)．

第 4 節　東南アジアの開発独裁

1950 年代末から東南アジアの資本主義陣営の国々では，「国の開発」を国民全体の目指すべき共通目標に掲げ，特定の政治指導者に権力が集中する「開発独裁」と呼ばれる体制が多く生まれた (末廣 2022)．その典型がタイ，シンガポール，フィリピン，インドネシア，マレーシア，シンガポール (本章 3 参照) などであり，台湾の蒋介石・蒋経国政権や韓国の朴正煕・全斗煥政権を含めることもある．これらの国で経済発展は政権の正統性の根拠とされ，その達成のために個人・社会・民族・地方などの声は抑圧され，発展に不可欠な「安定」を確保するために，体制批判を含む言論の自由が制限された．さらに国民の団結

と忠誠を引き出すために,「危機」の存在が強調された(末廣 2002: 5-13).

　このような体制の成立は冷戦構造と分かちがたく結びついていた．共産主義勢力が東南アジアで拡大するのを恐れたアメリカは，人権を抑圧する指導者に対しても，反共政策をとる限り財政的・軍事的に支援した．アメリカは1960年に民間財団の資金協力でフィリピンに国際稲研究所(IRRI)を設立したが(本章2参照)，高収量品種による食糧供給の改善には，社会を安定させ共産主義の温床となる貧困を打破する意図もあった．同様に，経済的・物質的豊かさを社会に浸透させるために日本企業の進出が促された．開発独裁が多くの国で長期に延命したのは，アメリカと日本の関与があったからといえる．

　各国政府が積極的な外資導入と工業化を試みた時期に，日本，アメリカ，台湾，韓国などの企業は為替リスク回避のために，労働コストの低い東南アジア諸国に生産拠点を求めていた．1973年の主要国通貨の完全変動相場制への移行(本章1参照)により活発に移動するようになった資本が，NIEsからやがて東南アジアに向けられるようになったといえる．

外資導入と工業化

　タイでは陸軍総司令官サリット・タナラット(在任1959–1963年)が1957年にクーデターでピブーンを追放し，1958年に再度のクーデターを実行して憲法を破棄し国会を閉鎖した上で翌年首相に就任し，独裁体制を構築した．彼はこうして議会制民主主義を否定しつつ，1959年に投資奨励委員会を設置し，既存の産業投資奨励法を改定して，外資の導入を図った．その結果，日系や欧米系の自動車組み立て，家電，タイヤなどの工場が進出した．もっとも政府が特定の産業に集中的に資金を融通して育成を図ることはなく，民間主導の工業化が目指された．最も恩恵を受けたのはタイの中国系資本家で，軍や省庁と密接な関係を結び，外国企業と合弁して輸入代替工業化を促進した．政府はインフラ整備に専心し，西側諸国や国際金融機関からのODAや借款を用いて道路やダムなどの整備を進めた．この時期にはメイズ(飼料用トウモロコシ)，ケナフ(ジュート代用品)，キャッサバといった新たな輸出用の商品畑作物の栽培が急増し，全国に整備された道路は，水田不適地であった丘陵や山地の農地化を促進した．サリットを継承したタノーム・キッティカチョーン政権(在任1963–

表 21-4　タイの輸出構造の変化(1970–2018年)

(単位：百万バーツ，括弧内は輸出構成比(%))

	輸出合計	農水産畜産物	アグロ関連	繊維・衣類	電子製品	自動車・同部品
1970年	14,722	9,609　(65.3)	149　(1.0)	16　(0.1)	…　…	—　—
1981年	153,001	75,509　(49.4)	13,751　(9.0)	11,265　(7.4)	6,591　(4.3)	186　(0.1)
1990年	589,813	130,826　(22.2)	70,864　(12.0)	78,550　(13.3)	84,041　(14.2)	4,378　(0.7)
2000年	2,730,943	202,090　(7.4)	294,942　(10.8)	223,937　(8.2)	712,776　(26.1)	125,623　(4.6)
2010年	6,099,860	621,245　(10.2)	684,370　(11.2)	245,968　(4.0)	1,062,980　(17.4)	709,187　(11.6)
2018年	8,114,859	646,513　(8.0)	1,004,722　(12.4)	233,279　(2.9)	1,196,523　(14.7)	1,229,880　(15.2)

出典：末廣 2020: 398 を一部改訂．
注1：…は不明，—は該当数字なし．
注2：農水産畜産物には冷凍エビ，冷凍イカ，冷凍ブロイラーを含む．アグロ関連は砂糖，水産物缶詰，果実缶詰など．
注3：錫の輸出は 1970 年 16 億 1800 万バーツ(19.4%)，1976 年 29 億 7200 万バーツ(10.1%)．
注4：農水産畜産物に含まれる冷凍エビ，冷凍イカ，冷凍ブロイラーの合計金額は，1981 年 46 億 5800 万バーツ(3.0%)，85 年 70 億 2900 万バーツ(3.6%)，90 年 326 億 700 万バーツ(5.5%)．

1973 年)下では 1970 年代から冷凍エビ，冷凍イカ，冷凍ブロイラーを含む農水産畜産物や，砂糖，水産物缶詰，果実缶詰などのアグロインダストリー(農産物加工業)が発展し，輸出が拡大した(表 21-4)．こうして工業化と農産物およびその加工品輸出の多角化が進んだ結果，1960–70 年代のタイではピブーンの時代(第 20 章 4 参照)から反転して比較的安定した経済成長が始まった(図 20-2 も参照)．1970 年代後半には重工業の輸入代替に乗り出し，国営企業タイ石油公団を設立してシャム湾で開発された天然ガスをもとにした石油化学工業の振興を図った(柿崎 2007; 柿崎 2021b; 末廣 1993; 末廣 2020; 三重野 2017)．もっともこれらの政権は言論結社の自由を厳しく制限し，政府を批判する者を容赦なく弾圧した．

マレーシアの開発主義は 1960 年代から始まったが(第 20 章 4 参照)，マハティール政権(在任 1981–2003 年)が「成長」を重視し，かつ批判を許さない強権的手法をとる典型的な開発独裁体制であったのに対し，それ以前の政権は「分配」を重視し，より穏健に運営された．マレーシアでは 1960 年代に進んだ工業化と経済成長が 1970 年代にさらに加速した．製造業は 1970 年代に 11.8%で成長し，その結果 GDP に占める農林業の比率は 1970 年の 50% 弱から 1980 年に 20% 余りに低下した一方で，工業の比率は同じ期間に 13.4% から 20%へと拡大した(表 20-2)．輸入代替工業の成長(第 20 章 4 参照)にともない中間財の輸入が増え国内市場が飽和し始めると，政府は輸出志向型産業の育成に転換

した．1968 年に投資奨励法が制定され，輸出を図る企業に優遇税制が与えられたほか，1972 年には最大 8 年を免税とする自由貿易地域(FTZ)がまずペナンに設置された．一連の輸出振興策では特に電機・電子産業が重視され，税制上の優遇措置が与えられた．その結果 1970 年代前半から特にアメリカの半導体企業が，当時は労働集約的であった製品組立工程をマレーシアで行うようになり，製品を主にアメリカに輸出した．日本からは電機・機械産業が 1970 年代から進出し，アメリカなど各地に輸出を進めた．工業製品の輸出額は順調に増加したが，その比率が増えないのは，次に述べるように一次産品の輸出が急増するためである(鳥居 1990a: 31–41; 鳥居 1990b: 244–249; Drabble 2000: 185–189, 235–238; 橋本 2014: 18–19)．

1970 年代も一次産品の輸出はマレーシアの GDP 成長に大きく貢献した(表 20-2)．石油危機(本章 1 参照)で合成ゴムの価格が高騰し天然ゴムが 1970 年代末から競争力を持つようになり，生産量は 1965 年から 1980 年のあいだに約 1.7 倍に増加した．さらにパーム油が安価な食用油として世界全体で需要が増え，アブラヤシ生産は同じ期間に約 17.4 倍に急増し，1982 年には世界生産の 62% を占めた．木材輸出も急増し，マレーシアの未加工丸太は 1981 年に世界生産の 47.5% を占め，その大半が日本など東アジア諸国に輸出された．鉱業部門も全輸出に占めるシェアが 1970 年の 22.8% から 1980 年に 34.5% に伸びたが，錫の割合は同じ期間にその 86.1% から 25.5% に急減し，代わりにサラワクで開発が始まった原油が 13.9% から 73.3% に急成長した(Drabble 2000: 207–234; 熊谷・中村 2023: 53; UN Comtrade 2024)．

マレーシア経済政策におけるもう一つの大きな転換点は，1971 年の新経済計画(NEP)の開始である．1969 年に「民族暴動」(マレー人と華人のグループが衝突し 200 人近い死者が出た事件)が民族間の亀裂を露わにした時，マレー半島部においてマレー人(1970 年に人口の 52.7%)の資本保有率は 1.5% に過ぎず，華人(同約 30%)は 22.8%，インド系(同約 10%)は 0.9%，外国系が 62.9% であった．そこでラーマンの後を継いだアブドゥル・ラザク首相(在任 1970–1976 年)は持続的成長と民族間の経済格差(第 19 章 2 参照)是正を両輪とする NEP を打ち出し，豊富な石油収入を資金として，経済だけでなく教育など広い範囲に政府が積極的に介入する姿勢を明らかにした．民族間格差是正の主眼であるマレー人

の経済的地位向上を目指す試みはブミプトラ政策と呼ばれ，民間の商業銀行や政府系銀行がマレー系企業に積極的に融資したほか，連邦政府や州政府は多くの公社を設立してイギリス系や華人系の優良会社を買収し，外資系に加えて非マレー系企業とも合弁事業を進め，資本所有や雇用におけるマレー系の比率を高めようとした．輸入割当の許認可もマレー人に多く配分された．地方においてもインフラ整備などの農村開発が実施され，特にマレー人の比率が高く貧困が著しかった稲作農民に，米価補助金などの支援が実施された．農村での教育支援も行われ，高等教育の機会もマレー人に傾斜配分されるなど，教育を通じた都市への移住も促進された．一方でNEPは，外資を利用した輸出志向型工業の推進を試みた点で，単純な経済ナショナリズム政策ではない．輸出型企業に対しては，外資の出資比率が最大70%まで認められた．こうして1970年代の経済成長率は年平均7.5%に達したが(図20–2も参照)，1970年代末からは公企業の肥大化と業績悪化，労働集約型産業の偏重，製造業の外資依存などの問題が現れ，経済成長の鈍化が指摘されるようになった(鳥居 1990a: 31–41; 今岡 1990: 85–91; Drabble 2000: 194–201; 鳥居 2002: 125–144; 熊谷・中村 2023: 48–67, 110–113)．

　インドネシアでは，1965年の9・30事件でスカルノから実権を奪ったスハルト陸軍少将(大統領就任は1968年)が政策を180度転換し，西側社会への復帰と経済の建て直しを図った．スハルトは早くも1966年にマレーシア対決政策を撤回して，国連，IMF，世界銀行への復帰を宣言した．国営企業の整理統合や輸入許可証の制限撤廃などと引き替えに債権国は債務繰り延べに応じ，オランダを中心に1967年に結成されたインドネシア支援国会議(Inter-Governmental Group of Indonesia, IGGI)は，安定的な経済支援を1992年まで続けた．アメリカの大学で学んだ経済学者(テクノクラート)たちが政策顧問に採用され，財政均衡やインフラの復興，農業開発，輸入代替工業化(肥料，化学，セメント，繊維など)が進められた．1967年には外国投資法が制定され，さまざまな優遇税制，資本・配当の送金の自由，国有化されない保証などが定められた．こうして海外からの投資が引きつけられ，繊維，自動車組み立て，薬品などで大規模工業が成長した(表20–3)．海外からの製造業への直接投資は1967–1981年に56億2,800万ドルに及び，そのうち日本からが23億3,100万ドルと突出した．1960

年代後半には経済が成長軌道に乗り，インフレは1960年代末までにほぼ収束した(図20-2も参照)．こうした工業の成長には，その頃進められた「緑の革命」(本章2参照)にともなう農業の機械化で発生した農村の余剰労働力や，化学肥料や農薬の出費をまかなえず農業を放棄し都市に流入した農民の労働力が利用できたことも貢献した．しかし経済成長に最大の貢献をもたらしたのは，1973-1974年と1978-1979年に二度発生した石油危機が引き起こした石油価格の急上昇であった．これにより，国営企業プルタミナを通じた政府の石油収入は1969年から1974年のあいだに665億ルピアから9,572億ルピアに急増し，石油の国家総歳入に占める割合は，1969-1974年の平均35.7%から1979-1984年には67.2%に増加した(表20-3も参照)．こうして1974-1981年のGDP年間成長率は平均7.7%に達した．石油収入は教育，農業，インフラへの投資に用いられ一定の効果があったとみなされる一方で，国営企業や華人系企業が担う輸入代替部門への保護・補助金を手厚くすることを可能とし，製造業のさまざまな部門で非効率・高コストな構造が温存されることにもなった(Thee 2002: 194-207; 宮本 2003: 236-266; Van Zanden and Marks 2012: 168-171; 三重野 2017: 217)．

　フィリピンでは1965年の選挙に勝利して大統領となったフェルディナンド・マルコスが，アメリカや日本の援助を活用して，農業開発，製造業の推進，インフラ整備に重点を置いた経済拡大政策をとった．稲作の生産を上げるため灌漑設備や道路を整備したほか，農民向け融資や米の買い付けを実施して「緑の革命」を支援した(本章2参照)．政府は製造業推進のため外資導入に取り組み，投資奨励法(1967年)，輸出加工区法(1969年)，輸出振興法(1970年)などを制定して投資環境の整備に努めた．こうして1966年から製造業が高い成長を記録した反面，民間・政府の投資が増加する一方で製造業の中間財輸入の急増により貿易赤字が拡大し，1969年末には政府債務の返済が困難となった．1970年にIMFの勧告に従って変動相場制に移行すると，ペソは39%も暴落し，機械や中間財を輸入に頼る製造業が大きな打撃を受けた．政府はIMFによる債務繰り延べと引き替えに財政・金融引き締め政策を余儀なくされ，アメリカからの政府投資や民間投資も大きく減少した(福島 1989: 10-19; 淺野 2002: 96-102; 鈴木峻 2002: 161; Abinales and Amoroso 2017: 195-98)．

　こうして経済が停滞するなかで共産勢力による暴動が各地で発生すると，マ

ルコスは1972年に戒厳令を施行して議会を停止した．強権を手に入れたマルコスは軍と密接な関係を築き，敵対勢力を排除した．アメリカは積極的に支援や投資を行い，フィリピン政府も自由貿易地域と工場団地が一体化した輸出加工特区を設けて外資を受け入れ輸出志向型工業を促進し，なかでもアメリカの半導体メーカーが1974年から相次いで進出した．1970年代には農地改革（地主の土地保有は7 haまでに制限）の進行もあって米の生産性が向上し，土地が砂糖やココナッツなどの輸出産品に向けられるようになり，折からの国際価格上昇が利益をもたらした．こうしてフィリピンは1970年代半ばから工業製品の輸出が拡大し始め，一次産品を中心とする伝統的輸出品の輸出も順調で（表20–1），この時期のGNP年間成長率は6%に達した（鈴木峻 2002: 161–163; 淺野 2002: 102–105, 107–108; Abinales and Amoroso 2017: 205–213）．

経済ナショナリズムと成長の限界

ところがタイでは1970年代から，それ以外の国でも1980年前後から成長に陰りがみられるようになる．そうした経済低迷は多くの場合，石油危機と経済ナショナリズムと結びついていた．単独で危機に対応できなかったタイ，インドネシア，フィリピンはIMFや世界銀行の支援を仰ぎ，引き換えに自由化・規制緩和・民営化などの改革を柱とする構造調整プログラムを受け入れた．これによって各国ではテクノクラートたちの主導で再び政府の介入・規制を抑制し，政府の非介入と市場重視を柱とする新自由主義的な政策が進められた．

タイでは輸入代替産業の進展が中国系資本家の成長を促したが，彼らは保護主義的で自らの利益を重視する政策を政府に要求する傾向があった．それによりタノーム政権は1970年に輸入関税の大幅な引き上げを行い，1972年には外資導入に規制をかける法律を制定した．生活が改善しないなかでの日本企業の急速な進出や対日貿易の不均衡が反日感情を生み，1972年に日貨排斥運動が起きた．タイは1973年の第1次石油危機は農産物輸出価格の高騰によって乗り切ったものの，1979年の第2次石油危機では世界経済不況の進行と国債金利の上昇を受けて，貿易・財政赤字の拡大と対外債務残高の増大に見舞われた．大手金融会社が破綻し株価の暴落が生じるなど金融不安も発生したことから，政府は1982年からIMFと世界銀行の融資を受け，代わりに構造調整プログラ

ムを受け入れた．こうしてバーツの切り下げ，財政支出の抑制，政府補助金の削減などが実施されたが，対外債務の拡大は止まらず，1980年代半ばまで低成長が続いた(鈴木峻 2002; 三重野 2017: 220; 末廣 2020: 394-396)．

インドネシアでも外資の流入や華人系企業の成長に対し1970年代から不満が強まり，1974年にはジャカルタ訪問中の田中角栄首相に対する大規模デモが発生した．このため政府は高関税や輸入規制などの保護主義およびプリブミ優遇政策をとるようになり，1974年から外国企業は国内企業との共同出資とすることを義務づけられた(現地側の資本参加率20％以上，合弁企業は10年以内に資本の51％を現地側に譲渡)．政府はさらに潤沢な石油収入を利用して石油精製，石油化学，肥料，航空などにおいて多くの国営企業を設立し，それによりそれらが提携する特定の(特に華人系)財閥の成長が促された．スハルト政権は反華人感情に配慮して華人の政治活動や華語教育を禁止したが，その一方で華人財閥の資金力や経営能力に依存し，貿易許可がスハルト一族に近い政商(チュコン)に優先的に与えられるなど腐敗が進んだ．さらに石油公社プルタミナは不透明経営により100億ドルもの負債を抱えて1976年に経営破綻し，腐敗が明るみに出た．しかも1980年代半ばに国際的な石油危機が収まって価格が急落(ピーク時の1バーレル35ドルから1986年には10ドルへ)したことにより石油収入が低迷し，深刻な国際収支の危機に陥った．そのため1983年にはタイと同様に世界銀行の融資を受けて構造調整が進められ，付加価値税の導入，為替レートの切り下げ，広範な金融・資本の自由化が行われた．こうして1982-1986年のGDP年平均成長率は4.3％にとどまったが，後に輸出製造業を基礎とする工業化に転換する下地がこの時期に準備された(Thee 2002: 207-210; 鈴木 2002: 104-115; 宮本 2003: 238-257; Van Zanden and Marks 2012: 170-172; 三重野 2017: 221)．

1981年にマレーシアでマハティール・ビン・モハマドが選挙で政権を掌握した時，国際社会は第2次石油危機(1979年)に始まる景気後退に直面する一方で，産油国マレーシアは歳入が増加していた．こうしたなかでマハティールは，選択的輸入代替化戦略と重化学工業化を図った．1980年に政府全額出資でマレーシア重工業公社(HICOM)が設立され，その傘下のプロトン社が1985年から日系企業との合弁により「国民車」プロトン・サガを製造したほか，鉄鋼，セメント，メタノールなどを国内市場向けに生産する資本集約的工業化が進め

られた．もっとも1980年代を通じて政府系企業の45–50%が赤字となるなど経営は非効率となり，マハティールは1983年からその多くを民営化したが，その際に政治的つながりを持つ有力者が優遇されるなど腐敗も生じた．このように民営化を進め，かつ有力な民間部門を政府のパートナーと位置づける政策において，政府は日本や韓国などの発展モデルを踏襲していると主張し，このような政策は，ルック・イースト政策として1981年に定式化された．ところが1980年代半ばには世界的な一次産品価格の下落もあり，1985年の年間GDP成長はマイナス1%に落ち込んだ．政府への批判が強まると，マハティールは国家機密法などにより批判者を逮捕・起訴し，さらに1988年の憲法改正によって司法権を制限し自らの権力への挑戦を阻んだ(鳥居 1990a: 42–46; Drabble 2000: 201–206, 235–270; 鳥居 2002: 124, 145–148; 鈴木 2020: 316–317; 橋本 2014: 19–20; 熊谷・中村 2023: 113–115)．

　フィリピンに進出した外国企業はマルコス政権の腐敗体質や規制の多さを嫌い，輸出志向型産業は半導体と衣類を除いてあまり発展しなかった(表20–1)．1970年代は国際的に石油価格が急上昇する一方で，農産物価格は低迷した．こうして貿易収支も財政も悪化する一方で，マルコスはアメリカ政府系機関や日本からの多額の融資をもとにした政府資金や事業の独占権を一族やクローニー企業(政府や有力者との密接な関係を利用して不当な特権や利益を得る企業)や地方有力者に配分し，国家財政を私物化した．フィリピンは1980年から世銀・IMFの構造調整プログラムを受け入れたが，輸入代替部門や議会の抵抗に遭って改革は進まなかった．ついにマルコス政権は外貨不足のために膨大な対外債務を支払えなくなり，IMFは1982年と1983年に信用供与を停止した．多くの企業が操業停止に追い込まれ外資が撤退し，クローニー企業も連鎖的に破綻すると，失業率は1978年の14%から1982年には24%に上昇した．1984年のインフレは50%に達し，1984–1985年にGDP成長率は平均マイナス5.1%を記録し，1986年のマルコス政権崩壊につながっていく(福島 1989: 20–33; 小池・福島 1989: 74–81; 鈴木峻 2002: 163–168; 淺野 2002: 104–109; Abinales and Amoroso 2017: 213–217)．

　このように1980年代前半までは，東南アジアのいずれの開発独裁政権においても工業化政策が行き詰まり，経済が停滞した．この局面に転機をもたらす

のが，第22章2で述べるプラザ合意とそれに続く外資ブームであった．停滞局面で受け入れた自由化と規制緩和が，1980年代半ば以降の外資流入の増大と，その帰結としての1997年アジア通貨危機につながっていく．

第5節　中国の改革開放（1970年代 – 90年代前半）

改革開放政策の開始

　改革開放政策は，1978年12月に開催された中国共産党第11期中央委員会第3回全体会議（第11期3中全会）から始まったとされてきた．しかし，これは鄧小平(とうしょうへい)によって改革開放が主導されてきたことを強調するために作られてきたストーリーである．実際には文革期の1970年代初めから毛沢東が経済発展の必要を認識し，開放政策につながる動きが始まっていた．1972年に国務院はプラント技術と設備の導入を決定し，西側諸国からのプラント輸入が再開されている．ソ連との対立激化にともなう国際的孤立から，中国政府による対外関係の転換も始まっており，1972年にはアメリカのニクソン大統領の訪中や日中国交正常化が行われた．そして1975年1月の第10期2中全会では，工業・農業・国防・科学技術の4分野で近代化を達成すべきだとする「四つの現代化」が提起された（高原・前田 2014）．

　もっとも，本格的に改革開放政策が進むのは1976年9月に毛沢東が死去し，「四人組」が逮捕され，文革が終焉を迎えたことによる．毛沢東の後継者となった華国鋒の下で経済発展を重視する改革開放政策が進められつつあったが，第11期3中全会を経て鄧小平が華国鋒に代わり実権を掌握すると，改革開放政策の進展は加速した．

農業改革

　1970年代半ばにおいて中国の経済の発展を制約していたのは農業の生産性の低さであった．そこで，第11期3中全会の後の1979年に政府による食糧買い上げ価格の大幅な引き上げが行われ，1985年には1978年の2倍になった．1970年代末から集団農業の下で，さまざまな農作業や生産高を農家に請け負わせる「農業生産責任制」が徐々に実施されていた．1982年になると各農家

に土地を配分し，農家は国家に一定量の食糧を販売するか，農業税を支払えば，それ以外は何を栽培しても誰に販売しても自由という「農家経営請負制」が全国的に広まった．この制度は1984年末までに99%の農村で採用され，人民公社による集団農業は解体された．この価格引き上げと請負制の導入の結果，農民の生産意欲は高まった．

中国政府は1977年から農村への食糧供給を増やした．その結果，農村の労働力は食糧生産から多角的な経営にまわされ，それによって獲得した現金による化学肥料・トラクター・灌漑用ポンプといった農業生産財の購入規模が増大，結果的に食糧生産の増大が実現するサイクルが生まれた．こうして1979年以降，農業の生産性は高まり，食糧生産が急増し，余剰が生じるようになった．その背景には，文革期までに水利施設の建設で灌漑面積が拡大し，高収量品種が開発され，化学肥料の供給量も増えてきていたことがある．このように「緑の革命」の三要素がそろっていたことが，1980年代以降の農業の継続的な生産性上昇をもたらした．農業改革の成功は中国の工業発展を制約していた食糧供給を増強するとともに，鉱工業の改革を促すことになった．

農村部では，村営や個人経営などによる郷鎮企業の発達もあり，第二次産業・第三次産業に従事する人数が急速に拡大し，1978年から1991年までに2,675万人から8,928万人に増大した(丸川 2021; 松村 2023)．

労働市場

1970年代末に「上山下郷」事業(第20章3参照)で農村に送り込まれていた若者が都市に帰ると，都市の失業者は1,500万人と推計されるほどに増大し，政府は彼等を就業させるために自営業(個人経営企業)や集団所有制企業の設立を振興し，失業青年にこれへの就業を促したが，これらの企業は政府の経営干渉を受けなかったため，労働市場のなかに市場経済的な部分が生まれた．一方，大学，中等専業学校，技工学校の卒業生といった教育水準の高い労働職は政府が政府機関や国営企業などの就業先を割り当てたため，それ以外の労働力が民間企業に就職できるという形になり，計画経済と市場経済の併存がみられるようになり，失業率は大幅に低下した(丸川 2002; 丸川 2021)．

経済特区と委託加工・外資導入

台湾・韓国の輸出加工区に刺激されて中国でも 1979–1980 年に，在外華僑や台湾からの投資を期待して，広東省の深圳（香港に隣接）・珠海（マカオに隣接）・汕頭と福建省の厦門に経済特区が設置された．これらの特区は資本主義の実験場としての意味合いを持ったが，貨物だけではなく人の出入りまで厳格に管理した深圳などではコストが上昇し，輸出加工区としての機能は不十分であった．

経済特区よりも効果があった輸出振興政策が委託加工であり，1976 年頃から広東省で始まった．これは，外国側が提供する部品・材料を中国国内の工場で外国側の指示に従って加工する取引であり，この取引のために持ち込まれる部品や材料は関税が免除されるが，加工された製品は全量輸出しなければならないという制度だった．この制度は香港経由で材料を輸入して広東省内で部品を作り，それを製品を組み立てる省内の別の企業に販売し，そこで組み立てた製品を香港から全量輸出すれば，この一連の取引全体が委託加工扱いになるという「転廠」という柔軟な制度運用が行われたことによって拡大した．こうして香港を出入り口として珠江デルタ地帯全体が事実上の緩やかな保税加工区となり，委託加工による輸出が中国の輸出全体に占める割合は 1980 年代後半から上昇，1996 年から 2007 年までは半分以上を占めるに至った．

中国政府が外資に対して期待したのは技術導入と輸出による外貨獲得であった．一方で外資系企業が中国に期待したのは低賃金労働力が豊富な輸出拠点であり，移転する技術は先進技術ではなかったため，中国政府の要望に応えられなかった．そのため 1991 年までは直接投資の導入は低調であり，中国を輸出拠点としたい外国企業はより手軽な委託加工の方へ流れていった．

そこで 1986 年に中国政府は「外国投資奨励に関する規定」を交付し，「製品輸出企業」と「先進技術企業」に優遇措置を打ち出し，外資系企業は輸出か先進技術のどちらかに貢献すればよくなった．また外資系企業同士で外貨の過不足を調整する「外貨調整市場」が全国各都市に設置され，外国企業の投資がしやすい状況が生まれていった（丸川 2021）．

民間企業の復活

改革開放政策が始まると，民間企業の活動が復活した．失業問題が深刻なな

か，政府は雇用拡大を図り，最初に「個体工商戸」といわれる従業員が7人以内の自営業を認め，自営業の創業も支援した．1986年には従業員数7人以内という自営業者の限度を超えて発展した企業は私営企業としてその存在が法的にも認められるようになった．

もっとも民間企業は「公私合営」といった1950年代のような民間企業の国有化の動きが起こらないか警戒して経営を行っていた．実際，1989年の天安門事件後は民間企業に対する政治的逆風も強くなり，海外に避難した企業家や，民営企業を登記上，集団所有制企業とする企業も出現した．民間企業が本格的に活動できるようになるのは1997年の第15回党大会以後になる（丸川 2021）．

財政請負制と金融の発達

改革開放期に地方政府が地元の経済発展を促進する主体となったのは，1980年の財政の分権化改革が背景にある．これによって地方政府は地元経済から上がる利潤の上納金や税金を使用して地元経済の発展のために投資したり，教育・医療体制を整備したりする責任を負うことになり，これは「財政請負制」といわれる．

1985年の改革では地方から中央に分配する割合ないし金額が固定されたため，地方政府が財政収入を増やせばそれに比例して財政支出を増やせるようになった．こうして1985年から1993年まで地方政府は企業などからの財政収入を急増させ，それに応じて財政支出も増大した．

改革開放政策を成功に導いた重要な要因は，銀行を通じた資金の流れが拡大し，経済成長に必要な資本が絶えず潤沢に供給されたことにあるが，その背景には労働者・農民が積極的に銀行に預金したことがある．家計貯蓄率（＝家計貯蓄／家計可処分所得）は1978年にはわずか1.8％であったが，改革開放期に急増し，1985年には8％，1990年には18％，1995年には28％に達した．家計貯蓄率の高まりの背景には，当該期に生産年齢人口の割合が高く，人口ボーナスを享受していたこと，経済成長率が高かったことがある．そして1950年代半ば以降，銀行は事実上中国人民銀行だけであったのが，1979年以降，中国農業銀行・中国銀行・中国人民建設銀行・中国工商銀行をはじめとして多数の銀行が再建・誕生した．株や投資信託が発達していなかったこともあり，国民

の貯蓄が銀行の預金に向かうことになった．

　地方政府はこうした銀行からの融資や財政収入を利用して管轄下の国有企業や郷鎮企業に積極的に投資し，特に国民に普及しつつあったテレビや冷蔵庫をはじめとする耐久消費財の製造業が発達，改革開放期の経済発展をもたらした．

　こうした財政請負制のもとで，中央財政の弱体化と再分配機能の低下から，経済発展には地域的に大きな違いが生まれ，国内の地域間格差は拡大した．また，地方政府が銀行に命じて地方国有企業に対して過剰融資を行ったことが，1990年代になると不良債権問題を引き起こした（梶谷 2011; 丸川 2021）．

政治改革と天安門事件

　鄧小平の指導の下で改革開放政策が進められるなか，①あくまでも計画経済が主であり市場経済が従であるとする中央主義的かつ計画経済重視の陳雲をはじめとする中央統制派，②市場化を進め，経済活性化のために地方分権すべきだとする地方主義的かつ市場経済重視の胡耀邦をはじめとする生産重視型改革派，③企業への分権と市場化の徹底を唱えつつマクロ的な均衡を重視する中央主義的市場経済重視の趙紫陽をはじめとする財政金融重視型改革派の三つの立場が存在した．こうした立場の違う三派のあいだで論争が行われるなかで経済改革が進められてきた．

　紆余曲折はあったものの経済改革が進展したのに対して，改革開放期になっても政治改革は進展しなかった．1986年になると経済改革の行き詰まりから，政治改革の議論が行われるようになったが，11月に始まった学生デモが共産党の一党支配体制を批判するようになると，それへの対応を批判されて総書記であった胡耀邦は失脚した．

　胡耀邦に代わり趙紫陽が総書記となったが，政治改革は共産党内の強い反発で進まなかった．経済改革も停滞するなかで物価の上昇と景気の低迷というスタグフレーションが起こり，官僚の腐敗も相まって人びとの不満は高まっていた．1989年4月に胡耀邦が死去すると，学生や市民の追悼運動が発生した．5月に中ソ関係改善を目的としてゴルバチョフ書記長が北京を訪問したことが注目を集めたことも刺激となり，民主化要求運動へと発展し，天安門広場での座り込みや大規模デモにつながった．趙紫陽らは穏便な解決を求めたが，鄧小平

らは強硬弾圧を決め，6月4日に人民解放軍によって武力弾圧が行われて趙紫陽は失脚，以後，政治改革は停止し，改革開放政策も危機に直面することになる(高原・前田 2014).

第6節　「停滞するアジア」

　アジア NIEs と呼ばれた国・地域は西側陣営に属して自由主義の原則に基づく資本主義経済の構築を進めていったが，他方でアジアには社会主義の国づくりを推進したり，あるいは社会主義的な経済統制を強化したりする国々も存在した．これらの国々の経済政策は農業の集団化や輸入代替型工業化を重視し，国家による経済介入が強く，アジア NIEs の国・地域と比べると内向的な特徴を持っていた．しかしながら，その過程でいずれの国々も困難に直面して経済停滞ないし悪化して(図 20-2 参照)，アジア NIEs との格差が拡大することとなった．

北朝鮮

　北朝鮮では 1972 年に社会主義憲法を制定し，金日成が国家主席の職に就いた．同年に韓国でも大統領の地位を独裁的なものとする憲法改正が行われていた(維新体制)．

　南北の体制間競争を背景に，北朝鮮は工業化のさらなる加速を図った．その中で資本主義諸国との貿易や借款の受け入れも拡大したが，工業化の重点が輸出競争力に乏しい重化学工業部門に置かれていたことや，1973 年の石油危機の衝撃から，1975 年にはデフォルトが危惧される状態に陥った．そのようななかでも社会主義圏との貿易は続き，特に 1980 年代後半にはソ連との貿易が急伸したものの，COMECON の決済方式の改革に倣って，ソ連が 1991 年から北朝鮮に対しても「友好価格」を廃止して国際決済性のある通貨(ハードカレンシー)による支払いを求めたことで，輸入は急減した．北朝鮮は 1991 年に東北部の羅津・先峰地域を自由経済貿易地帯に指定し，外国資本の受け入れを図ったが成功しなかった．

　農業においては，機械化や化学肥料の増投による集約化が予定通りに進まず，

1970年代後半から「自然改造」を通じた農耕地の拡大が推進された．しかし山間地の開墾は，土砂流出によってかえって農業生産を低下させた．1979年に470万tでピークに達した穀物生産は，豪雨被害もあって，1995年には345万tまで落ち込んだ(李憲昶 2004: 647)．「苦難の行軍」と呼ばれた食糧難は1997年頃まで続いた．

こうしたなかで経済活動の単位を「企業所」として限定的な独立採算制を導入したり，農民市場の成長を容認したりする等の経済体制の改革が行われたが，その実績は明らかではない．北朝鮮の一人あたり所得は，1970年代半ばから韓国を下回るようになったとするのが通説だが，近年の推計はそれよりも早く，1960年代末からすでに韓国を下回っていたとする(溝口ほか 2019: 256)．

東南アジア

1965年から本格化したベトナム戦争はやがて膠着状態となり，アメリカは撤退への道を歩み始めることとなった．1973年のパリ和平協定でアメリカの撤兵が決まり，残るはベトナム共和国(南ベトナム)軍と解放戦線を支援するベトナム民主共和国(北ベトナム)軍の戦いのみとなった．しかしながら，アメリカの後ろ盾を失った前者の戦闘継続は困難であり，最終的に後者が南側の解放作戦に乗り出し，1975年4月のサイゴン陥落でベトナム戦争(第二次インドシナ戦争)は終結した．翌年ベトナム社会主義共和国が成立し，ベトナム全土の統一と社会主義国化が実現した(桜井 1999b)．

1976年に第2次五カ年計画を策定したベトナム共産党は，農業生産の拡大と南部の社会主義経済化を進めることになった．北部では合作社の規模が拡大され，南部では農業の集団化と流通業の国有化が進められた．しかしながら，これまでの「貧しさを分かちあう社会主義」は，終戦によって豊かな生活を希望するようになった北部の住民にも，これまで資本主義経済のなかで生きてきた南部の住民にも不評であった．さらに，戦争中に中国やソ連から入っていた援助が減ったことや，天災の発生で農業生産が打撃を受けたことが経済状況の悪化をもたらした．このため，特に南側から脱出する人びとが増え，ボートピープルと呼ばれるようになった(桜井 1999b; 古田 2017; 白石 2010)．

このような状況に対応するために，地方の合作社の一部では生産請負制の導

入が行われることになった．これは生産を請け負った農家が，契約した供出量を上回った分を自由に処分することができる制度であり，農家の自助努力で生産量を増やすほど見返りが増えることから，農家のやる気を引き出すことになった．このような動きは農業の集団化とは逆行する動きではあったが，生産量の増加が明らかであったことから，共産党は1981年にこの請負制を公式に奨励した．他方で，生活必需品を安価に提供する配給制度による国家財政の悪化が進んだことから，1985年にこれを廃止して現金支給に変更したが，同時に行ったデノミと通貨切り替えも相まって大規模なインフレを引き起こしてしまった(桜井 1999b; 古田 2017)．

一方，カンボジアでは1953年に独立した後国王シハヌークが退位して人民社会主義共同体(サンクム)を組織し，社会主義的な国づくりを進めてきた．しかしながら，1970年に右派のロン・ノルがクーデターで政権を握るとシハヌークは左派のカンプチア共産党と手を組んで対抗した．ロン・ノル政権はアメリカに支えられて何とか政権を担っていたものの，やがて共産党側が勢力を強め，1975年4月にロン・ノル政権は崩壊した．共産党のポル・ポトが政権を樹立するが，彼は市場経済を否定し貨幣も廃止する極端な共産主義を追求した．また，都市の住民を強制的に農村に連行して集団農場に収容し，農作業や灌漑設備の建設に従事させ，米の増産を目論んだ．そして，彼の方針に従わないものはもちろんのこと，反発する可能性がある知識人らも虐殺の対象となり，少なくとも170万人がポル・ポト体制の犠牲となったといわれている．

ポル・ポト政権はベトナム南部へも侵攻し，ベトナムとの関係を悪化させた．加えて，ポル・ポトに異議を唱えたヘン・サムリンをはじめ，ポル・ポト派の中堅幹部のベトナム亡命も相次いだ．このため，ベトナムは1978年末にカンボジアへの進軍を行い，翌年1月にはプノンペンを制圧した．ヘン・サムリンはプノンペンにカンプチア人民共和国を成立させたが，ポル・ポトらはタイ国境方面に逃れて抗戦を続け，カンボジアは内戦状態となった．さらに，ベトナムのカンボジア侵攻を非難した中国が1979年2月にベトナムを攻撃し，中越戦争が勃発した．ベトナムはヘン・サムリンを元首，フン・センを首相とするプノンペン政権を支援し，その後1989年まで軍隊をカンボジアに駐留させた．この一連の戦闘は第三次インドシナ戦争と呼ばれ，インドシナ半島はまたも戦

火に見舞われることとなった(古田 2002; 笹川 2018)．

　ラオスも 1953 年にフランスからの独立を果たしたが，王国政府は全土を支配できず，北東部には左派パテート・ラーオの解放区が存在していた．このため，独立後も政情が安定せず，1957 年に両者が協定を結んで第一次連合政府を成立させたもののすぐに崩壊し，1961 年に成立した第二次連合政府も同じ道を歩み，右派と左派の対立が続いた．アメリカが右派を支援していたが，左派の勢力が徐々に拡大し，最終的に 1975 年に左派が全土を掌握し，ラオス人民民主共和国が成立することで共産化した．これによってラオスは社会主義経済の構築を進めることとなり，1978 年から農業の集団化が開始された．しかしながら，主要な作物である米の生産量は減少し，国民の生活にも影響が出たことから，早くも翌年には農業の集団化路線を修正して市場経済の一部導入を決め，私的経済部門を活用する方針へと転換した(桜井 1999b; 山田 2018)．

　ビルマでは，1960 年に総選挙が行われてウー・ヌ政権が復活したものの，1962 年にネィウィン率いる軍によるクーデターが発生し，ネィウィンによる独裁政権が発足した．ネィウィンはビルマ式社会主義を打ち出し，「経済のビルマ化」を目指して経済活動を次々に国有化していった．社会主義経済の構築はすでにウー・ヌ政権時代にも進められていたが，ネィウィンはさらにその流れを強化し，農地が国有化されて農民は耕作権のみを与えられることとなり，農産物は指定価格で国家に供出させられた．工業や商業も国有化され，政府は重化学工業を中心に輸入代替型工業化を進めることを目指した．さらに，これらの社会主義経済化は自力で行うことが原則とされ，外国からの資本や援助も受け入れなかった．

　しかしながら，この独特なビルマ式社会主義の建設はうまくいかず，米輸出量も 1961/62 年の 154 万 t から 1971/72 年には 71.5 万 t に半減し，米輸出による外貨獲得で工業化を進める計画は軌道に乗らなかった．消費財の輸入も滞ったことでモノ不足が深刻化し，インフレが激しくなった．ネィウィンは 1974 年に形式的な民政移管を行ったうえで外国や国際機関からの援助を受け入れ，「鎖国」政策の転換を図った．これによって一時的にビルマ経済は上向いたものの，1980 年代に入ると再び停滞することとなり，累積債務問題が深刻化していった．ついに 1987 年には農産物の供出制度を廃止し，米輸出による工業

化政策は事実上終焉した(高橋 2002; 根本 2014).

南アジア

　第二次印パ戦争が1965年に勃発した後,アメリカはインドへの財政・食糧援助を停止した.1966年1月に首相に就任したばかりのインディラ・ガンディーは,同年6月にアメリカの圧力下で為替の大幅な切り下げを実施した.これは,ネルーが進めていた輸入代替工業化戦略の軌道修正を迫るものであった.この大幅な為替の切り下げは,インド国民会議内での十分な協議なしに実施され,党内外からの批判を招いた.インディラは親米政策に危機を感じ,独自の路線に進むべく,1966年6月以降にソ連に接近した.そして同年にベトナム戦争でのアメリカの北爆を非難する印ソ共同声明を発する一方で,ユーゴスラヴィアのチトーに近づいて,かつてネルーが目指した「非同盟」の外交路線(第20章1参照)に回帰した.この回帰により,インディラは亡き父であるネルーの威信を利用しようと努めた(吉田 1996: 58, 65).その結果,アメリカとの対立が生じ,アメリカからインドへの援助は為替の切り下げ後に再開されたものの,不十分に終わった(渡辺 2017: 89;近藤 2019: 220–221).依然として続く政治経済的な危機のなかで,インディラ・ガンディーは,経済統制の強化を進めた.具体的には,主要商業銀行14行を国有化して,農村地域への店舗拡大,銀行業の地域格差の是正,弱小部門(農業,小規模工業など)への信用供与を増大させた.同政権は,1969年に大規模企業に対するライセンス取得基準を強化し,1973年には出資比率を引き下げて外資に厳しい制限を加えた.この間のインディラ・ガンディーは,反アメリカ・キャンペーンを張り,貧困追放を掲げた.そして自立的な経済構築のための食糧自給の確立を目指し,第4次五カ年計画(1969–1974年)では本格的に「緑の革命」戦略を実施した(絵所 2019: 264–266).

　しかしバングラデシュの独立運動に端を発した第三次印パ戦争(1971年)と同国の独立支援のための財政支出,同戦争にともなうアメリカによる経済制裁,1972年のモンスーン不順による食糧不足,1973年の第1次石油危機という複数の要因で20%を超える物価上昇をともなうスタグフレーションを特徴とする危機が生じて経済は混乱に陥った.インディラ・ガンディー政権下での汚職の蔓延とともに政治経済の混乱は頂点に達し,1974年のグジャラート州での

暴動を契機に大規模な反インディラ大衆運動が起こった．インディラは1975年に非常事態宣言を発して言論・集会・結社の自由などを制限し，強権政治によって事態を収拾しようとした．しかし混乱は収まらず，1977年の連邦下院選挙でインド国民会議は初めて中央の政権を失い，非会議派政権が成立して非常事態は終結した(絵所 2019: 266–268)．

非会議派政権は，すぐに内部分裂を起こして連邦議会は解散し，1980年選挙で国民会議派が勝利し，インディラ・ガンディーは首相に返り咲いた．インディラは，モンスーンの不順と第2次石油危機による1979年来の国際収支危機を乗り切るべく，IMFからの巨額の借款を受けた．IMFは経済自由化の促進を条件としてインドに求め，インディラは規制緩和政策を進めたが，自由化には程遠かった．1983年10月にシク教過激派が，拠点とするパンジャーブ地方の分離独立を求めて，シク教総本山の黄金寺院に立て籠もる事件が起きると，1984年6月に中央政府は武力で過激派を排除し，総本山は破壊された．そのためシク教徒は中央政府に憤り，インディラはシク警備兵に暗殺された(近藤 2019: 230–231)．

インディラ・ガンディーによる規制緩和はきわめて限定的であったが，乗用車部門も緩和対象となった．この機を得て日本の鈴木自動車が1982年にインドに進出して，合弁会社のマルチ・ウドヨクを立ち上げ，その後，自動車産業の発展に大いに貢献した．1970年代のインディラの経済運営は，ネルーの時代よりも(第20章5参照)，さらに統制主義的な傾向を強めた．短期的にみると，インディラの強権的な政策はインドの政治経済に危機をもたらした．しかし他方で，主要商業銀行の国有化以後，貯蓄率は上昇を始め，「緑の革命」の成果が現れて1977年頃に食糧自給が達成された(本章2参照)．長期的にみると，インディラ政権期は，インド経済が停滞から脱却し始めた時期と捉えることができる(絵所 2019: 278)．

分離独立以来の東西間の政治経済的な格差に不満を募らせてきた東パキスタンでは，独立の動きが1971年3月のゼネストで顕在化した．この動きは同国内戦，第三次印パ戦争を経て同年12月のバングラデシュ独立として結実した．この独立後にパキスタンでは軍事政権が崩壊し，パキスタン人民党のズルフィカール・アリー・ブットーが大統領に就任して文民政権が誕生した．ブットー

は，1973年に憲法を制定して議院内閣制を復活させて首相に就任した．同憲法では，初めてイスラームが国教と定められた．ブットー政権はパキスタンの東西分離を招いた国内格差の是正を目標に社会主義政策をとり，主要企業の国有化や土地保有面積を制限した土地改革を進めたが，例外規定が多いために成果があがらず，1973年の石油危機の影響で政治経済に大混乱をもたらした．1977年の総選挙での不正疑惑を機に軍部がクーデターを起こし，再び軍事政権が誕生した．新政権は，国有化を解除し，経済は徐々に復調していった(子島・山根・黒崎 2019: 358)．

　バングラデシュでは，1973年の初の国民議会選挙の結果，独立を主導したアワミ連盟の政権が発足した．新政権は，西パキスタン企業を接収して国有化し，独立戦争で疲弊した農村と経済の復興を目指したが，石油危機や洪水を契機とした飢饉により目的は容易には達成されなかった．1975年の憲法改正により独裁体制を築こうとしたアワミ連盟政権に反発する軍部によるクーデターで，軍事政権が成立した．軍事政権の下で国営企業の民営化が進められ，1970年代末に，戦争による荒廃からの経済回復が始まった(佐藤 2019: 384–385; 藤田 2011: 315–316)．1971年のバングラデシュ独立とそれにともなう戦争は，石油危機とも相まって南アジア諸国の政治経済に混乱をもたらした．1970年代末から経済は回復に向かうが，パキスタンとバングラデシュでは軍事政権が成立し，民主化には大きな課題が残った．

第22章
開放経済と地域連携の模索
(1980年代半ば−2000年代)

　この章では1985年のプラザ合意以降の展開を概観する．貿易赤字に苦しむアメリカの要求に基づき先進諸国が為替レートを切り下げたプラザ合意は，日本・韓国・台湾などから東南アジア諸国への直接投資が増大する結果をもたらした．こうして1980年代半ばから東南アジアの多くの国が好景気に沸いたが，過剰な投資や投機的な貸し付けが行われたこともあって1997年にはアジア通貨危機に陥り，回復に時間を要した．東南アジアの社会主義諸国では，1986年のベトナムにおけるドイモイ政策を皮切りに開放政策が採用され，市場経済への転換が図られた．インドも1980年代半ばから本格的な自由化政策がとられ，特にICT産業が牽引して経済が好転した．中国では，1992年の鄧小平による「南巡講話」が改革開放路線を本格化させるうえで重要だった．さらに章末では，アジア各国が地域連携を模索して複数の地域組織を形成したことと，国際情勢の変化にともなってそれらの性質が変容しつつあることを検討する．

第1節　プラザ合意と日本の資本輸出

　戦後の日本は長らく資本移動を制限しており，1970年までの海外投資額は累計で36億ドルに過ぎなかった．しかし，1969年から対外直接投資の規制が段階的に廃止され，1970年代前半にドルの金兌換停止(ニクソン・ショック)や変動相場制への移行によって円高が進み，さらに石油危機(第21章1参照)によって国内の製造コストが上昇すると，一部の企業が海外に生産拠点を移すようになった．1970年代には軽工業を中心に台湾，韓国，および東南アジアの一部の国々などへの資本輸出が進んだが(第21章3,4参照)，その背景には日本が低賃金労働力を求めたことに加えて，これらの国が自由貿易地域に工業団地を

一体化させた「輸出加工区」を設けるなどして海外投資を受け入れるようになったことがあり，海外投資額は1970年代前半に124億ドルに達した．

1970年代後半になると，欧米諸国が経常収支の赤字に陥るなかで日本は貿易黒字を計上し，鉄鋼，自動車，家電製品，工作機械などの貿易をめぐって日本と欧米諸国とのあいだで貿易摩擦が発生した．日本はアメリカと協議して，1977年にはカラーテレビ，1981年には自動車の輸出自主規制を行うことで合意した．ただし，輸出は二度にわたる石油危機で低迷した景気の回復手段であったため，政府は輸出自主規制を極力回避するために，関税引き下げや緊急輸入のための外貨貸し付けといった輸入拡大策を実施して貿易摩擦を緩和しようとした．また，円高を受けて，日本企業の欧米への生産拠点の移転が進められ，海外投資額は1970年代後半に205億ドル，1980年代前半には471億ドルへと急増した．たとえば，自動車産業の対米進出では，ホンダが1982年，日産が1983年，トヨタが1984年(GMと合弁企業)に生産を開始した．

しかしながら，石油危機を省エネ技術の進歩で乗り越えることで日本企業の国際競争力が高まったため，1980年代前半にはアメリカの貿易赤字の3分の1を対日貿易が占めるほど日本の対アメリカ輸出は増大の一途をたどり，貿易摩擦は解消されなかった．そこで1985年にニューヨークで開催された先進5カ国(G5)財務大臣・中央銀行総裁会議において，参加国はドル高是正のために協調介入することを決定し，円の対ドルレートは大幅に切り上げられた(プラザ合意)．また，同年には政府は経済構造調整研究会を発足させて，日本の産業構造を輸出依存型から国際協調型へと転換する方策を検討した．

プラザ合意後の円高の進行は，日本の海外投資を大幅に増加させ，1980年代後半の海外投資額は2,271億ドルに達した．欧米への自動車と電気機器産業の進出に加えて，アジアに対しては，台湾や韓国のほか，投資規制を緩和したマレーシアやタイなどの東南アジアへの生産拠点の移転が進められた．アジアへの進出は低賃金に加えて，市場の大きさや潜在的成長力も重視された(本章2参照)．製造業の海外生産比率は1985年には3%であったが，1990年には6.4%，2000年には11.8%へと増大していった．部門別では自動車が最も高く(2000年に23.7%)，電気・情報通信機器(同18.0%)，鉄鋼(同14%)，化学(同11.8%)，精密機械(同11.2%)が続いた．

第2節　自由化と開放，アジア通貨危機

　韓国および東南アジアの西側諸国は第2次石油危機(1979年)をきっかけに1980年代前半は経済が低迷したが(第21章3,4参照)，1980年代半ばからいずれも成長局面に入った．韓国では1985年のプラザ合意で円高・ドル安になったことで，ドルとの連動が強かった通貨ウォンの対円レートが下落し，日本製品に対する価格競争力が高まり輸出が増加した．東南アジアでもプラザ合意により円の対ドルレートが上昇した日本から直接投資が増加する契機となり，多くの国々で輸出志向型工業化が進展した．ところがタイ，インドネシア，マレーシア，韓国では，好景気のなかで過剰な投資や投機的な短期貸し付けが進み，1997年のアジア通貨危機につながった．これらの国々では経済が大きな打撃を受けたが，シンガポールや台湾への影響は比較的小さかった．

プラザ合意と1980-1990年代の成長

【韓国】　1980年代半ばから韓国では，三低(ウォン安・低金利・低油価)と表現される有利な国際環境のもと高率の経済成長が続いた(第21章3参照)．一方で全斗煥政権の権威主義的な政治姿勢に対する市民の不満は高まり，1987年6月の大規模な民主化デモ(六月民主抗争)の結果，政権は大統領直接選挙制の回復などの民主化措置を約束せざるをえなくなった．同年12月の大統領選挙で当選した盧泰愚政権の下，1988年にはアジアで東京に次いで二度目となる夏季オリンピックがソウルで開かれ，韓国の成長ぶりを世界に印象付けた．盧泰愚政権は1990年にソ連，1992年に中国と国交を結ぶなど，冷戦終結を視野に入れた柔軟な「北方外交」を展開した．

　1993年に大統領に就任した金泳三政権の下でも，円高や中国・東南アジア市場の拡大といった外的な好条件に支えられて経済成長が続いた．しかし1986年から1988年にかけて平均11%を超えていたGDP成長率は，1990-1996年にかけて8%を下回るなど(李憲昶 2004: 682)，減速傾向は明らかだった．賃金上昇による国際競争力の減退に加え，拡張路線をとる財閥系企業が借り入れに依存した過剰な設備投資を繰り返したことも大きな原因であった．「世界

化」を謳う金泳三政権が対外開放と規制緩和を急ぐなかで,海外からの長期・短期の資金借り入れが急増する一方,1980年代後半に黒字化を達成した貿易収支と経常収支が1990年からいずれも再び赤字に転じていた(李憲昶 2004: 761).金泳三政権が積極的に推進したOECD加盟は1996年12月に実現したものの,翌1997年に勃発したアジア通貨危機は蓄積されてきた韓国経済の弱点を顕在化させることになった.

【東南アジア】 プラザ合意によってドルに対する円の価値が切り上がったことで輸出競争力の喪失を恐れた日本の製造業は,1980年代後半から本格的に東南アジアに進出した(本章1参照).以下に見るように,東南アジア各国もさまざまな優遇措置を用意して投資の受け入れを図った.1986–1992年における日本の最大の投資先はタイ(33億1,800万ドル)で,インドネシア(28億4,200万ドル)とマレーシア(26億9,000万ドル)がそれに続いたが,マルコス政権崩壊後の混乱のなかにあったフィリピンは投資受け入れにも経済成長にも出遅れた(鈴木峻 2002: 179–190; 三重野 2017: 219).

タイでは日系製造業の大企業(自動車・電子・電機など)が生産基盤をタイに移し始めると,それらに部品を納入する中小企業も相次いで進出し,裾野産業が成熟して,タイは輸出志向型工業へ完全に転換した(第21章4および第23章1参照).政府は輸入関税の引き下げ(1991年),乗用車組み立ての新規参入解禁(1993年),完成車輸出への税制優遇(同年)などの自由化政策を打ち出し,これを支援した.タイの急速な工業化は輸出構造の転換にも現れており,1985年には米などの一次産品と農産物加工品の輸出額は全体の約6割を占めていたが,1995年にはその比率が20%強まで低下した(表21-4).このような急速な外資の流入と工業化によってタイは1980年代後半から1990年代前半にかけて経済ブームを迎えたが,やがて過大な外資の流入(後述)は経済のバブル化を招いた(柿崎 2021b; 末廣 1993; 末廣 2020; 塚田 2024).

マレーシアは1986年に投資促進法を制定して,それまでNEP(第21章4参照)のもとで進めていた外国企業の活動制限を緩和し,優遇税制も付与して外資導入に努めた.政府は再び輸出志向に舵を切り,製品の50%以上を輸出する場合,またはマレー人を350人以上常時雇用する場合には100%外資出資を認め,その結果,特に日本やNIEsなどからの投資が増加した.1980年代後半

から半導体製品が高度化して低賃金の優位性が下がると，日本や欧米の電機メーカーがテレビ，ラジオ，ラジカセなどを生産しアメリカ，シンガポール，日本などへ輸出した．1970年代までこうした電子・電機産業はNIEsで発展していたが(第21章3参照)，1980年代からは賃金の上昇などを受けてASEAN(Association of Southeast Asian Nations，東南アジア諸国連合)に進出するようになった．1990年代に入るとマレー半島南端のジョホール州，シンガポール，その対岸にあるインドネシアのバタム島を含むリアウ諸島州に「成長の三角地帯」(Growth Triangle)という地域経済協力計画が三国政府の合意によって設けられ，シンガポールの技術・資本と残り二国の土地や労働力を活用して，特に電機・電子産業誘致が進められ，消費者用家電や電気機械・部品など資本集約的な分野が成長した(表20-2)．こうして1990年代には，マレーシアはこれらの分野で日本やNIEsを凌ぐ生産輸出拠点となった．その結果1990-1995年における実質GDP成長率は年平均8.7%に達し，失業率は同期間に5.1%から2.8%に低下した(鳥居 1990b: 258-269; 橋本 2014: 20-24; 熊谷・中村 2023: 59)．

インドネシアでプラザ合意は，海外債務の40%を占める円借款の実質的膨張と，輸出の多くを占めるアメリカからのドル支払いの価値を下げる働きがあった．石油収入の減少(第21章4参照)に直面していた政府は非石油輸出を増やすため，投資や輸出入の規制を緩和し，また1983年と1986年にはルピアを大幅に切り下げて，外資を利用した輸出志向型産業の育成を図った．規制緩和は1990年代半ばまで続けられ，非石油製品の輸出は製造業(衣類，合板など)を中心に拡大した．規制緩和によって日本企業に加えて韓国の大手電機メーカーも出資して，電機製品など工業製品の輸出が増加した(表20-3)．こうして1991年には国内総生産で製造業が農業を上回り，1988年から1996年までGDP成長率は年間7.3-9.0%の高率で推移した．しかし，非輸出産業にはいまだ保護的規制が多く，さらにスハルト一族やクローニー企業の優遇により競争が阻害され，コスト高の非効率経済が蔓延した．規制緩和と投資増大にともなって多くの銀行が設立されたが，高金利政策でだぶついた資金は不動産など非生産投資に向かい，経済のバブル化が進行した(鈴木峻 2002; Thee 2002: 210-215, 220-224; 宮本 2003: 279-288, 293-294)．

1985年にマイナス成長を記録したシンガポールでは(第21章3参照)，政府が

中央積立基金の雇用者負担率の引き下げ，賃金凍結，法人税の引き下げなどを実施して，企業を優遇する形で生産コストを削減し，さらに 1980 年代の高付加価値政策を見直し，低価格製品を輸出することで国際競争力の回復を図った．さらに政府は，国際的トータル・ビジネスセンターとなることを目指して多国籍に活動する企業の統括本部をシンガポールに誘致し，そうした企業を特に優遇した．これらの政策がプラザ合意後に海外進出を図っていた日本などからの資本を呼び込むと，経済は急速に回復し，GDP 成長率は 1986 年には 1.8% とプラスに転じ，翌年には 9.4% に達した．この頃から，シンガポール経済の柱となるのがコンピュータ産業である．コンピュータ生産では機器の小型化とモジュール化の進展によって，グローバル生産システムが形成されるようになり，これが上記のシンガポールの政策と合致した．1980 年代から世界の主要メーカーがハードディスクドライブ(HDD)，プリンター，PC 端末などをシンガポールで生産するようになり，それらの部品はやがてマレーシアやタイなどにも生産が移され，1990 年代にシンガポールは多国間の生産・流通の統括を中心的に行うようになった．1996 年に製造業生産額の約半分を電子産業が占め，そのうちコンピュータ産業(HDD，コンピュータ，半導体)は 68.1% を占めた．
さらに政府は，コンピュータの利用においても主導的にシステムを構築し，省庁や公企業で業務のコンピュータ化を進めた．1988 年からは税関業務など貿易手続きがすべてコンピュータ化され，さらに港湾庁は貨物の流れを電子的に一括して管理するシステムと電子貿易手続きを結合させた．こうして手続きの利便性が向上し，1999 年までにシンガポール港は世界一効率のよい港と認識されるようになった(案浦 2001: 1–12; 安田 2014: 254–260)．1997 年に発生したアジア通貨危機は，タイやマレーシアなどシンガポールと関係の深い国々に大きな打撃を与えたため，1998 年のシンガポールの GDP 成長率は 0.1% に落ち込んだが，世界的な IT ブームもあって，早くも 2000 年には 9% に急回復した(表 21-3 も参照)．その後 2001 年には IT バブル崩壊によりマイナス 1.1% を記録したが，2000 年代の GDP 成長率は平均で 5.8% と安定基調に戻った．

フィリピンではマルコス長期政権(在任 1965–1986 年)が，大規模な反政府運動によって 1986 年 2 月に崩壊した(エドゥサ革命)．大衆の支持を得て成立したコリー・アキノ政権(在任 1986–1992 年)は，マルコス政権と癒着したクローニ

一企業の資産を差し押さえ不良資産を売却し，政府系企業の民営化に取り組んだが，引き続く混乱のなかでプラザ合意を機に海外企業の進出を受け入れて成長軌道に乗ることはできなかった．しかしフィデル・ラモス政権(在任1992–1998年)になると資産売却などの効果が現れて経済が上向き始め，インフレ率も1992年から10％以下に落ち着いた．関税を引き下げ，規制を緩和して外国投資を促進する自由主義的経済改革は1990年から始められていたが，ラモス政権下で本格的に進められた結果，外資の進出は1993年頃から増加した．1994年からアメリカや日本の多国籍企業がコンピュータ・半導体チップの組み立て，コンピュータ部品への投資を増やし，電子製品の輸出は1988–1998年に12倍に伸びて2000年には輸出の60％近くを占めるようになった(表20-1)．1985–1998年に輸出総額が6.4倍に成長し1998年には非在来工業製品が88％に達し，フィリピンはもはや一次産品輸出国ではなくなった．GDPの年成長率も1992年からプラスに転じ，1996年には5％を超えるまで改善した(小池・福島 1989: 80–98; 淺野 2002: 114–116; 川中 2005: 33–44)．

アジア通貨危機

【東南アジア】 東南アジアでは多くの国々が，1980年代前半の停滞期に世界銀行やIMFの構造調整プログラムを受け入れるなかで資本規制の緩和を実施していたが(第21章4参照)，さらにインドネシア(1988年)，タイ(1990年)，フィリピン(1995年)が相次いでIMF8条国(第19章3参照)に移行し，経常取引での為替規制を撤廃したこともあって，外資の流入が増大した．一方，その頃に経済回復過程にあったアメリカで，高度な証券化技術を駆使する投資銀行業務や投機的行動で高収益を狙うヘッジ・ファンドなど，金融セクターの新たな業態が急成長したことにより，特に短期資金が東南アジアに向かうようになった．さらにタイバーツをはじめとする多くの現地通貨がドルとペッグ(固定)されたことにより，海外投資家のリスクは減少したが，実勢レートとの乖離が生じ金融当局の調整が及ばなくなっていった．タイでは1993年にオフショア市場(第21章3参照)が創設され，政府が認可を与えた金融機関が無制限に海外資金を貸し付けることを認めた．これによりタイの現地金融機関は，国内より低利のドル資金を借り入れ，国内民間部門に現地通貨で高利で貸し出して，高成長と

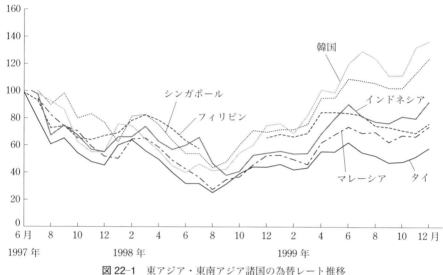

図 22-1 東アジア・東南アジア諸国の為替レート推移
出典：平川 2002: 366
注 ：1997 年 6 月の為替レート＝100

繁栄を実現した．しかし国内の金融・為替管理制度が脆弱なまま大量に流入する短期投資は，収益率が下がりつつあった製造業よりも株や不動産セクターへ向かい，資産価値が実質とかけ離れたバブル経済となっていった（平川 2002: 367-373; 橋本 2014: 41-46; 金京 2017: 138-141; 三重野 2017: 223-225; 三重野 2018: 103-109）．

1990 年代半ばまでの各国は上述のように繁栄を享受しているように見えたが，その一方で過大な国際資本の借り入れは過剰または不適切な投資を生み，生産効果を減少させていた．1990 年代の前半にタイ，インドネシア，韓国，マレーシアなどの経常収支は赤字となっていたが，タイのように工業用機械や中間財などの輸入の増加から生じた経常収支赤字は，工業化の進展とともに輸出が増加すれば解消されると予想されていた．ところがアメリカが 1995 年からドル高政策をとったことにより，ドルとペッグされた現地通貨の価値が急上昇して輸出品価格が割高となり，輸出額が減少に転じた．こうしてしばらく続いた生産増が 1996 年から減少し始めた時に，それまで主に短期で融資していた海外投資家は先行きに不安を覚え，資金を引き上げ始めた．すると短期の投機マネーが殺到し，1997 年 2 月から現地通貨に対し大規模な空売り（投機対象

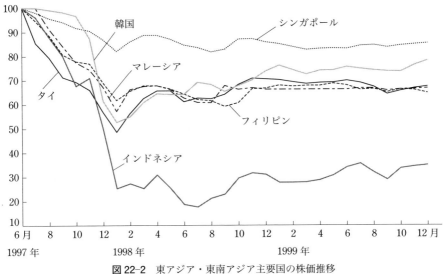

図 22-2 東アジア・東南アジア主要国の株価推移
出典：平川 2002: 365
注　：1997 年 6 月末値＝100

の通貨を持っていない状態で売り，その後価格が下がった時点で買い戻す取引)を行った．政府はバーツの急落をくい止めようと介入したが，外貨準備が底をついてバーツの買い入れを断念しドルペッグ制を放棄すると，ついに 1997 年 7 月にバーツの暴落が止まらなくなった．するとドルを原資に融資を行った多くの金融機関やその貸し付け先企業が，債務が膨らみ返済不能に陥った．短期資本の流出にともない，株や不動産の価格は暴落し，過剰投資は不良債権となって金融機関を圧迫した．この状況を見て海外投資家は，同様に外資を受け入れ輸出製造業に依存した他の国々でも資金を引き上げ，同年のうちにインドネシア，フィリピン，マレーシア，韓国などで通貨と株価が暴落し，1998 年の経済成長がマイナスとなった(図 22-1，図 22-2)(平川 2002: 365-367; 橋本 2014: 46-54; 金京 2017: 141-142; 三重野 2017: 223-225)．

　IMF は危機に陥った国々に対しかつてない膨大な緊急融資を実施することを決定し，世界銀行，アジア開発銀行(ADB，日本とアメリカの主導で 1966 年に設立)，日本などとともに資金供与を行った．IMF は支援と引き替えに政府補助金などを削減する緊縮財政政策，高金利誘導，さらに一部金融機関の閉鎖や統合を含む経済システムの改革を各国政府に要求した．すると株価下落に加え，

緊急財政政策による金融引き締めが金利の上昇や銀行の融資抑制となって企業活動を鈍らせ，1998年のタイのGDP成長率はマイナス10.5%まで落ち込むなど，各国で経済を低迷させた．

このような状況から，各国はさまざまな経路で回復した．タイでは不良債権問題の解決には長い時間を要したものの，日本からの支援(IMFの支援と異なり中小企業向けも含んだ)を得た自動車，電子，電機分野をはじめとする輸出製造業が成長を牽引して貿易黒字を実現し，外資も引きつけて，1999年頃から銀行部門も含むマクロ経済を回復させた．インドネシアでは1998年に成長率がマイナス13.1%に落ち込み，物価高騰と生活の困窮にあえぐ大衆の大規模抗議行動が沸騰して，1998年5月にスハルト政権が崩壊した．その後も政治体制の混乱が続いたことから長らく経済が低迷したが，体制と癒着していた財閥が縮小するなど企業グループが再編され，中国向けの石炭など鉱業部門の輸出が増加して，2004年頃から経済が回復した．外資流入や不動産投資がそれほど大きくなかったフィリピンでは，ペソ急落と金利の高騰はあったものの通貨危機の打撃は比較的軽微で，経済成長率は1998年の0%から1999年には3.8%に回復した(淺野 2002: 115; 平川 2002: 373–378; 金京 2017: 142–143; 橋本 2014: 54–61; 三重野 2017: 226–231)．

これらの国々と大きく異なる対応をとったのがマレーシアである．マハティールは通貨暴落直後から海外投資家の投機的行動を批判し，また緊縮財政政策が企業の経営悪化と倒産を招き危機を深刻化させているとしてIMFが指導する政策に反発した．政府は1998年6月から公共投資再開などの財政拡大策を始め，同年9月からは資本移動にほぼ全面的な規制を導入し(2001年5月まで)，固定レート制を維持した(2005年7月まで)．IMFの批判にもかかわらず，政府はさらに預金保護，不良債権の買い取り，銀行への資本注入などの政府介入も実施した．やがてマレーシア経済は比較的順調に回復し，1999年第2四半期から成長率がプラスに転じた．マレーシアの政策が直接経済回復に結びついたかどうかは評価が定まっていないが，その後IMFやアメリカが各国政府による資本流出規制を認めることにつながった(平川 2002: 378–381; 橋本 2014: 54–61; 金京 2017: 143–145; 三重野 2017: 231)．

【韓国】　アジア通貨危機は韓国にも波及した．1997年8月に韓国の信用格付

けが引き下げられると，民間部門の海外借り入れが困難となる一方，外国資本の引き揚げが急速に進んだ．ウォンの暴落と外貨保有高の激減を受け，同年11月，韓国はIMFに救済融資を要請した．金融危機そのものは短期で収束したものの，緊縮的マクロ政策や多方面の構造調整，対外開放の促進などを求めるIMFの融資条件は経済活動に大きな冷え込みをもたらし，1998年の成長率はマイナス6.7%を記録した(李憲昶 2004: 755)．こうした状況を韓国の人びとは「IMF危機」と呼んだ．

　折しも1997年12月の大統領選挙で当選した金大中は，翌年2月の就任を待たず，労働界・財界・政界の代表者による労使政委員会を組織し，各方面に痛みをともなう改革への合意を得ようとした．その結果，経営側の都合による整理解雇が認められることになり，雇用の流動性が進んだ．そのほか，財閥グループ間の大規模な事業交換と整理，浦項製鉄をはじめとする公企業の民営化，金融機関の監督の厳格化などが進んだ．また外国人の投資制限が撤廃され，外資の流入が急速に進んだ．一方で金大中政権は，基礎年金制度や生活保護制度の拡充といったセーフティネットの拡充にも取り組んだ(大西 2014: 37-88)．

　アジア経済が通貨危機の混乱から脱して安定的な成長軌道に戻るのは，2003から2004年頃である．その間，経済回復を主に担ったのは，IMF・世界銀行から示された非効率な金融・企業システムの近代化という方途ではなく，外資企業の直接投資が牽引する輸出製造業の成長や資源輸出の拡大であった．タイでは危機以降，為替レートの低下もあり部品も含めた自動車関連の産業集積が進み貿易黒字を実現し，インドネシアでは中国の経済成長を背景とする石炭などの資源輸出が経済の回復を後押ししたのである．韓国では最大の輸出産業となった半導体が経済成長を牽引し，2001-2005年のGDP成長における半導体および電子部品の寄与度は19.4%に達した．サムスン電子をはじめとする韓国企業は2002年以後，世界のメモリ市場のシェアにおいて日本を陵駕し，技術的にもキャッチアップ段階を超えて自前の技術革新を可能としていった(吉岡 2010: 5-23)．

第3節　社会主義経済から開放へ

本節では東南アジアで社会主義を志向したベトナム，ラオス，カンボジア，ビルマと，インドにおける社会主義経済から市場経済への移行過程を概観する．

東南アジア

ベトナムでは社会主義経済の建設に行き詰まり，農業生産の拡大のために生産請負制を一部認めるなど市場経済化の動きがすでに始まっていたが，1985年の大インフレを契機に経済政策の抜本的な見直しが測られることになった．1986年12月のベトナム共産党第6回党大会において，ドイモイ(刷新)政策が打ち出され，「貧しさを分かちあう社会主義」に終止符が打たれることになった．このドイモイ政策では「社会主義に至る過渡期」は長い時間を要するとして当面の市場経済の導入を正当化し，重工業優先政策を見直して農業や軽工業を重視し，民間部門による自由な経済活動を認め，国際分業や国際的な経済協力にも積極的に参加することを謳った(坪井 2002; 古田 2017)．

このようなベトナムの方針転換はカンボジア問題(第三次インドシナ戦争(1978-1989年)，第21章6参照)の解決とも連動し，ベトナムの国際社会への復帰と急速な経済発展へと結びつくこととなった．1989年にはカンボジアに駐留していたベトナム軍がすべて撤退し，ASEAN諸国や西側諸国との関係改善が進むこととなった．ベトナムはインドシナ三国(ベトナム，ラオス，カンボジア)の中では最も早い1995年にASEANに加盟し，同年にはアメリカとの国交も樹立された．これによって外資の流入も進み，ベトナムはASEAN原加盟国と同様に外資導入型の工業化路線を積極的に推進していった．2007年のWTO加盟によって外資の流入はさらに加速し，当初工業化が先進したホーチミン周辺の南部のみならず，中国との近接性を活かせるハノイ周辺の北部の工業化も進んだ(古田 2017; 池部 2021)．

同じく社会主義国家の建設を目指していたラオスも，ベトナムと同様に市場経済化への道を本格的に歩み始めた．ラオスでもすでに市場経済の一部導入が始まっていたが，1986年に「チンタナカーン・マイ」(新思考)と呼ばれるスロ

ーガンを提示し，新経済管理メカニズムの実行を決めた．これはラオスの社会主義経済から市場経済への転換を公式に定めたものであり，価格の自由化，農業の自由化，貿易の自由化，国営企業改革などがこの後進められていくことになった．外国からの投資も積極的に受け入れ，当初は経済ブーム下の隣国タイからの投資が多かったが，21世紀に入ると中国やベトナムからの投資が増加した．ラオスは内陸国であることから外資企業の工場の誘致には不利であり，電力開発や鉱業部門への投資が中心であったが，大メコン圏(GMS)の交通開発（第24章4参照）が進むとタイなど周辺国に進出している日系企業の生産拠点の分散化の動き（プラスワン）も見られるようになった（鈴木基義 2002; 山田 2018）．

一方，カンボジアの社会主義経済の構築は第三次インドシナ戦争によって頓挫し，まずは国内の紛争を終結させる必要が生じた．紛争は膠着していたが，関係各国の和平構築の動きと1989年のベトナム軍撤退が事態の改善をもたらし，1991年のパリ和平協定によってカンボジアは国連の暫定統治下に置かれた．そして，総選挙を行ったうえで1993年にカンボジア王国として再出発を果たし，第一党フンシンペック党のラナリットと第二党人民党のフン・センによる「2人首相」制の政府が発足した．新生カンボジアも外資導入を進め，特に中国からの投資が急増し，縫製業が隆盛した．これは当時中国の繊維製品において欧米向けの輸出制限が行われていたことから，中国の縫製企業がカンボジアに進出し現地で縫製を行って輸出することで輸出枠を確保しようとしたためである．これによってカンボジアの工業化も進んだが，縫製業への依存度が高く産業の高度化は遅れた．しかしながら，ラオスと同じくカンボジアでもプラスワン効果による日系企業などの外資系企業の流入も見られるようになった（初鹿野 2016; 山田 2021）．

ビルマのビルマ式社会主義も，1988年の民主化運動にともなうネィウィン政権の崩壊により終了した．この民主化運動を機にアウンサン・スーチーらが国民民主連盟(NLD)を結成して1990年の総選挙に臨み圧勝したが，軍が政権移譲を拒んだことから，この後約20年間にわたって軍事政権が続くことになった．1989年に国名をミャンマーに変えた軍事政権は経済の自由化へ舵を切り，貿易の自由化や国営企業の民営化が進められたが，為替の公定レートは維持され，市場レートとの乖離が進んでいった．さらに，2000年代に入るとい

ったん解放されていたアウンサン・スーチーの自宅軟禁が再開され，欧米諸国の経済制裁が強化されることで国際的な孤立傾向が強まり，2006年に内陸部のネーピードーへの首都が移転されたこともその傾向に拍車をかけた．他方で，2000年代に入ってベンガル湾で採掘された天然ガスがタイに輸出されることで貿易収支は大幅に改善し，民間の企業グループも勃興した（三重野 2016; 中西 2022）．

閉鎖・規制経済から経済自由化へ
——インド（ラジーヴ・ガンディー以降，2000年代–）

【経済自由化の経緯】 1970年代後半のインド政治は混乱の渦中にあったが，他方で経済においては変化の兆しが現れた．まず，産業許認可ライセンスに関する若干の規制緩和が進められた．また，1980年の総選挙でカムバックしたインディラ・ガンディーの第二次政権において，輸入規制，外資規制，産業許認可制度，独占禁止法などにおいて規制緩和が行われた（第21章6参照）．

しかし，経済自由化に拍車がかかったのは，1984年に首相のインディラ・ガンディーが暗殺され，彼女の長男であるラジーヴ・ガンディーが政権を引き継いだ後である．ラジーヴ・ガンディーは，電子産業の近代化を重視し，貿易の自由化などを進めた．特に注目されるのは，コンピュータ産業に関連する貿易，技術導入，産業規制における自由化が推進されたことである．また，ソフトウェアの輸出政策の開始など，その後インドが比較優位を持つようになる産業分野の礎が築かれたのもこの時期である（後述）．

経済成長率で見ると，1980年代が画期であることは明らかである．GDP成長率は，1980年代に5％台前半を記録した（表22–1）．それ以前の3.5％程度，いわゆる「ヒンドゥー的成長率」（Hindu rate of growth）と比べるならば，転換はこの時期に始まったといえる．同時期には，政府の経済政策が「親企業家的」（pro-business）なものに変化したとも指摘される．1980年代に外国の技術や資本財へのアクセス，そして外国企業による直接投資への漸進的な門戸開放などが促進されたことが，生産性の向上を導いたといえる（Subramanian 2008）．

それにもかかわらず，1980年代後半のインドはマクロ経済的に困難な問題を抱えていた．この時期，インドの中央政府は，巨額の政府投資を化学，石油

表 22-1　インドの実質経済成長率の推移

	実質GDPの年あたり成長率		期間平均の年あたり成長率(%)			一人あたりNNP
	期間平均(%)	変動係数	第一次産業	第二次産業	第三次産業	
1951/52-1960/61年	3.83	0.565	3.05	6.06	4.09	1.88
1961/62-1970/71年	3.66	0.876	2.34	5.43	4.64	1.35
1971/72-1980/81年	3.04	1.318	1.63	3.81	4.28	0.70
1981/82-1990/91年	5.24	0.375	3.64	5.77	6.39	3.00
1991/92-2000/01年	5.43	0.313	2.80	5.54	7.06	3.46
2001/02-2007/08年	7.40	0.255	3.40	7.98	8.86	6.00

出典：黒崎 2011: 23

化学などの資本集約的な公共部門へ向けたが，これは財政収支の赤字を拡大させた．また，輸出以上に輸入が増大したため貿易収支の赤字も増大し，いわゆる双子の赤字が顕著となった．それまでは貿易収支が大幅な赤字であったものの，海外からの融資，非居住インド人(NRIs)による投資，さらには海外(主に湾岸地域)における出稼ぎ労働者からの送金などにより国際収支のバランスがとれていた．しかし1990年に勃発した湾岸戦争によって，輸入原油価格が高騰し，さらに湾岸地域で働いていた出稼ぎ労働者からの送金も途絶えたために，国際収支が危機に陥ったのである．この危機を乗り切るために，インド政府は金準備の一部を担保としてイングランド銀行に預け，イギリスからの融資を獲得することまで行った．こうした状況の中で，1991年に成立した会議派のナラシンハ・ラーオ政権は，世界銀行とIMFから融資を得るために，いわゆる構造調整政策の実行を約束した．このとき，経済政策において大きな役割を果たしたのが，蔵相のマンモハン・シンであった．彼が行った経済政策の第一は経済安定化を図るもので，インフレーションの抑制，経常収支赤字の削減，為替レートの切り下げなどを実施して顕著な成果をあげた．第二は構造調整政策で，産業政策，貿易政策において規制緩和がなされた．また，金融改革，公企業改革なども始められた．1991年以降に進められた貿易自由化政策には，①輸入ライセンス制度の廃止，②輸出補助金の撤廃，③関税率の引き下げ，④経常勘定における外国為替規制の撤廃などが含まれた(佐藤 2011: 101)．

1990年代以降，インドは数度の政権交代を経たが，基本的に経済自由化政

表22-2 インドのGDPにおける輸出の比率(1900-2009年)

(単位：％)

	分離独立前のインド	インド共和国
1900年	7.8	
1910年	10.8	
1920年	6.8	
1930年	8.0	
1940年	7.2	
1950年		6.3
1960年		3.9
1970年		3.6
1980年		5.1
1990年		6.4
2000年		10.7
2009年		13.8

出典：ロイ 2019: 257

策の基調は変わっていない．2014年以降3期にわたるナレンドラ・モディ政権もまた，基本的にこうした路線を引き継いでいる．ただし，インドは，かつての輸出ペシミズムを脱して，輸出を重視する戦略に変化してきたが，輸入代替工業化戦略を完全に放棄した訳ではなく，基本的には，製造業に関しては国内産業の競争力を強化し，その延長線上に輸出を拡大するという考え方が主流である．

【経済自由化の成果】 1991年に本格化したインドの経済自由化はどのような成果をあげただろうか．貿易では，輸入に関しては，平均関税率が1991年の77.2％から1997年の30.6％に大きく低下し，さらに2007年の9.2％まで低下した(小島 2021: 38)．輸出に関してはGDPに占める輸出のシェアが，1960年の3.9％，および1970年の3.6％から，1980年に5.1％，1990年に6.4％へと上昇し，2000年には10.7％に達した(表22-2)．他方，世界貿易に占めるインドのシェアは，1970年代から1980年代にかけては1％前後にとどまっていたが，2008年には3％へと上昇した(佐藤 2011: 100)．こうした変化は，1980年代から1990年代にかけてインド経済が世界市場に復帰したことを示している．

1980年代以降に輸出産業として成果をあげたのは，服飾，宝石(ダイヤモンド)，皮革，手工芸などの産業であり，輸出額を大きく伸ばした．これらは

表 22-3　インドの主要輸出品(輸出額に占める比率, 1955-2009年)　　(単位:%)

	伝統的製造業：茶・ジュート	繊維・被服	被服を除く労働集約的産業：宝石・皮革・手工芸品	知識産業：ソフトウェア	計
1955年	41.7	11.9	4.8	0.0	58.4
1960年	40.3	11.4	6.2	0.0	57.9
1970年	22.0	9.4	12.9	0.0	44.4
1980年	11.3	13.9	29.2	0.0	54.4
1990年	4.2	18.8	43.0	0.7	66.7
2000年	1.4	20.4	23.5	11.9	57.2
2009年	0.5	8.1	18.8	28.4	55.8

出典：ロイ 2019: 257

1970年代以降，輸出額に占める比率を高めてきた．他方，英領期以来の伝統的な輸出産業であった茶やジュートは，輸出額に占める比率を下げた．1970年代後半以降の経済自由化が貿易面で徐々に成果をあげたのは確かだが，輸出を主に担ったのは，小規模かつ労働集約的な産業であった(表22-3)．

【ICT産業における比較優位】　2000年代以降，輸出産業の主役は，こうした小規模かつ労働集約的な産業から，ICTサービス産業へと大きく変わった(表22-3)．2000年代以降のインド経済の発展パターンは「サービス主導型経済発展」と呼ぶべきもので，他のアジア諸国と大きく異なっている．

　こうした経済発展を主導したのはICT産業で，これには半導体などの製造業，ネットワークインフラ・通信サービスなどの通信産業，そしてICTサービス産業が含まれる．インドはこのなかのICTサービス産業——ソフトウェア関連サービス，ビジネス・プロセス・アウトソーシング(BPO，業務プロセスの一部を一括して専門業者に外部委託すること)，ER&Dサービス(エンジニアリング開発や研究を請け負うサービス)など——において，アメリカ，イギリス，欧州諸国へのオフショア・サービス・アウトソーシングの供給者として，存在感を示すに至っている．インドにおけるICT産業の興隆には，インド系移民の存在が大きい．1990年代以降，アメリカなど先進諸国へ移民する英語が堪能な高学歴者が増加したが，彼らの多くは移住先のICT企業で働いている．彼らのなかから，グーグルやマイクロソフトなどシリコンバレーを代表するICT企業のCEOを務める者も現れている．それのみならず，在米インド人ICT技術者の一部はインド本国に帰国してICT企業を起業したり支援したりして，企

業の育成に貢献してきた．こうした点でICT産業におけるインドの人的資本の比較優位は明らかであり，他国の追随を許さない（福味 2021: 29-36）．

インドにおけるこのような人的資本の比較優位においては，工学教育の役割が大きい．インドは独立後，政府機関による工学教育に力を入れてきたが，卒業生の多くは土木工学関係者で占められた．しかし1990年代以降，数多くの民間の教育機関が生まれ，電気工学・電子工学・情報技術などの応用的分野を中心とする専門教育を行った．これらの教育機関の卒業生が，ソフトウェア労働者となったのである．また，政府が支援したインド工科大学の出身者の多くは，博士学位の取得を希望してアメリカの大学へ留学したが，多くは現地でICT関係の企業に就職した．これはかつて「頭脳流出」と呼ばれた現象であるが，すでに述べたように，彼らの一部はインド本国に帰国して，先導的なICT企業を設立している（ロイ 2019: 264）．

【製造業の抱える問題】　インドでは1990年代以降，産業許認可制度の撤廃，貿易の自由化，外資の自由化など改革がなされてきたが，製造業の足枷となっているのが，労働に関する諸条件である．独立後の初期から労働者保護に傾斜した数多くの労働法制が制定され，本来なら比較優位を持つべき労働集約的な製造業の台頭が妨げられてきた．インドの製造業では，2005年の時点で，労働者の84%が従業員49人以下の企業に集中し，200人以上の大企業では10.5%しか雇用されていない．こうした状況下で，インドは労働集約的製造業では国際競争力を発揮することができていない．たとえばアパレル輸出では，隣国のバングラデシュに大きく水をあけられている（小島 2021: 59-60）．ICT産業では，ICT関連機器や部品産業などの製造部門は小規模にとどまってきた（マニ 2011: 183-184）．2016-2017年のデータは，パソコンやタブレット端末などのコンピュータ機器市場で海外のグローバル企業が圧倒的に優勢であることを示している（上野 2021: 116-117）．

インド労働市場の歴史的かつ構造的な特質も製造業にとっての大きな障害である．すなわち，カーストの結びつきによって労働調達が行われるため，労働市場が分断されている．企業内部においても，組織内のカースト的分断が存在し，職務・職階によってカースト構成が異なり，企業内部における昇進システムが不在といっても過言ではない．このようにしてインドでは，いわゆる内部

労働市場の発展が制約されてきたといえる(木曽 2003: 174-176).

第4節　急成長する中国(1990年代-)

南巡講話と改革開放の再開

　1989年6月の天安門事件(第21章5参照)は国際社会において中国のイメージを著しく悪化させ,先進7カ国会議(G7)は中国への制裁を決定した.これに対して中国は,西側が中国の「和平演変」(平和的手段による体制の転覆)を企てているとして批判した.同年にはベルリンの壁が崩壊して東欧諸国とソ連の民主化が進み,中国政府の孤立感と危機感は深まった.

　天安門事件後も中国政府は改革開放の堅持を内外に訴えたが,鄧小平の指名により総書記となった江沢民は改革開放の立場を強く示さず,保守派の勢力は強まった.政治改革が停止して政治教育が強化されるのみでなく,経済改革も停止し,国際社会からの借款停止などの経済制裁に加え,改革開放政策の変更を恐れた外国資本の撤収も多発した.

　このような改革開放の危機に対して鄧小平は開放促進をとなえ,広東省などの沿海地域が台湾企業への優遇策を打ち出したことにより,1989年秋から対中投資ブームが起こった.1990年の直接投資契約は件数・金額とも過去最高となり,国家主導の輸入引き締めと輸出促進によって1990年には貿易収支も黒字化した.しかし,1991年8月のソ連の保守派によるクーデター失敗からソ連邦崩壊への展開は左派の危機感を高め,計画経済論者の力が強まった.

　こうした事態に危機感を抱いた鄧小平は1992年初め,広東省の経済特区に向かい,そこで地方幹部を相手に,大胆に改革と開放を加速せよと呼びかけた.この「南巡講話」は香港のメディアを通じて世界に伝わり,その後中国に逆輸入され,景気低迷に苦しむ地方幹部の支持を得た.これによって政治情勢は大きく転換し,大胆な改革開放を進めよという鄧小平の号令は江沢民らの中央の指導部においても正式に政策として認知され,改革開放政策は再び加速することになった.

　1992年10月の第14回党大会では,経済改革の目標が「社会主義市場経済体制」の確立であると規定された.これによって,政治的には共産党の一党独

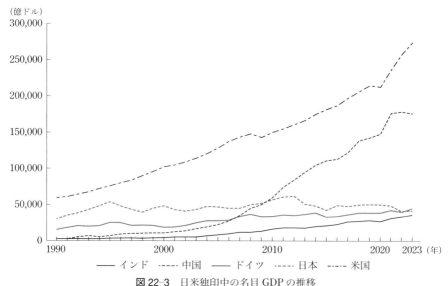

図 22-3　日米独印中の名目 GDP の推移
資料：GLOBAL NOTE (https://www.globalnote.jp/faq1/stat_faq/)
出典：IMF

裁体制の維持という原則とともに，計画経済との決別と市場経済の採用が決定した．以後，中国は GDP 成長率が 10% を超える高度成長期に突入した（図22-3）．同時期，日本や欧米諸国は天安門事件後の経済制裁を解除しており，中国はグローバリゼーションの展開の中で経済発展を遂げていく（高原・前田 2014）．

財政・金融改革

1992 年の党大会で政治局常務委員に任命された朱鎔基副総理は，財政金融重視型の改革を進め，1994 年には財政・金融の大改革が行われた．財政においては「財政請負制」が撤廃され，中央政府が徴収する税・地方政府が徴収する税・両者が分け合う税を定める「分税制」が導入された．税収のうち最大の比率を占める付加価値税の 75% が中央政府の取り分となったため，1994 年以降，全体の財政収入に占める中央政府の収入が急激に上昇し，それを経済発展が遅れた地域に配分して財政を通じた地域間格差の是正が目指されるようになった．その象徴が 1999 年に提起された西部大開発で，少数民族が多数居住し，

経済発展から取り残された西部のインフラの整備や生態環境保全を積極的に行うことによって経済発展を促進し，沿海地域との経済格差を縮小することを目指した．

金融に関しては，政府が銀行の融資に自在に介入できる状況を改め，銀行経営の自律性を高める改革が行われた．四大国有銀行(中国農業銀行・中国建設銀行・中国工商銀行・中国銀行)は政策金融の役割がなくなるとともに，株式会社形態の商業銀行と同じ土俵で競争するようになり，四大銀行のシェアは低下した．

また，銀行に蓄積された国有商業銀行の不良債権は1999年のピーク時に2兆8,000億元を超え，GDPの31%に達し，これは2001年の日本のピーク時の16%を上回る数字であった．しかし，中国の不良債権問題は政府が責任を負うという了解が存在したため，取り付け騒ぎなどは起こらなかった．政府は不良債権の受け皿となる「金融資産管理会社」(AMC)を全額出資して設立し，不良債権を廉価で買い取って処理した．その結果，1999年には44%に達していた国有商業銀行の不良債権率は2009年以降，2%未満にまで下がった．

また株取引の場として1990年に上海と深圳に証券取引所が設立された．この中国の株式市場は国有企業改革の手段として位置づけられ，地方政府と関係の深い国有企業の上場が優先されてきた．株価は企業の業績よりも政府の政策に左右され，一般投資家も投機的利益を狙う傾向が強いため，民間企業のなかには香港やアメリカに株式を上場して資金調達を行う企業が少なくない(梶谷2011；梶谷 2018；丸川 2021)．

国有企業改革と国家の産業政策

改革開放期以降，国有企業改革は，大・中規模企業を中心に経営請負制度が実施され，経営者の権限が大幅に拡大するともに，労働者のインセンティブを高めるために企業利潤のかなりの部分がボーナスの形で支払われるというように，経営自主権とインセンティブの拡大によって生産の拡大を図るものであった．先述のように，失業者を減らすために教育水準が高い労働力を国有企業に割り当てたため，国有企業の余剰人員は増大したが，1980年代は国有企業の競争相手は少なく，経営上の黒字を維持したために矛盾は顕在化しなかった．

しかし，国有企業の利潤率は低下し続け，1990年前後に経営は危機的状況となった．さらに，市場経済の原理で働く郷鎮企業や外資系企業との競争に備える必要もあった．そこで，1993年に中国に会社法が制定され，中央の国務院直属の国有企業など，大規模な国有企業をグループ化して政府のコントロールの下に置くとともに，会社制度を導入し，株式会社または有限会社に改組していくことになった．

一方，地方政府が所有する小規模な国有企業は企業経営者などに払い下げられて民営化した．また，農村の郷・鎮・村といった行政機関が経営する郷鎮企業はこれに先だって1990年代半ばに民営化した．

国有企業内の余剰人員については，1993年頃から「下崗」(一時帰休)という名目で解雇することで生産効率を上げることが奨励されるようになり，2000年までに4,000万人以上の国有企業および集団所有制企業の従業員が「下崗」となった．削減された労働者たちの再就職は困難で，東北部などの地域的な失業率は上がったが，国有企業の経営状況は改善に向かった．

国有企業の会社形態への移行は時間を要したが，2020年以降にすべてが会社形態に移行することになった．この改革によって「経営権」については取締役会に委ねられることになったが，「所有権」については国有企業が20万社以上に及ぶうえ，共産党や政府のさまざまな機関に分散し，党・政府の所有者としての統制が効果をあげていない．

2013年の中国共産党中央委員会は「改革の全面的深化における若干の重大な問題に関する中共中央の決定」を出し，戦略的新興産業(省エネ・環境保護，新世代情報技術，バイオ技術，精密・高性能機械，新材料，新エネルギー自動車，新エネルギー)を発展させる役割が国有企業に与えられた．さらに2015年には2025年までに世界の製造強国の仲間入りをめざす「中国製造2025」という産業政策が国務院によって定められ，戦略的産業は医療機器，航空宇宙機器，ロボット，船舶，鉄道設備，電力設備に広げられ，こうした産業における輸入代替を目指すものとなった．中国政府は国有企業と投資ファンドを利用して重点産業に投資し，その実現に向かって動いているが，これはアメリカの警戒を招き，米中貿易戦争の原因ともなった．

国有企業はこうした戦略的役割を担っており，2023年版フォーチュン誌の

世界の大企業500社に入る中国の135社の企業のうち，上位は国家電網公司（電力会社）・中国石油天然気集団をはじめとする中央の国有企業が多い．一方で，近年の世界的大企業の急増は地方と民間企業の躍進によるものである．国有企業の付加価値額の対GDP比は全体の2割，中央企業は7-8%であるが，全体としては減少傾向であり，その役割は低下している（丸川 2021）．

民間企業

1997年の中国共産党第15回党大会において，民間企業が社会主義経済の重要な要素に格上げされたことで，民間企業の存在が否定されることはなくなった．しかし，その時点においても民間企業は多くの産業から排除されており，乗用車は2001年まで国有企業と合弁企業しか認められず，携帯電話は2007年まで認可制であった．自由化が進むと，自動車では吉利汽車（自動車）が中堅企業さらには大手企業に成長し，携帯電話ではファーウェイ（華為）やシャオミ（小米），Vivo（ヴィーヴォ），OPPO（オッポ），トランシオン（伝音控股）などが，世界のスマートフォン市場のトップ10に入る企業となった．

これら民間企業が中国の産業と社会のなかでしかるべき地位を得るためには中国共産党との良好な関係が必要であった．一定の規模の民間企業では党支部が必要となり，党支部の責任者の権力が社長を上回ることがあったが，社長が入党できないという問題があった．そこで2000年に江沢民総書記が「三つの代表」の方針を打ち出し，民間企業の経営者にも党員への門戸を開き，二重権力の発生を防ぐことができるようになったが，民間企業のトップの多くが党員となり，民間企業も党が政治的に支配することになった．

2005年と2010年には民間企業の参入奨励の通達が行われ，大学や図書館・病院なども民間資本に開放されたが，石油・天然ガス・鉄道などの産業では民間企業の役割は低い．しかし，就業者の7割以上が民間企業に就業しており，ファーウェイ以外にも，生命科学のBGI（華大基因）などの代表的ハイテク企業や，モバイル決済を提供するアリババやテンセントなども民間企業であり，これにネット検索の百度（バイドゥ）とファーウェイを加えたBATHはハイテク産業の成長を促進する役割を担っている（丸川 2021）．

外資系企業

1993年以降，中国に多くの外資系企業が進出するなか，中国政府は市場を開放することによって技術を獲得するという方針を掲げたが，この方針を厳格に適用した産業は少なかった．その例外が自動車産業であり，1994年の「自動車工業産業政策」によって外国自動車メーカーは，中国の自動車メーカーとの合弁かつ出資比率は50％以下で，最新の自動車を生産し，乗用車の部品国産化率を40％以上とすることが求められた．とはいえ，この条件の下に進出した外資系の自動車メーカーから技術のスピルオーバー(溢れだし)が起き，それによって新興の自動車メーカーが成長しており，中国の技術的キャッチアップを推進することになった．こうした技術のスピルオーバーによるキャッチアップは，家電などその他の産業でも発生した．

2001年，中国がWTOへの加盟を認められると，サービス分野が外資系に開放された．金融業においては外資系銀行の存在感は小さいが，小売業では台湾系の大潤発・アメリカ資本のウォルマートが進出して店舗網を広げたほか，日系のコンビニチェーンも大都市に拡大し，中国人の日常生活を変えた．また，WTO加盟によって打撃を受けると思われた自動車産業では，価格下落によって需要と供給の双方が刺激され，2002年以降に急成長し，2009年には生産台数は世界のトップとなった．

WTO加盟以後の18年間(2002–2019年)で中国に流入した直接投資は1兆8,952億ドルとなった．こうした外資系企業の付加価値額がGDPに占める割合は2007年まで拡大し，その後は2割程度で推移している(丸川 2021)．

農業の変容

改革開放以降の農業改革によって，1990年代前半には中国の農業は国内の食料需要を十分にまかなえるまでに成長したが，一方で農産物が過剰となり，農業の収益が低い「農業調整問題」に直面した．国有食糧企業では赤字が累積したため，1999年以降，政府は国有食糧企業の役割を低下させ民間業者も食糧流通に参入させた．その結果，2000–2003年には食糧価格の低迷や食糧生産の減産がみられた．しかし，中国にとって食糧生産は重要なため，2004年から食糧生産農家に対する補助金が支給されている．

農業経営の点では，1980年代前半に集団農業が解体されて各農家が農業を経営するようになると，経営規模は小さくなり，1999年の農民一人あたりの耕地面積は14aで，家族数を4人とした場合，日本の農家の3分の1程度であった．そこで，農業経営を拡大して機械化を進め，生産性を向上すべきだという認識が高まり，規模拡大を促進するために，農家が政府から「請負権」（経営権）を割り当てられた土地を他の農家に転貸して地代を受け取ることが容認されるようになった．1990年代末に農業所得が低迷したことは，土地の転貸を促し，土地を集中した大規模経営が増大した．2010年代には，農家と市場を仲介すると同時に農民から土地を借りて農業を直営する農業専業合作社，家庭農場などの大規模農家，直接農民から請負地を大規模に借りて農業を経営する企業といった経営主体のもとに農地が集中されつつあり，中国の農業は零細で労働集約的な農業から，土地・資本集約的な農業へと転換しつつある．

　なお，農村部の労働力吸収においては，郷鎮企業が重要な役割を果たしていたが，1993年頃からは出稼ぎ労働が重要になり，都市部の第二次・第三次産業に大量の労働力が供給され，中国の鉱工業の発展を支えた（丸川 2021）．

第5節　地域連携の模索

　第二次世界大戦後のアジアでは内外の諸国がさまざまな地域連携を模索し，複数の地域組織が重なり合って形成された．もっとも東アジアには歴史問題や領土問題が存在し，北朝鮮と韓国，および中国と台湾が厳しく対立することもあって，地域組織は脆弱である．本節では，東南アジアを拠点とする地域組織がしだいに東アジアを包摂するようになったこと，南アジアにはそれと異なる地域組織が発展したこと，時代が下るにつれアメリカなど他地域の国々も南・東南アジアとの地域連携を試みていることを概観する．

東・東南アジア

　アジア初の地域組織は，1947年から国連の一機関として地域の経済振興を目指した国際連合アジア極東経済委員会（ECAFE）であり，アジアからはインド，中華民国，パキスタン，フィリピン，タイが設立時から参加した．1954年に

はアメリカの主導で反共同盟の東南アジア条約機構(SEATO)が結成され，アジアからパキスタン，フィリピン，タイが参加した．アジア主導で域内国のみで成立した組織は，1961年にマラヤ連邦，フィリピン，タイが文化・技術協力を柱に結成した東南アジア連合(ASA)が最初で，1963年にはフィリピンが，マラヤ連邦(同年9月よりマレーシア)およびインドネシアとともに構成する地域協力組織大マレーシア連邦(Maphilindo)を提案した．しかしいずれも加盟国間で対立が発生し，前者は結成翌年に活動を停止し，後者は構想段階で頓挫した(早瀬 2020)．

その後の東南アジアは，インドネシアが「マレーシア対決」を唱えて1963年に軍事行動を開始し(第20章4参照)，1965年にはシンガポールがマレーシアから「追放」され独立して(第21章3参照)大きな混乱に陥ったが，このことがASEANの成立につながった．対立を収束させるべくタイが各国と交渉し，地域紛争を自主的・平和的に解決することを重要な目的とするASEANが，これらの国々とフィリピンの5カ国によって1967年に結成されたのである(黒柳 2015a；早瀬 2020)．しかし1965年にスハルト，マルコス，リー・クアンユーという強権的で反共を掲げる指導者が加盟国に現れたため(第21章4参照)，ASEANは近隣の社会主義国から敬遠された．それぞれの政権が人権弾圧などの問題を抱え，さらに上記の経緯から加盟国関係が複雑であったことから，成立当初のASEANは相互内政不干渉の原則に基づき域内協力を促進する緩やかな運営に徹した(黒柳 2015a；早瀬 2020)．

しかしASEANは1971年に「東南アジア平和・自由・中立地帯」宣言を採択し，いずれの大国とも等距離外交をとる姿勢を明示して，地域協力機構を目指し始めた．実際に1973年に日本の合成ゴム輸出により天然ゴム産出国(インドネシア，マレーシア，タイ)が苦境に陥った際には，ASEANが日本と交渉しバーゲニングパワーを示した．さらに1978年にベトナムがカンボジアに侵攻した時には(第21章6参照)，ASEANは国連でベトナムを批判する活動を展開し，1989年のベトナム撤退につなげた(黒柳 2015b；早瀬 2020；福田 2020)．

これらの成功で自信と評価を高めたASEANは，域外国とも積極的に関係を結ぶようになる．1989年に日本やオーストラリアが構想して成立したアジア太平洋経済協力会議(APEC)に，ASEANは原加盟国として参加した(1998年には

ベトナムも加盟)．さらに ASEAN が主導する会議体として，EU の首脳と一堂に会するアジア欧州会合(ASEM，1996 年)，および日中韓の首脳と会合を持つ ASEAN+3 (1997 年)が成立し，2005 年からはオーストラリアやインド，後にアメリカも含めた東アジア首脳会議(EAS)が開始された．これらの広域制度の会議では，ASEAN 諸国が常に議長を担うことになっている(鈴木 2016: 2)．ASEAN 内部においても，1992 年に将来的な ASEAN 自由貿易地域(AFTA)の形成に合意し，1994 年には地域の安全保障問題を扱う ASEAN 地域フォーラム(ARF)を，2006 年に ASEAN 国防相会議(ADMM．2010 年から「拡大国防相会議」ADMM＋)を発足させるなど，地域の重要な問題を扱うようになった．武力抗争を避け，貿易など諸分野での統合に向け時間をかけて少しずつ前進し，平等と信頼醸成の原則に基づいて，非公式な場も交え定期的に会談する方法は「ASEAN ウェイ」と呼ばれ(リード 2021: 下 676-677)，かつては「何もしない」ASEAN を揶揄する語であったが，今では一定の評価に変わっている．

　APEC には 1989 年から日本と韓国が参加し，1991 年には中国も参加して，東アジア 3 大国の首脳がそろう初めての場となった．これらの国々は ASEAN と個別に会合を持つ ASEAN+1 を望んだが，ASEAN は大国間のバランスをとることを重視した．結果として 1997 年に生まれた ASEAN+3 は，この 3 カ国の首脳が定期的に会合する貴重な機会を提供し，2008 年から日中韓サミットが独立する基盤となった．

　ASEAN のメンバーも順調に増加し，1984 年にブルネイが加わり，1995 年にはベトナムが共産党の支配する国として初めて加盟した．発足以来 ASEAN は正義と法の支配を謳う一方で，民主化や人権尊重を加盟条件とせず，1997 年にはそれらに問題を抱えるラオス，ミャンマー，カンボジアも加盟が認められた(カンボジアの加盟は国内紛争のため 1999 年に延期)．東ティモールも 2022 年の ASEAN 首脳会談で加盟が認められ，ASEAN はついに域内すべての国を含む地域組織になる．

　ASEAN は 2003 年に，今後は ASEAN 共同体(AC)を構築することに合意し，それを構成する政治安全保障，経済，社会文化という三つの共同体は 2015 年に発足した．このうち計画の実施が最も進んでいる ASEAN 経済共同体(AEC)は，単一の市場および生産基地を形成するために，物品・サービス・資本・熟

練労働者の移動を円滑化することを重要な目標とする．2018年には関税撤廃を完了したものの非関税障壁が残り，サービス貿易・人の移動についても2018年に妥結した最終パッケージでは不完全な自由化にとどまるなど課題は残るが，改善に向けた話し合いが進んでいる(鈴木 2016; 蒲田 2020)．

もっとも，中国の台頭など変動する国際関係を受けて，ASEANにも変化が生じている．南シナ海における中国の権益拡大の試みを多くの加盟国が問題視するようになり，2011年以降米中の代表が参加するEASは両国が互いの主張をぶつけ合う場となっている．しかし「一帯一路」構想などを通じ中国から大規模な投資やインフラ整備を受ける一部の国々は(第24章4参照)，南シナ海問題でも中国に迎合する姿勢をとり，2012年以降は主要な会議で共同コミュニケを採択できない事態も生じるなど，ASEANの団結は試練にさらされている(大庭 2014: 229–234)．

南アジア

南アジアの地域連携組織である南アジア地域協力連合(SAARC, South Asian Association for Regional Cooperation)はインド，パキスタン，バングラデシュ，ネパール，ブータン，スリランカ，モルディブ，アフガニスタンで構成されている．アフガニスタンを除くすべての構成国が陸境または海境でインドと接しており，インドは文字通り，南アジアの中心に位置している．さらにインドは人口で構成国8カ国の75％，総面積で64％(2020–2021年時点)を占める大国で，他国を圧倒している．南アジアにおける地域連携の動きは，バングラデシュ大統領のジアウル・ラフマン(在任 1977–1981年)が1977年に地域連携を提唱したことに始まる．当初，インドはこの連携が安全保障を直接の目的とし，大国インドを他国が協働して封じ込める場となるのではないかと危惧し，パキスタンもまた提唱国バングラデシュの台頭を危惧した．南アジアの連携は，印パを除く小国の支援で進められ，1983年にアフガニスタンを除く7カ国による初の外相会議が開かれて南アジア協力機構(SARC, South Asian Regional Cooperation)が発足し，1985年に連合として組織化した南アジア地域協力連合が設立され，ネパールの首都カトマンドゥに本部が置かれた(伊藤 2011: 258–260; 伊藤 2012: 216)．

SAARC憲章では「経済成長，社会的進歩，文化の発展」が目標とされ，安

表22-4 輸出総額に占めるブロック内輸出の割合　（単位：％）

	1990年	1995年	2000年	2005年	2007年	2008年	2009年
EU	67.3	66.5	67.7	71.6	71.9	71.4	70.4
ASEAN	18.9	24.4	23.0	25.3	25.2	25.5	24.5
SAARC	3.5	4.5	4.6	6.6	6.6	5.9	5.4

出所：伊藤 2012: 218

全保障などの政治問題，特に二国間問題・紛争が協力活動の分野から除外された．さらに議決は満場一致によるとされ，インドの上記懸念が払拭されるように配慮がなされたために，国際機構としての統合水準は低いものとなった．SAARCは年1回の首脳会議を行うこととなっていたが，印パ対立など主に政治問題によって開催がしばしば延期された．他方で首脳会議前後の，構成国による非公式の二者会談は和平への糸口を提供する場となり，政治問題はこの組織の除外分野ではあるがSAARCは南アジアの安全保障において，ある程度の役割を果たしている（浜口 2006: 292-295; 伊藤 2011: 261-262; 伊藤 2012: 220-222）．

　経済はSAARCの最重要分野であり，域内経済関係の強化を目指して1995年に南アジア特恵貿易協定(SAPTA)が発効し，関税障壁を除去した南アジア自由貿易圏(SAFTA)が2006年に発効した．しかしこうした施策にもかかわらず，SAARC諸国の輸出総額に占めるブロック内輸出の割合は，ASEANやEUに比べて低水準にとどまり，SAFTAの発効後に減少さえした（表22-4）（伊藤 2012: 217-218）．この背景には，大国インドの動向がある．インドは南アフリカなどと協力して環インド洋協力連合(IOR-ARC)を1997年に発足させた．同年にはタイやミャンマーなどとベンガル湾を舞台とした経済協力会議が始まり，ベンガル湾多分野技術・経済協力イニシアティブ(BIMSTEC)へと発展した．このようにインドは南アジアを超えた超域の協力体制の構築に尽力している．そのなかで同国はASEAN諸国などと独自にFTA(自由貿易協定)を結び，これに対抗してパキスタンもこれら諸国と独自にFTAを結び，SAARCの枠組みは蔑ろにされてきた（浜口 2006: 296-301; 伊藤 2011: 264-269; 浜中 2017）．

　2007年にアフガニスタンがSAARCに正式に加盟し，中国，アメリカ，日本，EU等がオブザーバーの地位を与えられて，同連合の活動は広く世界に注目されるに至った．同年の首脳会議でインドのマンモハン・シン首相(在任2004-

2014年)は，インドが同連合において主体的な役割を果たす準備があることを示唆した(伊藤 2012: 223-225)．さらに 2010 年代以降，中国が南アジアにも影響を及ぼすなかで(第24章4参照)，南アジアの大国として中国と対抗しうるインドの動きに大きな注目が集まっている．

アジアを越える地域組織

2000 年代初頭に WTO (世界貿易機関)における貿易交渉の行き詰まりが指摘されるようになったのを受け，2004 年のサンティアゴ APEC においてアジア太平洋自由貿易圏(FTAAP)の設立が提唱された．この組織では「質の高い，包括的な地域貿易協定および自由貿易協定」の実現が目標とされたが，その目標を先駆けて実現する試みとなったのが環太平洋パートナーシップ協定(TPP)である．ニュージーランド，シンガポール，チリ，ブルネイの代表は，APEC で会合する機会を利用して，高度な自由化を目指す自由貿易協定を構想・準備し，2005 年に 4 カ国で合意した．2008 年にアメリカがこの協定に参加の意思を示してからは巨大な広域経済圏の形成が目指されるようになり，最終的に日本を含む 12 カ国で，ほぼ全品目で関税を撤廃し，貿易だけでなく知的財産や紛争解決などあらゆる分野を含む包括的協定が目指された(大庭 2014: 234-238)．ところが 2017 年に米国第一主義を掲げるトランプ大統領によってアメリカが脱退を表明したことにより，TPP はいったんは成立が危ぶまれたが，残る 11 カ国は TPP の持つ高度な自由化の水準を維持すべく交渉を続け，その一部を修正した環太平洋パートナーシップに関する包括的及び先進的な協定(CPTPP)に大筋合意した．CPTTP は 2018 年に国内手続きを完了させた 6 カ国で発効し(宇山 2022)，2023 年 7 月までに残るすべての国で発効した．同月にはイギリスも加入に向けて正式署名し，2024 年 12 月に発効した(山田 2023; 坂本 2024)．

TPP 交渉は既存の地域秩序も動揺させた．TPP 加盟には関税撤廃に加え国有企業の制限や環境保護なども求められるため，中国の TPP 参加は困難とみなされ，中国は自国を外した広域経済圏構想が進むことを警戒した．ASEAN もまた，その一部のみをメンバーとする TPP の形成が，ASEAN の経済統合を阻害し地位低下をもたらすことを恐れた．そこで ASEAN は，従来から進めていた拡大東アジアにおける広域経済圏構想の検討を加速させ，2011 年の

ASEAN経済大臣会議で，ASEANと日本，中国，韓国，オーストラリア，ニュージーランド，インドが参加する地域包括的経済連携(RCEP)の形成を決定した(大庭 2014: 238–240)．RCEPは関税削減やサービス貿易の自由化の程度などにおいてTPPよりも緩やかな組織であるが，インドはそれらが国内市場に及ぼす影響を考慮して2019年に交渉から離脱し，2020年11月に残る15カ国で署名された(木村 2022)．

近年のアジアの地域組織をめぐる動きはいっそう流動的である．中国が主導したアジアインフラ投資銀行(AIIB)の創設(2015年)は，世界銀行やアジア開発銀行(ADB)を通じた米日主導の国際・地域経済秩序への異議申し立てといえる．これに対し日本はADBと連携したアジアインフラパートナーシップ基金(LEAP)を2016年に設立し，AIIBと競争的に投資を行っている(福田 2020)．CPTPPには2021年9月に中国が加入を申請して世界を驚かせ，そのわずか6日後に台湾も加入申請したが，どちらも実現は見通せない．CPTPPとRCEPに入らないアメリカは，2022年に対抗的にIPEF(インド太平洋経済枠組み)を日本や南・東南アジアを含む14カ国で発足させ，中国の影響力拡大を防ぐとともに，重要性の高まるインドを経済連携に取り込もうとしている．しかし国内産業を保護したいアメリカはIPEFで関税の撤廃や削減を取り上げておらず，アメリカへの輸出を増やしたい新興国にとって利点が少ない．そのため脱炭素化支援や，半導体や希少鉱物など重要物資の供給における協力など，対立の少ない分野での合意が進められている．

第 23 章
現代アジア経済の発展と社会変容

　第 20 章以降の章では，第二次世界大戦後のアジアがたどってきた経済成長／停滞のプロセスを時系列に沿ってまとめてきた．本章では現代アジアの経済と社会の変容を考察する．第 1 節では，現在のアジアが世界経済のなかで占める経済規模を IMF の直近のデータを用いて俯瞰しておきたい．本書が対象としてきたアジア（東アジア・東南アジア・南アジア）は今やアメリカや EU を凌ぐ存在に成長した．その背景には各国・地域における内的な変化に加えて，1990－2000 年代以降急速に進んだグローバル・バリューチェーンの展開が関係している．アジアの諸地域は国境を越える生産・流通ネットワークが緊密に連関して経済成長を加速させたが，こうした構造は近年，生産年齢人口比率の減少や国際政治環境の不安定化によって変化しつつある．その行方をアジアが牽引してきた半導体をはじめとする生産ネットワークの変容などに焦点を当てて検討していきたい．
　第 2 節から第 6 節では，現代アジア経済の急速な発展にともなって生じた社会変容を ICT 化とサービス産業，人口動態，家族とジェンダー，都市，教育から考察したい．

第 1 節　アジア経済の変容
―― グローバル・バリューチェーンの展開と再編

世界経済に占めるアジアの規模

　表 23-1 は各国・地域の経済規模を示す名目 GDP を IMF のデータから算出したものである．この表を見ると，世界経済に占める東アジア・東南アジア・南アジアのシェアは 1980 年の 18% から 2000 年に 25% に増加し，さらに新型

表 23-1　世界の名目 GDP (1980-2022 年)

(単位：十億ドル，括弧内は世界に対する割合(％))

		1980 年	1990 年	2000 年	2010 年	2019 年	2022 年
世界		11,232	22,643	34,103	66,542	87,326	100,135
東・東南・南アジア		2,074(18)	4,946(22)	8,565(25)	17,744(27)	28,958(33)	32,884(33)
	日本	1,128(10)	3,197(14)	4,968(15)	5,759 (9)	5,118 (6)	4,238 (4)
	NIEs	149 (1)	566 (2)	1,175 (3)	2,056 (3)	3,003 (3)	3,261 (3)
	中国	303 (3)	397 (2)	1,206 (4)	6,034 (9)	14,341(16)	17,886(18)
	ASEAN 5	209 (2)	363 (2)	588 (2)	1,803 (3)	2,782 (3)	3,092 (3)
	インド	189 (2)	327 (1)	477 (1)	1,708 (3)	2,836 (3)	3,390 (3)
アメリカ		2,857(25)	5,963(26)	10,251(30)	15,049(23)	21,381(24)	25,463(25)
EU		3,214(29)	6,209(27)	7,272(21)	14,567(22)	15,695(18)	16,713(17)

出典：IMF 2023b より筆者作成．
注１：東アジアは韓国，台湾，中国，日本，香港．東南アジアはインドネシア，カンボジア，シンガポール，タイ，フィリピン，ブルネイ，ベトナム，マレーシア，ミャンマー，ラオス．南アジアはインド，スリランカ，ネパール，パキスタン，バングラデシュ．
注２：NIEs は韓国，台湾，香港，シンガポール．ASEAN5 はタイ，マレーシア，インドネシア，フィリピン，ベトナム．

　コロナウイルス(COVID-19)のパンデミック前後の 2019 年と 2022 年にはいずれも 33％ に達し，40 年間に急速に拡大したことが読み取れる．本書が対象としてきたアジアは，今やアメリカ(25％)や EU (17％)を凌ぐ経済規模を誇るようになった．

　本表はまた，この期間に日中のあいだに経済的地位の逆転が生じたことを明瞭に物語っている．世界の GDP に占める日本のシェアは 1980 年の 10％ から 2022 年の 4％ に低下したのに対して，中国は同時期に 3％ から 18％ に拡大した．2010 年には日本を抜いて GDP で世界第 2 位となり，アメリカとともに世界経済の動向を左右する存在となった．本表からはまた，アジア経済の成長に重要な役割を果たしてきた NIEs (韓国，台湾，香港，シンガポール)と ASEAN5 (ここではタイ，マレーシア，インドネシア，フィリピン，ベトナムの 5 カ国)が，それぞれ世界の GDP の 3％ を占める存在になっていることも確認できる．そしてインドが 2010 年頃からようやく変化しはじめ，現在，世界の GDP の 3％ を占める存在になった．

　表 23-2 はアジア各国・地域の一人あたり名目 GDP と人口を示したものである．序章で述べたように，本書が対象とするアジアの人口は世界の総人口

表 23-2　アジア各国・地域の一人あたり名目 GDP (1980-2022 年)

(単位：ドル，人口：百万人)

	1980年	1990年	2000年	2010年	2019年	2022年	人口(2022年)
日本	9,659	25,896	39,173	45,136	40,548	33,854	124
韓国	1,715	6,610	12,263	23,077	31,902	32,418	52
台湾	2,367	8,167	14,844	19,181	25,903	32,687	24
香港	5,704	13,374	25,574	32,421	48,278	48,154	7
シンガポール	5,005	12,763	23,853	47,237	66,070	82,808	6
中国	307	347	951	4,500	10,170	12,670	1,426
タイ	705	1,564	2,004	5,076	7,813	7,070	72
マレーシア	1,927	2,586	4,348	9,047	11,228	12,466	34
インドネシア	673	771	870	3,178	4,194	4,798	276
フィリピン	774	829	1,087	2,237	3,512	3,624	116
ベトナム	653	122	499	1,628	3,439	4,087	98
カンボジア	n/a	100	300	788	1,736	1,802	17
ラオス	585	406	317	1,187	2,603	2,047	8
ミャンマー	n/a	n/a	159	727	1,302	1,228	54
ブルネイ	n/a	19,429	20,473	35,437	29,865	37,851	0
インド	272	375	450	1,377	2,050	2,392	1,417
パキスタン	465	597	699	1,108	1,501	1,650	236
バングラデシュ	311	398	498	936	2,154	2,731	171
スリランカ	334	565	1,065	2,894	4,083	3,342	22
ネパール	144	226	266	672	1,186	1,354	31

出典：一人あたり名目 GDP は IMF 2023b，人口は UN 2022a より筆者作成．

80 億人の 5 割強を占める．日本は一人あたり GDP で長いあいだアジアでトップの座にあったが，2007 年にシンガポール，2014 年に香港に抜かれた．シンガポールと香港は人口規模が小さいとはいえ，それぞれ 8 万ドル強(2022 年)，4 万 8,000 ドル(同年)と世界有数の高所得国・地域となった．台湾や韓国の一人あたり GDP の上昇も著しい(2024 年内閣府発表によれば，韓国は GDP を遡及改定した影響で数値が上振れし 2022，2023 年の一人あたり GDP は日本を上回った)．世界第 2 位の経済大国である中国は，一人あたり GDP ではこれらの国・地域になお及ばず，中所得国の位置づけである．ASEAN5 各国の所得レベルは，1980 年と比較すると大幅に増大したことがわかる．一方，それ以外の ASEAN 諸国や南アジアには所得水準が低い国が存在し，アジア各国間の格差は依然として大きい．

表 23-3 アジアの実質 GDP 成長率(1980–2022 年, 年平均, 現地通貨建)

(単位：%)

	1980年代	1990年代	2000年代	2010–2022年
日本	4.5	1.2	0.6	0.6
韓国	10.0	7.1	4.7	2.7
台湾	8.2	6.7	4.2	3.2
香港	6.7	4.0	4.1	1.5
シンガポール	7.7	7.1	5.8	3.6
中国	9.3	10.4	10.5	6.6
タイ	7.9	4.5	4.6	2.2
マレーシア	6.0	7.1	4.6	4.3
インドネシア	6.4	4.2	5.4	4.6
フィリピン	1.7	2.9	4.8	4.9
ベトナム	5.9	7.6	6.8	6.1
カンボジア	n/a	6.9	8.0	5.7
ラオス	5.6	6.1	7.2	5.6
ミャンマー	n/a	n/a	10.7	3.7
ブルネイ	n/a	2.2	1.4	0.0
インド	5.6	5.6	7.5	5.7
パキスタン	6.1	4.4	4.5	3.9
バングラデシュ	3.7	4.6	5.6	6.5
スリランカ	4.2	6.0	5.1	2.9
ネパール	4.7	5.0	4.0	4.4

出典：IMF 2023b より筆者作成.

　表 23-3 は実質 GDP 成長率を算出したものである．1980 年代には NIEs およびタイが高い成長率を示し，中国も改革開放路線に転じて成長軌道に乗り始めた．1990 年代には中国，マレーシア，および ASEAN 加盟を果たしたベトナムの伸びが顕著になった．2000 年代初頭に WTO への加盟を果たした中国は世界経済に本格的に参入し，経済は 1990–2000 年代に驚異的な二けた成長を遂げた．また，インドの実質成長率が 2000 年代に 7% 台を付けたことも注目に値する．

グローバル・バリューチェーンの展開

　アジア域内，特に途上国の経済成長において重要な役割を果たしているのが「グローバル・バリューチェーン」の展開である．従来の商品製造は一国内，あるいは一企業内で企画・部品製造・組み立て・販売が完結する「フルセット

型」が一般的であった．多国籍企業であっても，自社の製造工程の一部を現地に建設した工場に担わせる直接投資が中心であった．そして，そこでは現地企業への波及効果(特に技術移転)は小さかった．しかし，近年では製造工程のうち自社の比較優位がある工程・機能だけを残し，それ以外の工程・機能は現地企業などに外部委託する形が多くなった．その背景には，貿易の自由化が進展したことや国際物流コストが低下したこともあるが，最も重要なのはインターネットをベースとする情報通信技術の普及であり，それによって現地企業に委託することで生じる取引コストが大幅に低下したことである．そして，特定の工程や機能を担う企業が地理的に集積(産業集積)するようになり，各地の生産効率性が上昇すると，特定の工程では世界有数の競争力を持つ現地企業が現れるようにもなり，フルセット型を維持する意味はますます低下した．

その結果，製品全体のデザインや設計といった知識集約的工程は先進国，各種部品の製造という汎用性技術を用いた資本集約的工程は中進国，部品の組み立てという労働集約的工程は発展途上国でそれぞれ行うというように，一つの製品の生産が多様な要素賦存条件を持つ国・地域に分散されて行われるようになった(図23-1)．こうして，一つの製品をめぐって，複数の国に立地する多様な企業が，細分化された生産工程の分業関係を通じてつながるようになった．

製品企画や設計，生産や販売といった一連の経済活動を「付加価値創出の連鎖」と見立て，それがグローバルに展開するようになった以上の現象は「グローバル・バリューチェーン」と呼ばれる．グローバル・バリューチェーンは世界的な現象であるが，域内に多様な要素賦存を持つ地域を抱えるアジアにとりわけ大きな影響をもたらしたのである．

グローバル・バリューチェーンの展開の下で，アジア各地の企業では工程の高度化(労働生産性の向上)や製品の高度化(より付加価値の高い製品の生産)が見られた．一方で，問題点も指摘されている．細分化された各生産工程の付加価値の配分は一定ではないなかで，アジアの多くの企業が担っているのは労働集約的な付加価値が相対的に低い組立工程であるという点である(図23-1)．今後のアジアにとって重要な点は機能の高度化，つまり組み立てのような労働集約的

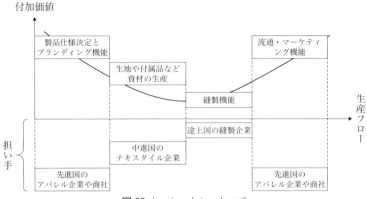

図 23-1　スマイル・カーブ

出典：遠藤ほか 2018: 82
注　：アパレル産業を例に生産工程・機能を付加価値との関係で見た図．形が笑った口元に似ていることから，この図は一般的に「スマイル・カーブ」と呼ばれる．

工程から企画やデザインなどの知識集約的な工程へというより付加価値の高い工程にいかにして移行するかにある．それはいわゆる「中所得国の罠」からの解放でもある．

　東アジアにおいてめざましい発展をとげた ICT 産業の例を見てみよう．ノートパソコンは 1980 年代末に日本企業によって開発された．当時のノートパソコンは部品間に強い相互依存関係がある「摺り合わせ型」製品であったが，CPU (Central Processing Unit, 中央演算処理装置)を生産していた米インテル社がインターフェースの標準化を図ることで部品の汎用性が高まり，ノートパソコンは「組み合わせ型」製品へ転換した．その結果，生産に対する技術障壁が低くなり，パソコンメーカーは生産を労働力が安価なアジアの企業に委託するようになった．その一つが台湾の企業であった．台湾では 1990 年代にノートパソコンの生産が開始された．パソコンメーカーは，委託先の台湾企業に対して製品設計や量産プロセスなどさまざまな技術やノウハウを移転した(川上 2011: 207–208)．

　台湾企業は一部を除けば自社ブランドを持たず，受託生産事業に特化することで，パソコンメーカーや部品メーカーなど多様な企業から技術や市場に関する情報を吸収することに努めた．そのため，1990 年代半ばまで台湾企業はバリューチェーンのなかで組立工程のみを担っていたが，吸収した技術や情報を

活用して 1990 年代末頃までには製品設計やロジスティクスも行うようになった．さらに 2000 年代半ば以降は，顧客向けに新製品のサンプルを開発し，さまざまな提案や助言を行うまでに至る．台湾企業はバリューチェーンのなかで，多くのアジア諸国が直面していた「機能の高度化」の問題を解決したのである．

ICT 産業は韓国や台湾で急速に成長した．日本の半導体メーカーは 1980 年代にアメリカを抜いて一時世界シェアの 50% を超えたが，台湾や韓国との競争に敗れ，近年は 1 割以下(2022 年)に低下した．半導体の受託製造(ファウンドリ)で世界最大手の TSMC (台湾積体電路製造股份有限公司)は現在，先端半導体の生産で圧倒的なシェアを誇る．アップルの iPhone などの受託製造を行う台湾の鴻海精密工業も，生産拠点を中国に置くことで急成長してきた．中国国内でも次節で見るようにファーウェイ(華為)などの通信機器大手が生産を伸ばしてきた．こうして世界経済におけるアジア，とりわけ東アジアのプレゼンスは質的にも高まり，アジア経済の動向が世界経済の行方を左右する主要な要因の一つといわれるようになったのである．

転換と再編の動き

本章冒頭で述べたように，アジアは，域内貿易・投資の相互依存関係を深化させることで，経済成長を地域として実現したところに特徴があった．グローバル・バリューチェーンの展開はこの構造とマッチして成長を後押ししたといってよい．しかし，こうした構造は近年明らかに変化しつつある．現在のアジアは，域内の国際政治秩序をどう担保し，経済連関の枠組みをどう再編するのかという喫緊の課題に直面しているのである．

アジアにおける安全保障の枠組みの欠如は，朝鮮半島情勢，台湾問題，南シナ海における中国・東南アジア各国の緊張関係，インド・中国関係の不安定化，そして米中間の対立をもたらし，国際環境は多くの不確定要素を抱えて不安定化している(第 24 章 4 参照)．アメリカは安全保障上の懸念から先端半導体などの戦略物資のサプライチェーン再編と中国の切り離し(デカップリング)を図り，2022 年 10 月に対中輸出規制の強化を発表し，日本やオランダなどにも同調を求めた．日本の東京エレクトロン社やオランダの ASML 社などは半導体の製造装置・材料で高い技術水準を誇るので，対中包囲網の強化には米・日・オラ

ンダ・韓国などの協調は不可欠である．アメリカはさらに対中規制の対象をモノ，ヒトだけでなくカネ(直接投資)にも拡大すると発表した．一方の中国も半導体の国産化を進めており，成熟品の生産では世界で一定のシェアを持ち，近年は性能も高度化させている．また，中国政府は半導体の素材に使われる希少金属(レアメタル)ガリウムの輸出規制を公表する(2023年)など対抗措置を講じている．

　台湾の安全保障上の脅威が高まるなか，半導体の製造におけるTSMCへの依存度の高さが問題視されつつある．TSMCは「2ナノ品」(ナノメートルは10億分の1メートル．回線回路幅は小さいほど性能が高い)と呼ばれる世界最先端半導体の工場建設を本格化し，工場を台湾の新竹(図20-1)に集積している．製品の企画・設計・開発は行うが，製品製造のための自社工場は所有せず，製造はすべてあるいは大半を委託し，製品は自社ブランドとして販売する業態(ファブレス)はさまざまな業種で見られるが，半導体産業はその主流である．アメリカ政府が補助金を拠出して半導体の国内生産を目指し，アリゾナ州フェニックスにTSMCの工場を誘致したのはこうした背景がある(この工場では回線回路幅4ナノメートルの先端半導体を生産)．日本政府も補助金を出して，TSMCを熊本県菊陽町へ誘致し，TSMC，ソニー，デンソーの共同出資でJASMが設立された(この工場では12-28ナノメートルの半導体の量産が開始された)．同様にドイツもTSMCの工場を誘致した(2024年)．グローバルなレベルでのTSMCの工場誘致の動きは台湾有事への危機対応を考慮したものである．なお，2023年には日本のラピダス社が最先端の半導体の国内生産を目指し，米IBMとライセンス契約を結び，北海道千歳に工場を設置すると発表した．

　サプライチェーンの再編はしかし，米中対立だけが原因ではない．むしろ，中国経済が直面している賃金高騰，生産年齢人口比率の低下，地方の財政難と不動産バブルの崩壊・金融リスクの上昇などの構造的な要因によるところも大きい．中国製造業が享受してきた低賃金による生産コストの優位性はしだいに低下し，2010年代に入ると外資企業のなかには生産拠点を中国プラス1に拡張する動きも出てきた．近年はアップルなどグローバル企業が中国に集中する生産拠点を東南アジアや南アジアに移転・分散する動きが広がる．2023年の海外からの対中投資は8割減に落ち込み，1992年の南巡講話(第22章4参照)直

後以来の低水準を記録した．背景には中国経済の減速があるが，改正スパイ法の施行（2023 年 7 月，スパイ行為の定義を広げ「国家の安全と利益」に関わる情報提供などを取り締まるようにした）も外資離れの要因になっていると指摘される．

　台湾・中国の経済関係も変化している．台湾は 1990 年代から中国に本格的に進出し，中国が「世界の工場」となるための先導役の一端を担ってきた．2010 年には中台間で FTA に相当する「海峡両岸経済協力枠組協定」（Economic Cooperation Framework Agreement, ECFA）を結び，台湾の対中投資は過去最高になった．しかし 2023 年にはそれが激減し，台湾が対中直接投資を解禁した 1993 年以降，初めて対米投資が対中投資を逆転したとされる．中国に巨大工場を持つ鴻海精密工業，クアンタ（広達電脳），ペガトロン（和碩聯合科技）などの台湾勢も，中国からベトナムやインドへの分散・移転の動きを見せている．また，台湾・中国間の政治的対立を背景に，サービス市場のさらなる開放を目的に 2013 年に締結された「海峡両岸サービス貿易協定」は，それに反対する台湾人学生運動の影響などにより発効せず，「海峡両岸物品貿易協定」も交渉が停止している．

　中国もまた，自国の生産拠点の一部を東南アジアに移転することを模索し，ベトナムやタイへの直接投資を加速させている．ベトナムではハノイ近郊の工業団地への進出も見られ，中国はベトナムへの直接投資額で韓国や日本を上回り首位を占める．中国企業がシンガポールやタイの子会社経由でベトナムに投資する場合もある．タイは，日本の自動車産業が早くから資本進出していたが（第 22 章 1 参照），近年は比亜迪（BYD）や長城汽車などの中国企業による EV の現地生産・販売が目立つ．

　日本と ASEAN は 1973 年に正式な協力関係を結んで 50 年になる．しかし，一時期圧倒的であった ASEAN における日本の存在感は明らかに希薄になりつつある．

　日本は 1985 年のプラザ合意以降，内需拡大政策を推進すると同時に，円高不況対策として財政拡張政策と金融緩和政策をとった．金融市場が緩慢になるなかで発生した「バブル」景気は，1989–1990 年にかけて日本銀行が急激な利上げを行った結果，一気に崩壊し，以後日本経済は「失われた 30 年」といわれる低成長の時代に入った．

本節の冒頭で見たように，世界の GDP に占める日本のシェアの低下と一人あたり GDP の低落は，戦後日本の高成長を支えたとされてきた日本型経済システム（日本的経営・金融システム）が世界経済の急速なグローバル化に対応できなくなったことを表している．日本の技術開発力の低下は人材教育投資の低さと関連しているし，財政規模の拡大と財政の悪化（債務残高の対 GDP 比の急上昇）も深刻である（杉山 2019）．少子高齢化の進行により日本の生産年齢人口（15-64 歳）は 1995 年をピークに減少し始め，日本の経済社会のあり方を根底から変える要因となった（本章 3 参照）．もっとも，2010 年代は日本の人口が減少したにもかかわらず労働力人口は増えていた．それは女性や高齢者の労働参加が進んだからであったが，非正規での採用も多かったので賃金水準の上昇につながらずデフレの一因となった．

近年急速に不安定化した国際政治経済環境は，特定国へのサプライチェーン依存を引き下げる圧力になっている．供給網分断に対する危機管理・レジリエンス（復元力）の重要性が認識されて，ジャストインタイム（必要なときに必要な量だけ部品を調達し，在庫をできるだけ持たずコストを減らす方式．トヨタ自動車はジャストインタイムを象徴する存在であり，国内だけでなくタイなどでも採用した）だけでなく，ジャストインケース（万が一への備えをし，そのコストを許容する方式）への対応も必須になりつつある．

地政学的分断化へのリスクに加えて環境リスクへの対応も重要になった（IMF 2023a）．洪水，災害，感染症リスクや脱炭素要求圧力も高まる．生産拠点が分散し，中間財が国境を越えて往来するなか，グローバル・バリューチェーンの生産・輸送における脱炭素化の必要性はますます高まっている．

最後にインドについて検討しておこう．インドはこれまで見てきた東・東南アジアに比べて，グローバル・バリューチェーンへの参加の度合いが低い．特に組立工程への参画率が低位である．賃金が相対的に低いにもかかわらず，労働集約的な産業（たとえば，アパレル）における強みを発揮できていない．これには，労働市場がカーストによって分断されている問題（たとえば企業内の内部労働市場も出身カーストで分断されているので，中間管理職への労働者からの昇進は制限されている）や法的な規制の存在が指摘できる（第 22 章 3 参照）．その是正のために，2014 年のナレンドラ・モディ首相は「メイク・イン・インディア」や

2020年の「自立したインド」キャンペーンを掲げ，産業における製造業比率の25％までの引き上げ(2025年までに)を目指している．サプライチェーンの「脱中国化」が進むなか，インドは有力な代替候補地であり，そのためには製造業が抱える問題の克服が不可欠である．

そうしたなかで自動車と製薬産業はグローバル・バリューチェーンへの参加を通して，アップグレードに成功している．また，近年新たな展開を見せているのはインド国内でのiPhoneの組立製造である．アップル社が中国での生産の一部を中国以外の地域に切り替えるなかで，台湾の鴻海がチェンナイ近郊で受託生産を開始，2022年には当時最新型のiPhone14をこの工場で製造した．2023年度にはインド国内でiPhoneの組み立てを行う企業は台湾の鴻海傘下フォックスコン(Foxconn)を中心に，台湾のペガトロン，インド財閥大手ターター・グループ傘下のターター・エレクトロニクスが同じく台湾の緯創資通(ウィストロン)から買収した工場の3箇所と報じられ，iPhoneの世界生産に占めるインドの割合は着実に増えている(大野 2024)．モディ政権は2020年からの生産連動インセンティブスキーム(PLI)という戦略的産業の育成に向けた補助金政策を開始した．上記の台湾3社はその認定を受けている(佐藤 2023: iii)．

一方，インドは中国企業の進出には強い警戒感を持っており，一連の対中経済規制措置がとられてきた．中印間には長年にわたる国境問題があり，最近でも2020年6月にチベット西部とパキスタン占領下のカシュミールに挟まれた要衝ラダックで軍事衝突が起きた．インドは「国境を接する国の企業による対印投資に対する規制措置」を打ち出し，中国からの対印投資は激減した．インドEV市場に投資を計画していた中国自動車メーカー大手の長城汽車は計画を断念，2023年には中国のEV最大手比亜迪(BYD)のインドにおける工場設立も却下された(近藤 2023: 188-189)．2022年12月にはインド北東部アルナーチャル・プラデーシュ州タワンで再び軍事衝突が起きた．インドの対中貿易は赤字であり，スマートフォン，機械製品，軽工業品をはじめ，ヒンドゥー教の神像や線香まで数えきれない日用品が中国から輸入されている．2023年時点でインドのスマートフォン市場の8割はファーウェイ，シャオミ，Vivo，OPPOなどの中国メーカーが占める．インドの製薬メーカーも医薬品原薬を中国からの輸入に依存している．一連の対中経済規制にもかかわらず，インドは中国経済

への依存から脱却できていない（近藤 2023: 192–195；深澤 2023）．

　他方，サービス業においてインドは上流工程への参加率が高く，ICTサービス産業で強みを発揮している（第22章3参照；佐藤 2023；内閣府 2023）．世界的なDX化（デジタルトランスフォーメーション化），GX化（グリーントランスフォーメーション化）の動きのなかで輸出競争力のあるサービス業を活かしたグローバル・バリューチェーンへの参画の道も重要になっている．

第2節　ICT化とサービス産業

東アジア

　前節で見たように東アジアにおけるICT産業は当初は製造業の分野が中心で，1980年代まではNEC・東芝・日立に代表される日本企業が世界の半導体産業をリードした．1990年代以降は，サムスン電子が半導体生産で台頭し，携帯電話生産でも世界有数の企業となるなど，韓国企業が台頭し，21世紀に入ると台湾のTSMCが世界の半導体産業の中心となった．またアップルのiPhoneに代表されるような製品の受託生産を行う台湾の鴻海精密工業なども急成長した．

　中国では，ファーウェイがスマートフォン生産で急成長し，通信ネットワークインフラにおいて世界市場で大きな役割を果たしている．情報サービス産業においても，アリババやテンセントなど中国企業の台頭は著しい．

　アリババとテンセントの台頭は，スマートフォンと結びついた決済サービスが背景にある．アリババは決済サービスの「支付宝」（アリペイ），テンセントは中国最大のチャットアプリ「微信」（ウィーチャット）の決済サービス「微信支付」（ウィーチャットペイ）を持ち，この決済アプリをプラットフォームとして巨大なビジネス生態系を形成している．これらプラットフォーム企業は決済アプリを通じて大量のデータを収集して販売促進や広告事業に活用するとともに，新たなビジネスモデルはこの決済サービスを前提に設計されている．そもそも，アリペイはクレジットカードに代わる第三者決済サービスを始めたことで，中国における電子商取引（Eコマース）を大きく発展させた．このアリババと，そのライバルであるテンセントと協力する京東商城は，2社で中国のEコマース

市場の大半を占めている．両者はQRコードを利用したモバイル決済も拡大し，スーパーやコンビニだけではなく，露天商や屋台などでも決済が可能になり，キャッシュレス経済が拡大した．フード・デリバリーや配車サービス，シェア自転車など新しいサービスが次々と誕生し，人びとの生活を大きく変えた．グローバルに多くのユーザーを持つTikTokを提供するバイトダンス・テクノロジーは世界的企業となっている(西村 2019)．

　こうした中国における急速なデジタル化の進展は問題も抱えている．中国のアリババやテンセントにみられるようにプラットフォーム企業が優越的地位を利用して競争者を排除したり市場支配力を濫用したりすることは問題になっている．また，フード・デリバリーの配達人やシェア自転車の整理人などにみられるように，新たなビジネスの多くが労働集約的である．しかし，中国の労働生産人口は2011年をピークに減少していて労働力の供給は減少して賃金も上昇，さらに高学歴化も進んでいて，現行のビジネスモデルの持続は困難である．加えて，デジタル化は国家による情報監視システムとして発展してきたため，海外サイトへの接続は制約され，グーグル，フェイスブック(現メタ)，ツイッター(現X)といったグローバルなICT企業の中国進出が抑制されてきた．これは中国の一部のネット企業が恩恵をこうむり発展することにつながったが，閉ざされた世界になっており，海外進出は当初は限定的であった(西村 2019)．もっとも，中国で競争力を養ったプラットフォーム企業はTemuやSHEINをはじめとする越境EC企業の発展もあり，世界的なアマゾン一強という構造を変えつつある．

　また，アリババ傘下の企業は「芝麻信用」という信用スコアのサービスを始めた．この信用スコアはアリペイなどの使用状況，学歴・職歴，資産状況や交友関係などの個人情報をもとに算出され，高い信用スコアの場合はさまざまな特典が得られるようになっている．こうした民間の信用スコアに対して，地方政府も「道徳的な信用スコア」の構築を試み，これは政府が「望ましい」と考える行動にポイントを付与し，「望ましくない」行動に減点することで，人びとの行動を誘導するアプローチがとられている．より洗練されているのが検閲のシステムで，書き込んだ本人が気づかない形でネット上の投稿が閲覧できないようになっている不可視の検閲や，特定のトピックに書き込みが増えると警

報が出るネット世論監視システムなどが併用されている．これによって，社会問題を批判糾弾する書き込みで溢れた中国のネット空間はエンターテインメントを中心とした空間となり，政府にとって清く正しい言論空間に，気づかないうちに誘導されるようになっている．数億台にのぼる監視カメラネットワークは人工知能による顔認証技術と結びつき，治安の改善につながる一方，ウイグル人をはじめとする少数民族の行動監視にも使用されている．こうして利便性・安全性と個人のプライバシーのトレードオフの形で「監視を通じた社会秩序の実現」が図られている（梶谷・高口 2019; 西村 2019; 伊藤 2020）．

　新型コロナウィルスの封じ込めにもデジタル技術は多用されて威力を発揮したが，検閲体制の強化も進んだ（高口 2021）．2022 年 3–5 月には上海でロックダウンが徹底的に行われた．こうしたなかで，ゼロコロナ政策に対する批判が高まり，2022 年 11 月には白紙運動といわれる SNS を通じた批判運動が大々的に行われ，結果的に中国政府はゼロコロナ政策を急激に緩和することになったので，政府のネット統制も完全ではないことがわかる．

　政府と企業の関係では，アリババが 10 億人を超えるデジタル決済のユーザー数を利用して，融資・投資・保険というデジタル金融事業を拡張したことは，中国の金融規制当局の規制を招き，さらには 2020 年 11 月のアリババ傘下のフィンテック企業アント・グループの上海・香港における新規株式公開の延期につながった．その後も，ネット企業への規制が強化されたことは，これまで中国の成長を牽引してきた民間企業によるイノベーションを阻害し，ひいては中国の経済発展を阻害する可能性について懸念されている．

東南アジア

　近年東南アジアでも急速に ICT 化が進んできた．そもそも，東南アジアにおいては通信手段としての固定電話の普及率が非常に低く，世界銀行の統計によると 2000 年時点の人口 100 人あたりの固定電話の回線数は，最も普及率の高いシンガポールでも 48 回線であり，次いでブルネイが 24 回線，マレーシアが 20 回線，タイが 9 回線であった．たとえば，当時タイでは地方の農村部で固定電話を持っている世帯はほぼ皆無であり，区（タムボン）に 1 箇所公衆電話があるという状況であった．このため，都市部こそ固定電話はある程度普及し

ていたものの，農村部においては固定電話を使ったことがある人は非常に少なく，通信手段を全く持たない人びとが圧倒的に多かった．

ところが，1990年代に出現した携帯電話が2000年代に入って急速に普及し始めると，東南アジアにおいてもスマートフォンなども含めた情報端末が急速に広まり，2010年代に入るとその波は最も開発が遅れた国々にも及んだ．2000年の時点で情報端末の契約件数はシンガポールで人口100人あたり68件であったが，タイでは5件，ベトナムでは1件，ラオスやミャンマーでは0件と非常に少なかった．ところが，2010年までにタイやベトナムでは100件を超えて計算上は国民すべてが情報端末を使用していることとなり，2020年には63件のラオス以外はいずれも100件を超えた．ミャンマーでは2013年に携帯電話事業が外資に開放されたことで，わずか数年の間でほぼすべての国民に情報端末が広まった．携帯電話やスマートフォンなどの急速な普及によって，これまで固定電話を利用できなかった東南アジアの大半の人びとが通信手段を獲得し，かつインターネットを経由して世界中の情報にアクセスできるようになったのである．このようなデジタル化は，18世紀後半からの蒸気機関の発展，19世紀からの電気通信技術の発展，20世紀のコンピュータの開発にそれぞれ端を発した産業革命に続く，「第四次産業革命」と捉える見方もある（大泉 2018; 伊藤 2020; 工藤 2021）．

実際に，東南アジアでもさまざまな場面でデジタル化が進んでいる．たとえば，多くの国でシンガポール発祥のGrabなどの配車アプリを使って，ライドシェアの自家用車のほか，通常のタクシーやバイクタクシーを呼ぶこともできる．料理の配送サービスも盛んであり，人気店の前にはいつも配達待ちのバイクが待機している．道端の屋台においてもQRコード決裁での支払いが可能な店が増えており，今や生活のあらゆる場面でスマートフォンが活躍している．このようなデジタル化は東南アジア各地で同時発生的に進んでおり，今後も使用可能な場面がさらに増えていくであろう．

デジタル化の進展と同時に，東南アジアではサービス産業の発展も進んでいる．そもそも東南アジアでは古くから交易に立脚した政治権力が各地に出現しており，商業やサービス業といったいわゆる第三次産業の比重は高かったが，第二次世界大戦後に都市化が進むと，インフォーマル経済と呼ばれるさまざま

なサービス業に従事する人びとが増加し，第三次産業の従事者がますます増加することとなった．第三次産業は都市部に集中することから，都市国家であるシンガポールでは1991年の時点で第三次産業の従事者比率は全体の64%に達していたのに対し，経済発展が遅れた農業国であったラオスやカンボジアでは同年にそれぞれ17%，11%と非常に低かった．もっともいずれの国においてもこの数値は年々増加しており，2022年にはシンガポールの86%を筆頭に，カンボジアでも37%，ラオスでも23%まで増えてきており，カンボジア，ラオス，ミャンマー以外の国では第三次産業の従事者比率が最も高くなっている．

　東南アジアの中でも，特異なサービス産業が発展したのがフィリピンである．フィリピンは工業化が進まず，元来第三次産業従事者比率が相対的に高い国であったが，2000年代以降BPO産業が盛んとなり，なかでも欧米の多国籍企業のコールセンターが多数集中するようになった．これはアメリカの旧植民地であったことによる英語能力の高さと，安い人件費を武器に台頭してきたもので，2010年にはインドを抜いてアジア最大のコールセンターの集積地となった．2017年にはBPO産業に従事する人は約64万人まで増加し，うち60%以上がコールセンターで勤務していた．コールセンターの人材には語学力のみならずコミュニケーション能力と忍耐力が必要とされており，これらの能力に長けたフィリピンの人材が世界的にも脚光を浴びたのである(田川 2023)．

南アジア

　インドのICT産業発展の萌芽は，1980年代に見いだすことができる．1984年に首相に就任したラジーヴ・ガンディーは電子産業の近代化を重視し，貿易政策の自由化のなかで(第22章3参照)，コンピュータ技術輸入の規制緩和や関連機器・ソフトウェアの関税の大幅引き下げを政策として提示した(絵所 2019: 269)．この政策に前後して，インドの主要ICT企業が1980年代に創業し，アメリカなど外国企業との契約によって発展した(石上 2011b: 166)．1991年以降の経済自由化政策のなかで通信分野の改革は急速に進み，固定電話・携帯電話分野に民間の参入が可能となり，ICTサービス産業(第22章3参照)の分野では100%の外資の出資が認められた(絵所 2019: 273)．さらに経済自由化政策のなかで民間企業のライセンス取得制度が撤廃されたこと(第22章3参照)などによ

り，民間企業の活動が活発化し，外資企業の進出も容認された．このような状況のなかで，政府がその発展を重視し，今後の発展余地が大きい新興のICTサービス産業に注目が集まり，1990年代後半以降に急速に成長した．

1990年代のICTサービス産業は低コストのソフトウェア技術者を先進国へ派遣し，人材を輸出していた．その後，国際海底ケーブル敷設により通信の大容量化と低価格化が起こり，さらに加入者が34万人(1997年)から525万人(2009年)に増加した携帯電話(マニ 2011: 189)など情報通信機器の低価格化と普及も起こって，ICTサービス産業が大きく成長した．こうした成長を背景に，2000年代にはソフトウェア開発やコールセンターでの顧客対応をインド国内で行い，情報通信技術を用いてサービスを輸出する形にICTサービス産業は発展した(鍬塚 2015: 203-204)．この発展は新たな雇用を創出するとともに，インド国内のICTサービス産業の拠点増加や拠点ネットワークの形成を促し，インドの都市のあり方に変化をもたらした(鍬塚 2015: 205-219)．そして通信機器の普及により電子商取引(Eコマース)が農村部にも広まり，農村の零細小売店とEコマースを結びつける新たな企業も現れ，農村部も大きな変化を経験している(下門 2021: 216)．

ICT産業の製造部門が小規模にとどまったのに対し(第22章3参照)，ICTサービス産業は大いに発展してサービス産業の成長を牽引し，インドのGDPに占めるサービス部門の比率は1991年の44.1％から2017年の51.8％へと上昇し，雇用に占めるサービス部門の比率も1991年の20.5％から2017年の31％へと増加した．それに対し第二次産業のシェアはほぼ変化せず，GDPに占める製造業部門(建設・電気・ガス・水道を除く)の比率は1980年以降一貫して15-16％程度にとどまっている．また，雇用に占める製造業部門の比率も12％程度で変化していない(小島 2021: 40)．つまり，第一次産業のシェアが低下した分を第三次産業が吸収しており，第一次から第二次を経て第三次産業へと産業構造が転換する先進工業国とは異なる経済成長をインドは遂げている(絵所 2014: 100-102)．

インド以外の南アジア諸国(ブータンとモルディブを除く)の1980年代以降の産業構造においても，2000年以降に第二次産業の割合が顕著に下落したネパールを除いて第二次産業のシェアは大きく変化せず，第一次産業のシェアが下

落し，それを吸収するように第三次産業が成長し，程度の差はあるが，インドと同様に変化した(石上 2011a: 8-10)．しかしこれらの諸国ではICTサービス産業が第三次産業のシェア拡大を牽引しているわけではなく，ICTサービス産業の成長はインドと他の南アジア諸国のあいだで大きな差がみられる．

第3節　人口動態
――少子高齢化，人口増，労働力移動・難民

　本節では現代アジアが直面している人口動態の諸相をまとめておきたい．人口動態は個人の人口行動の結果として決まるが，国によっては人口動態が国家の政策に強く規定されて，人びとの人口行動に選択の自由や余地がなかったケースもあった．

世界の人口とアジア

　世界の人口は1950年の25億人から3倍以上に増加し，2022年中に80億人を突破した．2022年7月に発表された国連の世界人口推計によれば，世界人口は増加を続けているが，そのペースはスローダウンしており，2020年には推計開始以降初めて年成長率が1%を切った．世界全体では2080年代半ばに約104億人でピークを迎えると予測している．

　国連が示す人口最多の2地域はいうまでもなくアジアにある．東アジア・東南アジア(以下，東・東南アジア)は23億人で世界人口の29%を，中央アジア・南アジアは21億人で26%を占める．中国は長年にわたり人口世界一の座を占めてきたが(2022年時点14億2,588万人)，1970年代終盤に策定された一人っ子政策など産児制限の影響が大きく，政策の廃止後も出生数が減少し，総人口も減少に転じた．他方，インドは，出生率の高さに加え，衛生環境の改善などで乳幼児死亡率が低下し寿命が延びたことが人口増につながっている．その結果，2023年にインドの人口は中国を上回り，世界最多となった．ただし，今後インドの人口増加のペースは鈍化するとされる．なお，サハラ以南のアフリカ諸国は2100年まで人口増が続く．また国連は，2050年までの世界人口増加の半分以上はコンゴ民主共和国，エジプト，エチオピア，インド，ナイジェリア，

パキスタン，フィリピン，タンザニア連合共和国の 8 カ国に集中するとしている (UN, World Population Prospects 2022b)．

東アジア・東南アジアにおける少子高齢化の進展

東・東南アジアは 1950–60 年代には合計特殊出生率は 5.7 と，世界平均の 5.0 を大きく上回っていた．しかし，現在は多くの国・地域で人口が安定的に推移する置換水準の 2.1 を下回るようになり，少子化は一部の国を除きこの地域に共通する問題になった．アジアは「多産多死」から「多産中死」に移行する過程で人口急増を経験した．死亡率の低下(特に乳幼児死亡率の低下)は，国際社会からの支援を通じた医療サービスの拡充や栄養改善によるところが大きい．しかし，人口急増による経済成長への負の影響を認識したアジアの多くの政府 (韓国・台湾・中国・タイ・シンガポールなど)は，その対策として家族計画を含む人口抑制策を導入した．ただし，国家主導による人口抑制策はときに人権を侵害することもあったことは中国における一人っ子政策の実施過程でも知られるところである．人口抑制策に加え，1980 年代以降は所得の上昇，教育制度の普及，熟練労働者の増加，都市化，女性労働力率の上昇など，経済成長にともなう社会構造の変化も出生率の低下を促した(遠藤ほか 2018: 208–212)．

国連の人口推計 2022 年(中位推計)では，韓国・台湾・日本・香港・中国・シンガポール・タイの合計特殊出生率は 1.5 を下回り，ブルネイ・マレーシア・ベトナムも 2.1 を下回る．こうして東・東南アジア全体の人口は 2030 年代にピークを迎えると予想されている．日本・韓国・中国の人口はすでに減少に転じているし，東南アジアでも出生率が低水準にあるタイやシンガポールで今後減少に向かう．なかでも韓国の少子化は，先行した日本のそれを上回るスピードで進み，合計特殊出生率は 0.78 (2022 年)という世界的にも稀な低率を記録した．なお，インドネシア・フィリピン・ベトナムは，しばらくは人口が増えるとされる(UN, World Population Prospects 2022b; 大泉 2023)．

少子化は女性のライフコースの多様化と密接に連動している(永瀬 2021)．一般に，教育機会や雇用機会の男女平等が社会的に進む一方で，家族規範(家庭内での男女の役割，とりわけ育児責任の女性への偏重)が変わらない場合に，結婚・出産への移行が起きにくく，少子化の原因になるとされる(McDonald 2000).

世界で最も少子化が進む東アジアでは，この家族規範が変化しにくいことが少子化の大きな理由の一つであり，女性の教育水準や労働参加率が上がるにつれて晩婚化あるいは非婚化が進み出生率は低下した．東南アジアでもシンガポールの場合には，東アジアに近い家族規範が見られることがあり，それが出生率低下の要因の一つになっている．一方，タイでは晩婚化はそれほど進んでおらず，未婚率も増大していないなかで，女性が全世代にわたって（自らの意思で）婚姻内出生制限を行っていることが少子化の要因の一つとされる（石川 2023: 表4-8）．なお，タイの男性の家事参加率の高さは，タイにおける家事に要する時間の少なさとあわせて，日本の状況との違いを際立たせている．クラウディア・ゴールディンはアメリカの高学歴女性に焦点を当てて，現代でもなお男女賃金格差が消えない背景として Greedy Work（貪欲な仕事）を挙げた．容赦のない密度で不規則な日程に対応しながら長時間労働を要求し，その見返りとして高い報酬を支払う貪欲な仕事は子育てとの両立が難しい（ゴールディン 2023）．子育てを機に貪欲な仕事から降りるのは男性に比べて女性に多いという状況はアジアで見られる．少子化は人びとの生活や家族のあり方，仕事のあり方と関連する普遍的な問題である．

　出生率の低下は直ちに高齢化の原因となるのではなく，当面は経済成長を推進する効果を持つ．出生率の急速な低下は総人口に占める生産年齢人口（15-64歳）比率を上昇させるので，それが経済成長を後押しする「人口ボーナス」（demographic dividend）という状況を生むのである．もちろん人口ボーナスを十分に享受するためには，人口動態に親和的な経済政策が必要であり，そのような政策の有無も経済成長をもたらす重要な要素であった．韓国と台湾は，1970年代にベビーブーム世代を中心とする若年労働力の雇用確保のために，それまでの輸入代替工業化政策を輸出志向型工業化政策に転換，次いで1980年代に生産年齢人口比率が60%を超え国内貯蓄率が高まったのを背景に重化学工業，自動車，電子・電気などのハイテク産業化を図り，最後に法整備，教育の高度化，企業の研究開発による生産性向上を進めた（第21章3参照；遠藤ほか 2018: 215-216）．

　中国では生産年齢人口比率は1970年代末から上昇し，改革開放期に人口ボーナスを享受することができた．もっとも，その背景には，それまでの中国で

とられてきた人口政策がもたらした意図せざる効果があった．人口過剰を抑制するために1979年に策定された一人っ子政策と，1970年代から始まっていた晩婚や出産数抑制による出生率低下の底流が相まって，子どもの数は改革開放期を通じて相対的に減少．他方で，出生率が高かった1960年代までに生まれた人びとが改革開放期に生産年齢人口に加わったことも大きかった．しかし，上昇を続けた生産年齢人口比率は2010年に74.5% という高水準に達し，その後緩やかに低下し，生産年齢人口の絶対数も減少している(丸川 2021: 127)．

生産年齢人口比率が低下すると労働投入率と国内貯蓄率は下がるので，人口動態が経済成長を抑制するようになる「人口オーナス」(demographic onus)と呼ばれる状況がもたらされる．オーナスは負荷という意味である．日本をはじめアジアNIEsでは生産年齢人口比率がピークアウトする前に高所得国への移行に成功した．一方，タイや中国，ベトナムは中所得国であり，中国で「未富先老」(豊かになる前に老いる)問題といわれる状態は人口ボーナスを十分に享受できない前に高齢化を迎える状況を意味する(遠藤ほか 2018: 218)．

東・東南アジアでは少子化と同時に高齢化が進んだ．2022年の同地域の高齢化率(65歳以上の人口比率)は12.7%と，世界平均の9.7%を上回る(UN 2022b: 8)．それだけではなく高齢化のスピードが他地域を上回る速さで進んでいることにも注意が必要である．高齢者の人口比率が国際基準の7%を超える「高齢化社会」から14%を超える「高齢社会」に移行するのに要する年数(倍化年数)は，ヨーロッパ諸国ではフランスが115年，スウェーデンは85年，最短のドイツでも40年を要した．それに対して日本のそれは24年(1971年から1995年)と世界でも例外的に速いとされてきたが，東・東南アジアには韓国をはじめとしてそれ以上のスピードで高齢化が進む国・地域がある(遠藤ほか 2018: 220; 末廣・大泉 2017: 113-114)．なお，タイは2000年代以降恒常的かつ深刻な労働力不足の国で，近隣のカンボジア，ラオス，ミャンマーからの非熟練労働者は重要な労働力として欠かせない存在となっている(末廣・大泉 2017: 155)．

中国は2021年に高齢者人口比率が14%を超える「高齢社会」になった．政府は2013年に一人っ子政策を廃止し，夫婦いずれかが一人っ子の場合に2人までの出産を認めた．2016年からは都市，農村，民族を問わずすべての夫婦が2人まで子どもを産んでよいことになった．しかし，2000年以降，中国の

合計特殊出生率はすでに低下しており，政策転換は遅きに失した．政府は2021年から3人目の出産を認めたが，出生数の減少は止まらない．合計特殊出生率は日本を下回り，総人口も減少に転じた．中国の人口動態・年齢別構成は2015年頃を起点に変化し，豊富な労働力を武器とした中国経済の優勢が喪失しつつあることを示唆している．政府は年金制度改革を進め，現在では制度上，公的年金はすべての国民をカバーしているが，年金受給額の格差や基金の維持に問題を抱える．

急速に増える高齢者を誰がどう支えるのかは，東・東南アジアに共通する政策課題である．単身高齢女性の相対的貧困は日本や中国農村でも深刻な問題になりつつある．日本，韓国，台湾，シンガポールは国民皆社会保障制度を導入したが，高齢化の進展とともに財政負担は急増している．もっとも，高齢者の定義は国によって異なるので，定義を変えれば人口ボーナスや社会保障の議論は変化することにも注意が必要である．世界人口全体でも高齢化率は上昇しており，生活の質を下げることなく社会参加を続ける高齢社会（アクティブ・エイジング）の実現は世界に共通する課題である．

南アジアにおける人口増

上述のように，2023年にインドの人口は約14億2,860万人となり，中国を追い抜いた（BBC News 2023）．こうした事態は，インドの人口増加の勢いが1990年代に至るまで，衰えることがなかったことによっている．すなわち，10年平均の人口増加率が，1970年代と1980年代に2.23％，1990年代では1.98％となっており，1970年代中葉から2％台を割っている中国と比べると，20年ほどの遅れがあることになる（表23-4）．

このように，1990年代まで年率2％近くの増加率が続いたのは，いうまでもなく出生率が高止まりしていたことが原因であるが，1990年代には人口増加率が低下し始めた．合計特殊出生率は，1970年代の10年平均で5.24，そして1980年代で4.47，さらに1990年代で3.70と低下し（表23-4），緩やかではあるが，「人口転換」理論における「少産少死」の第三段階が始まったといえる．ただしこうした変化は，必ずしも生活水準の向上によってもたらされたのではなく，インド特有の家族計画の影響，特に女性に対する不妊手術（steriliza-

表 23-4　南アジア主要諸国の人口に関する諸指標

		1960年代	1970年代	1980年代	1990年代	2000年代	2010年代	2020年代
インド	人口(千人)	440,828	551,306	688,875	861,205	1,050,012	1,232,085	1,389,966
	人口増加率 (年率, %, 10年平均)	2.24	2.23	2.23	1.98	1.60	1.21	0.80
	合計特殊出生率 (10年平均)	5.89	5.24	4.47	3.70	3.00	2.34	2.04
	乳児死亡率 (千人あたり)	158.2	141.7	115.2	89.8	67.8	45.2	26.6
バングラデシュ	人口	49,678	66,788	82,875	106,002	127,976	147,488	166,427
	人口増加率	2.96	2.16	2.46	1.88	1.42	1.21	1.15
	合計特殊出生率	6.84	6.71	5.57	3.77	2.85	2.15	1.99
	乳児死亡率	173.4	165.3	138.6	103.0	64.6	39.0	24.0
パキスタン	人口	45,383	58,466	78,826	113,528	151,822	192,284	225,113
	人口増加率	2.53	2.99	3.65	2.91	2.36	1.58	1.83
	合計特殊出生率	6.80	6.80	6.59	5.92	4.75	3.96	3.51
	乳児死亡率	182.6	142.1	125.1	107.8	85.3	70.5	53.9
スリランカ	人口	9,665	12,254	14,815	17,096	18,727	20,577	21,683
	人口増加率	2.37	1.90	1.43	0.91	0.94	0.52	0.27
	合計特殊出生率	5.03	3.93	3.00	2.32	2.27	2.12	2.00
	乳児死亡率	70.0	54.0	37.0	19.1	14.0	9.7	5.9
ネパール	人口	10,072	12,364	15,416	19,367	24,358	27,095	28,999
	人口増加率	2.05	2.21	2.28	2.29	—	—	—
	合計特殊出生率	6.02	5.76	5.47	4.74	3.23	2.28	2.04
	乳児死亡率	217.1	177.1	139.0	96.5	58.7	36.7	23.8

出典：UN 2022a より筆者作成
注1：人口増加率および合計特殊出生率は各年代の平均．2020年代の列のみ 2020–2021 年の平均．
注2：「—」は元データに不自然な数値があることを示す．

tion)の効果が大きかった．インドの「人口転換」は，この国特有の歪みを有しているといえる．不妊手術が先行する出生率の低下は，衛生環境に大きな改善が見られなくても可能である．事実，出生率は下がっているものの，乳児死亡率(1,000 出生当たりの生後1年未満死亡数)は依然として高い(2021年で25.5)という状況は，インドの劣悪な衛生事情を反映している(James 2011; UN 2022a)．

さらに，インドでは男子の出生を選好する傾向があり，性別選択的中絶(sex-selective abortion)が頻繁に行われ，特に北西部でその傾向が著しい．少子化が進むとその傾向がいっそう強まっており，結果として男女の性比(sex ratio, m/f)は北西部および北部の諸州(パンジャーブ州，ハリヤーナ州，ウッタル・プラデーシュ州など)で 1.07–1.14 という水準にあり，世界でも例外的な状況にある

(Dyson 2018: 229).

　また，インドにおける「人口転換」は，著しい地域間格差をともなっている．2011 年のインド全体の合計特殊出生率は 2.4 であるが，3 を超える主にインド北部の地域(ビハール州，ウッタル・プラデーシュ州など 6 州)がある一方で，2 を下回る主にインド南部の地域(カルナータカ州，タミル・ナードゥ州など 7 州)が存在する (Dyson 2018: 229)．

　出生率の低下が始まると，やがて生産年齢人口の比率が増加する人口ボーナス期が始まる．1990 年代に始まるインド経済の「高度成長」の時代の一因としてこの要因を挙げる論者もいて，ついにインドの人口は「資源」と考えられるようになったともいえる．しかしインドの場合，「人口ボーナス」説には異論もある．生産年齢人口の比率が高まっても，雇用を吸収する労働集約的な成長産業という受け皿がない限り，経済発展につながらない．また，労働力が適切な教育を受けた人的資本として供給されないという弱点も存在する．しかし「人口ボーナス」論は，2000 年代以降のインドの経済成長を説明することにある程度成功している．ただし地域格差が顕著であり，早期に出生率が低下した南部諸州ではすでに「人口ボーナス」の恩恵は受けてきたのに対して，出生率の低下が遅れた北部諸州では，恩恵を徐々に受けつつある (James 2008: 69)．

　いずれにしても，21 世紀になって，インドの人口をめぐる様相は大きく変化した．人口を「重荷」と見る時代から，「資源」や「チャンス」と見る時代へと変化したのである．また，すでに「人口オーナス」期に入った東アジアと入りつつある東南アジアに比較した場合，インドの今後の人口転換は相対的に有利な条件といえるであろう．

　なお，インド以外の南アジア諸国の状況は，以下の通りである．バングラデシュも，インドと同様，1990 年代の前半に人口増加率が 2.0% 以下になっている．他方，バングラデシュと同じくムスリムが多数を占めるパキスタンは，1990 年代には人口増加率が 3.0% に近く，2.0% 以下になるのは，2010 年代である．合計特殊出生率は，バングラデシュでは 1990 年代にすでに 4 以下になっているが，パキスタンでは 6 に近く，2020 年の時点でもなお 3 を超えている．スリランカでは人口増加率が 2.0% を下回るのは 1970 年代のことであり，南アジアでは例外的に早い．乳児死亡率も早くから低い水準になっており，

2010年にインドで45.24，バングラデシュで39.0，パキスタンで70.5であるのに対して，スリランカは9.7と大きく引き離している．この低水準は，スリランカにおける公衆衛生，特に母子保健が相対的に優れていることによっている．ネパールは，1997に人口増加率が2.0%以下になったが，その後の傾向は明らかでない(表23-4)．合計特殊出生率の低下は，インドとほぼ同じような経過をたどっている(UN 2022a)．

国境を越える労働力移動・難民

これまで見てきたように，アジアでは古くから人の移動が活発であったが，20世紀半ばから旧植民地が独立を始めると，国民国家内の戦乱，政治体制の変化，経済状況の変動などを理由に，国内の他地域や国外へと移動する人びとの数が顕著に増加した．その移動のパターンは大きく，労働目的の移動と避難のための移動の二つに分けられる．

南アジアは，国際労働移動という点で，他のアジア諸国と際立って異なる特徴を持つ．2010–2021年の期間に，純流出した人口(いずれも概数)は，パキスタンで1,650万人，インドで350万人，バングラデシュで290万人，ネパールで160万人，スリランカで100万人である(UN 2022b: 22)．しかし同期間における年平均純流出率(人口に対する純流出の比率，パーミル)を見ると，パキスタンで6.5，インドで0.2，バングラデシュで1.5，ネパールで5.1，スリランカで3.9となり，パキスタンとネパールが突出する．両国はどちらも国内に雇用吸収力のある産業が乏しく，国内における政治的・社会的状況の不安定がもたらすプッシュ要因が存在するとみなさざるをえない．

インドでは，すでに触れたように，1990年代以降アメリカを中心に高学歴者の移民が増加したが(第22章3参照)，それ以外に1970年代から中東産油国への出稼ぎ労働者も増えており，2000年代以降さらに拡大傾向にある．産油国は，オイル・マネーによる大規模開発に移民労働力を必要としたのである．彼らは基本的に単身男性の出稼ぎ労働者であり，契約終了後に帰国する．中東産油国では，定住権を得ることは非常に困難である．なお，パキスタンとバングラデシュからの人口流出のかなりの部分は，イスラーム教国の中東産油国に向かう出稼ぎ労働者によって占められている．

東南アジアでは，国際労働力移動は西側陣営の国から始まり，フィリピンやタイから中東へ向かう労働者が 1970 年代に増加し，1980 年代に入ると日本，韓国，台湾などへの出稼ぎも見られるようになった．当初は男性労働者が中心であったが，やがて香港やシンガポールなどで女性の家事労働者の需要が増え，フィリピンやインドネシアが主要な送り出し国となった．さらに，1990 年代に入ってこれらの国々に経済ブームが到来すると，いわゆる 3K (きつい，汚い，危険)と呼ばれる下層労働市場の労働力不足が始まり，より経済レベルの低い周辺国から労働者が流入するようになった．たとえば，タイではミャンマーをはじめとしてカンボジアやラオスから大量の労働力を受け入れており，2019 年末時点の外国人労働者の数は公式な統計でも約 300 万人となっている．こうして，一部の中所得国は労働力の送り出し国でもある一方で，受け入れ国としても機能しているのである(青木 2020; 町北 2018; 柿崎 2021b)．

一方，避難のための移動は主に国内の戦乱や政治的迫害を理由に行われてきた．東南アジアにおける本格的な難民の出現は，1970 年代のベトナム戦争の終了にともなうインドシナ三国(ベトナム，ラオス，カンボジア)の共産化を契機としていた．ベトナムでは，それまで自由主義体制であった南側の共産化に反発する多数の人びとが難民となってベトナムを離れる道を選んだ．さらに，1979 年に中越戦争が勃発すると，ベトナム国内の中国系の多くが国外へと脱出した．脱出者の多くが船を用いたことからボートピープルと呼ばれるようになり，その一部は南シナ海を航行する日本船に保護されて日本に到着し，インドシナ難民として日本で受け入れられた．ラオスからはベトナム戦争中にアメリカに協力したモン(ミャオ)人が共産化後に迫害を恐れてタイに逃れ，後に多くがアメリカへと渡った．そして，カンボジア内戦の際には多数の難民がタイに逃れてきた(山田 2018; 青木 2020)．

その後，難民問題の中心はビルマ(ミャンマー)に移った．少数民族の迫害や経済的困窮を理由にビルマからタイへと逃れてくる難民は 1970 年代から存在したが，1980 年代半ばからタイは国境沿いに難民キャンプを設けてカレン族などの難民を受け入れてきた．2020 年の時点で約 9 万人のミャンマーからの難民がタイ国内の難民キャンプに存在し，彼らの一部はタイの労働市場にも参入している．また，ミャンマーでは西部ラカイン州に住むムスリムであるロヒ

ンギャの人びとが迫害されており，これまでも隣国バングラデシュへの脱出や，船でタイやマレーシアを目指す人びとが存在した．しかし 2017 年にロヒンギャとミャンマー軍・警察との大規模な衝突が発生すると，60–70 万人ものロヒンギャが難民となってバングラデシュに逃れた．2021 年のクーデター以降は国内の混乱や政治的迫害を逃れるためにミャンマーを脱出する人が増えており，ミャンマーの難民問題は解決の糸口が見いだせない状況である(柿崎 2021b; 中西 2022)．

第 4 節　家族とジェンダー

　女性の家庭内労働は，公式統計に含まれないことから，経済学や経済史において長らく見逃されてきた．しかし先進国では 1960 年代から，家庭内で家事，特に子どもや高齢者へのケアを女性が無償で行うことに対してジェンダーの視点から批判がなされ研究が行われるようになり，アジアでも 1980 年代以降に家族とジェンダーに関する研究が進展した．アジアでは欧米よりはるかに短期間に近代化や経済成長を遂げつつあることから，家族のあり方にも特有の変化が起きているが，アジア内の地域差も大きい(落合・山根・宮坂 2007; 落合 2013a)．そこで本節では，近年のアジアの家族および女性が直面する就労とケアの問題に焦点を当て，地域ごとに異なる課題があることを示す．

東アジア

　前節で見たように，東アジアでは 21 世紀に入る頃から少子化が急速に進展し，多くの国・地域で人口規模を維持するのに必要な水準を下回るようになっている．こうした変化は晩婚化・非婚化といった家族形成における変化や女性の働き方の変化と密接に結びついている．

　日本の例から見てみよう．1980 年の日本では全世帯のうち単身者による単独世帯の割合は 19.8% であったが，2020 年には 38.1% に上昇した．また生涯未婚率(50 歳時未婚率)では，1975 年に女性 4%・男性 2% だったのが 2015 年には女性 14%・男性 23% となっており，男女ともに未婚化が急速に進んでいることがわかる．また女性の働き方という視点から見ると，単独世帯を除いた世

帯のうち夫婦共働きの世帯が増加し(2020年68%)，高度成長期に顕著となった子育て期女性の就労率低下，いわゆる「M字カーブ」(今田 1996: 39)は見かけ上緩和されてきた．しかし共働きといってもその6割は女性が非正規職の「妻パート世帯」であり，正規職の男性に収入の相当部分を依存する構造そのものは変わっていない．

　溝口由己は，こうした一連の状況は，家族を持って生きることの「しんどさ」，つまり費用対効果の低さから結婚を回避する動きが強まったことを反映していると解釈する．その背景としては，①子育てや介護の責任が家族に委ねられていること，②正規雇用の労働者が長時間労働を強いられ，仕事と育児の両立が困難なこと(つまり子育てのためには正規職でいつづけることを諦めなければならないこと)，③正規と非正規の待遇格差が大きく非正規職だけでは家計を維持できないことが挙げられている(溝口 2023)．こうした諸条件が変わらないまま正規職の雇用が不安定さを増してきたことで，特に女性にとって結婚や出産のメリットが感じられにくくなったと理解してよいだろう．

　日本以上に少子化が進んでいる韓国でも，非婚化の傾向は顕著である．1996年に43万5,000件であった婚姻件数は，2021年に19万3,000件となった．人口1,000人あたりの年間婚姻件数(粗婚姻率)で見ると，1980年の10.6件が2021年には3.8件にまで低下している．金埈永はこうした現象を，経済開発を優先した政府が子どもの養育や高齢者の生活保障の責任を家族に転嫁してきたこと，教育熱が高まる一方で高等教育への政府支出が低水準にとどまってきたことなどから，結婚忌避が進んだ結果とする(金埈永 2023)．

　中国では1949年の社会主義革命を経て，国策的に女性労働力が活用されるようになり，その裏付けとして公的保育の充実が図られた．しかし改革開放後の労働市場では競争・効率が重視される一方，女性のリストラや失業が増加し，女性差別が横行するようになった．また公的保育制度が解体され，家族が保育の負担を負わなければならなくなった．目覚ましい経済成長の裏面で，ジェンダーの面から見れば，女性の社会参画を支える公的支援が弱まり，仕事と家庭の両立が困難となるという現象が生じたのである(大濱 2023)．さらに都市部の不動産の高騰が核家族化を助長し，三世代同居が減少するなかで，祖父母世代の子育て支援に期待することも難しくなった．中国でも家族形成の困難が少子

化に拍車を掛けたといえる．ただし中国では生涯未婚率の上昇は顕著でなく，婚姻内出生の減少によって少子化が進んだという点で日本や韓国とは違いが見られる（王 2023）．前節で述べたとおり，一人っ子政策への反省から政府は2021年からは第3子の出産を認めたが，出生率の低下は止まっていない．

　いわゆる人口転換を経験し，いったん少産少死の段階に至った社会において，出生率の低下がさらに進行し，人口置換水準を下回るという事態は，1960年代末の西欧ですでに観察されていた（第二次人口転換）．しかし1880-1930年代に最初の出生率低下を経験していた西欧では，二度目の出生率低下が始まるまでに相当の時間があったのに対し，1950年代に最初の出生率低下を経験した日本は1970年代半ばに早くも第二の出生率低下を経験し，他の東アジアでは1970年代から第一と第二の出生率低下がほとんど切れ目なく進んだ．こうした「圧縮された近代」の下，日本を含む東アジアでは，政府による福祉の充実を待たず，家族の内部で福祉に責任を持つ体制が形成された．落合恵美子は，東アジアの非婚化現象について，東アジアでは婚姻が「義務と責任の制度」となっているために，個人にとって家族関係は資源であると同時にリスクでもあり，家族という負担から逃れる「リスク回避的な個人化」が進んだと説明する（落合 2013a; 落合 2013b）．

　非婚化や少子化は，高齢者の介護のようなケア労働を誰が担うかという問題を顕在化させる．台湾やシンガポールでは，外国人労働者の家庭への受け入れが進んでいる．「親孝行のアウトソーシング」によって，家族がケアの担い手であるべきという規範は維持しつつ，労働力不足を補完しているのである（落合 2013a）．たとえば台湾では，2019年7月時点で約26万人の外国人介護労働者が登録され，そのうち94.1%は家庭への住み込みである．これらの労働者のほとんどは女性で，インドネシア人やフィリピン人，ベトナム人が中心となっている．外部からの目が行き届かない家庭内での労使トラブルや失踪の多発は社会的な問題となっている（鄭 2020）．

　これに対し日本政府は，外国人労働者の受け入れを政策的に抑制する一方，1980年代から「日本的福祉社会」を標榜し，税制や社会保障面で主婦を手厚く保護することで，家族のケア機能を維持しようとしてきた．2000年に導入された介護保険も，施設介護の充実よりは家族に基盤を持つ介護を念頭に置い

ている．こうした政策が女性のフルタイム雇用を頭打ちとし，パートタイム労働を拡大させる一因となってきたといえる(落合 2013b)．

東南アジア

東南アジアでは歴史的に女性の就労が活発であるとされている．このことは，父系単系的な東アジア社会と異なり東南アジア社会では双系制が強く，家族構造や規範において父権的イデオロギーが弱いこと(第4章2参照)と関係していると考えられる．家族は近隣の親族も含めた「家族圏」として存在し(坪内・前田 1977)，そのなかで子どもたちは容易に祖父母などによって扶養された．このことは，祖父母がいずれ見返りとして老後のケアを受けられることを暗黙に保証していた．一方で開発独裁時代の国家では，女性が妻として，または母として夫や家族を，さらには国家を支えることが称揚され，高齢者のケアも家族のなかで行うことが規範化された(速水 2019a: 10)．しかし東南アジアでも都市移住の増加，学歴社会化，急速な少子高齢化の進行などにより，子どもおよび高齢者に対するケアのあり方も変化しつつある．このことを，特にそうした変化が顕著なタイとシンガポールを例に示したい．

タイでは結婚後の妻方居住慣行もあって妻方親族のサポートを得やすいことから，子育て期においても女性の就労が容易と考えられていた．2023年においてもタイの女性全体における年齢別労働力率は逆U字カーブとなり，20代後半から40代後半まで女性の81–84%が就労する(このパターンは中国と類似する)．ところが1998年頃からバンコクの大卒者に限ると，女性労働力率カーブで30代半ばに浅いへこみができ，日本・韓国型のM字カーブに近づいている．地方から都市に移住した女性は親族からの育児支援を得るのが困難なこと，公的保育施設が十分でないこと，メイドの雇用がまだそれほど一般化していないことといった既存の事情に加え，学歴社会化が進んで教育が重視されつつあるため(本章6参照)，高騰する教育費を捻出するために再就職せざるをえない事情がある(落合・山根・宮坂 2007; 橋本・クア 2007; National Statistical Office 2024)．

シンガポールの年齢別女性労働力率は，1970年はピークの20代前半で50%余りであったが，1980年には80%弱に上がり，その後も年々上昇して2023年には30代前半で90.8%に達している．その要因には，外国人メイド受け入

れを本格化し(1978年),託児所を充実させる法整備を行い(1988年),ワークライフバランスを図る企業に補助金を出す(2004年)など,育児と仕事を両立する政策を政府が積極的に導入したことが挙げられる.シンガポールの年齢別労働力率は,20代で高く30代以降は年齢とともに下がる「右肩下がりカーブ」となるのが特徴である(このパターンは台湾も同様).シンガポールでは子育てを母親が行うべきという「母性規範」が存在せず,育児をメイドや親族に委ね外部化するのが一般的である一方,子どもの教育には母親の関与が強い.そのため幼少期の育児は外部化されるが,より成長した子どもに対しては母親が教育のマネジメントにあたることが多い.また,収入に応じて高くなる保育料や外国人家事労働者にかかる費用などを考慮した結果,専業主婦を選択する傾向も指摘されている(木脇 2007; 落合 2018; 自治体国際化協会 2021; Department of Statistics Singapore 2024).

　タイの高齢者ケアにおける政策の変化は,「第一次国家高齢者計画」(1982–2001年)と「第二次国家高齢者計画」(2002–2021年)の違いにおいて明確である.第一次計画では家族によるケアに力点が置かれていたが,第二次計画ではコミュニティも高齢者を支えるという視点が加えられた(政府による福祉は補完的位置にとどめられている).タイでは施設介護が一般化しておらず,基本的には家族介護である.2017年の政府調査によると,都市と農村に居住する高齢者はそれぞれ41%と59%であるが,介護者は都市と農村でそれぞれ娘(39%前後)と配偶者(32%前後)が主要な担い手である.娘など子どもが老親のケアのために移住することもあるが,他の親族が同居をともなわずにケアする場合も多く,そうしたケースは都市(11.2%)の方が農村(8.3%)より多い.タイでは公的制度を補完するために,都市でも介護の拡大家族化が進んでいるといえる.さらに都市では自治体職員による食料支援やボランティアによる介護支援も行われるようになり,被介護者や介護者に精神的ケアを与えている.一方農村では,都市に出稼ぎに行った人びとの子どものケアが,祖父母をはじめとする農村内の親族・家族ネットワークのなかで実践されている(三好 2019; 木曽 2019).

　シンガポール政府は2001年および2006年に高齢者介護についての提言を表明し,高齢者は個人で老後に備えること,家族が高齢者介護の第一の担い手であること,多様なコミュニティ(宗教団体・慈善団体など)がその支援をし,政府

はそれらの仲介者もしくは助言者の役割を果たすことを明示した．このような「家族主義型福祉レジーム」のなかで，高齢者と子どものケアの担い手として家庭の中心に位置づけられるのが女性である．公的年金制度のないシンガポールでは，強制貯蓄制度(第21章3参照)や強制加入の保険制度を利用して高齢者の自己負担による社会保障を実施しているが十分でなく，老親の67%が子どもと同居し(2010年)，89.6%が結婚した子どもから財政的支援を受けている(2018年)．こうした状況で重要な役割を果たすのが，海外からのケア労働者の雇用である．シンガポールでは2015年に約22万5,000人の女性外国人家事労働者(主にインドネシア人とフィリピン人で，他にスリランカ人やミャンマー人など)が全体の約2割の世帯で働き，介護が必要な高齢者のいる世帯では49%(2011年)で雇用されている．子どもや高齢者，障害者のいる世帯では外国人家事労働者を雇用する際に納める雇用税が3分の1に減額されるなど，政府は彼女たちを福祉の担い手として捉えている．民間の入所型介護施設やデイケア施設も少数あり政府の補助も行われているが，入所許可条件の厳しさや利用時間の短さなどから，利用者は介護サービスを必要とする人のそれぞれ2.5%(2012年)と1.9%(2013年)に過ぎない．こうした貧弱な福祉政策に対して不満が高まると，政府は2013年にようやく公的ケア施設の拡充や外国人家事労働者を利用する人びとへの補助拡大などを含む，「ヘルスケア2020マスタープラン」を発表した．しかし，「自助努力」の理念はシンガポール社会に浸透しており，収入が少なく家族のいない高齢者に対する支援はまったく不十分なままである(落合 2018; 田村 2019; Ministry of Social and Family Development 2022)．

　東南アジア各地で社会が急速に変化するなか，ケアの主体となる家族や地域コミュニティの概念，そしてそのなかでの女性の役割も揺らいでいる．ベトナム南部で都市に居住し生活水準の高い人びとは，子どもよりも配偶者のみとの同居を選択するようになっている．低地ラオスや北タイでもライフコースの多様化と人の移動の活発化により，子どもが都市に移住した独居高齢者が増えているが，近隣の家族や親族が日常的に訪問し，家事や炊事を含む協働や分業を行うことも多い．インドネシアでも，独居高齢者が福祉施設やイスラーム寄宿塾経営の高齢者施設に入居するケースが現れている．タイ，シンガポール，インドネシアなどでは地方自治体が積極的に介入し，地域住民と協働してケアや

アクティブ・エイジングを実施するプロジェクトが活発に行われているが，ケアは特に女性ボランティアの協力に支えられる傾向がある．フィリピンでケアワーカーを世界に送り出している地域では，子どもではなく気に入った孫を同居人とし簡単な用事や見守りをしてもらうパターンや，経済的に余裕のある人が困窮した高齢者を助ける場合も多い．タイでは上座部仏教の団体が，子どもや貧困者に教育機会やケアを与える役割を担うことがある(チャン 2019; 岩佐 2019; 速水 2019b; 細田 2019; 江藤 2019; 岡部 2019)．東南アジア社会では都市化や少子高齢化が急速に進んでいるが，家族やケアの制度は必ずしも均質的な「近代化」にではなく，むしろ各地で多様な「現地化」の方向に向かっているようにみえる．

南アジア

女性に関する資料は乏しいが，18–19世紀のインドの農村では，女性が農作業に補助的に従事していたことがわかっており，農婦たちが野菜や穀物を販売した記録も残されている．さらに女性の副業として糸紡ぎがインドで広く行われていたことが知られている．高級品を織る綿糸を紡いだ男性の専門職人とともに，女性も機械化以前の紡績の担い手であり，インド経済史において重要な役割を果たしていた．他に脱穀・精米や油性種子からの搾油など，さまざまな仕事を女性が担っていた(中里 1998: 364–366)．もっとも，女性の労働実態は現代でも把握が困難で「見えざる労働」となっているが，統計手法の改善や経済発展による労働の変化により，さまざまな分野で労働力の女性化が顕在化している(木曽 2018: 51)．

都市での労働力の女性化は，経済自由化(1991年)前後の社会階層の変化と連動していた．植民地支配下で形成されたミドル・クラスのあいだでは，ヒンドゥーの伝統がイギリス中産階級の女性像を取り入れながら続き，家庭内での女性の母・妻の役割を強調した女性像が生まれた．独立後に彼らが都市の少数上層となったのちも，この女性像は継承された．彼女たちが家事を切り盛りする際に，汚物処理など不浄とされる仕事も可能な家事使用人はきわめて重要で，かつては「不可触民」と呼ばれた，最下層のダリトが担い手であった(押川 2012: 86–87, 89)．家事使用人のサービスは，ミドル・クラス女性の家事負担を

軽減し，その社会進出を可能にした．上層女性と，労働の対価として賃金が支払われた家事使用人を含む下層女性の社会進出は，経済自由化以前に確認できる．

都市では1980年代後半を端緒として1990年代後半に，社会の中層を中心に，一定の可処分所得を持ち，強い消費志向を持つ新中間層が台頭した．新中間層はミドル・クラスと異なり，社会・文化・政治的に同質性を持たず，出自も多様で，所得水準も高くはない．そしてその底辺はミドル・クラスよりもはるかに拡大している（押川 2012: 87-89）．彼らは2000年代後半のインドネシアで台頭し，新たな消費パターンを持つ新中間層や疑似中間層（倉沢 2013: 1-9）と多くの共通点を持つ．新中間層の台頭は，インドに限った現象ではない．

コールセンターやショッピングモールなどで職を得ているのは，新中間層の女性であり（木曽 2018: 54-55），彼女たちは新興の経済分野における労働力の女性化の重要な担い手である．ただしサービス業などで女性の雇用が拡大しても，低賃金の不安定な雇用が多く，経済成長の鈍化によって女性が労働市場から撤退する可能性が指摘されている．さらに家計に余裕ができた女性の労働市場からの撤退の可能性が，家族の社会的地位向上との関連で指摘されている（木曽 2018: 52-53）．子どもの受験や高齢者介護のために離職する新中間層の女性の事例が報告されており（押川 2012: 95-108），家庭状況も女性の社会進出の意思決定に大きな影響を与えている．2004-2009年に女性の労働参加率（人口に占める労働者比率）が低下して労働力の脱女性化が指摘されたように（木曽 2018: 52），都市での女性の社会進出が常に拡大しているわけではない．

農村では，産業構造が変化して（本章5参照），落ち込む農業セクターに女性が取り残される「農業の女性化」が起きている．これは，男性がよりよい雇用を求めて都市や他の村へ移動する一方で，多くの女性が村にとどまり，低い報酬や労働負担の増加を強いられる状況を示している（中谷 2018: 87-89）．こうした苦境から抜け出すために大都市のみでなく，海外へ出稼ぎ移動する農村女性もいる．教育を受けていない女性でも高賃金が得られる家事使用人などの職を求める中東への出稼ぎが2000年以降に急増している（須田 2023: 241）．他方で農村への非農業セクターの進出により，不安定ながら新たな雇用が創出されている．筆者が2011年に聞き取りしたプネー近郊村の自動車部品工場では，結

婚資金や家計補助のために当該村の未婚女性が工場で非正規労働者として働いていた．

インド全体のなかで見ると従来は女性の労働参加率が低かった北インドでも，その西部では1990年代に数値が上昇しており，経済自由化後の女性の社会進出の地理的拡大がみえる(和田 2015: 11-18)．この意味でインドは大きな変化の中にあるが，上述のように女性の労働環境が整うにはさまざまな課題が残されている．

第5節　都　市

都市の成長も現代アジア経済に特徴的な現象である．1950年におけるモンスーンアジア(東アジア・東南アジア・南アジア)の都市人口比率はそれぞれ17.9％，15.6％，16％に過ぎず，世界平均の29.6％を大きく下回っていた．ところが2018年にこれらの数値はそれぞれ62.9％，48.9％，35.8％に急増し(同年世界平均は55.3％)，現在は世界で最も都市が集中し，その人口増加率が高い地域となっている(United Nations 2018)．戦後しばらくのあいだアジアの都市化は，工業化や経済発展をともなわずに人口が増加する「過剰都市」化と受け止められていた．しかし1980年代からアジアNIEsやASEAN諸国の経済成長が都市に牽引されたことを受けてこの認識は見直され始め，21世紀からは大都市とその周辺地域で産業集積が生じ「メガリージョン」を形成することが着目されるようになった(図23-2)．また，世界経済を牽引する「グローバル・シティ」は主に欧米と日本の都市について論じられてきたが，その議論はアジアの大都市にも一部当てはまる．一方アジアのほとんどの都市は，貧困が解決されず格差の拡大や脆弱な生活インフラが課題となっている(遠藤・大泉 2018)．

メガリージョンとグローバル・シティ

リチャード・フロリダとその共同研究者たちは，都市の空間的拡大を把握するために，衛星画像による夜間光量の分析手法を用い，「夜間光量に基づく地域生産」(LRP, Light-based Regional Product)という基準値を設け，行政界や国境を越えた経済圏の分析を行っている．フロリダは，①大都市または大都市圏が一

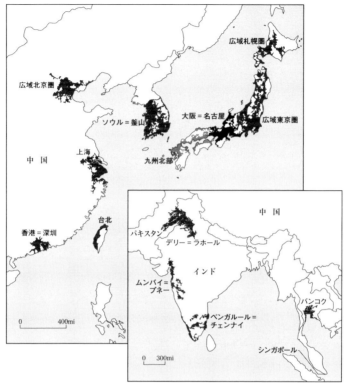

図 23-2　アジアのメガリージョン
出典：フロリダ 2009

つ以上あり，②LRP が 1,000 億ドル以上となる光が集中するエリアをメガリージョンと定義づけ，世界に 40 のメガリージョンを見いだした(フロリダ 2009: 29, 57)．

　サスキア・サッセンはグローバル・シティの要件として，①国際貿易・銀行業の中心としての役割に加え，世界経済を組み立てるうえでの司令塔が密集すること，②金融セクターと専門サービス・セクターにとって重要であること，③金融や専門サービスにおける生産やイノベーションの創造の場として機能すること，④それらの製品とイノベーションが売買される市場であることを挙げた．彼女はグローバル・シティの代表例としてニューヨーク，ロンドン，東京，フランクフルト，パリを挙げたが(サッセン 2008: 44-45)，これらの要件はアジアのメガリージョンを検討するうえでも重要である．アジアでは，以下に述べ

るように，サッセンの指摘よりもICT産業や先進的製造業に重きが置かれるのが特徴である．

東アジアでは，広域東京圏，大阪＝名古屋，九州北部，広域札幌圏，ソウル＝釜山，広域北京圏，上海，香港＝深圳，台北がメガリージョンに含まれる(フロリダ 2009: 68-70; 図23-2)．これらは製鉄業(九州北部)や造船・海運(釜山)，または電子・電機産業や自動車産業など(大阪＝名古屋)でまず産業集積が進んだケースが多いが，近年では多くの地域でICTなどハイテク産業やそれらのイノベーション部門への転換が進みつつある．香港＝深圳メガリージョンの中心都市深圳は，1980年に中国初の経済特区に指定されてから，まず日本などの外資系，次いで中国の国有企業が進出して電子・電機産業が発展した．当初は電子部品を香港経由で輸入してテレビなどを中国国内向けに製造していたが，1990年代から民間通信産業が進出し輸出が急増した．なかでもファーウェイおよびそのライバルの中興通訊(ZTE)は競争に勝ち抜くために知的財産権を重視し，2000年代から盛んに特許を国際出願するようになって，深圳はイノベーションの世界的中心の一つとなった．近年はインターネット関連企業，ドローン製造，バイオ産業などのスタートアップも深圳に集まっている．深圳を含む広東省でもかつては電子部品生産が集積していたが，近年はハイテク分野の研究開発や特許取得を奨励している．港湾別コンテナ取り扱い個数で深圳は世界3位，香港は5位であり(合わせると1位の上海を超える)，巨大な物流ハブを持つこともこの地域の強みである．上海周辺では，家電，電子機器，自動車部品などの製造業が発展していたが，それらは1990年代から長江中流域に移転し，その後の上海は金融センター，サービス業，および外資系企業の本部などオフィスの立地に転換している．北京周辺でも，かつては鉄鋼や自動車などの製造業が成長を牽引していたが，近年では各種のICT製造業・サービス業が集積するようになった．北京近郊で2017年から開発が進められた雄安新区では，高速インターネットやモノのインターネット化(IoT)など最先端の技術を導入した「スマートシティ」としての実験が行われている(横尾 2018: 31-35; 真鍋 2018: 44-48; 後藤 2018: 74-87; 丸川 2019: 384-401; 丸川 2021: 323-328)．

南アジアには，デリー＝ラホールのメガリージョンが見いだされ，発展途上のメガリージョンとしてムンバイ＝プネーおよびベンガルール＝チェンナイの

台頭が確認できる(図23-2)(フロリダ 2009: 72)．メガリージョンの広がりは，大都市の発展が周辺の工業地帯や農村部や別の都市に波及しながら一体的に成長していることを示しており(宇根 2021: 52)，ベンガルールとチェンナイといった複数大都市が一つの経済体となっている．ICT産業は2000年代以降の急成長部門であるが(第22章3参照)，ベンガルールは「インドのシリコンバレー」と称されるICT企業の集積地で，1980年代から米テキサス・インスツルメンツ，米モトローラなど有力な外資系企業を誘致し，世界的なICT産業の隆盛を取り入れて周辺の現地企業も発展した．21世紀からは自国のICT企業も育ち，6社のユニコーン(評価額10億ドル以上の未上場スタートアップ企業)がベンガルールに本社を構える．さらに米マイクロソフト，韓国サムスン電子，米ゴールドマン・サックスといったさまざまな業種のグローバル企業が研究開発部門を設け，大学や研究所も数多く設置されるなど(横尾 2018: 30-31)，ICT産業を中心としたイノベーション形成地域となっている．デリー＝ラホールのメガリージョンのLRPは1,100億ドル(2008年)であり，フロリダが見いだした世界40のメガリージョンの中では経済規模は小さいが(36位)，その人口は約1億2,160万(同年)に達し，人口規模は世界最大のメガリージョンである(フロリダ 2009: 279)．デリーでも製造業に加えてICT産業の集積が進んでおり，デジタル決済や電子商取引(Eコマース)など，ユニコーン14社が集中している(真鍋 2018: 42-43)．このメガリージョンがインドの首都デリーからパキスタン第2の人口を擁するラホールにかけて存在しており，インドとパキスタンという国民国家の領域を超えて都市化が進展していることを示している．この地域は，ムガル帝国の中心都市と主要幹線道で結ばれた地域に比定でき(第7章図7-2参照)，歴史的には，北インド商業圏が夜間光の集合体として21世紀に立ち現れているとみなすことができる．このメガリージョンは印パの政治対立により中断を余儀なくされている印パ陸路貿易の潜在的可能性の高さを示すと同時に，商業圏の長期の歴史的連続性を示している．現代における都市の発展も，長期の経済変動の中に位置づけることができる．

　東南アジアでは，シンガポールとバンコクがフロリダの示すメガリージョンに含まれている(図23-2)．シンガポールは2000年頃からバイオテクノロジー・医療関連研究などで創発拠点の形成を始め，2016年にはヘルスケアおよ

びバイオサイエンス，先進的製造業，デジタル経済などを重点分野に定めた「2020 年研究・技術革新・企業計画」を発表した．この計画を実現するために既存の大学や産業団地を再開発し，新たなビジネスパークや理工系大学を設立するなど(久末 2021: 49–51)，高度な輸送・通信インフラを駆使して，狭小な国土とはいえ中心部以外の地域を活用した高付加価値・創発型産業の育成を図っている．タイでは 1990 年代から経済自由化政策のもとで日系をはじめとする世界の自動車メーカーや電子・電機メーカーが，バンコク東方・東南方郊外(東部臨海地域)を中心に数多く進出し，日系・欧米系・現地企業の部品サプライヤーも同地域に集積した(本章 1 参照)．こうして製造業がバンコク都市部を超えて拡大したのは，政府が半径 100 km 超の範囲(およそ関東平野に相当)に 30 余りの工業団地を設置し，それらと積出港を結ぶ高速道路や電力の大規模供給などインフラを整備したことが大きい．この広域インフラはジャカルタやマニラよりも大きく，交通渋滞の激化や地価・賃金の上昇といった問題を緩和するのに役立った(宇根 2006: 119–132; 木村 2019: 416–424)．もっとも 2011 年の大洪水で生産と物流のネットワークが大きく分断されたことから，2017 年から政府は東部臨海地域のやや内陸部に設定した「東部経済回廊」(EEC)に複数の工業団地を形成し，自動車や電子・電機産業に加え未来型産業(次世代自動車，ロボット産業など)の分野でも企業を誘致して，リスクの分散と産業の高度化に努めている(真鍋 2018: 50–51; JETRO 2018)．

都市と農村の関係変化

都市と農村は経済史においては対比的に捉えられることが多く，後者で生じた余剰労働力が前者に吸収されて産業の高度化が達成されると考えられてきた．しかし 21 世紀に入りアジアの大都市とその周辺では都市と農村の関係が変化し，そのような見方では捉えきれなくなってきている．

変化の一つは，都市と農村の境界の曖昧化である．2011 年の人口統計でインドの都市人口率が初めて 30% を超えた．他のアジア諸国よりその比率は小さいが，高度経済成長によるインドの都市化の進展を示している．この進展は農村・都市空間を大きく変え，大都市郊外の周辺農村は自然増のみでなく，都市からの社会増とともに人口を急速に拡大させた．都市と農村の中間地帯に都

市部の高地価を嫌って工場や高等教育機関が進出し，農村にまで住宅地が拡大した．これは農村の雇用環境や生活環境にも影響を与え，教育や雇用を求めて農村から都市へさらに人が移動した．中間地帯の都市化により，都市と農村は双方向に作用しながら発展している(水島 2013: 27-29; 水島 2015: 5-7).

さらに都市化の進展に関してセンサス・タウンが注目を集めている．これは行政的には都市ではないが，①人口 5,000 人以上，②人口密度 400 人/km^2 以上，③男子非農業就業人口比率 75% を基準に，人口統計において都市に分類される農村である．都市域周辺でセンサス・タウンが急増し，人口増加と農業から非農業への構造変動が生じている(宇佐美 2014: 81-87; 宇佐美・岡本 2015: 127, 138, 139). インド西部の予備的分析では 18 世紀に増加した町(カスバ)(第 10 章 4 参照)に比定できるセンサス・タウンは多く，インドの都市化の長期分析で町は重要な要素となる．さらに西部のセンサス・タウンの分布はムンバイ＝プネーのメガリージョンの概形と重なり，メガリージョンを現出させる夜間光が，このような町からも発せられているとわかる(Kulkarni 1963: 153-212). 農村・都市の溶融空間やセンサス・タウンなど農村との境界が曖昧な多様な都市的空間もメガリージョンを構成しており，この都市的空間での人口増加がインドの都市化の特徴といえる(水島 2015: 13).

中国では，2005 年頃から農村から都市への出稼ぎ労働者(農民工)が急減している．これは農村で労働力が枯渇して低賃金労働力を供給できなくなったというよりも，農民が持つ農地の経営権(請負権)の売買や賃貸が制限されているため，出稼ぎを躊躇していることが要因と考えられる(第 24 章 2 参照). 実際に沿海部の工業地帯では 2005 年から急速に農民工の賃金が上昇し始め，全国での彼らの平均賃金は 2008 年から 2018 年に 2.5 倍に上昇した．ただし農業も大規模化が進みつつあるため(第 22 章 4 参照)，農村の労働力枯渇が急速に生じているとはいえないが(梶谷 2018: 136-143; 丸川 2021: 124-126), 農民工の賃金上昇は，巨視的に見れば中国の経済成長を支えた大きな要因の一つが失われつつあることを意味していよう．

以上はインドと中国の固有の問題であるが，アジアでより広範に生じている変化は，農村と都市のあいだで見られる人口構成差の拡大である．中国やタイなどアジアの新興国では 1970 年代後半に出生率が急速に低下したため(第 21

章 2 参照)，それ以前の 1960 年代生まれにベビーブーム世代が形成された．これらの国で 1980 年代や 1990 年代に急速な経済成長が起きた時，ベビーブーム世代の多くは農村にとどまり，都市へ移住したのはそれより若い世代であった．そのため中国やタイでは，都市で 20 代半ばを中心とする若年人口が他よりも多い一方で，農村ではその世代が極端に少なくそれより上の世代に人口構成のピークがある (大泉 2011: 126-145; 遠藤・大泉 2018: 175-176)．これは日本においてベビーブームから経済成長までの間隔が短く，ベビーブーム世代が大量に都市に移動してその多くがそのまま都市にとどまったのと大きく異なる．つまり，アジアの新興国では今後も都市で生産労働人口が増えしばらく人口ボーナスを享受できる一方で，農村地域では日本よりはるかに高齢化が進みつつある．都市は収入だけでなく高等教育や医療などの機会にもいっそう恵まれ，農村とのあいだで大きな格差が生じつつある．

都市の抱える課題

多くの人口を抱えるアジアの都市では多様な産業が発展し経済成長を牽引しているが，同時に多くの問題を抱えている．その第一は，第 24 章 2 で詳説する都市内格差の拡大である．

第二は，アジアの大都市に流入する人口の多くがスラムに居住することである．2020 年における都市スラム居住者の割合は，データが得られる国ではミャンマー(58.3%)，パキスタン(56%)，バングラデシュ(51.9%)，インド(49%)，ネパール(40.3%)，カンボジア(39.7%)，フィリピン(36.6%)などで高い (UN Habitat 2021)．彼らの形成するインフォーマル経済(社会保障や課税の対象にならず，公式に登録されないような職業・生業から成る経済)は生存に必要な収入，雇用，および社会的上昇の機会を得られる場であり (遠藤・後藤 2018: 195-200)，都市と農村を結びつける場ともいわれる (黒崎 2013; 柳澤 2014: 298-307)．しかしインフォーマル経済における職種はリスクに弱い性質があり，家計レベルでの不可逆な貧困削減を必ず約束するわけではない (黒崎 2013: 73)．都市における貧困は大きな課題であり，都市内の格差拡大の問題とも結びついている．

第三の問題は生活インフラの脆弱性で，アジアの大都市の大半に共通する課題である．輸出志向型製造業が成長を牽引したアジア諸国では，工業団地や港

湾など生産・物流基盤の整備を先行させ，生活インフラの整備は後回しになり，多くの問題を引き起こしている．たとえば道路整備の遅れは，自動車保有台数の急増と公共交通網の不足も加わって，多くの都市で大渋滞を発生させ経済的損失を生んでいる．オランダのトムトム社が世界55カ国387都市で行った2023年のランキングによると，渋滞のひどい世界20都市に，6位のベンガルール，7位のプネー(以上インド)，9位のマニラ(フィリピン)をはじめアジアの6都市が入っている(TomTom Traffic Index 2023; 後藤 2018: 93–100)．交通渋滞は大気汚染(第24章3参照)という新たな問題の一因となり，住環境はいっそう劣悪化している．都市における電気へのアクセスはすでに十分高く，2023年にアジア最低のミャンマーでも93.6%に達しているが(地方では62.8%)(World Bank 2023; 後藤 2018: 118–124)，都市で安全な水にアクセスできる人口ははるかに低い．ラオス，インドネシア，ネパールなどでアクセス率が20–30%余りであることに加え，アクセスできる人びとの増加スピードがいずれの国においても都市できわめて遅いことも大きな問題である(表23–5)．ネパールでアクセス率が低下している(表23–5)背景には，カトマンドゥなどの大都市での水需要の急増に対して，水道管により安全な水を供給するシステムが対応できていない状況がある(佐伯 2020: 155–156; Maskey et al. 2023: 1546–1547)．さらに下水処理などの整備の遅れは水質汚染を引き起こし，安全な水へのアクセスを困難にしている(JMP 2021: 33, 39)．ネパールに限らず，農村部で実施された国際的支援事業が一定の成果をあげた一方で，都市では水道整備が人口増加に十分追いついていないことに加え，過密な住環境がインフラ整備事業を困難にしている．

　安全なトイレにアクセスできる人びとについても同様の傾向が見られるが，東南アジアで低位のミャンマーやフィリピンと比べても，南アジアのネパールやインドで近年まで数値が低かったのが特徴である(表23–5)．インドやネパールで信者が多いヒンドゥー教が持つ浄・不浄思想(第4章3参照)が家や街区から排泄の場を遠ざけるべきという考えにつながり(伊藤 2017: 6–16)，さらに不可触視されてきた清掃カーストが尿尿処理を行っており，こうした慣行を変えようとする政策は十分に進んでこなかった(鈴木 2018: 118–130)．このように，トイレへのアクセスの悪さは両国の社会的な要因が影響を及ぼしていると考えられる．しかし21世紀に入ると，ネパールでは2000年に採択された国連ミレ

表 23-5　2000 年と 2022 年におけるアジア諸国で安全な水およびトイレに
アクセスできる人びとの人口比率

(単位：％)

		安全な水に アクセスできる人びと		安全なトイレに アクセスできる人びと	
		都市	農村	都市	農村
ラオス	2000年	21.4	0.2	67	17
	2022年	27	12.4	98	69
インドネシア	2000年	31.4	17.8	62	25
	2022年	34.6	24.3	91	84
ミャンマー	2000年	51.2	18.7	79	58
	2022年	72.4	50.4	79	72
カンボジア	2000年	45.7	10.4	55	0
	2022年	57.5	19.6	93	71
フィリピン	2000年	59.8	24.1	74	56
	2022年	61.9	35	84	86
ネパール	2000年	37.9	25	32	11
	2022年	23.2	14.2	79	81
パキスタン	2000年	46.2	29.2	64	14
	2022年	56.8	46.9	82	63
インド	2000年		27.8	48	1
	2022年		66	85	75
バングラデシュ	2000年	42.2	59.4	44	19
	2022年	54.2	62.4	55	62

出典：WHO/UNICEF 2024; WHO 2023
注　：インド都市部における水へのアクセスについては元資料にデータがない．

ニアム開発計画によって(Budhathoki 2019: 68-69)，インドでは 2005 年のネルー国家都市再生計画により，中央政府が廃棄物問題に積極的に着手するようになり，この頃から状況が改善し始めた．さらにインドでは，2014 年から「スワッチ・バーラト」(クリーン・インディア)政策が実施されて簡易トイレの設置が進み(小島 2017: 140-141; 後藤 2018: 125-128)，農村部において大幅な改善が確認できる(表 23-5)．水汲みや排泄のため屋外に出る女性や子どもが暴行や誘拐に遭うケースは後を絶たず，水道とトイレは健康だけでなく安全のためにも不可欠である．生活インフラは，その脆弱性が目立つ都市でも改善が見られつつあるが，すでに大気汚染や水質汚染などの都市環境問題を引き起こしており，解

決すべき課題は多い．

第6節　教　育

アジアの経済発展と教育による人的資本形成

　アジア開発途上国における教育水準は過去半世紀の間に目覚ましい発展を見た(アジア開発銀行 2021: 185-195)．

　表23-6は1970年から2018年における就学率の変化を示したものである．初等教育で特徴的なのは，日本の就学率の高さとともに，日本を除く東アジアの国・地域(香港，中国，韓国)が1970年の段階ですでに89-96%という高い就学率を示しており，1990年にはデータがそろった台湾を加えて94-99.8%に達していることである．一方，東南アジア・南アジアでは1970年や1990年には国によって就学率に大きな差が見られたが，2018年には東南アジアではすべての国が90%以上に，南アジアではパキスタン，バングラデシュ(データなし)を除いて90%以上に達した．

　中等教育については，南アジア諸国で就学率に大きな差が存在することがわかる．他方で，中国，インド，インドネシアにおける就学率の変化は注目に値する．中国は28%(1970年)から37%(1990年)，95%(2018年)へ，インドは24%から37%，74%へ，インドネシアは18%から47%，89%へ上昇し，これらの人口超大国で中等教育の普及が進んだことが見てとれる．

　高等教育における就学率については，アジアNIEsにおいて拡大したことが特筆されるが，アジア開発途上国全体で見ると高等教育の就学率には依然として大きな格差が存在する．

　1993年に出された世界銀行のレポート『東アジアの奇跡』(世界銀行 1994)は，東アジア(東アジアと東南アジアの一部を含む)の経済成長をもたらした要因の一つとして初等教育環境の整備を通じた人的資本への投資を挙げた．また，末廣昭は後発性の利益を活用した製造現場での技術者育成がアジアにおけるキャッチアップ型工業化を推進した要因の一つとして重要であったとする(末廣 2000)．

表 23-6　アジアの国々およびその他の地域における就学率の変化(1970-2018年)

(単位：%)

	初等(純)			中等(粗)			高等(粗)		
	1970年	1990年	2018年	1970年	1990年	2018年	1970年	1990年	2018年
日本	99.3	99.8	98.2	85.0	94.7	102.4	23.5	53.2	80.5
韓国	95.9	99.8	97.3	39.0	92.9	100.3	6.8	36.5	94.3
台湾	…	98.0	97.1	…	98.0	97.1	…	98.0	97.1
香港	88.5	93.9	95.5	36.4	74.5	107.5	7.5	18.1	76.9
中国	94.0	97.8	99.9	27.5	36.7	95.0	0.1	3.0	50.6
シンガポール	…	96.1	100.0	…	95.1	108.1	6.5	95.1	84.8
タイ	75.5	…	…	18.1	28.5	116.7	2.9	15.9	49.3
マレーシア	87.0	97.3	99.6	39.2	63.4	82.0	…	7.2	45.1
インドネシア	70.1	96.2	93.5	18.2	46.6	88.9	2.9	8.4	36.3
フィリピン	…	82.8	93.8	47.5	70.2	86.2	17.6	24.0	35.5
ブルネイ	…	89.9	93.1	53.9	73.2	93.5	…	5.3	31.4
ベトナム	…	91.4	98.0	…	34.9	…	…	2.8	28.5
カンボジア	…	…	90.3	8.4	27.2	…	1.4	0.7	13.1
ラオス	…	64.7	91.5	3.7	23.2	67.4	0.2	1.1	15.0
ミャンマー	60.8	…	97.7	20.2	19.5	64.3	1.7	5.0	15.7
インド	61.0	77.1	92.3	23.8	37.2	73.5	4.9	5.9	28.1
バングラデシュ	51.6	74.9	…	20.8	20.9	72.7	2.1	4.2	20.6
パキスタン	…	…	67.7	16.6	22.0	42.8	2.3	3.1	9.1
スリランカ	…	98.2	99.1	45.9	82.9	98.0	1.0	4.8	19.6
ネパール	…	66.1	96.3	…	33.0	74.1	…	5.2	12.4
ラテン・アメリカおよびカリブ海諸国	83.2	90.3	93.7	27.7	76.9	95.9	6.9	17.0	51.8
サハラ以南アフリカ	39.3	53.1	…	11.4	22.6	43.3	0.9	3.0	9.1
OECD 諸国	88.0	98.1	95.6	68.8	86.2	106.6	22.1	38.2	73.5
全世界	71.7	82.0	89.4	40.1	51.3	75.6	9.7	13.6	38.0

出典：アジア開発銀行 2021: 504–509 を一部改訂．文部科学省 2024．
注：　純就学率はある国・地域の就学年齢人口に占める就学者数の割合．粗就学率は就学年齢以上の年齢の学生や留学生が含まれるため，合計が100%を超える場合がある．日本の高等教育については，当該年度の大学・短大・専門学校入学者数を18歳人口で除した進学率で示した．

教育制度の変遷と教育格差などの課題

　アジアの経済発展にとって教育による人的資本形成の重要性は，世界の他地域と比べたときに特筆に値する．一方で，地域間や各国内における教育格差は厳然として存在し，その格差は経済発展のなかで拡大する傾向が見られるのも事実である．

　日本では1872年に学制が公布され，明治政府は国民各自が身を立て，智を

開き，産をつくるための学問を唱え，小学校教育の普及に力を入れた．アジアのなかでいち早く義務教育制度(1886年小学校令)を導入した日本は，戦後の教育制度改革を経て「大衆教育社会」を実現した．「大衆教育社会とは，大規模に拡大した教育を基軸に形成された，大衆化した社会のこと」(苅谷 1995: iii)である．しかし，日本では「大衆教育社会」に到達したと見られる1990年代も，その後の2000–2010年代にも，教育価値の志向には階層による格差が認められ，必ずしも全員がひとしなみに高い教育を求めるようになったわけではない．「生まれ」による教育格差の公平性は国によって差があるが，日本の公平性は他国に比べて特に高いわけでも，逆に低いわけでもないといわれる(松岡 2019: 232)．人的資本形成における教育の役割にも課題が浮上している．たとえば近年は高等教育機関での博士課程在籍者数の減少と人口100万人あたり博士号取得者数の減少が指摘され，日本を高学歴社会と規定することを疑問視する見方もある(日本経済新聞社 2023)．また公的な教育支出のGDPに占める割合はOECD加盟国のなかで最低の水準であり，日本の技術革新力低下が懸念されるのに加え，財政的な裏付け不足を一因とする教員不足もまた深刻である．

韓国ではどうだろうか．植民地期の朝鮮では義務教育が施行されず，1942年時点で小学校相当の入学率は6歳児人口の50%にとどまっていた(金富子 2005: 396)．解放後，1948年の大韓民国憲法では小学校の無償義務教育が規定されたものの，完全就学の水準に達したのは1950年代後半であった．1984年には中学校が義務教育化され，1994年までかけて全面実施された．

現代韓国における就学率の急激な上昇は表23-6が示す通りである．ただし大学進学率は2009年に77.8%でピークに達した後は漸減し，2018年には69.8%となった(いずれも2年ないし3年制の専門大学を含む数値)．特に男子の進学率の低下が顕著であり，2005年から女子の進学率を下回った．これは大学の学費が高額であるにもかかわらず，卒業後の高所得が必ずしも約束されていないことによる進学回避が原因と考えられる(春木 2020: 127–133)．

韓国の高等教育における私費負担割合は世界的に見ても高く，教育費は韓国の家計を圧迫する大きな理由の一つとなっている．大学進学率の上昇が近年のことであるために，親の学歴と子どもの学歴が連動する度合いはなお日本よりも小さいが，進学実績の高いエリート高校が階層を再生産する経路となってい

ることが指摘される(春木 2020: 133–140).

　近年の中国は，経済発展のなかで教育格差が拡大傾向にある典型的な例といえる．中国は1980年代初頭まで所得格差の小さな国であったが，1990年代以降の高成長の過程で拡大し，現在ではアジアのなかでも格差が大きい国の一つになっている．また，地域間の所得格差も大きい(第24章2参照)．これと連動するように教育に対する支出額には家計の所得や親の職業が大きく影響していることがデータから実証されている(南・牧野・羅 2008: 97)．特に教育熱の高い都市部では塾や家庭教師代を含めた教育費が高騰して社会問題化しつつある．中国では1990年代末に高等教育機関の入学者定員枠が一挙に1.5倍に拡大され，高等教育機関への進学率は飛躍的に上昇した(園田 2022: 90)．習近平指導部は2021年から中間層の拡大を図る「共同富裕」を唱え，教育の分野では教育費の負担軽減を目指して塾などの産業に対する締め付けを強化した．競争より平等を唱えて高校受験制度を改め，成績順で決まる合格枠を減らすなどの動きもあるが，社会階層の固定化が見られるなか教育格差是正は難しいのが現実である．

　このように「学歴社会という社会問題」は中国，韓国，日本，台湾など東アジアに共通する問題である．また，高額な教育費は東アジアで急速に進む少子化の原因の一つにもなっている(本章3参照)．

　東南アジアの教育水準も近年急速に高まってきた．1990年の時点では初等教育の純就学率は一部7割に達しない国も存在していたが，2018年には軒並み9割を超えている(表23-6)．中等教育については1990年の時点では大半の国で粗就学率は5割に達していなかったが，2018年にはラオスやミャンマーでも6割を超えており，それ以外の国においても8割以上となっている．他方で，高等教育には依然として大きな格差が存在し，カンボジア，ラオス，ミャンマーでは2018年の時点でも粗就学率が2割に満たないのに対し，シンガポールでは約85％ときわめて高くなっている．全体的には経済発展レベルと教育水準は連動しており，一人あたりのGDPが高くなるほど教育水準が高くなっていることがわかる．

　教育水準の向上は，義務教育化や義務教育期間の延長とも連動している．たとえば，タイでは従来初等教育(6年間)のみが義務教育となっていたが，1991

年から前期中等教育の3年間が義務教育となったことで中等教育の就学率が高まり，現在は後期中等教育への進学も一般的となっている．フィリピンでも同様に長らく義務教育は初等教育(6年間)のみとなっていたが，2012年に「K–12プログラム」が導入されて中等教育(6年間)が義務化された．インドネシアは従来義務教育期間が9年間となっていたが，2016年に12年間に引き上げられて，一部地域から施行されている(村田 2007; 市川 2021; 服部 2021)．

また，高等教育の粗就学率も上昇しているが，国によってその背景は異なっている．圧倒的な就学率を誇るシンガポールはでは中等教育から能力別コースに分けられ，4–5年間の中等教育が終わると大学準備教育あるいは中等後教育(技術教育)に進むが，この段階から高等教育とみなされているために就学率が高くなっている．タイではオープン・ユニバーシティーと呼ばれる入学試験のない大学の存在や，2000年代に入ってかつての師範学校が大学に格上げされたことで大学数が大幅に増加したことが，高等教育の就学率を引き上げている(池田 2021; 中井 2014)．

ただし，国全体の就学率が上昇しても，国内に地域的な格差が存在している場合もある．たとえば，フィリピンでは南部ミンダナオ島のムスリム・ミンダナオ自治区の初等教育の純就学率が2017年の時点で73%と全国平均の94%よりも大幅に低くなっている．また，都市部と農村部による就学率の格差も存在し，特に農村部では中等教育学校の数が不足していることから，初等教育よりもむしろ中等教育や高等教育の就学率に差が出ることが多い．さらに，いずれの国においても多かれ少なかれ学歴社会の傾向が見られ，都市部においてはより高い学歴を求めた競争が発生し，結果として学校間の格差をさらに拡大させることになる．マクロレベルでの教育レベルの向上は各国共通して見られるものの，ミクロレベルの課題もまた各国内において内在している(市川 2021)．

インドでは，独立運動の主体となったミドル・クラスを輩出した英語の私立初等・中等・高等学校が独立後も存続した．インド政府は，社会の最下層とされたダリトおよび山岳地など隔絶度の高い地域に居住する諸コミュニティを，憲法上でそれぞれ「指定カースト」および「指定部族」と指定し，教育，公的雇用，諸議会の議席に関する優遇措置をとった．教育の分野では，高等教育機関の定員の一部を留保した．この措置により，インド政府は階層間格差の是正

の意を示したが，実際には平準化された教育とは程遠い，歪な制度であった．独立当初は高等教育における留保枠は完全充足には程遠かったが，1970年代末には充足し(押川 2016: 25)，留保政策の影響・成果が顕在化した．さらに下位カーストを対象とした留保枠が設けられるようになると，優遇措置を受けない上位カーストの不満が高まり，この留保枠をめぐる新たな階層間対立が1990年代初頭に深刻化した．この期間に就学率は徐々に高まったが，教育制度の歪みは深刻化した．他方ですべての子どもに初等教育の普及を図る「新教育政策」が1986年に策定された．1991年以降の経済自由化にともなう諸政策の変化や経済成長を背景に，学校教育への関心が多方面で高まったことが新政策を後押しした．このような状況下でNGOによる学校外教育，多様な形態の私立学校の設立など教育機会が飛躍的に拡大し，6歳から14歳を対象とする「無償義務教育に関する子どもの権利法」が2009年に制定された．同法を実現させる教育整備に遅れはあるものの，就学率は飛躍的に増大した(押川 2016)．しかしこうした教育事情の急速な変化に労働市場が追いつかず，インドでは高学歴失業者が社会問題となっており，東アジアの「学歴社会」の形成・拡大とは異なる様相を呈している(村山 2017)．

　インド以外の南アジア諸国に関しては，教育統計が確立しておらず(黒崎 2016: 73)，教育現状の正確な把握も困難な状況にある．これらの国では，基本的に義務教育が実現しておらず，インドとの間に大きな教育格差がある(押川・南出 2016)．

第 24 章
現代アジア経済の課題

　前章では21世紀のアジアが各方面で発展しつつあることを述べたが，この章ではアジアが多くの課題に直面していることを示す．第1節では一部の国々で近年人権が危機にさらされていることを取り上げる．中国では共産党政府が主導して宗教団体，少数民族，香港社会などに対する締め付けを強め，東南アジアではカンボジアやミャンマーなどで特に政府による民主化運動の抑圧が深刻である．南アジアには民主化がなかなか進まない国が多い．また，韓国では過去の人権侵害を清算する事業が進行中である．第2節では，かつて途上国とされていた国・地域で経済成長が進むにつれ，格差が国家間ではなくむしろ国や地域の内部で顕著になっていることを概観する．第3節では経済発展の負の側面としてエネルギーや資源の消費が著しく拡大し，環境に大きな負荷が与えられていることを示す．大気汚染，森林破壊，安全な水の確保などの問題は，アジア各地でいっそう深刻化している．第4節では安全保障が各地で大きく動揺していることを取り上げる．中国が急速に軍事力を増強し拡張主義を取っていることは，東アジアだけでなく東南アジアや南アジアにも広範な影響を与えている．

第1節　人権および民主化の問題

中　国
　中国の人権問題・民主化問題としては，国内における各種の個人や団体に対する抑圧，少数民族問題，香港問題が挙げられるが，いずれも，共産党の一党独裁の下，法律は人民を拘束するものであって，党やその指導者あるいは党の下にある政府を縛るものではないこと，つまり「法の支配」が存在しないこと

がその背景にある．このように絶対的な権力を持つ共産党の安定した支配下での経済発展は中国国内において相当程度の支持を得ており，政府が敵視する人権運動や民主化運動が広範な支持を集めるのは困難である．

　もっとも，中国では 1980 年代以降の経済成長のなかで社会の流動化が進み，既存の社会が動揺するなかで，人びとが拠り所を求め，仏教やキリスト教など既存の宗教だけではなく新たな宗教の信者が増大した．共産党は新興の宗教団体をその存在を脅かすものとして邪教とみなし，特に 1999 年に法輪功が中南海 (中国政府・中国共産党の中枢の建物が集中するエリア) を包囲した事件を契機に，法輪功などの宗教団体を厳しく取り締まり，信者への迫害も強めた．さらに近年では，合法宗教と認められ，共産党の統括下にある中国道教協会・中国仏教協会・中国イスラーム協会・中国天主教愛国協会 (カトリック)・中国基督教三自愛国運動委員会 (プロテスタント) に属していない信者への取締も強化されている (安田 2021)．

　また，経済発展のなかで農村から都市への人口流入が続いたが，都市戸籍を持たずに都市に居住する農民や労働者は弱い立場にあり，政府や企業に対抗してこうした人びとの人権を擁護し，救済しようとするいわゆる人権派弁護士や人権派活動家などの活動が行われてきた．しかし 2013 年に正式に成立した習近平政権のもとで，こうした「人権派」への圧力も強まり，彼らを支援する海外の個人や NGO との関係は厳しく取り締まられている．

　より国際的に中国の人権問題として注目されたのは，チベットをはじめとする少数民族問題の背景には，もともと少数民族が居住する地域が，清朝の多元的な支配の下にあったのに対し (第 9 章 1 参照)，清朝滅亡後，中国の中央政府が国民国家として事実上漢族による一元的支配を目指すようになったことがある．中華人民共和国成立後，各自治区政府は漢族の共産党幹部が掌握し，民族自治は形骸化した．チベット・新疆ウイグル・内モンゴル自治区などにおいてはその後，大躍進運動や文化大革命で少数民族が多くの犠牲者を出し，文化面での破壊も深刻であった．文革後の 1980 年代に一時的に文化の復興が見られたが，経済発展のなかで漢族が経済的に優位に立ったこともあり，漢族と少数民族の摩擦も増え，暴動などを契機にして少数民族に対する締め付けは強化された．こうした少数民族に対する弾圧は，欧米の人権団体の強い批判を浴びて

きたが，習近平政権成立前は中国と諸外国の経済関係に影響を与えることはなかった．

しかし，習近平政権成立後は少数民族地域に対する締め付けはさらに強化され，中国語教育の拡大など，文化面での制約も強まった．新疆では2014年のウルムチ駅爆発事件後に抑圧が強まり，2017年以降になると，新疆ウイグル自治区においては，反テロを名目にウイグル人を大規模に「職業技能教育訓練センター」と称する施設に強制収容するようになった．それが欧米のメディアに報道され，人権問題として厳しく批判されている．そして，新疆で大量に生産される棉花がウイグル人の強制労働によるものではないかと欧米で報道されたことから，新疆棉を調達するアパレル企業に対する批判が高まり，それに対応して調達を見合わせた企業は中国で強く非難されるという苦境に陥った．さらに，全国的に産児制限が緩和されるなかでのウイグル人に対する強制的な産児制限の実施は欧米諸国に「ジェノサイド」と批判された．しかし中国はそうした批判を受け入れず，事態の改善の見通しは立っていない(熊倉 2022)．

香港は1984年の「中英共同声明」に基づき1997年に返還されることになったが，返還にあたって定められた香港の憲法ともいうべき「香港基本法」においては，50年間にわたって香港の既存の制度を維持するという一国二制度を定めていた．1997年の香港返還後，中国経済が発展するなかで，2003年に起きた香港における反政府デモを受けて中国政府は香港と大陸の経済融合政策を推進した．香港と中国の相互依存関係が深まるなかで，中国本土からの香港旅行者数の激増によるトラブルも増え，中国本土からの投資移民による香港不動産価格が上昇したことは，香港住民の反発を招いた．これらのことは香港における香港人意識や民主化意識が高まる契機になり，中国政府も香港への政治的干渉を強めた．2014年には共産党政権が候補者を事前に選抜する選挙方式の導入に反発して若者や市民が公道を占拠する「雨傘運動」が起こり，2019–2020年の「逃亡犯条例改正案」に反対する運動では，200万人が参加するきわめて大規模なデモが展開され，半年にわたる抗議活動で「逃亡犯条例改正案」を棚上げに追い込んだ．これに対して中国政府は，2020年7月に「香港国家安全維持法」を施行し，民主化運動を弾圧，2021年には選挙制度を改変して普通選挙を大幅に制限，香港の民主化は終焉を迎えた．今後，一国二制度の下

で維持されてきた「法の支配」が揺らぐようなことがあれば，一国二制度は完全に崩壊し，対中投資のゲートウェイとなる国際金融センターとしての香港の地位を維持することは困難になるだろう(曽根 2022; 倉田 2023).

韓国

韓国の民主化は一般に，1987年の「六月民主抗争」による大統領直接選挙制の回復(第22章2参照)によって達成されたと考えられている．しかし急激な経済成長の過程で噴出したさまざまな経済問題——たとえば財閥の独寡占や分配の不平等など——についても民主化の課題の一部と考え，政治の適切な介入によって解決すべきだとする「経済民主化」の発想は根強く，市場主義やその基礎をなす私権の絶対性とのバランスが繰り返し問題になってきた．たとえばソウルへの一極集中を背景とする首都圏の地価高騰は早くから意識されており，1987年の憲法改正でも土地の私的所有の，法的規制を可能とする「土地公概念」が盛り込まれたが，それを実質化する宅地所有上限などの法制化については，憲法裁判所が違憲判決を下すなど，激しい論議の対象となってきた．

政治家と企業・経済人の密接な関係も，世論の厳しい批判にさらされる．たとえば2013年に大統領に就任した朴槿恵は，自身も「経済民主化」を公約の一つに掲げながら，旧知の実業家にさまざまな便宜を図ったことが明るみに出て，市民の大規模な抗議活動を背景として，2017年に弾劾されて失職した．またこの事件の一環として，韓国を代表する財閥であるサムスン・グループのトップが逮捕され，実刑判決を受けることになった(2022年に特別赦免)．こうした政経癒着の問題は，独裁政権下で一部企業が特恵を享受していたことの残滓として，歴史的な連続性のなかで議論されることがある．

韓国において，権力的・組織的な人権侵害を糾明し，被害を回復することを過去事清算と呼ぶ．政府自身の取り組みとしての過去事清算は，1987年の民主化後，国軍が市民を虐殺した光州事件(1980年)の再捜査に始まり，民主化運動家の獄死や朝鮮戦争期の虐殺，さらに植民地期やそれ以前の「親日」，反民族行為に拡大した．たとえば2005年に成立した「親日反民族行為者財産の国家帰属に関する特別法」は，植民地支配への協力によって得られた資産を没収し国庫に帰属させるというもので，法の不遡及や財産権の不可侵に反するとの

批判があり，激しい議論となった．こうした動きの背景には，戦後韓国の政治・経済エリートが植民地期に社会的な地位を築いた人びとであったことについて，独裁政権下で十分に清算できなかったという認識がある．

日韓関係についても，1965年の日韓基本条約が植民地支配の清算をともなわないまま，冷戦下の独裁政権の都合によって結ばれたという批判は根強い．2018年には韓国大法院が，第二次世界大戦期に日本企業での労務動員に従事した元労働者に対し賠償等の請求権を認めた．これに対し日本政府は，植民地支配にともなう請求権の完全解決を謳う日韓基本条約に反するものとして反発し，外交だけでなく経済関係にも深刻な影響が及んだ．こうした韓国側の動きについて，戦後補償に消極的な日本政府や企業に対する反発としてのみ捉えるのではなく，韓国の民主化にともなう移行期正義(Transitional Justice，体制移行にともなって，過去の組織的な暴力や人権侵害を処理し，社会的な和解を追求する試み)の問題としても理解することが必要である．

東南アジア

東南アジアの多くの国は権威主義体制を経験しており(第21章4参照)，西側陣営に属していた国では開発独裁政権を打倒して民主化を求める声が高まり，1973年のタイの10月14日事件，1986年のフィリピンのエドゥサ革命，1998年のインドネシアの民主化運動によって，それぞれタノーム，マルコス，スハルトという開発独裁者が退陣に追い込まれた．一方，ビルマでも1988年に民主化運動が発生してネィウィンが退陣したものの，その後の総選挙に勝利したアウンサン・スーチー率いる国民民主連盟に政権を移譲せず，軍がそのまま政権の座に居座った．1980年代後半から社会主義国であるベトナムとラオスにおいても計画経済の見直しと市場経済化が進められたが，共産党の一党支配という権威主義体制は現在まで維持されている(第22章3参照)．

20世紀後半には一時的に権威主義から民主主義への移行が顕著となったものの，21世紀に入ると再び権威主義への揺り戻しが起こっている．エコノミスト・インテリジェンス・ユニット(EIU)社が公開している「民主化指数」(Democracy Index)によると，2023年の時点で最も民主化指数が高い東南アジアの国はマレーシアの7.29であり，最低はミャンマーの0.85であった．2006年の

数値と比較すると，マレーシア，東ティモール，フィリピン，インドネシア，タイ，シンガポールで上昇しているものの，カンボジア，ベトナム，ラオス，ミャンマーでは逆に低下している．ここでは世界の政治体制を「完全民主主義」「欠陥のある民主主義」「混合政治体制」「独裁政治体制」に分類しているが，東南アジアでは2023年の時点で「欠陥のある民主主義」がマレーシア，東ティモール，フィリピン，インドネシア，タイ，シンガポール，「独裁政治体制」がカンボジア，ベトナム，ラオス，ミャンマーとなっている(EIU 2023)．

東南アジアで民主主義が比較的高位で安定しているのは，フィリピン，インドネシア，東ティモールである．フィリピンとインドネシアでは，権威主義を打倒して民主化が達成された後は民主主義体制を堅持しており，フィリピンこそ民主化初期においてはクーデター未遂事件も発生したものの，クーデターによって軍が政権を獲得するという事態は一度も起こっていない．インドネシアによる支配から脱却して2002年に独立を達成した東南アジアで最も新しい国・東ティモールも，民主主義による政治体制が維持されている．マレーシアとシンガポールはそれぞれ統一マレー人国民組織(UMNO)を中心とする与党連合・国民戦線(BN)と，人民行動党による一党支配が長らく続いてきたが，前者の長期政権は2018年に終止符が打たれた(川中 2020)．

これに対し，タイは21世紀に入ってからもクーデターが2回発生し，軍の政治関与が依然として顕著である．2001年に首相の座を獲得したタックシンは，ポピュリズム的な政策を用いて庶民の歓心を買ったものの，軍や中間層以上の保守層との対立を招き，2006年のクーデターで失脚した．その後，タイでは反タックシン派(黄シャツ派)と親タックシン派(赤シャツ派)の対立が続き，選挙で親タックシン派の政権ができると，司法が憲法違反を理由にこれを取り潰すという構図が出現し，2014年にはタックシンの妹インラックの政権が再びクーデターにより崩壊した．クーデターの首謀者である軍人プラユットはその後自ら首相となり，2019年にようやく民政復帰を行って自ら合法的な首相となった．しかしながら，新たに出現した改革派の政党を司法判断によって2020年に取り潰すと，これに反発した支持層の学生らが反発して抗議活動を活発化させ，これまでタブーであった王室改革を求める声も高まった．この結果，2023年の選挙では改革派の流れを汲む前進党が第一党の座を獲得したも

のの，守旧派に阻まれて結局政権獲得はできなかった（柿崎 2024）．

2006年の時点では「混合政治体制」にランクしていたカンボジアでも，権威主義化の傾向が強まっている．カンボジアでは内戦が終わり1993年にカンボジア王国として再出発したが（第22章3参照），「2人首相」制は1997年にフン・センがラナリットを追放することで終焉を迎え，フン・セン率いる人民党の単独政権となった．その後，フン・センは独裁色を強め，2012年の選挙で善戦した野党・救国党への圧力を強め，2017年には司法によって救国党の解党命令が出て，人民党に批判的なメディアも潰された．こうして2018年の総選挙では人民党が「圧勝」したが（笹川 2018），次の2023年の選挙でも同様に有力野党が取り潰され，やはり人民党の「圧勝」に終わった．

一方，2006年の時点でも最も指数が低かったミャンマーは，2010年代半ばにいったんは「混合政治体制」に上昇したものの再び「独裁政治体制」に戻ってしまった．ミャンマーの軍事政権は2000年代に入ってようやく民政移管を計画し始め，新憲法を制定したうえで2010年に総選挙を行い，国民民主連盟（NLD）が参加しなかったことから軍の翼賛政党が政権を獲得し，翌年テインセイン政権が発足した．テインセイン政権は自由化を進め，外国からの投資も積極的に呼び込んだ．ミャンマーは「アジア最後のフロンティア」と呼ばれ，外資が競って流入した．このような状況下で2015年に2回目の総選挙が行われ，圧勝したNLDが初の政権を獲得した．大統領にはなれなかったアウンサン・スーチーは国家顧問に就任し，事実上のスーチー政権が発足した．しかしながら，ロヒンギャ問題などからNLDと軍のあいだに対立が生じ，2020年末の総選挙でNLDが圧勝したものの，軍がその結果に異議を唱え，2021年2月のクーデターで軍が再び政治の舞台に返り咲いた．こうして民主化へと向かっていたミャンマーは再び権威主義へと戻ってしまったのである（伊野 2018; 中西 2022）．

このように，権威主義が台頭している国々においては人権侵害が深刻であり，ミャンマーのロヒンギャ問題や2021年のクーデター後の反軍政運動への弾圧がその典型である．タイにおいても，2020年以降盛り上がった王室改革を唱える学生運動家に対する不敬罪の適用による弾圧が行われており，2023年の総選挙で前進党が第一党となった理由の一つも，この不敬罪の見直しを公約に

掲げたからであった．また，民主化指数が比較的高い国においても同様の問題は存在し，たとえばフィリピンでは 2016 年から 2022 年まで政権を担ったドゥテルテ大統領の時代に強権的な政治が行われ，麻薬の一掃を謳った「麻薬戦争」によって麻薬密売人の口封じが行われ，数多くの関係者が命の危険を恐れて警察に自首した．このような政治権力による人権侵害は「独裁政治体制」のほうが頻繁ではあるものの，「欠陥のある民主主義」の国々においても依然として存在している（日下 2018）．

かつては新自由主義による民営化や規制緩和が発展途上国の経済成長には有効であるというワシントン・コンセンサスが優勢であり，その前提として政治体制の民主化が必要であるとの議論がなされていたが，近年の中国の急速な経済成長の経験から，権威主義体制が経済発展にはむしろ有効であるという北京コンセンサスという理念が主張されるようになった．このため，カンボジアのように権威主義体制が強化されて日本や欧米諸国からの非難の声が強まると，権威主義に対して寛容な中国に接近する動きが東南アジアでも強まっている．中国の存在感が高まっているなかでは，日本や欧米諸国による民主化への懸念の声が東南アジア各地の権威主義体制にますます届きにくくなってきているのが現状である（山本 2019）．

南アジア

インド，パキスタン，バングラデシュ，およびスリランカはイギリスの植民地支配下で議会制民主主義が導入された．インドとスリランカでは比較的安定的に代議制が維持されたものの，パキスタンでは軍事クーデターが繰り返され，1947 年の独立以降に，約 33 年間は軍事政権下に置かれ，民主主義体制が確立しているとはいいがたい．パキスタンから 1971 年に独立したバングラデシュも，1975–1990 年に軍事政権下にあり，1990 年代以降に民主化が始まった．1965 年にイギリスの保護国から脱したモルディブでは憲法が制定され大統領制が導入されたが，マウムーン・アブドゥル・ガユーム大統領の南アジア最長の政権（在任 1978–2008 年）の下で権威主義的な支配が続いた．2008 年に憲法が改正され，議会制民主主義の体制に移行したが，アブドゥラ・ヤミーン大統領（在任 2013–2018 年）によって再び権威主義的支配が行われた．もっとも 2018 年

の大統領選挙で民主派のモルディブ民主党に所属する大統領が誕生し，民主化が徐々に進みつつある(近藤 2021a; 近藤 2021b; 近藤 2021c)．ブータンでは2007–2008年の国王主導の民主化によって絶対君主制から立憲君主制に移行し，2007年に上院(国家評議会)の選挙が，2008年に下院(国民議会)の選挙が実施された．ネパールは1951年に立憲君主制に移行後，選挙制が導入されたが，1960年代には，政党活動が禁止された国王主導の政治体制がとられた．1990年に憲法が改正され，政党が復活したが，政党政治は不安定で，毛沢東の思想に強い影響を受けた反王制のマオイストが台頭した(石井 2015: 15-17)．このような情勢のなかで，2002年のクーデターによって国王が親政を開始して以降，さらなる政治的な混乱が起こった．この混乱は2008年に王政が廃止され，2015年に立憲共和政に移行するまで続いた．このように民主主義の制度やその来歴は，南アジア諸国のあいだで大きく異なっている．

インドは1975–1977年の非常事態期(第21章6参照)を除いて民主政治が維持されたが，その民主化指数(上述)は7.04で上述のマレーシアよりも低く「欠陥のある民主主義」に分類される(EIU 2023)．インドでは連邦・州議会選挙が安定的に行われてきたが，選挙において宗教集団やカーストなどのコミュニティが政治動員の基礎となっていった．そのような状況で，インド人民党(BJP)が集票の手段としてヒンドゥー至上主義を掲げた結果，ヒンドゥーとムスリムのあいだのコミュナルな対立は増大し，ムスリムへの圧力が強まった．カースト動員のために政党が提示した特定カーストへの留保枠設定(第23章6参照)の約束が，当該カースト集団と，その競合するカースト集団とのあいだの対立を強めた．スリランカにおいても，スリランカ自由党が選挙公約に掲げた「シンハラ唯一政策」に対して，スリランカ北部のタミル人が反発して，その一部が分離独立を求めて過激化し，内戦に発展した．このように民主政治自体がエスニック紛争の要因となり，マイノリティに脅威を与える結果にもなった．南アジア諸国では，さまざまな宗教，言語，カーストが共存しており，マイノリティ集団の人権・利益を保護する，南アジア社会に即した民主化が求められる(広瀬 2002: 90, 93)．インドとスリランカ(民主化指数6.47／欠陥のある民主主義)が実態に即した民主化を達成できていないことを，民主化指数は示している．

2014年には南アジアの2名の人権活動家がノーベル平和賞を受賞した．パ

キスタンの受賞者のマラーラ・ユースフザイーは，女子教育を含む女性の権利のために活動してきた．パキスタンでは教育開発など制度的な女性の権利保護の遅れのみでなく(黒崎 2016)，イスラーム過激派が暴力で女性の権利獲得を阻んでおり(山根 2015: 6)，こうした背景から過激派はユースフザイーを襲撃した．この受賞によりパキスタンの人権問題は国際社会で大きく注目された．インドの受賞者のカイラーシュ・サッテャルティーは，児童労働に反対し子どもの権利のために活動してきた．国際労働機関(ILO)の報告によると，5-14 歳の児童労働は減少傾向にあるものの，2011 年時点でインドでは約 1,010 万人の児童が労働に従事しており，問題は解消されていない(ILO 2017: 2)．2013 年にはバングラデシュで縫製工場 5 社が入居するラナ・プラザビルが崩落し，死者約 1,300 人，負傷者 2,500 人以上の世界最大級の労災事故が起こった．これにより，同国における労働環境の違法性や労働者の権利侵害が国内外に知られることとなった．事故後，国際労働機関の後押しで，火災予防と建物の安全に関する国際協定が策定され，同国の衣料品輸出先である欧米中心の 20 カ国 150 社が参加した(村山 2014: 495; 金澤 2015: 524)．南アジアでは，インドのように，経済が発展している国においても労働者の人権は十分に保護されておらず，南アジア諸国が抱える人権問題の課題は多い．

第 2 節　国内格差

アジアの工業化がまだ進展していなかった時期には，南北問題というフレーズに象徴されているように，先進国と途上国との国家間の格差がクローズアップされていた．しかしかつて途上国とされていた国・地域の工業化が急速に進展するなかで，今度はそれらの国・地域の内部における格差が大きな問題として目に見えるようになってきた．国内の格差には地域間，社会階層間，世代間などの格差があり，それぞれの国・地域でどこに格差の焦点があるかも異なっている．

中　国
1980 年代以降の改革開放の進展と 1990 年代以降の高度経済成長のなかで，

中国国内における経済格差は著しく拡大した．国家統計局の統計によるとジニ係数は1980年代から2003年まで伸張した．しかし，その後は大きな伸びはみられず，2008年の0.491をピークに緩やかに減少し，2016年以降はほぼ横ばいになっている．これは，農業・農村政策による農業所得の向上と，都市における低廉な非熟練労働者の減少が反映されていると考えられる．ただし，農村戸籍(第20章3参照)にしばられている農民・農民工(農村部からの出稼ぎ労働者)と都市戸籍を持つ都市住民のあいだには，社会保障や教育・住宅環境などの社会サービス全般においてジニ係数では捉えられない大きな格差が存在する．中国政府は農村戸籍から都市戸籍への転換による農民工の都市定住を促してきたが，それは中小都市に偏り，農民工の多数居住する大都市では進んでいない．その背景には，農民の側が都市戸籍取得によって農村戸籍にともなう土地の請負権を失うことを回避する傾向にあること，都市の側が公共サービスの支出増大を望まないことなどがある(梶谷 2018; 岡本 2022)．

地域的な格差についてみると，計画経済期(1953–1978年)には均衡発展戦略がとられたのに対して，改革開放後の1980年代になると，沿海部の経済発展が優先され，沿海部と内陸部の経済格差は拡大した．先述したように，財政請負制により，地域間の再配分機能は低下したが，1994年に分税制が導入され，西部大開発などによって地域間の再分配機能は高まり，2005年をピークに，地域間の経済格差は縮小へと向かっていく(梶谷 2018)．

一方で，個人間，特に都市住民間の経済格差は拡大している．この背景の一つには，共産党幹部など，政治的に特権を有している階層は合法と非合法のあいだにある「灰色収入」が多く，これを含めると，ジニ係数は政府の公表(2020年で0.468)よりかなり大きくなる可能性がある．習近平政権以降，反腐敗運動が進められているが，「灰色収入」の問題解決は十分ではない(梶谷 2018)．

SNSの普及で格差問題が顕在化するなか，2021年から習近平指導部は「共同富裕」を唱えて中間層の拡大を図り，住宅価格高騰対策として不動産開発業，教育負担軽減のために塾などの学習支援産業に対する締め付けを強め，同時にICT産業に対する統制を強めている．しかし，住宅価格高騰対策として最も重要な不動産税導入による住宅価格の下落は政府にとって望ましくないため，実現は困難である(三浦 2022)．

韓　国

韓国のジニ係数は 1997 年のアジア通貨危機以後大きく上昇し，世界金融危機の 2008–2009 年頃にピークに達した．2020 年時点で再分配所得のジニ係数は 0.331 である（金明中 2022）．通貨危機を契機に格差が顕在化した直接の理由は労働市場の変化にある．軍事政権期の韓国では雇用形態の違いを問わず労働者の地位は脆弱であったが，1987 年の民主化後，労働組合の発言力の向上を背景として正規雇用労働者の待遇改善が進んだ．しかしアジア通貨危機に際して金大中政権は，福祉の充実とセットで雇用の流動性を高める政策をとった．このため非正規雇用が増加し，正規雇用との格差が顕在化することになった（高安 2017）．2021 年時点の非正規労働者の比率は 38.4％ となっている（金明中 2022）．

また若年層の雇用問題も深刻である．2020 年の韓国の失業率は 3.9％ で決して高くないが，その 31％ が 15–29 歳の若年層で占められている．その一因は若者の高い大学進学率と大企業・公務員志向に基づく就職競争にある．就職準備や資格取得のため大学に 4 年を超えて在学することは一般的であり，卒業後も 1 年以内に就職できなかった人の割合は 30.2％ にのぼる（2021 年）．もともとホワイトカラーを高く評価する職業威信の観念が根強いなかで，正規と非正規，大企業と中小企業の待遇差が大きいことから，大企業・公務員の狭き門に多数の若者が殺到する雇用のミスマッチが起きている．若年層の閉塞感は強く，2015 年には「三ポ世代」（恋愛・結婚・出産を放棄＝ポギ），「ヘル朝鮮」（階層上昇の困難な韓国の現状を前近代の身分制社会になぞらえた揶揄）といったネット・スラングが流行語となった（春木 2020: 172–185；百本 2022）．

こうした労働市場の変化に加えて，高齢者世帯や母子世帯，一世代世帯の増加など世帯構成の多様化も所得不平等を拡大する要因として重要である．韓国の従属人口指数（生産年齢人口（15–64 歳）に対する従属人口（15 歳未満および 65 歳以上）の比率）は，2012 年の 36.8％ を底に上昇中で，2060 年には 100％ を超える見込みである（渡邉 2017）．2018 年の韓国の高齢者貧困率は 43.4％ で OECD 平均 14.8％ の 3 倍に達し，OECD 加盟国中ワーストである．その理由の一つとして，韓国の公的年金の整備が遅く（皆年金は 1999 年），現在の高齢者にはその恩恵を受けられない人が少なくないことが挙げられる（金明中 2022）．家族や親

族からの扶養に頼れない高齢者が過酷な労働を続けなければならない状況がしばしば報じられている．

東南アジア

20世紀後半に東南アジアの国々は，西側陣営に属して自由主義の原則に基づく資本主義経済のもとで経済発展を進めてきたグループと，社会主義経済の構築を目指して経済統制を強化してきたグループに二分され，前者と後者のあいだの経済格差が拡大する傾向にあったが，後者が経済自由化の方向に舵を切ったことで(第22章3参照)国家間の格差は縮小の方向に転じ始めた．しかしながら，それぞれの国内には依然として経済格差が存在している．

経済発展を進めた前者のグループも，経済自由化に舵を切った後者のグループも，基本的には外資導入型の工業化を進めて旧来の農業国からの脱却を進めてきた．この過程で国内の産業構造も変化し，第一次産業から第二次・第三次産業への雇用の転換が進んできた．これが第一次産業の従事者比率を大きく低下させ，たとえばタイでは1991年の61％から2022年の30％へと過去30年間で半減した．ラオスのように2022年の時点でも第一次産業従事者比率が70％ときわめて高い国も存在するが，大半の国で第三次産業の従事者比率が最も高くなっている(第23章2参照)．なお，多くの国で工業化を進めてきたものの，就業人口で見る限り第二次産業の従事者比率は決して高くなく，2022年の時点で最も高いベトナムでも31％にとどまっている．このような第一次産業から第二次・第三次産業への転換は農村から都市への人口移動をもたらし，各国の都市化率を高める結果となった(柿崎 2021b)．

工業化や都市化は首都をはじめとする特定の地域に集中することから，各国内でも農村が多い地域と都市化や工業化が進んだ地域のあいだの経済格差，すなわち国内の地域間格差も拡大することになった．たとえば，タイ国家経済社会開発庁の資料によると，タイでは2022年の一人あたり国内総生産(GDP)は24.9万バーツ(約91万円)だが，工業化が進展している東部の一人あたり地域総生産(GRP)が51.6万バーツ，首都が位置するバンコク首都圏で46.5万バーツと大幅に高いのに対し，最も地域総生産が低い東北部ではわずか9.6万バーツと，地域間で5倍以上の格差が存在している．このような傾向は他国でも多か

れ少なかれ見られ，国内の地域間格差は各国共通の問題となっている．

　また，所得格差という側面からも，各国内に依然として格差が存在していることが確認できる．世界銀行が公表しているジニ係数を見ると，1980年代以降の東南アジアの国々のジニ係数はそれほど大きな変動はなく，おおむね0.30から0.50の間で推移している．かつては経済発展が進む過程でいったんは所得格差が拡大するものの，その後は格差が縮小に向かうというクズネッツ仮説が注目されたが，東南アジアにおいてもそのような傾向が現れている国が存在する．たとえばタイでは1981年に0.45であった係数が1992年には0.48に到達したが，以後は漸減して2021年には0.35まで低下してきた．マレーシアとフィリピンでも21世紀に入ってから数値が下がってきており，1997年に0.49を記録していたマレーシアは2021年には0.41に，2000年に0.48であったフィリピンも2021年には同じく0.41まで低下している．これらの国々では格差が縮小傾向にある一方で，後発国のラオスでは1997年の0.35から2017年には0.38と逆に格差が拡大傾向にある．インドネシアでは農村・都市別のジニ係数が入手できるが，2023年において農村で0.313であるのに対し都市では0.409であり，1984年のそれぞれ0.29と0.33から格差は一貫して拡大している(World Bank 2024)．ジニ係数が最低レベルである北欧や中欧では0.30を下回っていることから，東南アジアではジニ係数が高止まりしている傾向があり，国内の所得格差が依然として大きな問題となっているといえよう(末廣 2014；浦川・遠藤 2018)．

南アジア諸国──インドを中心に

　インドでは，1991年の経済自由化以降の急速な経済成長によって農村部と都市部でともに貧困者比率が低下し貧困削減が確認できる．しかしその削減速度は経済成長の加速ほどには上昇しておらず，貧困削減の効果は縮小している．経済の急成長は，民間の技術集約度の高い部門が牽引したため，成長のトリクル・ダウン効果が縮小したと考えられる．1990年代以降の成長は，1980年代以前の成長ほどに貧困者に恩恵をもたらさず，格差は拡大した(黒崎・山崎 2011: 24-26)．この経済格差を都市・農村別，州別，社会階層別の分類軸で比較すると，社会階層が最も大きな不平等を示す点はインドの大きな特徴といえる

第 24 章　現代アジア経済の課題

(黒崎・山崎 2011: 35–36, 45).

　この階層間格差は，インド農村社会の歴史的階層性に由来すると柳澤悠は指摘する．植民地期には富農と不可触民である農業労働者などから成る農村社会の階層構造とこれに基づく格差が見られ，これは独立後も存続した．さらに近年の経済成長の中で，この農村社会の階層構造が変容しながら都市に平行移動していった(柳澤 2015: 306–307)．この階層構造の淵源の一つとして，グプタ期以降のバラモンを含む少数の土地保有層を中心とした農村社会(第 4 章 3 参照)が想起できる．都市では企業内にこの階層構造が持ち込まれ，中間管理者層と労働者層のあいだで賃金・学歴の格差を生み，経済の急成長のなかにあっても後者から前者への昇進はきわめて制限されており，階層間の流動性が埋められない状況にある(柳澤 2015: 324)．こうした階層間の格差が農村・都市，州の別なく見られ，その基層には歴史的な社会経済構造がある．

　地域間格差も近年の経済成長のなかで拡大している(小田 2011a: 4–5)．経済成長を支える教育・医療・電力インフラはインド西部・南部で発達している傾向にあるが，実際には各地域を構成する州間の格差が顕著であり，州財政・政策や中央から州への財政移転の差が地域格差に大きな影響を与えている(栗田・森・和田 2015)．他方で都市・農村の経済格差も拡大している．たとえば，1970 年に貧困層への政治的アピールの「付録」事業であった貧困緩和事業が農村での雇用創出事業を柱に全国に拡大した．この政策は中央財政を圧迫するほどに肥大化したが，その縮小を許さないほどに政治的な重要性を持つに至っており(近藤 2015)，この事業の拡大は農村の貧困拡大の証左ともいえる．インドにおける 1999 年と 2011 年のジニ係数は農村で 0.26 と 0.28，都市で 0.34 と 0.36 であり，2000 年代初頭の経済成長によっても格差が縮小せず，都市での格差が依然として大きい(宇佐美 2015: ix)．さらに都市は農村よりも貧困が深刻であり，貧困層内の不平等も大きい(黒崎・山崎 2011: 35, 45)．ただしこの格差に関しては，農村・都市間の溶融空間の発展(第 23 章 5 参照)など，都市と農村の関係自体が変化しており，両者の単純比較では格差が捉えられなくなってきている．

　パキスタンも経済成長の中で貧困者比率は減少したが，経済格差は拡大しており，特に地域間格差の拡大が大きな問題である(平島 2003)．歴史的にはパキ

スタン東西の経済格差がバングラデシュ独立の重要な要因の一つとなった(第21章6参照)．その後も続く地域間格差は，経済成長を支える医療・教育などのインフラ整備の地域差が要因の一つと考えられ，開発は同国の課題となっている(小田 2011b: 289)．

バングラデシュ経済も成長しており，貧困者比率は同国の統計によると2000年に48.9％であったが，2022年には18.7％まで減少し，貧困削減に成功している．ただし所得のジニ係数は2010年(0.458)から2022年(0.499)にかけて上昇を続けている(BBS 2023: 15, 22)．2008年の世界金融危機はバングラデシュにも不況をもたらし(長田 2010: 438)，2005年(同値0.467)から2010年に都市の富裕層の所得増加が減退して一時的に所得格差が縮小したが(Government of Bangladesh 2015: 2018–19)，それ以降に格差は再び拡大した．2005–2010年の都市部を除いて，所得格差は都市および農村で拡大した．インドと同様に，バングラデシュにおいても独立以前の農村の階層構造が経済成長のなかで形を変えて都市および農村で存続していることが指摘されており(藤田 2011: 326–327)，2010年以降の所得格差の拡大にも影響を及ぼしていると考えられる．

第3節　エネルギーと環境

経済成長とエネルギー消費

【エネルギー消費におけるアジアの位置】　1970年代の二度の石油危機によりエネルギー価格は高騰したが，世界のエネルギー消費量は増大の一途をたどり，一次エネルギー消費量(石油換算)は1973年の約56.8億tから2022年には144.3億tへと約2.5倍に増大した．

しかし，地域ごとのエネルギー消費量の推移は全く異なっていた．すなわち，世界経済をリードしてきた欧米の消費量はこの間に25％増大したに過ぎず，世界全体の消費量に占めるシェアでも1990年代に50％を恒常的に下回るようになり，2022年には約30％を占めるに過ぎなくなった．欧米・アジア以外の地域の消費量はこの間に約2倍に増大したものの，1980年代後半以降はシェアを下げた．それに対して，アジアはこの間に消費量が約8倍増大し，シェアも14％から44％へと上昇し，2009年には欧米を抜いて世界で最もエネルギ

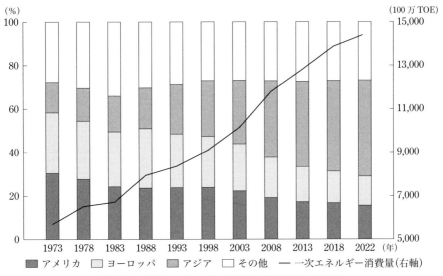

図 24-1　世界のエネルギー消費量の推移(1973-2022年)
出典：energy institute website "the 2023 Statistical Review of World Energy Data" (https://www.energyinst.org/statistical-review)最終閲覧日 2024 年 4 月 4 日
注　：アジア：東アジア(日本，台湾，韓国，香港，中国)，東南アジア(インドネシア，マレーシア，フィリピン，シンガポール，タイ，ベトナム)，南アジア(バングラデシュ，インド，パキスタン，スリランカ)

ーを消費する地域となった．石油危機後の世界のエネルギー消費量の増大とは，アジアのエネルギー消費量の増大とほぼ同義であったといっても過言ではない(図 24-1)．

アジアのエネルギー消費の特徴は化石燃料(石炭，石油，天然ガス)の比重の高さにある．1973 年から 2020 年までの約 50 年間，世界の一次エネルギー消費は化石燃料への依存を下げてきた．すなわち，一次エネルギー消費に占める化石燃料の比率を 1973 年と 2020 年で比較すると，世界全体では 87% から 80% へ減少し，地域別ではアメリカ(95%→81%)や欧州先進国(94%→69%)で顕著に減少したのである．一方，アジアは化石燃料への依存を深めており，化石燃料比率は 68% から 83% へと 15 ポイントも上昇した(表 24-1)．

【アジアの経済成長とエネルギー】　アジアは中国やインドネシアなど化石燃料を産出する国を抱えているが，エネルギー自給率は約 70% である．また，アジアの先進国である日本や NIEs は化石燃料をほとんど産出せず，エネルギー自給率はきわめて低い(表 24-1)．したがって，アジアの経済成長には域外から

表 24-1 世界のエネルギー消費量とエネルギー別構成比(1973, 2020年)

	世界		OECD		非OECD		アメリカ	
	1973年	2020年	1973年	2020年	1973年	2020年	1973年	2020年
消費量	6,084	13,963	3,756	5,026	2,144	8,645	1,730	2,038
エネルギー生産性	3,480	5,842	4,481	9,711	2,024	3,791	3,442	9,467
自給率(%)	102	101	66	88	174	113	84	106
構成比(%)	100	100	100	100	100	100	100	100
化石燃料	87	80	94	78	74	81	95	81
石炭	25	27	23	13	30	36	18	11
石油	46	29	53	34	31	24	47	34
天然ガス	16	24	19	31	13	20	30	35
非化石燃料	13	20	6	22	26	19	5	19
原子力	1	5	1	10	0	2	1	11
水力	2	3	2	3	1	3	1	1
その他	10	12	3	10	25	14	2	8

	欧州OECD		アジア		日本		韓国	
	1973年	2020年	1973年	2020年	1973年	2020年	1973年	2020年
消費量	1,376	1,607	1,088	6,052	320	385	22	276
エネルギー生産性	5,552	11,579	2,608	4,602	5,597	11,379	4,019	5,884
自給率(%)	46	57	73	73	9	11	31	19
構成比(%)	100	100	100	100	100	100	100	100
化石燃料	94	69	68	83	98	89	95	82
石炭	31	11	30	49	18	26	36	27
石油	53	32	37	24	78	38	59	37
天然ガス	10	26	1	11	2	24	0	18
非化石燃料	6	31	32	17	3	11	5	18
原子力	1	12	0	3	1	3	0	15
水力	2	3	1	3	2	2	0	0
その他	3	16	30	11	0	7	5	3

の化石燃料の輸入が不可欠で，それは主に中東の産油国の化石燃料であった．

　アジアはアメリカを中心とする欧米先進諸国へ民生用消費財・資本財を輸出したほか，同地域から資本を輸入することで外貨を獲得し，それを中東産油国からの化石燃料の輸入に充当した．アジア・欧米間，アジア・中東間では著しい貿易不均衡が形成されたが，中東産油国がアジアから獲得した外貨(オイル・ダラー)を，欧米先進諸国への資本輸出や同地域からの兵器・軍需物資の輸

	中国		インドネシア		タイ		インド	
	1973年	2020年	1973年	2020年	1973年	2020年	1973年	2020年
消費量	427	3,499	38	233	16	133	141	872
エネルギー生産性	651	4,182	2,503	4,412	2,675	3,256	1,525	2,925
自給率(%)	101	80	249	191	52	50	89	65
構成比(%)	100	100	100	100	100	100	100	100
化石燃料	61	87	29	73	50	80	40	73
石炭	48	61	0	29	0	13	23	43
石油	12	19	29	29	50	41	17	24
天然ガス	1	8	0	15	0	26	1	6
非化石燃料	39	13	71	27	50	20	60	27
原子力	0	3	0	0	0	0	1	1
水力	1	3	0	1	0	0	1	2
その他	38	7	71	26	50	20	57	24

出典:一般財団法人日本エネルギー経済研究所計量分析ユニット編 2023: 215-224
注 :エネルギー生産性は,実質GDPを一次エネルギー消費量で除した数値

入に充てることで,貿易不均衡は多地域間で解消された.こうして,アジア・欧米先進諸国・中東産油国のあいだで多角的貿易決済網「オイル・トライアングル」(杉原 2020: 513-537)が形成され,アジアはエネルギーを安定的・持続的に確保しながら経済成長を遂げることが可能となったのである.

オイル・トライアングルを構成するアジア諸国は,1970-80年代前半は日本に限られていたが,1980年代後半-90年代にアジアNIEsやASEAN,そして2000年代以降には中国を加えながら拡大していった.輸入石油と工業化を効率的に結びつける「場」が,臨海工業地帯であった.欧米の工業地帯は,国内産の原料・エネルギーの利用のために,内陸河川沿いに立地する傾向にあったが,それは輸入エネルギーの利用には不利であった.一方,アジアでは輸入石油を効率的に利用するために,臨海部に大型タンカーが接岸可能な臨海工業地帯・石油化学コンビナートが建設された(小堀 2017: 106).日本では石炭から石油への転換を図った1960年代以降,「太平洋ベルト」に臨海工業地帯が林立し,韓国では1970年代に石油化学コンビナートや工業団地が東南沿岸地域に建設されていった(李憲昶 2004: 565-566).また,臨海工業地帯の開発ノウハウは海外にも輸出され,たとえばタイで工業開発が進められた東部臨海地域(第23章5参照)は日本のODAで整備されたものであった(久島 2023).

【化石燃料依存の解消は可能か？】 化石燃料の輸入によってアジアは経済成長を達成したが，近年では後述する環境問題とも相まって，化石燃料への依存が問題視されている．中東では紛争などのリスクが大きく，石油価格の変動も激しい．中東産石油への依存をどれだけ低下させられるかがアジア経済の将来の不確実性を低下させるためにも重要となる．

　しかしながら，アジア経済の化石燃料への依存は今後も続くであろう．経済成長とエネルギー消費量の増大には強い相関があるから，経済成長の余地が大きい中国やインド，東南アジアでは，経済成長とともに今後ますます化石燃料の利用は高まるであろう．中国では風力発電と太陽光発電の増設が急ピッチで進められる一方で，高効率型ではあるものの石炭火力発電所の建設も同じく急ピッチで進められている(ヤーギン 2022: 461-462)．また，インドに代表される途上国では，電気やガスといった近代的エネルギーを享受できない人びとが利用するバイオマス燃料(薪・木炭・農作物の廃棄物・牛糞)が深刻な大気汚染や健康被害を引き起こしており，これらの国にとっては「クリーンなエネルギー」である化石燃料への転換は急務であるため(ヤーギン 2022: 467-471)，さらに化石燃料の利用は高まるだろう．

　輸入石油への依存を下げる第一の方法は，エネルギー1単位あたりで生み出される付加価値額を示すエネルギー生産性を高める(あるいはその逆数としてのGDP原単位を低下させる)ことが必要となるだろう．表24-1に示されるように，日本のエネルギー生産性は世界でもトップクラスであるが，それ以外の国のエネルギー生産性は日本や先進諸国のそれの半分から3分の1に過ぎず，省エネ技術の開発や導入が重要な鍵となる．ただし，省エネ技術の進展によるエネルギー効率の改善は，エネルギー利用の拡大を通じてかえってエネルギー消費量を増やしてしまう「ジェボンズのパラドックス」の問題が残る．したがって，第二の方法として化石燃料以外にエネルギー源を求めるほかない．原子力発電は1986年のチェルノブイリ原発事故や2011年の福島原発事故でその安全神話は崩壊しており，建設・利用を進めるか否かは各国の政府や国民の判断に依存する．太陽光，風力，地熱，水力，海洋，バイオマスなどから作られるグリーンエネルギーも，エネルギー効率を高めるための技術開発の問題のほか，太陽光パネルの産業廃棄物化など未解決の問題は多い．

大気汚染

東アジアの大気汚染は，2009年にアメリカを抜いて世界最大のエネルギー消費大国となった中国が，石炭火力に大きく依存していることが原因である．中国は2020年の石炭生産が39億tに達し，世界生産の50%を占める石炭産出国であると同時に，世界最大の輸入国かつ消費国であり，石炭は火力発電，鉄鋼産業の燃料，工業原料として中国の経済成長を支えてきた．1990年代以降の高度成長のなかで，特に発電部門での消費が激増し，一時は中国の石炭消費の7割を石炭火力発電が占めるに至った(郭 2011; 竹原 2021)．石炭火力発電は汚染物質の排出源でもあり，結果的に大気汚染は著しく深刻化した．また，2020年の中国の温室効果ガス(CO_2)排出量は世界最大の約99億t，割合では31%で，2位のアメリカ(14%)を大きく上回っており，温室効果ガス排出量でも中国の動向は注目を集めるようになってきた．

中国政府は2005年頃から環境問題に本腰を入れ，第11次五カ年計画(2006–2010年)で省エネルギーと環境保護を国策とし，省エネルギー・汚染物質排出の削減を進めた．2011年以降は大気汚染対策が強化された．製造業における石炭から天然ガスへの転換も進展し，大規模な再生可能エネルギーへの投資も行われ，発電設備容量は太陽光が2010年の21万kWから2020年の2.5億kWに激増し，水力が2.2億kWから3.7億kWに達するなど，発電容量は大きくなった．原子力発電も増大し，2020年には4,989万kW(稼働中48基)に達し，現在建設中の原発すべてが稼働した場合，世界最大の原子力発電事業者になる見込みである．結果的に発電電力量に占める石炭火力の割合は2010年の76%から2020年には61%(4兆6,296億kWh)に減少し，原子力・再生可能エネルギーの比率は19%から32%に増加した(竹原 2021)．こうした状況のなか，中国の大気汚染は北京をはじめとして改善が進んでいる(IQAir 2022)．

もっとも，中国における人口の増加と経済成長にともない，エネルギーの消費の絶対量は増加し続けている．石炭火力発電の増設は続いており，石炭火力発電の大幅な転換は容易ではない．それゆえ中国の大気汚染の抜本的な改善は困難で，2021年のPM2.5の濃度は32.6$\mu g/m^3$で，世界でデータのある117国・地域中22番目に深刻な状況にある(竹原 2021; IQAir 2022)．

日本は高度成長期の1960年代に大気汚染が深刻化したことから，1968年に

大気汚染防止法が制定され，以後，同法の改訂が繰り返されるなかで規制が強化されて大気汚染の改善が進み，2021年のPM2.5の濃度は9.1 $\mu g/m^3$ で世界117国中92位となり良好である．韓国や台湾においても工業化の進展のなかで環境は悪化したが，1990年代以降には環境問題への意識が高まって大気汚染対策が進み，2021年のPM2.5濃度は韓国が19.1 $\mu g/m^3$，台湾が16.2 $\mu g/m^3$ であり，大気汚染は抑制されている．一方で，有数の石炭産出国であるモンゴルの大気汚染は中国よりも深刻で，2021年のPM2.5濃度は33.1 $\mu g/m^3$ に達する(IQAir 2022)．また，中国の汚染物質は韓国・台湾や西日本に飛来して大きな影響を与えているが，この問題に関する国際的な対策は進んでいない．

東南アジアにおいても火力発電や自動車の排出ガス，泥炭地で発生する森林火災(後述)による大気汚染が進み，インドネシアのPM2.5濃度は34.3 $\mu g/m^3$ と深刻である．南アジアは工業化と都市化が進むなかで，中央アジアとならんで大気汚染は世界最悪の状況にある．2021年のPM2.5濃度はバングラデシュが76.9 $\mu g/m^3$，パキスタンが66.8 $\mu g/m^3$，インドが58.1 $\mu g/m^3$，ネパールが46 $\mu g/m^3$ に達し，世界の汚染の最も深刻な都市の大半が南アジアにあり，大気汚染が原因の疾病による死者も多い．大気汚染は結果的に大きな経済的損失をもたらしており，2019年，インド政府は国家大気浄化計画を制定して大気の改善を図ったが，新型コロナの影響で計画の実施が遅れており(IQAir 2022)，今後の改善については楽観できない．

森林破壊

世界自然保護基金(WWF)によると，2004–2017年に世界で最も森林破壊が進んだ8地域のうち上から3，4，5位が東南アジア(カンボジア，スマトラ，ボルネオ)に存在し，これら3地域の森林減少率は上記期間にそれぞれ20，25，22%にのぼった．2001–2015年に東南アジアで失われた森林は3,900万haに及ぶが，その78%が商品作物栽培を主目的とする伐採に起因し，13%が製紙用パルプを採取するためであった．伐採後に栽培される商品作物は，カンボジア(メコン下流)ではサトウキビ，キャッサバ，トウモロコシおよびゴムノキ，アブラヤシ，ナッツ樹木，コーヒーなどで，スマトラとボルネオではアブラヤシとパルプ原木(ユーカリやアカシアなど)が二大主要作物である．これらの生育の

ためには，森林伐採後の泥炭湿地の水分を排水しなければならないが，泥炭は乾燥すると非常に燃えやすくなるためしばしば大規模火災が発生し，森林破壊をいっそう進行させている(Curtis et al. 2018: 1009–1010; WWF 2021: 29–32; 渡辺 2021)．

アブラヤシから得られるパーム油は世界で最も消費されている植物油で，2021/22 年に世界の植物油総生産 2 億 1503 万 t の 36.1% を占めている．1960年代半ばまでは原産地西アフリカでの生産が多かったが，その後はマレーシアとインドネシアの生産が上回り，現在はこの二国が世界生産の 8 割以上を占める．パーム油は主要植物油で最も低価格であるため，インド，中国，パキスタンを筆頭にアジア諸国で 90 年代後半から需要が急増している．アブラヤシ農園は 90 年代後半から急拡大したが，それにともなって国際環境 NGO などが農園(2015 年に約 6 割が民営・国営企業，残りが小農の経営)拡大のための森林伐採を批判するようになった．そのなかで WWF は具体的な環境・社会問題の解決を目指すようになり，国際的大企業やマレーシアの企業などと協力して，現地栽培者・加工者や国際的大企業などあらゆるステークホルダーを含める RSPO (持続可能なパーム油のための円卓会議)というスキームを 2004 年に発足させた．RSPO は環境や労働者・現地住民の人権に配慮した生産者の製品に認証を発行しているが，RSPO 認証油は欧米市場で飽和する一方で，大市場のアジア諸国では高価格のため需要がない．そのため認証を受けたパーム油は全供給量の 20% 台で低迷しており，認証制度は森林伐採や関連する社会問題の十分な歯止めとなっていない(加納 2021; 田中 2021; 林田 2021a; 林田 2021b; 岡本 2021; 飯沼 2021; 道田 2021; 河合 2021; 一般財団法人日本植物油協会 2023)．

パルプ産業はインドネシアでは 1990 年代以降急速に発展し，企業がスマトラやカリマンタン(ボルネオ島のインドネシア側領域)の国有林に広大なコンセッション(国家が一定期間貸し出す特定森林資源の利用権や管理権)を取得して過剰な生産力を持つ大規模工場を設立した．そのため，当局のルーズな管理のもと，コンセッションの範囲を超えた違法森林伐採も行われた．2000 年以降は，内外からの批判を受けて一部の企業は原料調達のためにアカシア造林を進めた．2010 年代からは欧米企業がインドネシアのパルプ企業に責任ある原料調達を厳しく求めるようになったため，インドネシア政府は 2011 年に森林伐採の一

時凍結を発表し，2015 年には泥炭地の開発を禁止した．一部の企業はイメージ改善を図って天然林伐採と泥炭地開発の停止や現地住民の尊重を宣言したが，これらの対策の実効性を疑問視する指摘も少なくない(生方 2017: 225–227; 生方 2021: 99–106)．

森林保全についても 1993 年に，国際 NGO である森林管理協議会(FSC)により認証制度が設けられ，製品の原料生産や製品製造の過程で環境破壊や人権侵害が行われていないかを独立機関が審査して，基準を満たした森林に認証を発行するようになった．2007 年には熱帯林保全に関する国際的スキームである REDD プラスが国連機構変動枠組条約会議で取り上げられ，森林減少や劣化を抑制し二酸化炭素の排出を削減する活動や対策を行った政府・事業者・森林利用者に対して，先進国の政府や企業から経済的支援が与えられるようになった．2010 年代からはパルプ企業だけでなくアブラヤシ企業も，森林保全や社会紛争解決などに関して自主行動方針を表明している．こうした取り組みを通じて企業はかつてのような違法伐採や泥炭地管理の放棄，紛争解決の手段としての抑圧的手段などを選択しにくくなっているが，今なお規制を無視してこれらの問題が放置されたり温存されたりして，森林環境と地域社会に深刻な問題を与えているケースは少なくない(百村 2017; 原田 2017; 笹岡 2021)．

水

アフロ・ユーラシア乾燥・半乾燥地帯は，サハラ砂漠からゴビ砂漠に至る複数の乾燥地帯(砂漠)が半乾燥地域を交えて連なる広大な領域であり，そこでは水資源の確保が大きな課題である．本書が扱う地域では，インダス川からデカン高原を経てセイロン島北部に至るインド亜大陸の広域や黄河流域以北(第 1 章 2 参照)が同地帯に含まれ，南アジア諸国や中国では水不足に起因する環境問題が生じている．

インドでは雨季の少雨による旱魃が，各地にしばしば甚大な被害をもたらした(第 14 章 3 参照)．この被害拡大を防ぐために用水路，溜池，井戸やダムなどによる水資源の確保が図られてきた．地下水資源を利用する井戸は伝統的な開口井戸に加えて，1960 年代の「緑の革命」期に電動ポンプ管井戸が急速に普及した(第 21 章 2 参照；多田 1996: 343)．しかし管井戸の普及は地下水の低下を

もたらし，農村の飲料水や都市上水などの不足が深刻化した．海岸部では地下淡水層に海水が流入して灌漑・飲用に適さなくなる問題が生じた．さらにインド東部やバングラデシュなどを中心に，過剰な組み上げにより天然由来の地中のヒ素が地下水に溶け出し，深刻な健康被害をもたらしている(外川 2020: 195; 板井 2011: 61-62)．ダムを用いた水資源確保の試みとしては，デカン高原の北辺を流れるナルマダ川に複数のダムを建設し，灌漑用水の確保や電力開発を目指すサルダール・サローヴァル計画が1950年代に始まった．これはインド最大規模の計画であったが，立ち退き地域などの周辺住民の意向が無視されたことや，環境破壊などを理由に大規模な反対運動が起こった．反対運動は海外NGOの支持を集めるなど世界的に注目を集め，予定していた世界銀行の融資は実現せず，計画の規模は縮小された(柳澤 2002: 259-262)．これらの問題から，水資源確保の事業自体がさまざまな形で環境に負荷をかけることがわかる．

　中国においても水の問題は深刻さを増している．中国の歴代王朝は大河の制御を為政者の重要な政策課題としてきた(第9章1，第14章1参照)．現在の政権にとっても安定的な水供給は根本的な政治課題である．しかし北部や中央部では水不足は深刻で(上田 2009)，国連が定めた「水供給の基準」に達していない省も多い．南部では集中豪雨が以前より頻発しており，同時に旱魃の被害も起きている．世界の淡水に占める中国の割合はわずか6%とされる．そのなかで農業や工業部門での水需要は拡大する一方，中国の主要河川(第1章1参照)の水源であるヒマラヤ山脈高地の氷河は解けて縮小し続けており，21世紀半ばには氷河からの雪解け水が減少し始めると予想されている．政府は北部の水不足を緩和するため南部から水を送る「南水北調」という巨大運河の建設を進めてきた．主要3ルートのうち長江とその支流から取水する2本は2010年代前半に完成したが，送水量は足りておらず拡張工事が進められている．中国には食料輸入を拡大し，水資源に恵まれた他国に水需要を負担してもらう選択肢もあるが，食料安全保障を重視する現政権がその選択肢を選ぶ可能性は低い(The Economist, July 6, 2024.『日本経済新聞』2024年7月9日，翻訳版)．

　ヒマラヤ山脈の水資源をめぐっては，中国からインド・バングラデシュへ流れるブラフマプトラ川(ヤルンツァンポ川)の利用について両国の間で対立がある．2012年にはインド国内のブラフマプトラ川が干上がった際に，インドの

一部の議員やメディアは，その原因を中国によるダム建設とみなし，中国に抗議している（天野 2015: 59-61）．中国を水源とし，ミャンマー，ラオス，タイ，カンボジア，ベトナムを流れる国際河川メコン川でも，中国と東南アジア諸国との対立が生じている．同河川上流域での中国によるダムの建設と，下流域での旱魃の因果関係が争点の一つとなっている（天野 2014; 77-79）．国際河川の開発による環境への影響は国際対立を生じさせ，その中心にはチベット高原の水源を持つ中国がいる．

限られた水資源を多くの人びとが共有するために，都市などの人口密集地では水不足が生活排水による水質汚染の一因となりうる．さらに南アジア諸国では，下水処理施設が不十分であり（第 23 章 5 参照），都市での水質汚染が深刻な問題となっている（外川 2020: 194-196; 小嶋 2020: 207; 近藤 2020: 231-232）．工業排水などに含まれる化学物質によっても水資源は汚染される．生活排水と工業排水による水質汚染は，人口が稠密で工場などが多い都市が抱える深刻な環境問題である．水不足が顕著ではない東南アジアにおいても，下水処理施設の不整備により浄化されていない生活排水や，工業排水などによりバンコク，ジャカルタ，マニラなどの大都市で水資源が汚染されている（谷口・吉越・金子 2011: 163-166, 192-193, 223-224, 229-232）．東京，大阪，ソウルなどでは下水処理施設や種々の浄化システムが整備されているが，生活排水や工業排水による河川や地下水の水質汚染が皆無であるわけではない（谷口・吉越・金子 2011: 34-36, 68-70, 96-98）．水質汚染は，乾燥地・半乾燥地に限らず，都市を中心とした広域の環境問題となっている．

第 4 節　安全保障

近年，アジアに限らず安全保障問題は経済に大きな影響を与えている．とはいえ，アジアの安全保障問題は近年発生したわけではなく，むしろ，20 世紀後半の冷戦期に生まれた問題が解決しなかった結果ともいえる．本節は冷戦期を意識しつつ，安全保障問題がなぜ近年に顕在化してきたのかを示したい．

東アジアの冷戦構造と新たな緊張

2015年以降の米中は対立局面に入り，東アジアの安全保障問題がクローズアップされてきた．この背景には中国の軍事的台頭があるが，これは近年初めて生じた問題ではない．そもそも，東アジアにおいては朝鮮半島と台湾における冷戦構造がそのまま残された(第19章1参照)．朝鮮戦争終結と台湾海峡危機の終結により，直接の戦火を交えることはほとんどなくなったが，冷戦の終結とともに，東アジアの安全保障問題は顕在化した．また，中国はロシアやベトナムなどとの陸上の国境問題の大半を解決したものの，日本との尖閣諸島問題，南シナ海の領有権問題，インドとの国境問題も未解決のまま残されており，これも21世紀に入り大きな問題となってきた．

朝鮮半島では1990年代以降，国際的に孤立した北朝鮮はその体制維持を図り核開発および弾道ミサイルの開発を進め，2006年には最初の核実験を行った．国連の決議に基づき北朝鮮に対する国際的な経済制裁も行われているが，北朝鮮経済は中国の支援もあって崩壊に至ることはなく，長距離弾道ミサイルの実戦配備によって，韓国・日本のみならず，アメリカ本土にも脅威を与えつつある．さらに北朝鮮はウクライナ侵攻(2022年-)を続けるロシアに弾道ミサイルや砲弾などの兵器や兵員を提供し，ヨーロッパの安全保障にも影響を与えている．

1960年代以降，台湾海峡の軍事的緊張は緩和されてきたが，1990年代以降，台湾で民主化が進展し，台湾人意識が高まるなか，中国は台湾の主体性を打ち出した李登輝政権に圧力をかけるために，1995年と1996年の二度にわたり台湾沖に弾道ミサイルを撃ち込むミサイル演習を行った．以後，断続的に台湾海峡の軍事的緊張が高まることになる．もっとも1996年3月の台湾初の総統選に合わせた中国軍の演習の際にはアメリカが空母機動部隊を派遣して対応し，総統選挙では李登輝が圧勝した．2000年には独立傾向の強い民進党の陳水扁が総統に当選して初の政権交代が生じ，中国との関係は緊張した．2008年からは国民党の馬英九が総統となり，中国との緊張は緩和されたが，対中依存への警戒感が高まり，2014年には中国との貿易サービス協定に反対するひまわり学生運動が展開された．2016年より民進党の蔡英文が総統となったため，中国は台湾に対する外交・経済的圧力のみならず，軍事的圧力を強めている．

2022年8月に日本のEEZ（排他的経済水域）を含む台湾周辺で大規模な軍事演習を行ったことは日本にも衝撃を与え，日本の安全保障体制を大きく転換させる契機となった．その後，2024年に民進党の頼清徳が総統選に勝利して民進党政権が続くことになり，中国の姿勢に変化はなく，緊張緩和の兆しはない．また，中国の台湾への軍事的圧力は，半導体などの台湾がリードする産業の地政学的リスクを高めている．

中国の台頭と周辺諸国

　未解決であった尖閣諸島問題や南シナ海の領有権問題も，中国の軍事的台頭にともなって2000年代に顕在化した．中国は南シナ海ではベトナム戦争中の1974年に南ベトナムからパラセル諸島（西沙諸島）を奪取し，1988年にはベトナムを破ってスプラトリー諸島（南沙諸島）の一部を支配していたが，2014年以降になると，スプラトリー諸島などにおいて環礁を埋め立てて人工島を建設，これを軍事基地化した．そこでフィリピンはオランダ・ハーグの常設仲裁裁判所に仲裁を要請，2016年，同裁判所は中国の南シナ海領有権を否定する判決を下したが，中国はそれを無視して基地の強化に努めている．これに対してASEANは，ベトナム・マレーシア・フィリピンなどの領有権問題を抱える国家とカンボジア・ラオスなどの中国と密接な関係にある国家の利害が一致せず，中国に対して団結して有効な対策をとることができていない．尖閣諸島についての中国側の領有権主張は1970年代以降に始まるが，本格的な対立は21世紀に入ってからで，特に2012年の日本政府の一部購入を中国側が「国有化」と捉えて強く反発して以降，中国公船の活動も活発化し，日本への圧力となっている．

　中国・インドのあいだでは1962年の大規模な国境紛争以降，国境問題は解決しなかったものの，衝突はほとんどみられなかった．しかし2000年代以降，中印が紛争地域の開発を進めるなかで，小規模な衝突が発生し，2020年には武力衝突で死傷者を出すに至り，以後も断続的に衝突が続いている（第23章1参照）．

　周辺諸国に対する中国の強硬姿勢の背景にあるのは，中国人民解放軍の著しい戦力強化である．湾岸戦争におけるアメリカの圧勝と台湾海峡危機における

米軍の展開は中国を刺激し，中国は 1990 年代以降，人民解放軍のうち海軍・空軍・ロケット軍を中心として軍備増強を加速した．中国の高度経済成長もあって中国の軍事費の伸び率は他のアジア諸国を上回った．2022 年に中国の軍事費は 2,424 億ドルに達し，インドの国防費 (666 億ドル) の約 4 倍，日本の防衛費 (481 億ドル) の 5 倍に達し，アジア全体の軍事費の 47% を占め，新型戦闘機や主要戦闘艦，弾道・巡航ミサイルなどは質量ともに近隣のアジア諸国を圧倒，アメリカ軍を除けばアジア随一の軍事力を有するようになった (The International Institute for Strategic Studies 2023)．

アメリカは，中国の経済発展による政治的民主化を期待する関与政策をとってきたが，第 2 期オバマ政権 (2013-2017 年) 以降，関与政策に対する幻滅もあり，中国をむしろ競争相手と認識するようになり，中国の軍事的台頭に本格的に対応し始めた．しかし，世界最大の工業国という基盤と情報通信産業の発展を背景に，中国の軍事力は急速に拡大，東アジアにおけるアメリカの軍事的優位は失われつつあり，それは台湾海峡の危機を一層深刻にし，南シナ海問題の解決を困難にしている．こうした東アジアの軍事バランスの変容のなか，韓国・台湾も軍事費を著しく増加させ，戦後一貫して防衛費の抑制を続けてきた日本も防衛費を大幅に拡大させることになり，東アジア各国の財政に大きな負担となっている．

中国経済の拡大と安全保障

経済的な中国の影響力拡大については「一帯一路」が注目されてきた．「一帯一路」とは 2013 年に習近平が提唱し，2015 年の全人代の政治活動報告で強調された「シルクロード経済ベルト」(一帯) に「21 世紀海のシルクロード」(一路) を合わせたものであり，安全保障上の戦略というよりも，それまで行われてきた対外経済戦略を一つの概念のもとで捉え直したものである．その背景には巨額の外貨準備の還流や，国内の過剰資本蓄積の緩和といった中国内部の動機があった．

一帯一路は，日米などには既存の国際金融秩序への挑戦と捉えられた．また，スリランカが南部のハンバントタ港の建設に際して中国への債務返済が不可能になり，2017 年に 99 年間の港湾運営権を中国企業に譲渡する事態が生じ，同

港の軍事目的での利用が懸念された．しかし，スリランカをはじめとする諸国における「債務の罠」が懸念されるようになり，中国の経済成長が減速して国内の対策が優先されるなか，日米が懸念したような一帯一路による経済圏が成立する可能性は低くなった．

　経済発展した中国が巨大な市場となり，アジア・アフリカ・南米諸国から大量の資源や食糧を輸入し，またそれらの諸国のインフラ整備などに大規模に投資していることから，経済を武器とした中国の国際的影響力は強まっている．それは 2022 年のソロモン諸島における中国寄りの政策への転換にみられるように，アジア太平洋地域の安全保障にも影響を与えている．

　アメリカは安全保障上の懸念から，半導体などの戦略物資のサプライチェーンの再編と中国の切り離しを図り（第 23 章 1 参照），同盟国もそれに加わるように要請している．ロシアのウクライナ全面侵攻に際して中国がロシアとの友好関係を維持したこともあって，EU の中国離れ，ひいては欧米・日本と中国・ロシアの経済的な分断が急速に進んでいる．安全保障を理由に世界のブロック経済化が進展し，効率的な経済活動が阻害されることが懸念されている．

「一帯一路」と東南アジア

　「一帯一路」については，中国から西方に延びるルートとともに，南方の東南アジアに延びるルートが注目され，実際に「一帯一路」を構成する道路や鉄道の整備が進んできた．そもそもインドシナ半島では「インドシナを戦場から市場へ」のスローガンが出てきた 1980 年代末から国家の枠組みを越えた広域的な局地経済圏の構想が浮上し，1992 年にインドシナ半島の 5 カ国（ベトナム，ラオス，カンボジア，タイ，ミャンマー）と中国・雲南省からなる大メコン圏（GMS）計画として具体化した．この計画では GMS を南北，東西に縦貫する国際交通路の整備が優先され，雲南省の昆明からタイのバンコクやベトナムのハノイ方面を結ぶ南北経済回廊をはじめ，三つの経済回廊の構築を目指すことになった．次いで，1995 年には ASEAN 首脳会議でシンガポール・昆明鉄道リンク（SKRL）計画が採択され，昆明からシンガポールまで，既存の鉄道網のミッシングリンクを埋める形で両者を接続させる鉄道を構築することを目指した．このように，「一帯一路」構想が出現する前から，中国と東南アジアを結ぶ国

際交通路の計画は浮上していたのである．

　実際には，GMS の南北経済回廊を構成する道路は 2000 年代までにほぼ整備され，昆明からバンコクまで約 2 日で到達できるようになったものの，SKRL についてはほとんど進展が見られなかった．このため，2010 年代に入ると中国がラオスとタイに対して標準軌の中速・高速鉄道建設への協力を持ちかけるようになり，2010 年代後半から実際に鉄道建設が開始された．このうち，中国国境からラオスのビエンチャンまでのラオス国内区間は 2021 年末に開通し，昆明・ビエンチャン間約 1,000 km が鉄道で結ばれた．タイ国内の高速鉄道建設は遅々としているが，さらに南のマレーシアでも中国の協力で標準軌の中速鉄道の建設を進めており，現在は中断されているクアラルンプール・シンガポール間の高速鉄道計画にも中国は関心を示していた．これは中国の鉄道網を東南アジアへと南下させるものであり，「一帯一路」の具体化ともいえよう(柿崎 2023)．

　さらに，中国の「一帯一路」はミャンマーへも延びている．中国は太平洋とインド洋の双方のアクセスを確保する「両洋戦略」を立て，その一環としてミャンマーの港町チャウピューを活用することになった．中国はチャウピューから中国に至る天然ガスと石油のパイプラインを建設し，それぞれ 2014 年，2017 年から使用を開始した．天然ガスについてはミャンマー産の天然ガスの輸送が主目的であるが，石油は中東方面から輸入する石油をミャンマー経由で輸送することでマラッカ海峡を回避する役割，すなわちシーレーンの確保が主目的となっている．中国は既に昆明からミャンマー国境までの高速道路を完成させ，鉄道も建設中であることから，今後両者をミャンマー国内に延伸してチャオピューとヤンゴンまで到達させる計画である．インド洋の玄関口となるミャンマーの存在は地政学的にも中国にとって重要であり，2021 年のクーデターでミャンマーが再び軍事政権となったことで，両国が今後接近して「一帯一路」を具体化させる可能性が高まった(三船 2016; 中西 2022)．

南アジア

　南アジアの最大の安全保障問題は 1947 年の分離独立に起因する印パ対立であり，三度の印パ戦争(1947 年，1965 年，1971 年)を引き起こした(第 19 章 2，第

21章6参照）．この対立は冷戦期の国際関係のなかに組み込まれ，1971年にインドはソ連と平和友好協力条約を結び，パキスタンはアメリカに接近した．他方で1962年の国境紛争以後の印中対立を背景に（第20章1参照），中国はパキスタンと友好関係を結んだ．1998年のパキスタン・インドの相次ぐ地下核実験の実施は，南アジアが核の脅威にさらされていることを示した．翌年には国境紛争地域のカシュミールで両国の武力衝突が起こり（カールギル紛争），安全保障における南アジアの危うさが露呈した（近藤 2019: 240）．

　21世紀に入り，印パをめぐる国際関係は大きく変化した．2001年のアメリカ同時多発テロに続く米軍のアフガニスタン空爆において，アメリカはパキスタンに協力を要請し，軍事面を中心に両国の関係が緊密になるとともに，同国は対テロ戦争の最前線として諸外国からの支援を取り付けた．しかし2011年の米軍によるビン・ラーディン殺害に際し，彼がパキスタンに潜伏していたことでアメリカはパキスタンに不信を抱き，米パ関係は冷却した．これに乗じて中国がパキスタンに接近した（子島・山根・黒崎 2019: 369-370）．中国の台頭を懸念するアメリカは，インドとの関係を緊密化し，2007年には両国の原子力協力協定を締結し，経済・安全保障面などで関係強化が目指されている．21世紀においては米中の対立および中国の南アジア進出が，印パ対立に大きな影響を与えている．

　中国の南アジア進出の要となるのも上述の「一帯一路」であり，中国のカシュガルからパキスタンのアラビア海岸のグワダル港までを結ぶパキスタン中国経済回廊と，上述の中国の昆明とミャンマーを結ぶルートを延伸し，バングラデシュを経由してインドのコルカタに至る回廊が南アジアでの主軸となる．2015年に中国がインドの了承なく後者の回廊を「一帯一路」構想に編入したためにインドの反発を招き，インドは実質的にこの事業に関わっているものの，国家として「一帯一路」構想を了承していない（深澤 2019: 153-154）．両ルートを中心に中国は，スリランカのみならずモルディブ，ブータン，ネパールでもインフラ開発を進めており（伊藤 2015: 297-298; 深澤 2019: 163-165），中印のあいだに位置する後二者への中国進出は，中印領土問題に大きな影響を与えうる．圧倒的なパワーを持つインド（第22章5参照）の南アジア周辺国への影響力は，中国の進出によって揺らぎ始めている（伊藤 2015: 298）．

終　章

　本書が対象とするアジア(東アジア・東南アジア・南アジア，またはモンスーンアジア)は，現在，名目GDPで世界の33%(2022年)のシェアを持つに至り，その規模はアメリカ(25%)やEU(17%)を凌ぐ．人口でも世界の5割強を占めており，アジアが現在の世界経済できわめて重要な地位にいることは間違いない．この終章ではまず前半で，本書が扱った環境要件や歴史的展開のうち，特にどのような要因がアジア経済に現在の地位をもたらしたのかに関して，本書の見解を示してみたい．ここでは複雑な要因のごく一端しか示せないが，それでも読者はアジア各地の経済が相互に強く連関しながら発展したことを再認識できるであろう．後半では，経済成長を果たしたアジアが現在どのような課題を抱え，どのような選択に直面しているのかを示したい．

アジア域内の連関と発展
　第Ⅰ部では，アジア経済の基層となる環境，人口，物質文化，歴史の個性を確認した．アジアの自然環境には地域差が大きいが，世界全体でみれば温暖な気候など農業に適した条件に恵まれている．そのため中国やインドでは大河流域で，日本や東南アジアでは河川中上流域の盆地などで農業が発達し，一部で古くから人口の集住が起きた．長江中下流域を原産とするイネの栽培が紀元前1千年紀までに東南アジア島嶼部まで広がり，モンスーンアジア一帯で稲作が行われるようになったことは，いっそう多くの人口扶養を可能にした．現在のような巨大な人口を支えるには歴史的な技術進歩が必要であったが，アジアの多くの地域が稲作に適していたことは，豊富な労働力を活用する経済発展に有利に働いた．環境に規定されて，多様な物質文化においても，米や魚の多食や綿布の多用など，一定の共通性が生まれた．これにより，たとえば米などが各地で需要を持つこととなり，域内貿易が活発化し経済発展に貢献するとともに

移民を促進して，アジアの一体性を強めた．歴史の個性として，本書では各地域の統治制度や社会制度に着目したが，そのなかでは中国で早くから集権的統治制度が発達し，それが地方にまで一元的に適用されようとしたことが注目に値する．この制度は時代とともに変容し，適用される範囲も伸縮するが，幾多の分裂を経ても中国は統一政権を再構築して現在に至っている．朝鮮や日本には中国に準じた統治制度が導入され，それは日本では大きく変容するものの，それぞれの国で統一国家の維持に寄与した．インドと東南アジアでは統一的な国家が登場しなかったことが特徴であるが，インドでは古くから亜大陸を広範にカバーする道路網が構築され，広域経済圏の発達に寄与した．アンガス・マディソンの推計によれば，大きな人口を抱える東アジア・南アジアと東南アジアを合計すると，これらの地域（モンスーンアジア）は19世紀半ばまで世界GDPの約半分を占めた (Groningen Growth and Development Centre 2024)．

第Ⅱ部の連動するアジア経済は，16–17世紀に日本やアメリカ大陸の銀が流入し，アジア各地が世界経済と緊密に連関するようになった時代を取り扱った．特に東アジアには大量の銀が流入し，中国北方の軍事地帯から南方の東シナ海海域にかけて未曽有の好況地帯が形成された．東南アジアは，15世紀に中国への朝貢貿易を盛んに行ったことも要因の一つとして貿易ブームが発生し，いわゆる「商業の時代」が17世紀まで続いた．このなかで貿易を基盤とする港市国家，域内分業，商業移民を多く受け入れるコスモポリタンな都市など，現在に至る東南アジアの特徴が形成された．南アジアではムガル朝が16世紀から17世紀末にかけて拡張するが，中央政府の一元的支配は確立せず，地方領主が一定の自律性を維持して在地産業や域外貿易を振興した．この時期にはインドで綿織物が，中国では生糸・絹織物や陶磁器が大量かつ高品質に作られ，アジア域内の高い需要を満たしただけでなくヨーロッパにも知られるようになり，後にインド綿布と中国茶がそれぞれ18, 19世紀に欧米で高い需要を持つきっかけとなった．東アジアでは中国，朝鮮，日本，そしておそらくベトナム北部紅河デルタで，家族労働力を用いて独立した自立的農業を営む小農を基盤とする社会が形成された．労働集約型の農法は投入する労働の質を保証する意味で家族に依拠する小農経営と適合的であった．他方で，家族の形を決める相続慣行や，小農経営が置かれた場としての「村」や市場のあり方などの違いに

よって各地に特徴的な形が現れて，東アジア在地経済の多様化も進んだ．

　第Ⅲ部で扱った18世紀は，成熟するアジアの時代と言える．中国では戦乱が収まり，集約化に適した小農経営が展開し，アメリカ大陸原産の作物が普及して食料供給を支えたことやフロンティアへの移動が盛んになったことなどにより，人口が急増した．中華帝国の経済は未曽有の活況を呈し「繁栄の時代」を迎えたが，森林減少など現在に続く環境悪化も明らかになった．日本では17世紀までに急増した人口が18世紀に頭打ちとなったが，労働力や肥料を多投し土地生産性を上げる「勤勉革命」が進行した．こうして高収入が期待できる商品作物が志向されたことや特産品を奨励する藩の政策もあり，生糸や茶などの生産が増え，開港後の有力輸出産品生産が準備された．この展開は，労働集約型産業が経済成長を牽引するアジア型経済発展径路(杉原 2020)の嚆矢とも言えよう．東南アジアでは，経済が成熟する中国市場に向けて食用天然産品や鉱産物の輸出が増えるにつれ，内陸部各地の鉱山やメコンデルタが主に華人移民によって開発され，島嶼部遠隔地にも商業経済が浸透した．インドでは地方エリートが行政でも経済活動でも中心的な役割を果たし，都市経済が発展した．都市間を結ぶ金融ネットワークは全インドに広がり，政治的中央集権が形成されないなかで経済は地方都市を中心にネットワーク的に発展し，のちの国民経済の基盤が準備された．

　長期の19世紀を扱う第Ⅳ部では，欧米勢力がアジアに「衝撃」をもたらす一方で，アジア人によるアジア経済の発展があったことを強調した．イギリスを中心に形成された自由貿易の原則や国際通貨制度などの金融システム，そして電信網や蒸気船など近代的インフラはアジアの貿易を大規模かつ効率的なものにしたが，これらのいわば「公共財」を最大に活用したのはアジアの商人であった．上海や植民地都市シンガポールに集まる華人などアジア商人は広範囲にネットワークを構築し，イギリス綿布などヨーロッパの工業製品を各地に届ける一方で，アジア域内で消費される産品の貿易(アジア域内貿易)と域内分業を促進した．植民地支配の拡大とともに中国およびインドから多数の労働移民が東南アジアのプランテーションや鉱山に渡ったが，華人移民は賃金を祖国に送る送金網を発達させ，それを通じてシンガポールと香港は現代まで続く国際金融都市に発展した．ビルマやマラヤに移住したインド系金融カーストは，現

地住民による水田やゴム園の開発を融資で支援した．アジアには人口圧力，疫病，内乱や経済の停滞など「内なる危機」に遭遇してその対応に苦慮する地域も多かったが，そのなかでまずインドが，それを追うように日本が近代紡績業の工業化に成功した．

　第V部は，第一次世界大戦から第二次世界大戦終結と戦後秩序の成立までの時期を扱った．第一次世界大戦によって戦前の国際分業体制は崩壊し，世界経済におけるアメリカのプレゼンスが高まった．一方，アジアにとっては欧米からの工業品輸入が減少して工業化が進展する契機となり，満洲をはじめとする中国への日本の資本輸出が拡大した．台湾と朝鮮を獲得した日本は「帝国内分業」を推し進めてこれらの植民地を日本向け生産基地にしようと試み，両地域で米を，台湾で砂糖を増産した．この結果，朝鮮では農村に食糧不足が生じて日本や満洲への移住が大規模に生じたが(現代に続く在日朝鮮人・中国朝鮮族の主なルーツ)，植民地支配下で一定のインフラ整備と工業化も進んだ．1929年に始まった世界恐慌は東南アジアやインドの輸出農産物生産地域に多大な打撃を与えたが，インドの工業部門では先述の輸入代替化がいっそう進展し，国産綿製品は国内市場をほぼ満たした．東南アジアには日本から安価な綿織物や雑貨が輸入されるようになり，日本との貿易関係が強まった．このように，アジアの多くの地域が強国に圧迫されるようになったが，それらの地域においても，アジア域内の連関はいっそう強化された．

　第VI部は，アジアが戦乱から立ち上がり奇跡的な成長を遂げる20世紀後半から21世紀初頭を扱った．中国は19世紀後半から動乱と戦争が続き疲弊していたが，中華人民共和国の成立後も政策がもたらす混乱に苦しんだ．インドも19世紀後半から度重なる飢饉に苦しみ，独立後も計画経済の低迷や独裁政権下での経済統制を経験した．東南アジアでも植民地時代から日本占領期にかけて平均摂取栄養量の低下が見られ，朝鮮半島やインドシナ半島では戦争が引き続いた．これらのことが，マディソンの推計において世界GDPでモンスーンアジアの占める割合が20世紀半ばに10%台にまで減少した背景といえる．しかしここから，アジア経済は力強く復興した．日本は，朝鮮戦争特需をきっかけに1950年代半ばから民間の設備投資に主導された高度成長期を迎え，内需が拡大して家電などの耐久消費財の需要が高まった．韓国，台湾，および東南

アジアの西側陣営の国々では，1950年代末から開発独裁と呼ばれる強権体制が発足し経済開発を推進したが，いずれも基本的に経済開放政策をとって日本を中心とする企業進出を受け入れ，アメリカや日本を主な市場として輸出志向型工業化を推進した．中国は1970年代から改革開放政策につながる動きが始まり積極的に外資を導入し，1990年代から経済は急成長し「世界の工場」に転換した．これらの国々は当初は繊維や電機部品など労働集約的な分野から工業化を進め，次第に資本・技術集約的な分野へと高度化を果たした．東側陣営に属した東南アジア諸国は独立後も長期にわたる混乱に苦しんだが，1980年代後半から開放経済に転換する国が現れ始め，安価で豊富な労働力を武器に競争力をつけてきている．インドも1990年代から本格的に経済自由化に舵を切り，成長を続けている．1985年のプラザ合意以降は日台韓の資本が特に東南アジアに流入し，多数の国が繁栄を享受した．一方，1990年代半ばからそれらの多くで経済がバブル化し1997年にアジア通貨危機が発生した．それが瞬く間に各国に連鎖したのはアジア諸国の経済的つながりがかつてないほど強まっていた結果であったとも言える．

　21世紀に入ると，中国がWTOに加盟し，国際経済に本格的に参入して目覚ましい成長を遂げた．韓国や台湾ではICT産業が急速に成長し，台湾のTSMCのように先端半導体の受託製造で世界を牽引する企業も現れた．グローバル・バリューチェーンの展開を受けて，アジアでは国境を越えた生産・流通ネットワークが進展し，経済成長が加速した．しかし後述するように，こうした構造は近年の国際政治状況の不安定化や中国経済の減速によって変化しつつある．

　このようにアジア経済は，モンスーンアジアという環境の共通性に規定されながら，歴史的にさまざまな差異や個性を形作る一方で，各地域が強い連関を維持しつつ発展してきた．先にも述べたが，ここに示した経緯はアジアの複雑な歴史的展開のごくわずかな部分に過ぎない．読者は本書を通じて，各地のさらに豊かな相互連関と過去から現在への強いつながりを見いだせるであろう．

　こうしてアジアは現在までに冒頭で示した経済的地位を獲得するに至ったが，21世紀に入り多くの問題も明らかになっている．最後に，そうした問題やこれからのアジア経済の行方を左右する要因のいくつかに焦点を当てて，本書の

締め括りとしたい．

現代アジアの課題

【人口・家族とジェンダー，人権と格差】 20世紀後半にはアジア各地でイネの品種改良が行われ，肥料の多投などと相まって収量が増加し，人びとを飢えから解放する一助となったが，21世紀には地球温暖化の進行に備えるためにこれまでとは異なる次元での品種改良が急務となっている．日本で進むイネの高温耐性品種への改良はその一例であるし（農林水産省 2024），アジア各地で経済を支えてきた作物が気候変動の影響を受けて収穫に困難な状況に直面しつつあり，その対応が急務になった．

歴史上膨大な人口を抱えてきた東アジアは，近年，東南アジアの一部地域も含めて，世界で最も急激に少子高齢化が進む地域となった．中国の人口動態と年齢別人口構成は2010年代半ばには変化し，豊富な労働力を背景とした中国経済の発展モデルはその優越性を失いつつある．中国政府は2025年から15年かけて段階的に退職年齢の引き上げを決めた（男性は現行の60歳を63歳，女性は50歳を55歳，女性幹部は55歳を58歳へ）．しかし，年金基金の不足や若年層の失業率の高さなど問題も多くその実効性には懸念もある．合計特殊出生率が世界の最低水準をつけた韓国は外国人労働者の受け入れ増加に転換すると同時に，ロボット活用による生産性向上を目指す．東・東南アジアは，人口減少にどのように向き合うべきか，労働参加率を高め生産年齢人口一人あたりの生産性をどう引き上げるのか，といった重要な課題に直面している．今後しばらく人口増大が続くインドやインドネシアが21世紀のアジア経済にどのような影響をもたらすのかも重要であるが，その行方はまだわからない．

人口動態はミクロの人口行動によって決まる．人びとはどのような家族を持つか／持たないかについての選択を繰り返してきた．その選択の仕方は家族形態とジェンダーのあり方によってアジアのなかでも異なっており，必ずしも均質な近代化に向かうだけではなく，歴史的経緯を内包する形で現地化の方向に向かうこともある．地域に根差したアジア史の比較は今後も必要である．

人権や格差は普遍的な問題であるが，同時にアジア史に由来するアジア的な問題を抱えていることも多い．インドでは農村社会の歴史的階層性に由来する

構造が変容しながらも，都市や企業内に平行移動する現象が指摘される．さらに格差にも社会階層間，地域間，世代間の違いがあって，国や地域によってどの格差に焦点が当てられているのかも異なっていることに気づく．

【空間における知識・情報の伝搬と人の移動】 空間における知識や情報の伝搬が経済活動の立地にどのように影響するかは重要な問題である．産業立地は長年，空間経済学で議論されてきたが，近年のIT革命によるコミュニケーション費用の劇的な減少は，サプライチェーンの空間的分散（フラグメンテーション）を通じて，企業の組織や空間経済全体の構造に大きな影響を与えている（藤田・ティス 2017: 477-527）．各生産工程・機能をつなぐ際に発生するコスト（サービス・リンク・コスト）の低下は，生産工程・機能の国境を越えた分散を容易にした．また，企業の意思決定においては，賃金水準などの一般的な優位性（生産要素賦存）や輸送費に加えて，生産工程・機能の切り出し方をどう工夫するか，各工程をどこにどういう形で置くか（垂直的な海外直接投資か，現地企業への生産委託かなど）が問われることになり，この点は伝統的な比較優位論だけでは説明できない新しい要素である（木村・安藤 2016）．

域内に多様な要素賦存を持つ地域を抱えるアジアは，こうした変化にうまく対応して経済活動を活性化してきた．しかし近年，国際政治秩序が急速に不安定化し，サプライチェーンの特定国への依存には大きな懸念が生じている．地政学的分断化リスクに加えて，環境リスクへの対応も重要になった．気候変動による旱魃・豪雨や洪水の頻発，地震・津波などの自然災害，感染症リスクや脱炭素圧力も強まり，危機管理とレジリエンス（復元力）は各国・地域や企業にとって喫緊の課題となっている．

他方で人に焦点を当てると，アジア域内の人材の移動がこれまでに増して重要になりつつあることがわかる．第23章1でみたように，近年中国からアジアへ生産拠点の一部を移転する動きが加速している．背景の一つは言うまでもなく米中対立の長期化を受けてグローバル企業が中国への過度の依存を分散させる目的によるものだが，もう一つは，賃金水準の上昇をはじめとした中国経済の構造変化を受けて中国企業のアジア進出が拡大したことによる．そしてどちらの場合も，中国人のエンジニアや職場監督の「暗黙知」は，進出先の工場を稼働・運営するために欠かせないものになっている．1970-80年代以降，日

終 章

本人技術者による現地工場での「カイゼン(改善)」の取り組みもこの「暗黙知」に相当するものであるし，同様の知識は韓国人や台湾人技術者にもあってアジアの経済発展に重要な役割を果たしてきた．

　生産拠点の一部を中国からインドに移したアップルや鴻海などの企業でも，工場の開設や運営で中国人のエンジニアや監督者を頼りにせざるをえないのだが，ここ2,3年中国人がインドに申請したビジネス・就労ビザが却下されることが多く，グローバル企業やアジア企業の苦慮するところとなっている(リード 2023)．もっとも最近インドで中国からの投資規制を緩和する兆しもあると伝えられる．また，2020年にインド北部で両軍が衝突してから中印関係は悪化していたが，両国首脳が5年ぶりに正式に会談し関係改善を目指す動きが出てきた．中国にはインドが加わるクアッド(QUAD，米・日・オーストラリア・印)の分断を狙う意図がある．一方，インドは中国からの投資を呼び込む意図があるとされる．両国間の経済交流が軌道に乗れば，中印間の人の動きも加速する可能性がある．もっとも中国とインドはパキスタンをめぐる問題を抱えている．インドはパキスタンとのあいだでカシュミール地方の領有権をめぐって対立しているが，中国はパキスタンとの経済・軍事面の連携を拡大しており，インドにとっては脅威となっている．

　ASEANではシンガポールの中国系企業も含めて中国企業の進出が活発になっている．それにともなって韓国・日本・台湾系や中国系工場のあいだで専門人材の獲得競争が始まっており，ASEANのなかでの人の移動は重要になりつつある．

　サービス産業でも専門人材の獲得の動きは増している．ベトナムは企業の間接業務を請け負うビジネス・プロセス・アウトソーシング(BPO)で存在感を高めている．ベトナムITの大手企業のなかには日本の国内企業が発注するシステム開発の下請けで成長し，社内に1万人規模の日本語人材を抱える一方で，中国の大連に新たに人材拠点を設けるものも現れた．大連は加工貿易やシステム開発の受託拠点として日本との関係が深い場所であり，BPO部門の人材を求めての東南アジア企業の中国進出はアジア域内における新しい動きである．南アジアや東南アジアでは特定の場所に縛られず働くデジタル・ノマド(遊牧民)と呼ばれる人びととの争奪の動きもみられる．

終 章

　人の動きが増えると域内で摩擦を生むことは，アジア経済史のなかでも見られたことである．歴史を振り返れば，中国の存在は周辺アジアの社会経済に大きな影響を与え，技術移転，交易・投資，情報の交換などアジア域内に相互依存関係を生み出してきた．一方，18–19世紀には資源収奪，人の移動・流動性による現地社会との摩擦，労働力移動にともなう周辺アジアから中国への送金問題など，関係が深まるにつれてさまざまな軋轢も生じた．人口が急増した「繁栄の時代」の中華帝国も，周辺アジアとの関係なしには存在しえなかったことは第10章で見たとおりである．人口が減少に転じ経済構造の転換期を迎えた現代中国もまた周辺諸地域との関係なしに存立しえない．

　空間における知識および情報の伝搬は経済成長にとって重要な要素である．人の移動が新しい局面を迎えようとしている現在，地域間での知識・情報の遮断がアジアの経済成長に負の影響を及ぼしかねないことは改めて銘記すべきである．

【エネルギーと環境】　アジアのエネルギー消費量は経済成長とともに拡大し，2022年には世界の44％を占めるまでになった．アジアの特徴は化石燃料の比重の高さにあり，脱炭素化が叫ばれる現在，エネルギー問題はアジアが直面する喫緊の課題である．

　二酸化炭素の最大排出国である中国では，近年再生可能エネルギー産業への投資が急激に伸び，太陽光パネルや風力発電機の生産で世界市場を席捲している．中国における銀行貸出の不動産部門から工業部門への急速なシフト，特にグリーン産業への新規の金融機関融資は，不動産価格低迷を埋めるものとして政策的に誘導されてきた側面がある(梶谷 2024)．EVや太陽光パネルなどの中国からの輸出攻勢は，欧米各国政府の警戒を高め制裁関税をかける国も出ているが，国際エネルギー機関(IEA)は，中国企業が完成品だけでなく，部品や重要鉱物のサプライチェーンでも支配的な地位を占めていることに注意する必要があるとする．IEAの2023年の報告では，レアメタルは精錬の90％，リチウムとコバルトは60–70％を中国企業が占めるという(IEA 2023)．

　国境を越えて事業を展開する企業のあいだで二酸化炭素の削減をどう管理していくのかは世界に共通する課題である．ASEAN(ミャンマーを除く)，日本，オーストラリアは脱炭素の枠組みとしてアジア・ゼロエミッション共同体

(AZEC)を立ち上げ(2024年10月首脳共同声明に盛り込む)，東南アジアで国境を越えて事業展開する企業のあいだで日本方式による排出量算定に共通ルールを導入する．再生可能エネルギーの普及が進んでも，発電用の一部や重工業，暖房向けに化石燃料を使うケースは残るとされ，二酸化炭素の回収・利用・貯留技術の開発は今後も重要である．また，AIのデータセンター拡充の動きはアジアでも進みつつあるが，データセンターは膨大な電力と冷却水を必要とするのでエネルギー消費量は急激に高まり，再エネと化石燃料の両方の使用を増大させことになることが懸念される．

　水資源の不足もまたアジアにとって深刻な問題である．背景には経済発展による農業・工業部門の水需要の急拡大やそれに起因する水質汚染があるが，加えて南アジアや中国の主要河川の水源であるヒマラヤ山脈高地の氷河が溶けて縮小していることが指摘されている．アジアにはブラフマプトラ川(ヤルンツァンポ川)やメコン川など中国から南アジア，東南アジアへ流れる国際河川があり，上流での河川開発による環境への影響をめぐって国際対立が生じている．水をはじめとして森林，動植物，土壌，大気などの「自然資本」は，アジアの経済社会を支える資本の一つとしてその重要性が再認識されつつあるが，資源賦存や経済発展段階，地理的条件など各国が置かれた条件と立場が異なり，それらの解決は容易でないのが現状である．

　現代アジア経済を取り巻く環境は今，大きく変化している．世界各地で紛争が多発しているなかで，台湾問題・朝鮮半島情勢・尖閣諸島問題や南シナ海の領有権問題，ミャンマー情勢，インド・パキスタン間のカシュミール問題など，アジアもまた多くの問題を抱え安全保障上の不確実性は高まっている．こうしたなかでアジア域内の関係を今後の経済発展につなげるためにはどのようなモデルが有効なのか，環境をめぐるテクノロジーの開発が直面する課題にイノベーションをもたらす可能性があるのかどうか，厳しさを増しているアジアの安全保障をどのような形で担保していくのか，対応すべき難問は山積している．その対応にあたっては，本書が試みたような歴史の理解が欠かせないものとなろう．

参考文献

全体にかかわる文献・教科書

アジア開発銀行(2021)『アジア開発史――政策・市場・技術発展の50年を振り返る』澤田康幸監訳，勁草書房．
李憲昶(イホンチャン)(2004)『韓国経済通史』須川英徳・六反田豊監訳，法政大学出版局．
遠藤環・伊藤亜聖・大泉啓一郎・後藤健太編(2018)『現代アジア経済論――「アジアの世紀」を学ぶ』有斐閣．
梶谷懐(2018)『中国経済講義――統計の信頼性から成長のゆくえまで』中公新書．
河﨑信樹・奥和義編著(2018)『一般経済史』ミネルヴァ書房．
河﨑信樹・村上衛・山本千映(2020)『グローバル経済の歴史』有斐閣．
木村福成・椋寛編(2016)『国際経済学のフロンティア――グローバリゼーションの拡大と対外経済政策』東京大学出版会．
久保亨・加島潤・木越義則(2016)『統計でみる中国近現代経済史』東京大学出版会．
久保亨・土田哲夫・高田幸男・井上久士・中村元哉(2019)『現代中国の歴史〔第2版〕――両岸三地100年のあゆみ』東京大学出版会．
沢井実・谷本雅之(2016)『日本経済史――近世から現代まで』有斐閣．
杉山伸也(2012)『日本経済史――近世－現代』岩波書店．
田中明彦・川島真編(2020)『20世紀の東アジア史 Ⅰ国際関係史概論，Ⅱ各国史[1]東北アジア』東京大学出版会．
平井健介・島西智輝・岸田真編著(2021)『ハンドブック日本経済史――徳川期から安定成長期まで』ミネルヴァ書房．
古田和子編著(2019)『都市から学ぶアジア経済史』慶應義塾大学出版会．
堀和生・木越義則(2020)『東アジア経済史』日本評論社．
丸川知雄(2021)『現代中国経済 新版』有斐閣．
李成市(リソンシ)・宮嶋博史・糟谷憲一編(2017)『世界歴史大系 朝鮮史2 近現代』山川出版社．
リード，アンソニー(2021)『世界史のなかの東南アジア――歴史を変える交差路』上・下，太田淳・長田紀之監訳，青山和佳・今村真央・蓮田隆志訳，名古屋大学出版会．
ロイ，ティルタンカル(2019)『インド経済史――古代から現代まで』水島司訳，名古屋大学出版会．

第IV部

日本語

青木敦(2013)「宋代抵当法の推移と『農田敕』——要素市場における司法と慣習」古田和子編著『中国の市場秩序——17世紀から20世紀前半を中心に』慶應義塾大学出版会, 19-47.

アンダーソン, ベネディクト(2007)『定本 想像の共同体——ナショナリズムの起源と流行』白石隆・白石さや訳, 書籍工房早山.

李榮薫(イヨンフン)(2008)「朝鮮における「19世紀の危機」」今西一編『世界システムと東アジア——小経営・国内植民地・「植民地近代」』日本経済評論社, 190-204.

石井寛治(1984)『近代日本とイギリス資本——ジャーディン＝マセソン商会を中心に』東京大学出版会.

石川亮太(2022)「朝鮮の経済と社会変動——財政と市場, 商人に注目して」『岩波講座世界歴史17 近代アジアの動態——19世紀』岩波書店, 123-149.

泉川普(2015)「植民地期インドネシアの商業ネットワーク——1930年代ジャワにおける日本人商人の活動をめぐって」広島大学大学院文学研究科提出学位論文.

伊東利勝・根本敬(1999)「植民地下のビルマ」石井米雄・桜井由躬雄編『新版世界各国史5 東南アジア史Ⅰ 大陸部』山川出版社, 364-396.

井上巽(1995)『金融と帝国——イギリス帝国経済史』名古屋大学出版会.

岩井茂樹(2004)『中国近世財政史の研究』京都大学学術出版会.

植村泰夫(2001)「19世紀ジャワにおけるオランダ植民地国家の形成と地域把握」斉藤照子編『岩波講座東南アジア史5 東南アジア世界の再編』岩波書店, 161-184.

エッカート, カーター・J.(2004)『日本帝国の申し子——高敞の金一族と韓国資本主義の植民地起源1876-1945』小谷まさ代訳, 草思社.

太田淳(2013)「ナマコとイギリス綿布——19世紀半ばにおける外島オランダ港の貿易」秋田茂編著『アジアからみたグローバルヒストリー——「長期の18世紀」から「東アジアの経済的復興」へ』ミネルヴァ書房, 85-117.

岡本隆司(1999)『近代中国と海関』名古屋大学出版会.

小川道大(2008)「イギリス東インド会社とジャーギールダールの地税徴収権の分割——19世紀前半ボンベイ管区ラトナーギリー郡の「二重支配」を事例にして」『社会経済史学』74(3), 261-280.

小川道大(2019a)『帝国後のインド——近世的発展のなかの植民地化』名古屋大学出版会.

小川道大(2019b)「プネー インド西部における政治都市の経済発展——マラーター同盟下の18世紀」古田和子編著『都市から学ぶアジア経済史』慶應義塾大学出版会, 35-74.

柿崎一郎(2000)『タイ経済と鉄道——1885〜1935年』日本経済評論社.

柿崎一郎(2007)『物語 タイの歴史——微笑みの国の真実』中公新書.

柿崎一郎(2010)『王国の鉄路――タイ鉄道の歴史』京都大学学術出版会.
梶村秀樹(1977)『朝鮮における資本主義の形成と展開』龍溪書舎.
柏祐賢(1947–1948)『経済秩序個性論』Ⅰ，Ⅱ，Ⅲ，人文書林.
加納啓良(2004)『現代インドネシア経済史論――輸出経済と農業問題』東京大学出版会.
川村朋貴(2023)「「英蘭型」国際経済秩序におけるイースタン・バンクの東南アジア事業展開」籠谷直人・川村朋貴編『近代東南アジア社会経済の国際的契機』臨川書店，348–376.
神田さやこ(2012)「19世紀前半のインド経済――「過渡期」をめぐる研究動向」社会経済史学会編『社会経済史学会創立80周年記念 社会経済史学の課題と展望』有斐閣，249–261.
神田さやこ(2017)『塩とインド――市場・商人・イギリス東インド会社』名古屋大学出版会.
菊池秀明(1998)『広西移民社会と太平天国』風響社.
菊池秀明(2013)『金田から南京へ――太平天国初期史研究』汲古書院.
木越義則(2020)「近代中国における一次産品輸出産業の形成と発展」『社会経済史学』85(4)，23–42.
木越義則(2021)「開港とアジア――アジア間貿易と商人的対応」平井健介・島西智輝・岸田真編著『ハンドブック日本経済史――徳川期から安定成長期まで』ミネルヴァ書房，60–63.
岸本美緒(2019)「19世紀前半における外国銀と中国国内経済」豊岡康史訳，豊岡康史・大橋厚子編『銀の流通と中国・東南アジア』山川出版社，109–155.
黒田明伸(2014)『貨幣システムの世界史 増補新版――〈非対称性〉をよむ』岩波書店.
小泉順子(2020)「絶対王政の構築」飯島明子・小泉順子編『タイ史』山川出版社，248–299.
小林篤史(2012)「19世紀前半における東南アジア域内交易の成長――シンガポール・仲介商人の役割」『社会経済史学』78(3)，89–111.
小林篤史(2019)「シンガポールと東南アジア地域経済――19世紀」古田和子編著『都市から学ぶアジア経済史』慶應義塾大学出版会，119–150.
斎藤照子(2001)「ビルマにおける米輸出経済の発展」加納啓良編『岩波講座東南アジア史6 植民地経済の繁栄と凋落』岩波書店，145–167.
清水唯一朗・瀧井一博・村井良太(2020)『日本政治史――現代日本を形作るもの』有斐閣.
須川英徳編著(2020)『朝鮮の歴史と社会――近世近代』放送大学教育振興会.
杉原薫(2015)「植民地期における国内市場の形成」田辺明生・杉原薫・脇村孝平編『現代インド1 多様性社会の挑戦』東京大学出版会，197–221.
杉山伸也(2012)『日本経済史――近世-現代』岩波書店.
鈴木絢女(2020)「マレーシアの国家建設――エリートの生成と再生産」田中明彦・川島真編『20世紀の東アジア史 Ⅲ 各国史[2]東南アジア』東京大学出版会，281–333.
鈴木恒之(1999)「近世国家の展開」池端雪浦編『新版世界各国史6 東南アジア史Ⅱ 島嶼部』山川出版社，138–181.
高崎宗司(2002)『植民地朝鮮の日本人』岩波新書.
高田洋子(2001)「インドシナ」加納啓良編『岩波講座東南アジア史6 植民地経済の繁栄と

凋落』岩波書店，195-218．

高橋孝助(2006)『飢饉と救済の社会史』青木書店．

高村直助(1982)『近代日本綿業と中国』東京大学出版会．

武田晴人(2019)『日本経済史』有斐閣．

武田幸男編(2000)『朝鮮史』山川出版社．

谷本雅之(2022)「日本経済発展の始動」『岩波講座世界歴史17 近代アジアの動態――19世紀』岩波書店，283-304．

千葉正史(2006)『近代交通体系と清帝国の変貌――電信・鉄道ネットワークの形成と中国国家統合の変容』日本経済評論社．

趙景達(チョキョンダル)(1998)『異端の民衆反乱――東学と甲午農民戦争』岩波書店．

坪井善明(2001)「阮朝の滅亡と仏領インドシナの成立」斉藤照子編『岩波講座東南アジア史5 東南アジア世界の再編』岩波書店，105-128．

寺田浩明(1997)「権利と冤抑――清代聴訟世界の全体像」『法学(東北大学)』61(5)，1-84．

寺田浩明(2018)『中国法制史』東京大学出版会．

長崎暢子(1999)「非暴力と自立のインド」狭間直樹・長崎暢子『世界の歴史27 自立へ向かうアジア』中央公論社，205-409．

長崎暢子(2019)「英領インドの成立と政治の変動」長崎暢子編『世界歴史体系 南アジア史4 近代・現代』山川出版社，11-37．

中里成章(1998)「英領インドの形成」佐藤正哲・中里成章・水島司『世界の歴史14 ムガル帝国から英領インドへ』中央公論社，205-413．

永野善子(2001a)「フィリピン――マニラ麻と砂糖」加納啓良編『岩波講座東南アジア史6 植民地経済の繁栄と凋落』岩波書店，89-113．

根本敬(2014)『物語 ビルマの歴史――王朝時代から現代まで』中公新書．

浜下武志(1990)『近代中国の国際的契機――朝貢貿易システムと近代アジア』東京大学出版会．

浜野潔・井奥成彦・中村宗悦・岸田真・永江雅和・牛島利明(2017)『日本経済史1600-2015――歴史に読む現代』慶應義塾大学出版会．

早瀬晋三・深見純生(1999)「近代植民地の展開と日本の占領」池端雪浦編『新版世界各国史6 東南アジア史Ⅱ 島嶼部』山川出版社，268-365．

原孝一郎(2016)「ベンガルアヘン輸出におけるカルカッタの役割――1870～1910年代を中心に」『三田学会雑誌』109(3)，131-150．

平井健介(2017)『砂糖の帝国――日本植民地とアジア市場』東京大学出版会．

平井健介(2021)「解説――産業化の進展と「帝国」化」平井健介・島西智輝・岸田真編著『ハンドブック日本経済史――徳川期から安定成長期まで』ミネルヴァ書房，102-105．

弘末雅士(1999)「近世国家の終焉と植民地支配の進行」池端雪浦編『新版世界各国史6 東南アジア史Ⅱ 島嶼部』山川出版社，182-267．

古田和子(2004)「中国における市場・仲介・情報」三浦徹・岸本美緒・関本照夫編『比較史のアジア――所有・契約・市場・公正』東京大学出版会，207-221．

古田和子(2013)「中国の市場と市場秩序」古田和子編著『中国の市場秩序——17世紀から20世紀前半を中心に』慶應義塾大学出版会, 1–18.

古田和子(2016)「上海から見た1870〜74年の「世界」——財政とアヘン」羽田正責任編集『地域史と世界史』ミネルヴァ書房, 179–199.

ヘッドリク, D. R. (2005)『進歩の触手——帝国主義時代の技術移転』原田勝正・多田博一・老川慶喜・濱文章訳, 日本経済評論社.

本田毅彦(2001)『インド植民地官僚——大英帝国の超エリートたち』講談社.

水島司(2001)「マラヤ——スズとゴム」加納啓良編『岩波講座東南アジア史6 植民地経済の繁栄と凋落』岩波書店, 65–88.

水島司(2007)「イギリス東インド会社のインド支配」小谷汪之編『世界歴史体系 南アジア史2 中世・近世』山川出版社, 293–324.

宮田敏之(2001)「戦前期タイ米経済の発展」加納啓良編『岩波講座東南アジア史6 植民地経済の繁栄と凋落』岩波書店, 169–194.

宮本謙介(2003)『概説インドネシア経済史』有斐閣.

三和良一・三和元(2021)『概説日本経済史 近現代〔第4版〕』東京大学出版会.

村井吉敬(1999)「植民地経済のすがた」上智大学アジア文化研究所編『新版 入門東南アジア研究』めこん, 171–182.

村上衛(2016)「清末天津の羊毛貿易と通過貿易」村上衛編『近現代中国における社会経済制度の再編』京都大学人文科学研究所, 1–52.

村上衛(2022)「清朝の開港の歴史的位相」『岩波講座世界歴史17 近代アジアの動態——19世紀』岩波書店, 261–279.

村上勝彦(1975)「植民地」大石嘉一郎編『日本産業革命の研究——確立期日本資本主義の再生産構造』下, 東京大学出版会, 229–314.

村松祐次(1949［1975復刊］)『中国経済の社会態制』東洋経済新報社.

本野英一(2004)『伝統中国商業秩序の崩壊——不平等条約体制と「英語を話す中国人」』名古屋大学出版会.

柳澤悠(2019)「植民地インドの経済——1858年〜第一次世界大戦」長崎暢子編『世界歴史大系 南アジア史4 近代・現代』山川出版社, 38–67.

山崎利男(2000)「イギリスのインド統治機構の再編成——1858–72年」中央大学人文科学研究所編『アジア史における法と国家』中央大学出版部, 369–428.

山田賢(1995)『移住民の秩序——清代四川地域社会史研究』名古屋大学出版会.

吉野誠(1978)「李朝末期における米穀輸出の展開と防穀令」『朝鮮史研究会論文集』15, 101–131.

吉村真子(2001)「日本軍政下のマラヤの経済政策——物資調達と日本人ゴム農園」明石陽至編『日本軍政下の英領マラヤ・シンガポール』岩波書店, 189–233.

リード, アンソニー(2021)『世界史のなかの東南アジア——歴史を変える交差路』上・下, 太田淳・長田紀之監訳, 青山和佳・今村真央・蓮田隆志訳, 名古屋大学出版会.

ロイ, ティルタンカル(2019)『インド経済史——古代から現代まで』水島司訳, 名古屋大学

出版会．

脇村孝平（2002）『飢饉・疫病・植民地統治――開発の中の英領インド』名古屋大学出版会．

脇村孝平（2019）「近現代インドの飢饉」長崎暢子編『世界歴史大系 南アジア史 4 近代・現代』山川出版社，104-112．

中国語

曹樹基（2001）『中国人口史 第 5 巻 清時期』上・下，上海：復旦大学出版社．

李文海・程献・劉仰東・夏明方（1994）『中国近代十大災荒』上海：上海人民出版社．

ハングル

安秉直・李榮薫（안병직・이영훈）（2001）『マッチルの農民たち――韓国近世村落生活史（맛질의 농민들――한국 근세 촌락 생활사）』ソウル：一潮閣．

禹大亨（우대형）（2003）「朝鮮後期人口圧力と商品作物および農村織物業の発達（조선후기 인구압력과 상품작물 및 농촌직물업의 발달）」『経済史学』34, 3-30．

河元鎬（하원호）（1997）『韓国近代経済史研究（한국근대경제사연구）』ソウル：新書苑．

欧米語その他

Abinales, Patrico N. and Donna J. Amoroso (2017), *States and Society in the Philippines*, Second Edition. Lanham: Rowman & Littlefield.

Andrus, J. Russell (1948), *Burmese Economic Life*, Stanford: Stanford University Press.

Aoki, Masahiko (2001), *Towards a Comparative Institutional Analysis*, Cambridge, Mass.: The MIT Press.

Brown, Ian (1997), *Economic Change in South-east Asia, c. 1850-1980*, Kuala Lumpur: Oxford University Press.

Charlesworth, Neil (1982), *British Rule and the Indian Economy 1800-1914*, Macmillan.

Corpuz, O. D. (1997), *An Economic History of the Philippines*, Quezon City: University of the Philippines Press.

Drabble, John H. (2000), *An Economic History of Malaysia, c. 1800-1990: The Transition to Modern Economic Growth*, Houndmills, Basingstoke, Hampshire: Macmillan in association with the Australian National University, Canberra.

Hicks, John R. (1969), *A Theory of Economic History*, Oxford, London, New York: Oxford University Press.

India Office (1867), *Statistical Abstract relating to British India from 1840 to 1865*, London: Her Majesty's Stationary Office.

Kakizaki, Ichiro (2023), "Why Did the Railways Fail to Monopolize Transport? The Limits of Rail Transport in Thailand and Burma before World War II," *Southeast Asian Studies*, 12(1), 89-119.

Korthals Altes, W. L. (1991), *Changing Economy in Indonesia: A Selection of Statistical Source*

Li, Lillian M. (2007), *Fighting Famine in North China: State, Market, and Environmental Decline, 1690s–1990s*, Stanford, California: Stanford University Press.

Lin, Man-houng (2006), *China Upside Down: Currency, Society, and Ideologies, 1808–1856*, Cambridge, Mass.: Harvard University Asia Center.

Maung Shein (1964), *Burma's Transport and Foreign Trade in Relation to the Economic Development of the Country (1885–1914)*, Rangoon: University of Rangoon.

Nathan, R. ed., (1907), *The Imperial Gazetteer of India, The Indian Empire*, Vol. IV, Administration, Oxford: The Clarendon Press.

North, Douglass C. (1981), *Structure and Change in Economic History*, New York: Norton.

Pomeranz, Kenneth (1993), *The Making of a Hinterland: State, Society, and Economy in Inland North China, 1853–1937*, Berkeley and Los Angeles, California: University of California Press.

Ray, Rajat K. (1992), *Entrepreneurship and Industry in India, 1800–1947*, New Delhi: Oxford University Press.

Rothermund, Dietmar (1993), *An Economic History of India: From Pre-Colonial Times to 1991*, Second Edition, London: Routledge.

Roy, Tirthankar (2006), *The Economic History of India 1857–1947*, Second Edition, New Delhi: Oxford University Press.

Sykes, M. P. (1859), "The Past, Present, and Prospective Financial Condition of British India," *Journal of the Statistical Society*, 22(4), 455–480.

Tomlinson, B. R. (1998), *The Economy of Modern India 1860–1970*, Cambridge: Cambridge University Press.

University of Malaya (2016), *Economic History of Malaya, Early 20th century tin mining development*, https://www.ehm.my/publications/articles/about-tin-mining(最終アクセス：2024年6月4日)

Wiphat Loetrattanaransi (2023), "Thoralek kap Kan Ruam Sun Amnat Rat nai Samai Ratchakan thi 5(ラーマ5世王期の電信と中央集権化)," Ph.D. Dissertation, Thammasat University.

Wright, Arnold, H. A. Cartwright and O. Breakspear (2015 [1910]), *Twentieth Century Impressions of Burma: Its History, People, Commerce, Industries, and Resources*, Bangkok: White Lotus (reprint).

第Ⅴ部

日本語

相沢伸広(2020)「インドネシアの国家建設——分裂の危機と克服の政治史」田中明彦・川島

参考文献(第V部)

真編『20世紀の東アジア史 Ⅲ各国史[2]東南アジア』東京大学出版会, 137-173.

浅野豊美(2011)「敗戦・引揚と残留・賠償」和田春樹ほか編集委員『岩波講座東アジア近現代通史7 アジア諸戦争の時代 1945-1960年』岩波書店, 71-95.

安達宏昭(2022)『大東亜共栄圏――帝国日本のアジア支配構想』中公新書.

庵逧由香(2011)「朝鮮における総動員体制の構造」和田春樹ほか編集委員『岩波講座東アジア近現代通史6 アジア太平洋戦争と「大東亜共栄圏」1935-1945年』岩波書店, 240-261.

飯本信之・佐藤弘編(1942)『南洋地理体系』第1巻, ダイヤモンド社.

五百旗頭薫・奈良岡聰智(2019)『日本政治外交史』放送大学教育振興会.

李熒娘(イヒョンナン)(2015)『植民地朝鮮の米と日本――米穀検査制度の展開過程』中央大学出版部.

李憲昶(イホンチャン)(2004)『韓国経済通史』須川英徳・六反田豊監訳, 法政大学出版局.

井口治夫・松田康博(2007)「日本の復興と国共内戦・朝鮮戦争」川島真・服部龍二編『東アジア国際政治史』名古屋大学出版会, 212-243.

井坂理穂(1995)「インド独立と藩王国の統合――藩王国省のハイダラーバード政策」『アジア経済』36(3), 33-51.

石島紀之・久保亨編(2004)『重慶国民政府史の研究』東京大学出版会.

石塚二葉(2022)「ベトナム」粕谷祐子編著『アジアの脱植民地化と体制変動――民主制と独裁の歴史的起源』白水社, 427-456.

泉川普(2015)「植民地期インドネシアの商業ネットワーク――1930年代ジャワにおける日本人商人の活動をめぐって」広島大学大学院文学研究科提出学位論文.

泉川普(2023)「1930年代バタヴィアにおける日本製綿布の流通と華僑・華人商人」籠谷直人・川村朋貴編『近代東南アジア社会経済の国際的契機』臨川書店, 257-297.

伊東利勝・根本敬(1999)「植民地下のビルマ」石井米雄・桜井由躬雄編『新版世界各国史5 東南アジア史Ⅰ 大陸部』山川出版社, 364-396.

井上巽(1995)『金融と帝国――イギリス帝国経済史』名古屋大学出版会.

林采成(イムチェソン)(2005)『戦時経済と鉄道運営――「植民地」朝鮮から「分断」韓国への歴史的経路を探る』東京大学出版会.

林采成(イムチェソン)(2019)『飲食朝鮮――帝国の中の「食」経済史』名古屋大学出版会.

岩田規久男(2012)『インフレとデフレ』講談社.

岩武照彦(1981)『南方軍政下の経済施策――マライ・スマトラ・ジャワの記録』汲古書院.

岩間一弘(2011)『上海近代のホワイトカラー――揺れる新中間層の形成』研文出版.

ウィルソン, ビー(2009)『食品偽造の歴史』高儀進訳, 白水社.

植村泰夫(1997)『世界恐慌とジャワ農村社会』勁草書房.

植村泰夫(2001)「植民地期インドネシアのプランテーション」加納啓良編『岩波講座東南アジア史6 植民地経済の繁栄と凋落』岩波書店, 37-63.

内山鋳之吉(1940)『物資動員計画』企画院第二部.

エッカート, カーター・J.(2004)『日本帝国の申し子――高敞の金一族と韓国資本主義の植民地起源 1876-1945』小谷まさ代訳, 草思社.

大石高志(2016)「近代インドの社会動態と日本製輸出雑貨との連関――模倣・模造・差別化

の中の装身品」『社会経済史学』82(3)，11–34．
大島久幸(2015)「中国人労働者の導入と労働市場」須永徳武編著『植民地台湾の経済基盤と産業』日本経済評論社，353–378．
大豆生田稔(1993)『近代日本の食糧政策――対外依存米穀供給構造の変容』ミネルヴァ書房．
岡本真希子(2008)『植民地官僚の政治史――朝鮮・台湾総督府と帝国日本』三元社．
奥村哲(1999)『中国の現代史――戦争と社会主義』青木書店．
奥村哲(2004)『中国の資本主義と社会主義――近現代史像の再構成』桜井書店．
柯志明(1993)「「米糖相剋」問題と台湾農民」大江志乃夫ほか編集委員『岩波講座近代日本と植民地3 植民地化と産業化』岩波書店，133–151．
柿崎一郎(2007)『物語 タイの歴史――微笑みの国の真実』中公新書．
柿崎一郎(2021a)「大東亜縦貫鉄道計画の一環としての泰緬鉄道――その過去・現在・将来」阿曽村邦昭編著『タイの近代化――その成果と問題点』文眞堂，224–229．
柿崎一郎(2021b)『タイの基礎知識(第2刷)』めこん．
籠谷直人(2000)『アジア国際通商秩序と近代日本』名古屋大学出版会．
加納啓良(2001)「総説」加納啓良編『岩波講座東南アジア史6 植民地経済の繁栄と凋落』岩波書店，1–33．
加納啓良(2012)『東大講義 東南アジア近現代史』めこん．
加納啓良・大木昌(1995)「東南アジア植民地経済の『中心』と『周辺』――国際貿易の視点から」『重点領域研究総合的地域研究成果報告書シリーズ：総合的地域研究の手法確立――世界と地域の共存のパラダイムを求めて』9，35–50．
河﨑信樹(2018a)「大企業の登場」河﨑信樹・奥和義編著『一般経済史』ミネルヴァ書房，123–140．
河﨑信樹(2018b)「戦後国際経済秩序の形成と展開」河﨑信樹・奥和義編著『一般経済史』ミネルヴァ書房，193–210．
河﨑信樹・村上衛・山本千映(2020)『グローバル経済の歴史』有斐閣．
川島真・張力・王文隆(2020)「中国の国家建設のプロセス」田中明彦・川島真編『20世紀の東アジア史 Ⅱ各国史[1]東北アジア』東京大学出版会，59–110．
河原林直人(2011)「熱帯産業調査会開催過程に観る台湾の南進構想と現実――諸官庁の錯綜する利害と認識」『名古屋学院大学論集社会科学篇』47(4)，111–133．
河原林直人(2014)「植民地台湾における産業政策の転換期――臨時産業調査会粗描」『名古屋学院大学論集社会科学篇』51(1)，93–111．
姜在彦編(1985)『朝鮮における日窒コンツェルン』不二出版．
岸田真(2021)「国際金本位制の成立と日本――なぜ日本は金本位制に移行したのか」平井健介・島西智輝・岸田真編著『ハンドブック日本経済史――徳川期から安定成長期まで』ミネルヴァ書房，138–141．
北波道子(2003)『後発工業国の経済発展と電力事業――台湾電力の発展と工業化』晃洋書房．
木之内秀彦(2001)「冷戦体制と東南アジア」後藤乾一編『岩波講座東南アジア史8 国民国家形成の時代』岩波書店，227–257．

参考文献(第V部)

金洛年(キムナンニョン)(2002)『日本帝国主義下の朝鮮経済』東京大学出版会.
金洛年(キムナンニョン)(2004)「植民地期台湾と朝鮮の工業化」堀和生・中村哲編著『日本資本主義と朝鮮・台湾——帝国主義下の経済変動』京都大学学術出版会, 135-161.
金洛年(キムナンニョン)編(2008)『植民地期朝鮮の国民経済計算 1910-1945』文浩一・金承美訳, 東京大学出版会.
木村光彦(1988)「台湾・朝鮮の鉱工業」溝口敏行・梅村又次編『旧日本植民地経済統計』東洋経済新報社, 47-56.
キャメロン, ロンド, ラリー・ニール(2013)『概説 世界経済史Ⅱ——工業化の展開から現代まで』速水融監訳, 東洋経済新報社.
清川雪彦(2009)『近代製糸技術とアジア——技術導入の比較経済史』名古屋大学出版会.
久保亨(1999)『戦間期中国〈自立への模索〉——関税通貨政策と経済発展』東京大学出版会.
久保亨(2005)『戦間期中国の綿業と企業経営』汲古書院.
久保亨(2011)『シリーズ中国近現代史④ 社会主義への挑戦 1945-1971』岩波新書.
久保亨編(2012)『中国経済史入門』東京大学出版会.
久保亨・加島潤・木越義則(2016)『統計でみる中国近現代経済史』東京大学出版会.
久保亨・土田哲夫・高田幸男・井上久士・中村元哉(2019)『現代中国の歴史〔第2版〕——両岸三地100年のあゆみ』東京大学出版会.
倉沢愛子(1992)『日本占領下のジャワ農村の変容』草思社.
倉沢愛子(2001)「米穀問題に見る占領期の東南アジア——ビルマ, マラヤの事情を中心に」倉沢愛子編『東南アジア史のなかの日本占領〔新装版〕』早稲田大学出版部, 131-170.
倉沢愛子(2012)『資源の戦争——「大東亜共栄圏」の人流・物流』岩波書店.
クラトスカ, ポール・H.(2005)『日本占領下のマラヤ 1941-45』今井敬子訳, 行人社.
江丙坤(1974)『台湾地租改正の研究——日本領有初期土地調査事業の本質』東京大学出版会.
小風秀雅(1990)「日蘭海運摩擦と日蘭会商——日蘭海運同盟の崩壊と南洋海運の成立」杉山伸也, イアン・ブラウン編著『戦間期東南アジアの経済摩擦——日本の南進とアジア・欧米』同文舘, 110-140.
小林和夫(2023)『「伝統」が制度化されるとき——日本占領期ジャワにおける隣組』春風社.
小林英夫(1993)『日本軍政下のアジア——「大東亜共栄圏」と軍票』岩波新書.
近藤則夫(2019)「独立後のインドの政治」長崎暢子編『世界歴史体系 南アジア史4 近代・現代』山川出版社.
後藤乾一(2022)『日本の南進と大東亜共栄圏』めこん.
ゴードン, アンドルー(2013)『日本の200年——徳川時代から現代まで〔新版〕』上・下, 森谷文昭訳, みすず書房.
斎藤一夫編(1972)『台湾の農業』上, アジア経済研究所.
坂口誠(2003)「近代日本の大豆粕市場——輸入肥料の時代」『立教経済学研究』57(2), 53-70.
桜井由躬雄(1999a)「植民地下のベトナム」石井米雄・桜井由躬雄編『新版世界各国史5 東南アジア史Ⅰ 大陸部』山川出版社, 303-346.

沢井実(2013)『近代大阪の産業発展——集積と多様性が育んだもの』有斐閣.
沢井実・谷本雅之(2016)『日本経済史——近世から現代まで』有斐閣.
三瓶弘喜(2003)「スターリング・ブロックの構造と解体に関する覚え書」『文学部論叢』78, 107-129.
清水美里(2015)『帝国日本の「開発」と植民地台湾——台湾の嘉南大圳と日月潭発電所』有志舎.
島西智輝(2021)「解説——戦争・統制の帰結と経済復興」平井健介・島西智輝・岸田真編著『ハンドブック日本経済史——徳川期から安定成長期まで』ミネルヴァ書房, 202-205.
条約局第三課(1957)『外地法令制度の概要』条約局第三課.
食糧管理局(1942)『米麦摘要』食糧管理局.
白木沢旭児(1999)『大恐慌期日本の通商問題』御茶の水書房.
白木沢旭児(2021)「統制経済の開始と終焉——自由と統制の相克」平井健介・島西智輝・岸田真編著『ハンドブック日本経済史——徳川期から安定成長期まで』ミネルヴァ書房, 238-241.
城山智子(2011)『大恐慌下の中国——市場・国家・世界経済』名古屋大学出版会.
末廣昭(2020)「現代の経済・社会」飯島明子・小泉順子編『世界歴史大系 タイ史』山川出版社, 352-422.
菅原歩・河﨑信樹(2018)「「帝国主義の時代」と第一次世界大戦」河﨑信樹・奥和義編著『一般経済史』ミネルヴァ書房, 141-163.
杉浦未樹(2021)「ヨーロッパにおける「消費革命」」社会経済史学会編『社会経済史学事典』丸善出版, 148-149.
杉原薫(2001)「国際分業と東南アジア植民地経済」加納啓良編『岩波講座東南アジア史 6 植民地経済の繁栄と凋落』岩波書店, 249-272.
杉山伸也(1990)「日本の綿製品輸出と貿易摩擦」杉山伸也, イアン・ブラウン編著『戦間期東南アジアの経済摩擦——日本の南進とアジア・欧米』同文舘, 77-107.
杉山伸也(2006)「金解禁論争」杉山伸也責任編集『岩波講座帝国日本の学知 2「帝国」の経済学』岩波書店.
杉山伸也(2012)『日本経済史——近世-現代』岩波書店.
鈴木絢女(2020)「マレーシアの国家建設——エリートの生成と再生産」田中明彦・川島真編『20世紀の東アジア史 Ⅲ各国史[2]東南アジア』東京大学出版会, 281-333.
瀬戸林政孝(2008)「20世紀初頭華北産棉地帯の再形成」『社会経済史学』74(3), 23-44.
曽田三郎(1994)『中国近代製糸業の研究』汲古書院.
高木佑輔(2020)「フィリピンの政治課題と国家建設」田中明彦・川島真編『20世紀の東アジア史 Ⅲ各国史[2]東南アジア』東京大学出版会, 35-78.
高田洋子(2001)「インドシナ」加納啓良編『岩波講座東南アジア史 6 植民地経済の繁栄と凋落』岩波書店, 195-218.
高橋泰隆(1993)「植民地の鉄道と海運」大江志乃夫ほか編集委員『岩波講座近代日本と植民地 3 植民地化と産業化』岩波書店.

参考文献(第Ⅴ部)

高村直助(1982)『近代日本綿業と中国』東京大学出版会.
竹内祐介(2021)「帝国とインフラ――日本植民地の鉄道と上下水道整備」平井健介・島西智輝・岸田真編著『ハンドブック日本経済史――徳川期から安定成長期まで』ミネルヴァ書房，142-145.
武島良成(2020)『「大東亜共栄圏」の「独立」ビルマ――日緬の政治的興亡と住民の戦争被害』ミネルヴァ書房.
武田晴人(2019)『日本経済史』有斐閣.
田嶋信雄(2013)『ナチス・ドイツと中国国民政府 1933-1937』東京大学出版会.
田中明彦(2020)「冷戦と東アジアの「熱戦」」田中明彦・川島真編『20世紀の東アジア史 Ⅰ国際関係史概論』東京大学出版会，147-193.
田中恭子(1996)『土地と権力――中国の農村革命』名古屋大学出版会.
田中耕司・今井良一(2006)「植民地経営と農業技術」山本武利ほか編集委員『岩波講座「帝国」日本の学知 7 実学としての科学技術』岩波書店，99-137.
千田武志(1997)『英連邦軍の日本進駐と展開』御茶の水書房.
朱　益　鍾(チュイクチョン)(2008)「民間消費支出の推計」金洛年編『植民地期朝鮮の国民経済計算 1910-1945』東京大学出版会，207-227.
朱　益　鍾(チュイクチョン)(2011)『大軍の斥候――韓国経済発展の起源』金承美訳，日本経済評論社.
鄭　在　貞(チョンジェジョン)(2008)『帝国日本の植民地支配と韓国鉄道 1892～1945』三橋広夫訳，明石書店.
デ・チェッコ，マルチェロ(2000)『国際金本位制と大英帝国――1890-1914年』山本有造訳，三嶺書房.
外村大(2012)『朝鮮人強制連行』岩波新書.
富澤芳亜(2011)「在華紡技術の中国への移転」富澤芳亜・久保亨・荻原充編著『近代中国を生きた日系企業』大阪大学出版会，65-92.
豊山亜希(2016)「戦間期インドにおける日本製タイルの受容とその記号性」『社会経済史学』82(3)，35-50.
内藤雅雄・中村平治編(2006)『南アジアの歴史――複合的社会の歴史と文化』有斐閣.
長崎暢子(1999)「非暴力と自立のインド」狭間直樹・長崎暢子『世界の歴史27 自立へ向かうアジア』中央公論新社.
長崎暢子(2019)「独立インドへの道」長崎暢子編『世界歴史体系 4 南アジア史 4 近代・現代』山川出版社，113-149.
中野聡(2001)「日本占領の歴史的衝撃とフィリピン――奪われた選択肢」後藤乾一編『岩波講座東南アジア史 8 国民国家形成の時代』岩波書店，57-82.
中野聡(2012)『東南アジア占領と日本人――帝国・日本の解体』岩波書店.
永野善子(1986)『フィリピン経済史研究――糖業資本と地主制』勁草書房.
永野善子(1996)「棉花増産計画の挫折と帰結」池端雪浦編『日本占領下のフィリピン』岩波書店，185-217.
永野善子(2001a)「フィリピン――マニラ麻と砂糖」加納啓良編『岩波講座東南アジア史 6 植民地経済の繁栄と凋落』岩波書店，89-113.

永野善子(2001b)「日本占領期フィリピンにおける糖業調整政策の性格と実態」倉沢愛子編『東南アジア史のなかの日本占領〔新装版〕』早稲田大学出版部, 83-109.

永野善子(2004)「フィリピンのアジア間貿易と日本 1868-1941 年」池端雪浦, リディア・N・ユー・ホセ編『近現代日本・フィリピン関係史』岩波書店.

中原道子(2001)「日本占領期英領マラヤにおける「労務者」動員──泰緬鉄道の場合」倉沢愛子編『東南アジア史のなかの日本占領〔新装版〕』早稲田大学出版部, 171-198.

中村孝志(1981)「「大正南進期」と台湾」『南方文化』8, 209-257.

中村隆英編(1989)『岩波講座日本経済史 7「計画化」と「民主化」』岩波書店.

中村平治・石上悦朗(2006)「独立インドの国家建設──国民の政治参加の拡大」内藤雅雄・中村平治編著『南アジアの歴史──複合的社会の歴史と文化』有斐閣, 199-222.

成田龍一(2006)「「引き揚げ」と「抑留」」倉沢愛子ほか編集委員『岩波講座アジア・太平洋戦争 4 帝国の戦争経験』岩波書店.

西澤基一(1935)「大阪市場に於ける朝鮮米」『経済時報』7(3), 43-49.

西成田豊(2009)『日本史リブレット 99 労働力動員と強制連行』山川出版社.

根本敬(2014)『物語 ビルマの歴史──王朝時代から現代まで』中公新書.

狭間直樹・岩井茂樹・森時彦・川井悟(1996)『データでみる中国近代史』有斐閣.

浜野潔・井奥成彦・中村宗悦・岸田真・永江雅和・牛島利明(2017)『日本経済史 1600-2015 ──歴史に読む現代』慶應義塾大学出版会.

早瀬晋三(2013)『フィリピン近現代史のなかの日本人──植民地社会の形成と移民・商品』東京大学出版会.

速水融(2006)『日本を襲ったスペイン・インフルエンザ──人類とウイルスの第一次世界戦争』藤原書店.

原不二夫(2001)「マラヤ連合の頓挫とマラヤ連邦」後藤乾一編『岩波講座東南アジア史 8 国民国家形成の時代』岩波書店, 203-224.

馬場哲・山本通・廣田功・須藤功(2012)『エレメンタル欧米経済史』晃洋書房.

檜山幸夫(1998)「台湾総督府の律令制定権と外地統治論」中京大学社会科学研究所台湾総督府文書目録編纂委員会編『台湾総督府文書目録 第 4 巻』ゆまに書房, 471-570.

平井健介(2017)『砂糖の帝国──日本植民地とアジア市場』東京大学出版会.

平井健介(2021)「日本植民地における「同化」の経済的条件──台湾人の入浴習慣の変容」『甲南経済学論集』61(3・4), 55-88.

平井健介(2023)「日本植民地の経済──台湾と朝鮮」『岩波講座世界歴史 21 二つの大戦と帝国主義 II 20 世紀前半』岩波書店.

平井健介(2024)『日本統治下の台湾──開発・植民地主義・主体性』名古屋大学出版会.

平井廣一(1997)『日本植民地財政史研究』ミネルヴァ書房.

藤澤良知(2008)「戦中・戦後の食糧・栄養問題」『昭和のくらし研究』6, 5-17.

藤原辰史(2012)『稲の大東亜共栄圏──帝国日本の〈緑の革命〉』吉川弘文館.

フランクス, ペネロピ, ジャネット・ハンター(2016)「日本の消費史の比較史的考察」ペネロピ・フランクス, ジャネット・ハンター編『歴史のなかの消費者──日本における消費

と暮らし 1850-2000』中村尚史・谷本雅之監訳，法政大学出版局．
古田和子(2007)「20世紀初頭における大阪雑貨品輸出と韓国」濱下武志・崔章集編『東アジアの中の日韓交流』慶應義塾大学出版会，207-226．
古田和子(2013)「貿易と文化触変——近代アジアにおける模倣・偽造と市場の重層性」平野健一郎・古田和子・土田哲夫・川村陶子編『国際文化関係史研究』東京大学出版会，152-170．
古田和子(2021)「近代アジアにおける「西洋化」と消費」社会経済史学会編『社会経済史学事典』丸善出版，150-151．
古田和子・牛島利明(2010)「情報・信頼・市場の質」『社会経済史学』76(3), 71-82．
古田元夫(1994)「ベトナムの一村落における1945年飢饉の実態——タイビン省ティエンハイ県タイオルン村ルオンフー部落に関する日越合同調査報告」東京大学教養学部歴史学教室編『歴史学研究報告』22, 125-160．
許粹烈(ホ スユル)(2008)『植民地朝鮮の開発と民衆』保坂祐二訳，明石書店．
法政大学大原社会問題研究所編(1964)『太平洋戦争下の労働者状態』東洋経済新報社．
ホセ，リカルド・T.(1996)「日本占領下における食糧管理統制制度」永井均訳，池端雪浦編『日本占領下のフィリピン』岩波書店，219-253．
細谷亨(2021)「帝国支配と人の移動——満洲移民と「引揚げ」」平井健介・島西智輝・岸田真編著『ハンドブック日本経済史——徳川期から安定成長期まで』ミネルヴァ書房，206-209．
堀和生(1995)『朝鮮工業化の史的分析——日本資本主義と植民地経済』有斐閣．
堀和生(2009)『東アジア資本主義史論Ⅰ 形成・構造・展開』ミネルヴァ書房．
堀和生・木越義則(2020)『東アジア経済史』日本評論社．
堀内義隆(2021)『緑の工業化——台湾経済の歴史的起源』名古屋大学出版会．
松本俊郎(1983)「植民地」1920年代史研究会編『1920年代の日本資本主義』東京大学出版会，299-327．
水島司(2001)「マラヤ——スズとゴム」加納啓良編『岩波講座東南アジア史6 植民地経済の繁栄と凋落』岩波書店，65-88．
満薗勇(2014)『日本型大衆消費社会への胎動——戦前期日本の通信販売と月賦販売』東京大学出版会．
湊照宏(2011)『近代台湾の電力産業——植民地工業化と資本市場』御茶の水書房．
宮嶋博史(1991)『朝鮮土地調査事業史の研究』東京大学東洋文化研究所．
宮嶋博史(1994)「東アジアにおける近代的土地変革——旧日本帝国支配地域を中心に」中村哲編『東アジア資本主義の形成——比較史の視点から』青木書店．
宮田敏之(2001)「戦前期タイ米経済の発展」加納啓良編『岩波講座東南アジア史6 植民地経済の繁栄と凋落』岩波書店，169-194．
宮田道昭(2006)『中国の開港と沿岸市場——中国近代経済史に関する一視点』東方書店．
宮本謙介(2003)『概説インドネシア経済史』有斐閣．
三和良一(2002)『概説日本経済史——近現代〔第2版〕』東京大学出版会．

三和良一・原朗編(2010)『近現代日本経済史要覧〔補訂版〕』東京大学出版会.
村上勝彦(1975)「植民地」大石嘉一郎編『日本産業革命の研究——確立期日本資本主義の再生産構造』下，東京大学出版会，229-314.
村田雄二郎編(2005)『『婦女雑誌』からみる近代中国女性』研文出版.
本野英一(2023)『盗用から模造へ 1880-1931——中日英米商標権侵害紛争史』早稲田大学出版部.
森時彦(2001)『中国近代綿業史の研究』京都大学学術出版会.
森時彦(2005)「1927年9月上海在華紡の生産シフト」森時彦編『在華紡と中国社会』京都大学学術出版会，117-137.
森久男(1978)「台湾総督府の糖業保護政策の展開」『台湾近現代史研究』1, 41-82.
安冨歩・深尾葉子編(2009)『「満洲」の成立——森林の消尽と近代空間の形成』名古屋大学出版会.
矢内原忠雄(1929)『帝国主義下の台湾』岩波書店.
柳澤悠(2016)「インドにおける下層民の自立化——「下からの工業発展」と日本製低価格商品」『社会経済史学』82(3), 51-67.
柳澤悠(2019)「インド工業の発展——第一次世界大戦〜独立」長崎暢子編『世界歴史大系 南アジア史4 近代・現代』山川出版社，150-176.
山口明日香(2015)『森林資源の環境経済史——近代日本の産業化と木材』慶應義塾大学出版会.
山口明日香(2021)「近代日本の産業化による山林負荷の再検討」『社会経済史学』87(3), 3-27.
山﨑功(2001)「ボルネオ・スマトラ石油と日本軍政」明石陽至編『日本占領下の英領マラヤ・シンガポール』岩波書店，235-267.
山澤逸平・山本有造(1979)『長期経済統計14 貿易と国際収支』東洋経済新報社.
山田紀彦(2022)「ラオス」粕谷祐子編著『アジアの脱植民地化と体制変動——民主制と独裁の歴史的起源』白水社，197-222.
山田裕史(2022)「カンボジア」粕谷祐子編著『アジアの脱植民地化と体制変動——民主制と独裁の歴史的起源』白水社，457-484.
山本有造(1992)『日本植民地経済史研究』名古屋大学出版会.
山本有造(2003)『「満洲国」経済史研究』名古屋大学出版会.
山本有造(2011)『「大東亜共栄圏」経済史研究』名古屋大学出版会.
吉川利治(1992)「日本の東南アジア近現代史像」吉川利治編著『近現代史のなかの日本と東南アジア』東京書籍，13-31.
吉村真子(2001)「日本軍政下のマラヤの経済政策——物資調達と日本人ゴム農園」明石陽至編『日本占領下の英領マラヤ・シンガポール』岩波書店，189-233.
李成市・宮嶋博史・糟谷憲一編(2017)『世界歴史大系 朝鮮史2 近現代』山川出版社.
ルミア，ベヴァリ(2016)「歴史と消費主義の研究——西洋史家の見た日本」ペネロピ・フランクス，ジャネット・ハンター編『歴史のなかの消費者——日本における消費と暮らし

1850-2000』中村尚史・谷本雅之監訳，法政大学出版局．

脇村孝平(1999)「英領インドにおける「スペイン風邪」(1918年)——なぜインフルエンザの死亡率がそれほど高かったのか？」『経済学雑誌』100(3)，90-108．

和田春樹・後藤乾一・木畑洋一・山室信一・趙景達・中野聡・川島真(2014)『東アジア近現代通史』上，岩波書店．

中国語

李一翔(1997)『近代中国銀行与企業的関係(1897-1945)』東大図書股份有限公司．

潘君祥主編(1998)『近代中国国貨運動研究』上海：上海社会科学院出版社．

欧米語

Abinales, Patricio N. and Donna J. Amoroso (2017), *State and Society in the Philippines*, Second Edition. Lanham: Rowman & Littlefield.

Andaya, Barbara Watson and Leonard Y. Andaya (2001), *A History of Malaysia*, Second Edition, Basingstoke: Palgrave.

Benichou, Lucien D. (2000), *From Autocracy to Integration: Political Developments in Hyderabad (1938–1948)*, Chennai: Orient Black Swan.

Bergère, Marie-Claire (1989), *The Golden Age of the Chinese Bourgeoisie 1911–1937*, Translated by Janet Lloyd, Cambridge: Cambridge University Press.

Brown, Ian (2005), *A Colonial Economy in Crisis: Burma's Rice Cultivators and the World Depression of the 1930s*, London & New York: Routledge Curzon.

Chatterji, Basudev (1992), *Trade, Tariffs and Empire: Lancashire and British Policy in India 1919–1939*, New Delhi: Oxford University Press.

Corpuz, O. D. (1997), *An Economic History of the Philippines*, Quezon City: University of the Philippines Press.

Dick, Howard (2002), "Formation of the nation-state, 1930s–1966," Howard Dick, Vincent J. H. Houben, J. Thomas Lindblad and Thee Kian Wie, *The Emergence of A National Economy: An Economic History of Indonesia, 1800–2000*, St Leonards: Allen & Unwin; Leiden: KITLV Press, 153–193.

Dikötter, Frank (2007), *Exotic Commodities: Modern Objects and Everyday Life in China*, New York: Columbia University Press.

Drabble, John H. (2000), *An Economic History of Malaysia, c. 1800–1990: The Transition to Modern Economic Growth*, Basingstoke, Hants et al.: Macmillan and New York: St. Martin's.

Food and Agriculture Organization of the United Nations (1965), *The World Rice Economy in Figures, 1909–1963*, Rome: FAO.

Furuta, Kazuko (2017), "Imitation, Counterfeiting, and the Market in Early Twentieth Century Japan and China: Intra-Asian Trade in Modern Small Sundry Goods," Kazuko Furuta and Linda Grove eds., *Imitation, Counterfeiting and the Quality of Goods in Modern Asian History*,

Singapore: Springer Nature. DOI 10.1007/978-981-10-3752-8_8

Furuta, Kazuko and Linda Grove eds. (2017), *Imitation, Counterfeiting and the Quality of Goods in Modern Asian History*, Singapore: Springer Nature. DOI 10.1007/978-981-10-3752-8

Gerth, Karl (2003), *China Made: Consumer Culture and the Creation of the Nation*, Cambridge, Mass.: Harvard University Press.

Grove, Linda (2006a), *A Chinese Economic Revolution: Rural Entrepreneurship in the Twentieth Century*, Lanham: Rowman & Littlefield.

Grove, Linda (2006b), "'Native' and 'Foreign': Discourses on Economic Nationalism and Market Practice in Twentieth-Century North China," Joseph W. Esherick, Wen-hsin Yeh and Madeleine Zelin eds., *Empire, Nation and Beyond: Chinese History in Late Imperial and Modern Times*, Berkeley: Institute of East Asian Studies, University of California, 149–165.

Hirai, Kensuke (2017a), "Two Paths toward Raising Quality: Fertilizer Use in Rice and Sugarcane Cultivation in Colonial Taiwan (1895–1945)," Kazuko Furuta and Linda Grove eds., *Imitation, Counterfeiting and the Quality of Goods in Modern Asian History*, Singapore: Springer Nature, 73–91.

Hirai, Kensuke (2017b), "Assimilation and Industrialization: The Demand for Soap in Colonial Taiwan," Kazuko Furuta and Linda Grove eds., *Imitation, Counterfeiting and the Quality of Goods in Modern Asian History*, Singapore: Springer Nature, 183–201.

Kuroda, Akinobu (2020), *A Global History of Money*, London and New York: Routledge.

MacPherson, Kerrie L. ed. (1998), *Asian Department Stores*, Richmond Surrey: Curzon Press.

Marston, Daniel (2014), *The Indian Army and the End of the Raj*, New York: Cambridge University Press.

Menon, V. P. (1956), *Integration of the Indian States*, Hyderabad: Orient Longman.

Ricklefs, M. C. et al. (2010), *A New History of Southeast Asia*, Basingstoke: Palgrave Macmillan.

Rothermund, Dietmar (1993), *An Economic History of India: From Pre-Colonial Times to 1991*, Second Edition, Routledge.

Roy, Tirthankar (2006), *The Economic History of India 1857–1947*, Second Edition, New Delhi: Oxford University Press.

Sompop Manurungsan (1989), *Economic Development of Thailand. 1850–1950: Response to the Challenge of the World Economy*, Bangkok: Institute of Asian Studies, Chulalongkorn University.

Srinivas, M. N. (1956), "A Note on Sanskritization and Westernization," *The Far Eastern Quarterly*, 15(4), 481–496.

Tomlinson, B. R. (1979), *The Political Economy of the Raj 1914–1947: The Economics of Decolonization in India*, London: Macmillan.

Van Zanden, Jan Luiten and Daan Marks (2012), *An Economic History of Indonesia: 1800–2012*, Abingdon and New York: Routledge.

第Ⅵ部〈20章・21章・22章〉

日本語

秋田茂(2017)『帝国から開発援助へ――戦後アジア国際秩序と工業化』名古屋大学出版会．

淺野幸穂(2002)「フィリピン――現代史のサイクル再考」末廣昭編『岩波講座東南アジア史9「開発」の時代と「模索」の時代』岩波書店，95-122．

浅見靖仁(2002)「タイ――開発と民主化のパラドクス」末廣昭編『岩波講座東南アジア史9「開発」の時代と「模索」の時代』岩波書店，33-63．

朝元照雄(1996)『現代台湾経済分析――開発経済学からのアプローチ』勁草書房．

アジア開発銀行(2021)『アジア開発史――政策・市場・技術発展の50年を振り返る』澤田康幸監訳，勁草書房．

案浦崇(2001)『シンガポールの経済発展と人的資本論』学文社．

李憲昶（イホンチャン）(2004)『韓国経済通史』須川英徳・六反田豊監訳，法政大学出版局．

飯田和人(2010)「わが国における海外直接投資の展開とグローバル資本の確立」『政経論叢』78(5・6)，1-39．

池部亮(2021)「ベトナムの「非対称性の管理」と対外関係」北岡伸一編『西太平洋連合のすすめ――日本の「新しい地政学」』東洋経済新報社，105-135．

石川禎浩(2021)『中国共産党，その百年』筑摩書房．

伊藤融(2011)「地域協力の鍵を握るインド――SAARC，環インド洋，BIMSTEC」山影進・広瀬崇子編著『南部アジア』ミネルヴァ書房．

伊藤融(2012)「南アジアの地域協力――繁栄と平和の礎か？」堀本武功・三輪博樹編著『現代南アジアの政治』放送大学教育振興会．

今岡日出紀(1990)「財政・金融と工業化」堀井健三編『マレーシアの工業化――多種族国家と工業化の展開』アジア経済研究所，76-99．

上野正樹(2021)「コンピュータ機器」佐藤隆広・上野正樹編著『図解インド経済大全――政治・社会・文化から進出実務まで』白桃書房，116-119．

宇山智哉(2022)「CPTPPの貿易政策上の意義」木村福成・西脇修編著『国際通商秩序の地殻変動――米中対立・WTO・地域統合と日本』勁草書房，177-205．

浦野起央(1999)「日本の戦後賠償と経済協力」永野慎一郎・近藤正臣編『日本の戦後賠償――アジア経済協力の出発』勁草書房，7-22．

エクスタイン，A. (1980)『中国の経済革命』石川滋監訳，東京大学出版会．

絵所秀紀(2008)『離陸したインド経済――開発の軌跡と展望』ミネルヴァ書房．

絵所秀紀(2014)「独立後インド経済の転換点――供給制約型経済から需要牽引型経済へ」絵所秀紀・佐藤隆広編『激動のインド3 経済成長のダイナミズム』日本経済評論社．

絵所秀紀(2019)「独立後インドの経済政策とマクロ経済パフォーマンス」長崎暢子編『世界歴史体系 南アジア史4 近代・現代』山川出版社，259-289．

大西裕(2014)『先進国・韓国の憂鬱——少子高齢化，経済格差，グローバル化』中公新書.
大庭三枝(2014)『重層的地域としてのアジア——対立と共存の構図』有斐閣.
柿崎一郎(2007)『物語 タイの歴史——微笑みの国の真実』中公新書.
柿崎一郎(2009)『鉄道と道路の政治経済学——タイの交通政策と商品流通1935～1975年』京都大学学術出版会.
柿崎一郎(2021b)『タイの基礎知識(第2刷)』めこん.
梶谷懐(2011)『現代中国の財政金融システム——グローバル化と中央-地方関係の経済学』名古屋大学出版会.
梶谷懐(2018)『中国経済講義——統計の信頼性から成長のゆくえまで』中公新書.
梶谷懐・加島潤(2013)「近現代——国民国家形成の試みと経済発展(20世紀～現代)」岡本隆司編『中国経済史』名古屋大学出版会，237-297.
蒲田亮平(2020)「ASEAN経済共同体の現状と展望」JETRO ASEANセンターセミナー報告資料.
河﨑信樹(2018b)「戦後国際経済秩序の形成と展開」河﨑信樹・奥和義編著『一般経済史』ミネルヴァ書房，193-210.
川中豪(2005)「ポスト・エドサ期のフィリピン——民主主義の定着と自由主義的経済改革」川中豪編『ポスト・エドサ期のフィリピン』アジア経済研究所，11-62.
菅英輝(2014)「アメリカの冷戦政策と一九五〇年代アジアにおける地域協力の模索」渡辺昭一編著『コロンボ・プラン——戦後アジア国際秩序の形成』法政大学出版局，221-249.
木崎翠(2017)「中国——人口大国の発展の軌道と新たな課題」末廣昭・大泉啓一郎編『東アジアの社会大変動——人口センサスが語る世界』名古屋大学出版会，48-83.
木曽恵子(2019)「ケアの担い手の複数性とスマートフォンによる親子関係の補完——少子化時代の東北タイ農村における子育て」速水洋子編著『東南アジアにおけるケアの潜在力——生のつながりの実践』京都大学学術出版会，351-377.
木曽順子(2003)『インド開発のなかの労働者——都市労働市場の構造と変容』日本評論社.
北村かよ子(1990)「工業化と外資導入政策」堀井健三編『マレーシアの工業化——多種族国家と工業化の展開』アジア経済研究所，100-126.
木之内秀彦(2002)「冷戦体制と東南アジア」後藤乾一編『岩波講座東南アジア史8 国民国家形成の時代』岩波書店，227-257.
木村福成(2022)「RCEPの意義と役割」木村福成・西脇修編著『国際通商秩序の地殻変動——米中対立・WTO・地域統合と日本』勁草書房，207-228.
木村光彦(1999)『北朝鮮の経済——起源・形成・崩壊』創文社.
木村光彦・安部桂司(2003)『北朝鮮の軍事工業化——帝国の戦争から金日成の戦争へ』知泉書館.
木村陸男(1990)「小都市国家の開発体制」林俊昭編『シンガポールの工業化——アジアのビジネス・センター』アジア経済研究所，1-35.
金京拓司(2017)「国際金融機関と東アジア経済」三重野文晴・深川由起子編著『現代東アジア経済論』ミネルヴァ書房，135-154.

参考文献(第VI部〈20章・21章・22章〉)

久保亨(2011)『シリーズ中国近現代史④ 社会主義への挑戦 1945-1971』岩波新書.
久保亨・加島潤・木越義則(2016)『統計でみる中国近現代経済史』東京大学出版会.
久保亨・土田哲夫・高田幸男・井上久士・中村元哉(2019)『現代中国の歴史〔第2版〕――両岸三地100年のあゆみ』東京大学出版会.
熊谷聡・中村正志(2023)『マレーシアに学ぶ経済発展戦略――「中所得の罠」を克服するヒント』作品社.
黒崎卓(2011)「経済成長と貧困問題」石上悦朗・佐藤隆広編著『現代インド・南アジア経済論』ミネルヴァ書房.
黒柳米司(2015a)「ASEANの誕生――和解から提携へ」黒柳米司・金子芳樹・吉野文雄編著『ASEANを知るための50章』明石書店, 23-27.
黒柳米司(2015b)「ASEANの発展過程――危機・離陸・そして「成功物語」」黒柳米司・金子芳樹・吉野文雄編著『ASEANを知るための50章』明石書店, 28-31.
小池賢治・福島光丘(1989)「工業化の担い手」福島光丘編『フィリピンの工業化――再建への模索』アジア経済研究所, 63-122.
小島眞(2021)「2010年代のインド経済――攻めあぐむ経済改革の本丸」堀本武功・村山真弓・三輪博樹編『これからのインド――変貌する現代世界とモディ政権』東京大学出版会, 37-66.
近藤則夫(2019)「独立後のインドの政治」長崎暢子編『世界歴史体系 南アジア史4 近代・現代』山川出版社.
斎藤一夫編(1972)『台湾の農業』上・下, アジア経済研究所.
坂本祐司(2024)「英国がCPTPPに正式加入, 日本を含む12カ国に枠組み拡大」『ビジネス短信――ジェトロの海外ニュース』2024年12月17日. https://www.jetro.go.jp/biznews/2024/12/3c05d3149e87c339.html(最終アクセス:2025年1月31日)
桜井由躬雄(1999b)「戦場から市場へ――激動のインドシナ」石井米雄・桜井由躬雄編『新版世界各国史 東南アジア史I 大陸部』山川出版社, 442-483.
笹川秀夫(2018)「カンボジア――内戦の傷痕, 復興の明暗」清水一史・田村慶子・横山豪志編著『東南アジア現代政治入門〔改訂版〕』ミネルヴァ書房, 185-208.
サッセン, サスキア(2008)『グローバル・シティ――ニューヨーク・ロンドン・東京から世界を読む』伊豫谷登士翁監訳, 大井由紀・高橋華生子訳, 筑摩書房.
佐藤隆広(2011)「国際貿易と資本移動」石上悦朗・佐藤隆広編著『現代インド・南アジア経済論』ミネルヴァ書房, 99-123.
佐藤宏(2019)「バングラデシュ」長崎暢子編『世界歴史体系 南アジア史4 近代・現代』山川出版社, 381-405.
佐藤幸人(1988a)「戦後台湾経済の発展過程」坂井秀吉・小島末夫編『香港 台湾の経済変動――成長と循環の分析』アジア経済研究所, 15-48.
佐藤幸人(1988b)「貿易の役割」谷浦孝雄編『台湾の工業化――国際加工基地の形成』アジア経済研究所.
佐藤幸人(1989)「工業の発展　第1節 繊維産業・第2節 電子産業・第5節「香港工業化モ

デル」の提唱」小島麗逸編『香港の工業化――アジアの結節点』アジア経済研究所，56-83, 117-132.

島西智輝(2021)「解説――「経済大国」日本の確立と変容」平井健介・島西智輝・岸田真編編著『ハンドブック日本経済史――徳川期から安定成長期まで』ミネルヴァ書房，202-205.

白石昌也(1999)「国際関係の変貌」上智大学アジア文化研究所編『新版 入門東南アジア研究』めこん，232-245.

白石昌也(2010)「ベトナム――共産党支配体制下の市場経済化」片山裕・大西裕編『アジアの政治経済・入門〔新版〕』有斐閣，223-243.

末廣昭(1993)『タイ 開発と民主主義』岩波新書.

末廣昭(2002)「総説」末廣昭編『岩波講座東南アジア史9「開発」の時代と「模索」の時代』岩波書店，1-30.

末廣昭(2020)「現代の経済・社会」飯島明子・小泉順子編『世界歴史体系 タイ史』山川出版社，352-422.

末廣昭(2022)「開発独裁――経済発展と民主化は両立するのか」吉澤誠一郎監修，石川博樹ほか編著『論点・東洋史学――アジア・アフリカへの問い158』ミネルヴァ書房，326-327.

杉谷滋(1989)「マクロ経済構造――輸出主導工業化の展開」小島麗逸編『香港の工業化――アジアの結節点』アジア経済研究所，29-54.

杉原薫(2013)「戦後アジアにおける工業化型国際経済秩序の形成」秋田茂編著『アジアからみたグローバルヒストリー――「長期の18世紀」から「東アジアの経済的復興」へ』ミネルヴァ書房.

杉本大三(2011)「農業」石上悦朗・佐藤隆広編著『現代インド・南アジア経済論』ミネルヴァ書房，127-148.

杉山伸也(2012)『日本経済史――近世‐現代』岩波書店.

鈴木絢女(2020)「マレーシアの国家建設――エリートの生成と再生産」田中明彦・川島真編『20世紀の東アジア史 III 各国史[2]東南アジア』東京大学出版会，281-333.

鈴木早苗(2016)「ASEAN共同体とは何か？」鈴木早苗編『ASEAN共同体――政治安全保障・経済・社会文化』アジア経済研究所，1-22.

鈴木峻(2002)『東南アジアの経済と歴史』日本経済評論社.

鈴木基義(2002)「ラオス――新経済体制下の模索」末廣昭編『岩波講座東南アジア史9「開発」の時代と「模索」の時代』岩波書店，257-279.

隅谷三喜男・劉進慶・涂照彦(1992)『台湾の経済――典型NIESの光と影』東京大学出版会.

曽根康雄(2022)「中港経済関係の構造変化」倉田徹・小栗宏太編著『香港と「中国化」――受容・摩擦・抵抗の構造』明石書店，50-74.

高木佑輔(2020)「フィリピンの政治課題と国家建設」田中明彦・川島真編『20世紀の東アジア史 III各国史[2]東南アジア』東京大学出版会，35-78.

高橋昭雄(2002)「ビルマ――軍による「開発」の停滞」末廣昭編『岩波講座東南アジア史9

参考文献(第Ⅵ部〈20章・21章・22章〉)

「開発」の時代と「模索」の時代』岩波書店，81-133.
高橋伸夫(2021)『中国共産党の歴史』慶應義塾大学出版会.
高原明生・前田宏子(2014)『シリーズ中国近現代史⑤ 開発主義の時代へ 1972-2014』岩波新書.
田島俊雄(2002)「中華人民共和国 経済」松丸道雄・池田温・斯波義信・神田信夫・濱下武志編『世界歴史大系 中国史5 清末～現在』山川出版社，403-520.
谷浦孝雄編(1988)『台湾の工業化──国際加工基地の形成』アジア経済研究所.
田村慶子(2020)「シンガポールの国家建設──「脆弱な都市国家」の権威主義体制の成立と継続」田中明彦・川島真編『20世紀の東アジア史 Ⅲ各国史[2]東南アジア』東京大学出版会，81-133.
陳俊勲(1990)「台湾の経済発展と海外直接投資」谷口興二編『台湾・韓国の海外投資の展開』アジア経済研究所，41-75.
塚田和也(2024)「タイ経済と日本──日系企業の集積は続くか」濱田美紀編『ASEANと日本──変わりゆく経済関係』アジア経済研究所，147-171.
坪井正雄(2010)『シンガポールの工業化政策──その形成過程と海外直接投資の導入』日本経済評論社.
坪井善明(2002)「ベトナム──ドイモイの15年」末廣昭編『岩波講座東南アジア史9「開発」の時代と「模索」の時代』岩波書店，231-256.
手柴正気(1990)「金融資本市場」林俊昭編『シンガポールの工業化──アジアのビジネス・センター』アジア経済研究所，258-274.
ディケーター，フランク(2011)『毛沢東の大飢饉──史上最も悲惨で破壊的な人災 1958-1962』中川治子訳，草思社.
都丸潤子(2014)「東南アジアに対する技術援助とイギリス広報政策」渡辺昭一編著『コロンボ・プラン──戦後アジア国際秩序の形成』法政大学出版局，169-190.
鳥居高(1990a)「ブミプトラ政策下の工業化政策と経済構造変容」堀井健三編『マレーシアの工業化──多種族国家と工業化の展開』アジア経済研究所，24-51.
鳥居高(1990b)「電子産業──ICとテレビ生産基地化」堀井健三編『マレーシアの工業化──多種族国家と工業化の展開』アジア経済研究所，242-272.
鳥居高(2002)「マレーシア──経済成長と種族間平等の追求」末廣昭編『岩波講座東南アジア史9「開発」の時代と「模索」の時代』岩波書店，123-154.
中川雅彦(2017)「社会主義朝鮮の歴史」李成市・宮嶋博史・糟谷憲一編『世界歴史大系 朝鮮史2 近現代』山川出版社.
中西嘉宏(2022)『ミャンマー現代史』岩波新書.
中野聡(2002)「賠償と経済協力──日本・東南アジア関係の再形成」後藤乾一編『岩波講座東南アジア史8 国民国家形成の時代』岩波書店，283-304.
中村平治・石上悦朗(2006)「社会主義型社会と重工業化戦略」内藤雅雄・中村平治編『南アジアの歴史──複合的社会の歴史と文化』有斐閣，213-222.
子島進・山根聡・黒崎卓(2019)「現代パキスタンの政治・経済・社会」長崎暢子編『世界歴

史体系 南アジア史 4 近代・現代』山川出版社，350–380.

根本敬(2014)『物語 ビルマの歴史――王朝時代から現代まで』中公新書.

野沢勝美(1994)「フィリピンの農地改革と農村開発」アルセニオ・M・バリカサン，野沢勝美編『フィリピン農村開発の構造と改革』アジア経済研究所，33–93.

橋本雄一(2014)『東南アジアの経済発展と世界金融危機』古今書院.

初鹿野直美(2016)「カンボジア経済――持続的な成長を目指して」トラン・ヴァン・トゥ編著『ASEAN 経済新時代と日本――各国経済と地域の新展開』文眞堂，179–195.

服部民夫(2005)『開発の経済社会学――韓国の経済発展と社会変容』文眞堂.

浜口恒夫(2006)「補論 1 南アジア地域協力連合(SAARC)」内藤雅雄・中村平治編『南アジアの歴史――複合的社会の歴史と文化』有斐閣.

濱島敦博(2016)「戦後経済史――中国経済の開・閉・開と産業構造の変遷」吉川雅之・倉田徹編著『香港を知るための 60 章』明石書店，100–105.

浜中慎太郎(2017)「SAARC-ASEAN 両事務局間の協力の現状」『アジ研ポリシー・ブリーフ』No.96

浜野潔・井奥成彦・中村宗悦・岸田真・永江雅和・牛島利明(2017)『日本経済史 1600–2015――歴史に読む現代』慶應義塾大学出版会.

早瀬晋三(2020)「東南アジアの国民国家形成と地域主義」田中明彦・川島真編『20 世紀の東アジア史 I 国際関係史概論』東京大学出版会，245–292.

速水佑次郎(1995)『開発経済学――諸国民の貧困と富』創文社.

原朗・宣在源編著(2013)『韓国経済発展への経路――解放・戦争・復興』日本経済評論社.

朴根好(1993)『韓国の経済発展とベトナム戦争』御茶の水書房.

朴一(2002)『韓国 NIES 化の苦悩――経済開発と民主化のジレンマ〔増補二版〕』同文舘出版.

平川均(1992)『NIES――世界システムと開発』同文舘.

平川均(2002)「アジア通貨危機」末廣昭編『岩波講座東南アジア史 9「開発」の時代と「模索」の時代』岩波書店，363–391.

深見純生・早瀬晋三(1999)「脱植民地化への道」池端雪浦編『東南アジア史 II 島嶼部』山川出版社，366–405.

福島光丘(1989)「工業化の歴史と実績」福島光丘編『フィリピンの工業化――再建への模索』アジア経済研究所，1–38.

福田保(2020)「米中対峙下におけるアジア太平洋の多国間制度」金子芳樹・山田満・吉野文雄編著『「一帯一路」時代の ASEAN――中国傾斜のなかで分裂・分断に向かうのか』明石書店，48–69.

福味敦(2021)「移民が開いた IT の扉，世界に開かれたインド」佐藤隆広・上野正樹編著『図解インド経済大全――政治・社会・文化から進出実務まで』白桃書房，29–36.

藤田幸一(2024)「「緑の革命」とは何だったのか？」脇村孝平編著『近現代熱帯アジアの経済発展――人口・環境・資源』ミネルヴァ書房，291–309.

藤田幸一(2011)「バングラデシュ経済」石上悦朗・佐藤隆広編著『現代インド・南アジア経済論』ミネルヴァ書房，315–338.

参考文献(第Ⅵ部〈20章・21章・22章〉)

古田元夫(2002)「インドシナ戦争——救国戦争と「貧しさを分かちあう社会主義」」末廣昭編『岩波講座東南アジア史9「開発」の時代と「模索」の時代』岩波書店, 181-204.
古田元夫(2017)『ベトナムの基礎知識』めこん.
堀和生・木越義則(2020)『東アジア経済史』日本評論社.
増田耕太郎(2015)「「時代」とともに深化した日本の対外直接投資(回顧と展望)」『国際貿易と投資』27(2), 4-18.
松浦一悦(2013)「ブレトン・ウッズ体制と変動相場制への移行」鳥谷一生・松浦一悦編著『グローバル金融資本主義のゆくえ——現代社会を理解する経済学入門』ミネルヴァ書房, 147-162.
松村史穂(2023)「1970年代の中国における食糧増産メカニズムの変化——「改革開放」前後の政策転換との関係に着目して」『東洋学報』105(3), 67-99.
マディソン, アンガス(2015)『世界経済史概観——紀元1年〜2030年』政治経済研究所監訳, 岩波書店.
マニ, スニル(2011)「情報通信産業」上池あつ子訳, 石上悦朗・佐藤隆広編著『現代インド・南アジア経済論』ミネルヴァ書房, 183-201.
丸川知雄(2002)『シリーズ現代中国経済3 労働市場の地殻変動』名古屋大学出版会.
丸川知雄(2021)『現代中国経済 新版』有斐閣.
三重野文晴(2016)「ミャンマー経済——始動する経済のこれまでとこれから」トラン・ヴァン・トゥ編『ASEAN経済新時代と日本——各国経済と地域の新展開』文眞堂, 219-243.
三重野文晴(2017)「東南アジア経済——ASEAN4カ国の成長経路」三重野文晴・深川由起子編著『現代東アジア経済論』ミネルヴァ書房, 209-239.
三重野文晴(2018)「資本がめぐるアジア——成長と資本フロー」遠藤環・伊藤亜聖・大泉啓一郎・後藤健太編『現代アジア経済論——「アジアの世紀」を学ぶ』有斐閣ブックス, 94-118.
溝口敏行・表鶴吉・文浩一編著(2019)『アジア長期経済統計4 韓国・北朝鮮』東洋経済新報社.
南亮進・牧野文夫編著(2014)『アジア長期経済統計3 中国』東洋経済新報社.
宮本謙介(2003)『概説インドネシア経済史』有斐閣.
三和良一(2002)『概説日本経済史——近現代〔第2版〕』東京大学出版会.
三和良一・原朗編(2010)『近現代日本経済史要覧〔補訂版〕』東京大学出版会.
ミント, H.(1973)『低開発国の経済理論』渡辺利夫・小島眞・高梨和紘・高橋宏訳, 東洋経済新報社.
森壮也・佐藤百合(1990)「マクロ経済構造」林俊昭編『シンガポールの工業化——アジアのビジネス・センター』アジア経済研究所, 37-85.
森澤恵子(2004)『岐路にたつフィリピン電機産業』勁草書房.
安田武彦(2014)「シンガポールにおける情報経済の発展と文化産業政策」『商学研究』30, 253-274.
柳澤悠(2014)『現代インド経済——発展の淵源・軌跡・展望』名古屋大学出版会.

山田恭之(2023)「英国，CPTPP加入に向け正式署名，締結に向けた国内手続きへ」『ビジネス短信——ジェトロの海外ニュース』2023年7月18日．https://www.jetro.go.jp/biznews/2023/07/094082b6643110aa.html (最終アクセス：2024年2月29日)

山田紀彦(2018)『ラオスの基礎知識』めこん．

山田裕史(2021)「人民党政権の対中傾斜とカンボジアの内政動向」北岡伸一編『西太平洋連合のすすめ』東洋経済新報社，232-258．

楊継縄(2012)『毛沢東 大躍進秘録』伊藤正・田口佐紀子・多田麻美訳，文藝春秋．

吉岡英美(2010)『韓国の工業化と半導体産業——世界市場におけるサムスン電子の発展』有斐閣．

吉田修(1996)「インディラ・ガンディー政権と非同盟への「回帰」——1966年の印ソ共同コミュニケに至る外交過程」『アジア経済』37(4)，53-73．

李成市(リソンシ)・宮嶋博史・糟谷憲一編(2017)『世界歴史大系　朝鮮史2　近現代』山川出版社．

リヴィ-バッチ，マッシモ(2014)『人口の世界史』速水融・斎藤修訳，東洋経済新報社．

リード，アンソニー(2021)『世界史のなかの東南アジア——歴史を変える交差路』上・下，太田淳・長田紀之監訳，青山和佳・今村真央・蓮田隆志訳，名古屋大学出版会．

ロイ，ティルタンカル(2019)『インド経済史——古代から現代まで』水島司訳，名古屋大学出版会．

渡辺昭一(2014)「コモンウェルス体制の再編構想とアジア開発援助」渡辺昭一編著『コロンボ・プラン——戦後アジア国際秩序の形成』法政大学出版局，25-60．

渡辺昭一(2017)「1960年代の開発援助とインド援助コンソーシアム——開発から債務救済へ」渡辺昭一編著『冷戦変容期の国際開発援助とアジア——1960年代を問う』ミネルヴァ書房，79-112．

渡辺利夫(1996)『韓国経済入門』ちくま学芸文庫．

欧米語

Abinales, P. N. and Donna J. Amoroso (2017), *State and Society in the Philippines*, Second Edition, Lanham: Rowman & Littlefield.

Boomgaard, P. (2007), *Southeast Asia: An Environmental History*, Santa Barbara, California: ABC-Clio.

Brown, Ian (2013), *Burma's Economy in the Twentieth Century*, Cambridge: Cambridge University Press.

Dick, Howard (2002), "Formation of the nation-state, 1930s–1966," Howard Dick, Vincent J. H. Houben, J. Thomas Lindblad and Thee Kian Wie, *The Emergence of A National Economy: An Economic History of Indonesia, 1800–2000*, St Leonards: Allen & Unwin; Leiden: KITLV Press, 153–193.

Drabble, John H. (2000), *An Economic History of Malaysia, c. 1800–1990: The Transition to Modern Economic Growth*, London: Macmillan Press and New York: St. Martin's Press.

Dyson, T. (2018), *A Population History of India: From the First Modern People to the Present*

Day, Oxford: Oxford University Press.

Frieden, J. A. (2006), *Global Capitalism: Its Fall and Rise in the Twentieth Century*, New York: W.W. Norton & Company.

Henley, D. (2015), *Asia-Africa Development Divergence: A Question of Intent*, London: Zed Books.

Huff, W. G. (1994), *The Economic Growth of Singapore: Trade and Development in the Twentieth Century*, Cambridge: Cambridge University Press.

Ingram, James C. (1971), *Economic Change in Thailand 1850–1970*, Stanford: Stanford University Press.

Rothermund, Dietmar (2008), *India: The Rise of an Asian Giant*, New Haven: Yale University Press.

Subramanian, A. (2008), *India's Turn: Understanding the Economic Transformation*, New Delhi: Oxford University Press.

Thee Kian Wie (2002), "The Soeharto era and after: stability, development and crisis, 1966–2020," Howard Dick, Vincent J. H. Houben, J. Thomas Lindblad and Thee Kian Wie, *The Emergence of A National Economy: An Economic History of Indonesia, 1800–2000*, St Leonards: Allen & Unwin; Leiden: KITLV Press, 194–243.

Tomlinson, B. R. (1998), *The Economy of Modern India 1860–1970*, Cambridge University Press.

UN Comtrade (2024), UN Comtrade Dabase. https://comtradeplus.un.org/（最終アクセス：2024 年 7 月 27 日）

United Nations Department of Economic and Social Affairs, Population Division (2022a), *World Population Prospects 2022*. https://population.un.org/wpp/（最終アクセス：2024 年 2 月 7 日）

Van Zanden, Jan Luiten and Daan Marks (2012), *An Economic History of Indonesia, 1800–2010*, Abingdon and New York: Routledge.

第Ⅵ部〈23 章・24 章〉

日本語

青木まき(2020)「人の移動」川中豪・川村晃一編著『教養の東南アジア現代史』ミネルヴァ書房，283–302．

秋田茂(2019)「アジア太平洋の世紀」秋田茂責任編集『グローバル化の世界史』ミネルヴァ書房，329–356．

アジア開発銀行(2021)『アジア開発史——政策・市場・技術発展の 50 年を振り返る』澤田康幸監訳，勁草書房．

天野健作(2014)「メコン川の水資源をめぐる中国と米国」『水文・水資源学会誌』27(2), 77–

83.

天野健作(2015)「ブラフマプトラ川の水資源をめぐる中国とインド——対立と強調の考察」『アジア研究』61(2), 55–68.

李憲昶(イホンチャン)(2004)『韓国経済通史』須川英徳・六反田豊監訳, 法政大学出版局.

飯沼佐代子(2021)「アブラヤシ農園拡大に対するNGOの活動」林田秀樹編著『アブラヤシ農園問題の研究Ⅰ グローバル編——東南アジアにみる地球的課題を考える』晃洋書房, 177–181.

池田充裕(2021)「シンガポール——成績評価から, 人間性評価へと舵を切る教育改革」大塚豊監修『アジア教育情報シリーズ2 東南アジア編』一藝社, 61–76.

石井溥(2015)「近現代ネパールの政治と社会——マオイストの伸長と地域社会」南真木人・石井溥編『現代ネパールの政治と社会——民主化とマオイストの影響の拡大』明石書店, 13–52.

石川耕三(2023)「少子化する東南アジア」溝口由己編著『少子化するアジア——家族形成の困難を超えて』日本評論社, 85–110.

石上悦朗(2011a)「現代インド・南アジア経済をみる眼」石上悦朗・佐藤隆広編著『現代インド・南アジア経済論』ミネルヴァ書房, 1–15.

石上悦朗(2011b)「産業政策と産業発展」石上悦朗・佐藤隆広編著『現代インド・南アジア経済論』ミネルヴァ書房, 149–182.

板井啓明(2011)「ベンガル平野における天然由来のヒ素による大規模な地下水汚染の発生機構——フィールド・実験的研究の現状と今後の課題」『地球化学』45(2), 61–97.

市川誠(2021)「フィリピン——2010年代の教育改革の成果を待つ」大塚豊監修『アジア教育情報シリーズ2 東南アジア編』一藝社, 93–107.

一般財団法人日本植物油協会(2023)「植物油の道——植物油の生産から消費まで」https://www.oil.or.jp/kiso/seisan/seisan02_01.html (最終アクセス：2024年4月29日)

伊藤亜聖(2020)『デジタル化する新興国——先進国を超えるか, 監視社会の到来か』中公新書.

伊藤さなえ(2017)「ネパール・カトマンドゥ盆地におけるハムロ・空間の表出——廃棄物をめぐる実践の事例から」『南アジア研究』29, 6–31.

伊藤融(2015)「覇権なき地域大国としてのインド」長崎暢子・堀本武功・近藤則夫編『現代インド3 深化するデモクラシー』東京大学出版会, 283–306.

伊野憲治(2018)「ミャンマー——人間関係で動く政治のジレンマ」清水一史・田村慶子・横山豪志編著『東南アジア現代政治入門〔改訂版〕』209–228.

猪俣哲史(2019)『グローバル・バリューチェーン——新・南北問題へのまなざし』日本経済新聞出版社.

猪俣哲史(2023)『グローバル・バリューチェーンの地政学』日本経済新聞出版.

今田幸子(1996)「女子労働と就労継続」『日本労働研究雑誌』38(5), 37–48.

岩佐光弘(2019)「ラオス低地農村部における独居高齢者をめぐるケアの社会基盤」」速水洋子編『東南アジアにおけるケアの潜在力——生のつながりの実践』京都大学学術出版会,

237-262.

上田信(2009)『叢書中国的問題群9 大河失調──直面する環境リスク』岩波書店.

宇佐美好文(2014)「センサス期(1881～2011年)の人口変動」水島司・川島博之編『激動のインド2 環境と開発』日本経済評論社, 57-90.

宇佐美好文(2015)「序」押川文子・宇佐美好文編『激動のインド5 暮らしの変化と社会変動』日本経済評論社, v-xv.

宇佐美好文・岡本勝男(2015)「拡大する溶融空間」水島司・柳澤悠編『現代インド2 溶融する都市・農村』東京大学出版会, 127-154.

宇根義己(2006)「タイにおける日系自動車産業外延的拡大とその集積構造」『経済地理学年報』52(3), 113-137.

宇根義己(2021)「多様な自然環境とインドの都市・地域」佐藤隆広・上野正樹編著『図解インド経済大全──政治・社会・文化から進出実務まで』白桃書房, 49-58.

生方史数(2017)「「緑」と「茶色」のエコロジー的近代化論──資源産業における争点と変革プロセス」山本信人監修・井上真編著『東南アジア地域研究入門1 環境』慶應義塾大学出版会, 215-236.

生方史数(2021)「森に科学を導入する──科学的林業・森林管理とその現地化」生方史数編『森のつくられかた──移りゆく人間と自然のハイブリッド』共立出版, 96-118.

浦川邦夫・遠藤環(2018)「不平等化するアジア──貧困から格差へ」遠藤環・伊藤亜聖・大泉啓一郎・後藤健太編『現代アジア経済論──「アジアの世紀」を学ぶ』有斐閣, 229-253.

The Economist, July 6, 2024. (「中国の水問題, 深刻化は不可避」『日本経済新聞』2024年7月9日, 翻訳版).

江藤双恵(2019)「「女性に優しいコミュニティ福祉」は可能か──タイ国コンケン県バーンプー自治体の事例から」速水洋子編『東南アジアにおけるケアの潜在力──生のつながりの実践』京都大学学術出版会, 411-441.

絵所秀紀(2014)「独立後インド経済の転換点──供給制約型経済から需要牽引型経済へ」絵所秀紀・佐藤隆広編『激動のインド3 経済成長のダイナミズム』日本経済評論社, 59-130.

絵所秀紀(2019)「独立後インドの経済政策とマクロ経済パフォーマンス」長崎暢子編『世界歴史体系 南アジア史4 近代・現代』山川出版社, 259-289.

遠藤環・伊藤亜聖・大泉啓一郎・後藤健太編(2018)『現代アジア経済論──「アジアの世紀」を学ぶ』有斐閣.

遠藤環・大泉啓一郎(2018)「都市化するアジア──メガリージョン化する都市」遠藤環・伊東亜聖・大泉啓一郎・後藤健太編『現代アジア経済論──「アジアの世紀」を学ぶ』有斐閣, 161-182.

遠藤環・後藤健太(2018)「インフォーマル化するアジア──アジア経済のもう1つのダイナミズム」遠藤環・伊東亜聖・大泉啓一郎・後藤健太編『現代アジア経済論──「アジアの世紀」を学ぶ』有斐閣, 183-206.

王彦軍(2023)「中国の少子化事情及びその原因」溝口由己編著『少子化するアジア——家族形成の困難を超えて』日本評論社, 35-60.

大泉啓一郎(2011)『老いてゆくアジア——繁栄の構図が変わるとき』中公新書.

大泉啓一郎(2018)『新貿易立国論』文春新書.

大泉啓一郎(2023)「若年人口, 技術革新を左右も アジアの人口変動」『日本経済新聞』2023年7月26日.

大野真奈(2024)「2023年度の世界iPhone生産, 14%はインド組み立て」『ビジネス短信——ジェトロの海外ニュース』2024年4月16日.

大濱慶子(2023)「改革開放と女性[中国]」山口みどり・弓削尚子・後藤絵美・長志珠絵・石川照子編著『論点・ジェンダー史学』ミネルヴァ書房, 236-237.

岡部真由美(2019)「出家からみるケアの実践とその基盤——タイ北部国境地域におけるシャン人移民労働者に焦点をあてて」速水洋子編『東南アジアにおけるケアの潜在力——生のつながりの実践』京都大学学術出版会, 473-502.

岡本信広(2022)「新型都市化計画の進展と課題」『中国経済経営研究』6(1), 14-24.

岡本正明(2021)「「正しい」パーム油をめぐる対立の政治——健康, 環境, 持続可能性という論点から」林田秀樹編著『アブラヤシ農園問題の研究I グローバル編——東南アジアにみる地球的課題を考える』晃洋書房, 182-204.

長田満江(2011)「2010年のバングラデシュ——アワミ連盟, 安定政権への条件」『アジア動向年報2011』アジア経済研究所, 422-444.

押川文子(2012)「インド都市中間層における「主婦」と家事」落合恵美子・赤枝香奈子編『アジア女性と親密性の労働』京都大学学術出版会, 81-110.

押川文子(2016)「インドの教育制度——国民国家の教育制度とその変容」押川文子・南出和余『「学校化」に向かう南アジア——教育と社会変容』昭和堂, 3-57.

押川文子・南出和余編著(2016)『「学校化」に向かう南アジア 教育と社会変容』昭和堂.

小田尚也(2011a)「拡大する州間格差とインフラ整備」『アジ研ワールド・トレンド』187, 4-7.

小田尚也(2011b)「パキスタン経済」石上悦朗・佐藤隆広編著『現代インド・南アジア経済論』ミネルヴァ書房, 271-290

落合恵美子(2013a)「アジア近代における親密圏と公共圏の再編成——「圧縮された近代」と「家族主義」」落合恵美子編『親密圏と公共圏の再編成——アジア近代からの問い』京都大学学術出版会, 1-38.

落合恵美子(2013b)「東アジアの低出生率と家族主義——半圧縮近代としての日本」落合恵美子編『親密圏と公共圏の再編成——アジア近代からの問い』京都大学学術出版会, 67-97.

落合恵美子(2018)「経済成長と家族のはざまで生きる女性——シンガポールにおける高齢者福祉政策のジェンダー分析」『経済社会とジェンダー』3, 121-135.

落合恵美子・山根真理・宮坂靖子(2007)「アジアの家族とジェンダーを見る視点——理論と方法」落合恵美子・山根真理・宮坂靖子編『アジアの家族とジェンダー』勁草書房, 1-26.

参考文献(第Ⅵ部〈23章・24章〉)

柿崎一郎(2021b)『タイの基礎知識(第2刷)』めこん.
柿崎一郎(2023)『タイ鉄道の凋落と復権――1975〜2015年』日本経済評論社.
柿崎一郎(2024)『一冊でわかるタイ史(第3刷)』河出書房新社.
郭四志(2011)『中国エネルギー事情』岩波新書.
梶谷懐(2018)『中国経済講義――統計の信頼性から成長のゆくえまで』中公新書.
梶谷懐・高口康太(2019)『幸福な監視国家・中国』NHK出版新書.
金澤真実(2015)「2014年のバングラデシュ 総選挙後に行き詰まる野党に与党の独走」『アジア動向年報 2015』アジア経済研究所, 512–536.
加納啓良(2021)「パーム油の生産と貿易――統計からみた歴史的発展」林田秀樹編著『アブラヤシ農園問題の研究Ⅰ グローバル編――東南アジアにみる地球的課題を考える』晃洋書房, 3–15.
苅谷剛彦(1995)『大衆教育社会のゆくえ――学歴主義と平等神話の戦後史』中公新書.
苅谷剛彦(2009)『教育と平等――大衆教育社会はいかに生成したか』中公新書.
河合真之(2021)「インドネシアにおけるアブラヤシ農園企業による小農支援方式(PIR)の変遷」林田秀樹編著『アブラヤシ農園問題の研究Ⅱ ローカル編――農園開発と地域社会の構造変化を追う』晃洋書房, 23–46.
川上桃子(2011)「東アジアの生産分業と企業間リンケージ」和田春樹ほか編集委員『岩波講座東アジア近現代通史10 和解と協力の未来へ 1990年以降』岩波書店, 201–216.
川中豪(2020)「民主主義と権威主義」川中豪・川村晃一編著『教養の東南アジア現代史』ミネルヴァ書房, 89–108.
木曽恵子(2019)「ケアの担い手の複数性とスマートフォンによる親子関係の補完――少子化時代の東北タイ農村における子育て」速水洋子編著『東南アジアにおけるケアの潜在力――生のつながりの実践』京都大学学術出版会, 351–377.
木曽順子(2018)「経済と労働」粟屋利江・井上貴子編『インド ジェンダー研究ハンドブック』東京外国語大学出版会, 49–66.
金埈永(キムジュニョン)(2023)「韓国における家族再生産の危機と少子化」溝口由己編著『少子化するアジア――家族形成の困難を超えて』日本評論社, 61–83.
金富子(キムブジャ)(2005)『植民地期朝鮮の教育とジェンダー――就学・不就学をめぐる権力関係』世織書房.
金明中(キムミョンジュン)(2022)「韓国における所得格差の現状と分配政策――新しい尹政権の「選択的福祉」政策は所得格差を解消できるだろうか」『基礎研レポート』2022年7月6日, ニッセイ基礎研究所. https://www.nli-research.co.jp/report/detail/id=71675?site=nli (最終アクセス:2024年7月9日)
木村福成(2019)「バンコク―ホーチミン――生産ネットワークへの参加, 産業集積の形成, イノベーション・ハブの構築(20世紀末〜21世紀初頭)」古田和子編『都市から学ぶアジア経済史』慶應義塾大学出版会, 413–440.
木村福成・安藤光代(2016)「多国籍企業の生産ネットワーク――新しい形の国際分業の諸相と実態」木村福成・椋寛編『国際経済学のフロンティア――グローバリゼーションの拡大

と対外経済政策』東京大学出版会，291-331．

木村福成・西脇修編著(2022)『国際通商秩序の地殻変動――米中対立・WTO・地域統合と日本』勁草書房．

木脇奈智子(2007)「シンガポールの子育てと子育て支援」落合恵美子・山根真理・宮坂靖子編『アジアの家族とジェンダー』勁草書房，230-244．

日下渉(2018)「〈フィリピン〉国家を盗った「義賊」――ドゥテルテの道徳政治」外山文子・日下渉・伊賀司・見市建編著『21世紀東南アジアの強権政治――「ストロングマン」時代の到来』明石書店，109-147．

工藤年博(2021)「ポスト軍政のミャンマー――「民主化」，経済成長，クーデター」北岡伸一編『西太平洋連合のすすめ――日本の新しい「地政学」』東洋経済新報社．

熊倉潤(2022)『新疆ウイグル自治区――中国共産党支配の70年』中公新書．

倉沢愛子(2013)「序」倉沢愛子編著『消費するインドネシア』慶應義塾大学出版会，1-13．

倉田徹(2023)「香港の「中国式現代化」は可能か？」『アステイオン』98, 74-86．

栗田匡相・森悠子・和田一哉(2015)「生活インフラの普及」押川文子・宇佐美好文編『激動のインド5 暮らしの変化と社会変動』日本経済評論社，145-168．

黒崎卓(2013)「インド・デリー市におけるサイクルリキシャ業――都市インフォーマルセクターと農村からの労働移動」『経済研究』64(1), 62-75．

黒崎卓(2016)「パキスタンの教育制度の特徴と課題」押川文子・南出和余『「学校化」に向かう南アジア――教育と社会変容』昭和堂，58-94．

黒崎卓・山崎幸治(2011)「経済成長と貧困問題」石上悦朗・佐藤隆広編著『現代インド・南アジア経済論』ミネルヴァ書房，19-47．

鍬塚賢太郎(2015)「ICTサービス産業の大都市集積と地理的な分散」岡橋秀典・友澤和夫編『現代インド4 台頭する新経済空間』東京大学出版会，201-222．

小嶋常喜(2020)「インド・デリーの大気汚染――その現状と対策」豊田知世・濱田泰弘・福原裕二・吉村慎太郎編著『現代アジアと環境問題――多様性とダイナミズム』花伝社，201-226．

小島眞(2021)「2010年代のインド経済――攻めあぐむ経済改革の本丸」堀本武功・村山真弓・三輪博樹編『これからのインド――変貌する現代世界とモディ政権』東京大学出版会，37-66．

小島道一(2017)「インドにおける都市ごみ処理」佐藤創・太田仁志編『インドの公共サービス』アジア経済研究所，137-162．

後藤健太(2019)『アジア経済とは何か――躍進のダイナミズムと日本の活路』中公新書．

後藤康浩(2018)『アジア都市の成長戦略――「国の経済発展」の概念を変えるダイナミズム』慶應義塾大学出版会．

小堀聡(2017)「エネルギーと経済成長」中西聡編『経済社会の歴史――生活からの経済史入門』名古屋大学出版会，89-111．

ゴールディン，クラウディア(2023)『なぜ男女の賃金に格差があるのか――女性の生き方の経済学』鹿田昌美訳，慶應義塾大学出版会．

参考文献（第VI部〈23章・24章〉）

近藤高史(2020)「重層的に絡み合うパキスタンの環境問題の全体像」豊田知世・濱田泰弘・福原裕二・吉村慎太郎編著『現代アジアと環境問題——多様性とダイナミズム』花伝社，229–251．

近藤則夫(2015)「政治経済論——補助金と貧困緩和のポリティカル・エコノミー」長崎暢子・堀本武功・近藤則夫編『現代インド3 深化するデモクラシー』東京大学出版会，159–182．

近藤則夫(2019)「独立後のインドの政治」長崎暢子編『世界歴史大系 南アジア4 近代・現代』山川出版社，210–246．

近藤則夫(2021a)「独立後の政治——大統領独裁と民主主義」荒井悦代・今泉慎也編著『モルディブを知るための35章』明石書店，140–145．

近藤則夫(2021b)「ナシード大統領と民主化の挫折——民主主義定着の苦悩」荒井悦代・今泉慎也編著『モルディブを知るための35章』明石書店，146–150．

近藤則夫(2021c)「ヤーミーン大統領独裁と民主主義の復活——改革のゆくえ」荒井悦代・今泉慎也編著『モルディブを知るための35章』明石書店，151–155．

近藤正規(2023)『インド——グローバル・サウスの超大国』中公新書．

佐伯孝志(2020)「水事情」日本ネパール協会編『現代ネパールを知るための60章』明石書店，53–157．

笹岡正俊(2021)「現場から考える「熱帯林ガバナンス」のあり方——周縁化された「草の根のアクター」の視点から」笹岡正俊・藤原敬大編『誰のための熱帯林保全か——現場から考えるこれからの「熱帯林ガバナンス」』新泉社，12–30．

笹川秀夫(2018)「カンボジア——内戦の傷痕，復興の明暗」清水一史・田村慶子・横山豪志編著『東南アジア現代政治入門〔改訂版〕』185–208．

佐藤隆広(2023)「国際価値連鎖(GVC)と地政学的リスク」佐藤隆広編著『経済大国インドの機会と挑戦——グローバル・バリューチェーンと自立を志向するインドの産業発展』白桃書房，3–38．

JETRO(2018)「東部経済回廊(EEC)政策について」https://www.jetro.go.jp/world/asia/th/eec.html（最終アクセス：2024年4月24日）

自治体国際化協会(2021)「シンガポールの政策——ジェンダー政策編」http://www.clair.org.sg/j/wp-content/uploads/2021/10/f9a88172c926a5945caf368ef1a83bf1.pdf（最終アクセス：2024年4月28日）

下門直人(2021)「eコマース(EC)」佐藤隆広・上野正樹編著『図解インド経済大全——政治・社会・文化から進出実務まで』白桃書房，216–219．

末廣昭(2014)『新興アジア経済論——キャッチアップを超えて』岩波書店．

末廣昭(2000)『キャッチアップ型工業化論——アジア経済の奇跡と展望』名古屋大学出版会．

末廣昭・大泉啓一郎編著(2017)『東アジアの社会大変動——人口センサスが語る世界』名古屋大学出版会．

杉原薫(2020)『世界史のなかの東アジアの奇跡』名古屋大学出版会．

杉山伸也(2019)「「平成」経済史三〇年——日本型経済システムの崩壊」『日本歴史』853,

30–51.

鈴木真弥(2018)『現代インドのカーストと不可触民——都市下層民のエスノグラフィー』慶應義塾大学出版会.

鈴木真弥(2020)「南アジア系移民の世界——植民地の年季契約労働から,出稼ぎ,高度技能人材まで」石坂晋哉・宇根義己・舟橋健太編『ようこそ南アジア世界へ』昭和堂,259–262.

須田敏彦(2023)「女性の海外出稼ぎ労働[南アジア]」山口みどり・弓削尚子・後藤絵美・長志珠絵・石川照子編著『論点・ジェンダー史学』ミネルヴァ書房,241.

世界銀行(1994)『東アジアの奇跡——経済成長と政府の役割』白鳥正喜監訳,海外経済協力基金開発問題研究会訳,東洋経済新報社.

曽根康雄(2022)「中港経済関係の構造変化」倉田徹・小栗宏太編著『香港と「中国化」——受容・摩擦・抵抗の構造』明石書店,50–74.

園田茂人(2022)「学歴社会の誕生」園田茂人編『はじめて出会う中国〔改訂版〕』有斐閣,87–102.

園田茂人・新保敦子(2010)『叢書中国的問題群8 教育は不平等を克服できるか』岩波書店.

高口康太(2021)『中国「コロナ封じ」の虚実——デジタル監視は14億人を統制できるか』中公新書クラレ.

高安雄一(2017)「非正規雇用労働者の動向と労働条件」安倍誠編『低成長時代を迎えた韓国』アジア経済研究所,135–164.

田川夢乃(2023)「「親しみやすさ」の複数性——コールセンターとKTVの労働世界」原民樹・西尾善太・白石奈津子・日下渉編著『現代フィリピンの地殻変動——新自由主義の深化・政治制度の近代化・親密性の歪み』花伝社.

竹原美佳(2021)「中国のエネルギー政策における「緩和」と「適応」」『石油・天然ガスレビュー』55(5),1–38.

多田博一(1996)「インド②——小規模灌漑の発達」堀井健三・篠田隆・多田博一編『アジアの灌漑制度——水利用の効率化に向けて』新評論,331–356.

田中耕司(2021)「ココヤシとアブラヤシ——東南アジアにおけるパーム油生産の拡大」林田秀樹編著『アブラヤシ農園問題の研究 I グローバル編——東南アジアにみる地球的課題を考える』晃洋書房,16–33.

谷口真人・吉越昭久・金子慎治編著(2011)『アジアの都市と水環境』古今書院.

田村慶子(2019)「「家族主義型福祉レジーム」の課題と行方」速水洋子編『東南アジアにおけるケアの潜在力——生のつながりの実践』京都大学学術出版会,65–93.

チャン・ティ・ミン・ティー(2019)「現代ベトナムにおける家族の居住形態と世代間ケア」加納遥香・瀬戸徐映里奈訳,速水洋子編著『東南アジアにおけるケアの潜在力——生のつながりの実践』京都大学学術出版会,203–235.

坪内良博・前田成文(1977)『核家族再考』弘文堂.

鄭安君(2020)「台湾における外国人介護労働者の失踪問題——制度的弱者のジレンマと「総弱者化」の進行」『移民政策研究』12,148–164.

参考文献(第VI部〈23章・24章〉)

外川昌彦(2020)「バングラデシュの環境問題——グローバルな課題への挑戦」豊田知世・濱田泰弘・福原裕二・吉村慎太郎編著『現代アジアと環境問題——多様性とダイナミズム』花伝社, 186–201.

内閣府(2023)「世界経済の潮流 2023年 I ——アメリカの回復・インドの発展」内閣府.

中井仙丈(2014)「変わりゆく大学——大衆化, 法人化, 国際化」綾部真雄編著『タイを知るための72章〔第2版〕』明石書店, 140–144.

中里成章(1998)「英領インドの形成」佐藤正哲・中里成章・水島司『世界の歴史14 ムガル帝国から英領インドへ』中央公論社, 205–413.

永瀬伸子(2021)「変わる女性のライフコース」永瀬伸子・寺村絵里子編著『少子化と女性のライフコース』原書房, 1–19.

永瀬伸子・寺村絵里子編著(2021)『少子化と女性のライフコース』原書房.

中谷純江(2018)「環境」粟屋利江・井上貴子編『インド ジェンダー研究ハンドブック』東京外国語大学出版会, 85–100.

中西嘉宏(2022)『ミャンマー現代史』岩波新書.

西村友作(2019)『キャッシュレス国家——「中国新経済」の光と影』文春新書.

日本経済新聞社編(2023)『「低学歴国」ニッポン』日本経済新聞出版.

子島進・山根聡・黒崎卓(2019)「現代パキスタンの政治・経済・社会」長崎暢子編『世界歴史体系 南アジア史4 近代・現代』山川出版社, 350–380.

橋本泰子, クア・ウォンブンシン(2007)「バンコクにおける女性のライフコースの変化と主婦化をめぐって」落合恵美子・山根真理・宮坂靖子編『アジアの家族とジェンダー』勁草書房, 187–206.

服部美奈(2021)「インドネシア——高まる教育熱とグローバル世界を生きる人格形成の中核としての「信仰」」大塚豊監修『アジア教育情報シリーズ2 東南アジア編』一藝社, 13–28.

林田秀樹(2021a)「アブラヤシ農園はなぜ拡大してきたか——否定的要素を超えた拡大の論理」林田秀樹編著『アブラヤシ農園問題の研究 I グローバル編——東南アジアにみる地球的課題を考える』晃洋書房, 34–59.

林田秀樹(2021b)「インドネシア, マレーシアからのパーム油輸出について——仕向地, 精製形態の変化にみるグローバル性」林田秀樹編著『アブラヤシ農園問題の研究 I グローバル編——東南アジアにみる地球的課題を考える』晃洋書房, 65–91.

速水洋子(2019a)「東南アジアにおけるケアの潜在力——生のつながりの実践」速水洋子編『東南アジアにおけるケアの潜在力——生のつながりの実践』京都大学学術出版会, 1–27.

速水洋子(2019b)「ケアから見なおす共生の形——山地カレン村落における高齢者の棲み方」速水洋子編『東南アジアにおけるケアの潜在力——生のつながりの実践』京都大学学術出版会, 263–289.

原田一宏(2017)「認証制度を通した市場メカニズム」山本信人監修・井上真編『東南アジア地域研究入門1 環境』慶應義塾大学出版会, 271–290.

春木育美(2020)『韓国社会の現在——超少子化, 貧困・孤立化, デジタル化』中公新書.

久島玲子(2023)「タイの経済成長を牽引する東部臨海地域の開発」『JICA Magazine』2023年8月号．https://jicamagazine.jica.go.jp/article/?id=202308_4f（最終アクセス：2024年4月7日）

久末亮一(2021)『転換期のシンガポール──「リー・クアンユー・モデル」から「未来の都市国家」へ』アジア経済研究所．

百村帝彦(2017)「森林保全のための国際メカニズム──REDDプラスによる新たな動き」山本信人監修・井上真編『東南アジア地域研究入門1 環境』慶應義塾大学出版会，255-270．

百本和弘(2022)「韓国の雇用問題，文在寅政権での改善は限定的」『地域・分析レポート』2022年4月28日，日本貿易振興機構．https://www.jetro.go.jp/biz/areareports/2022/2db0bb4e320ae9a8.html（最終アクセス：2024年7月9日）

平島成望(2003)「経済開発の推移と課題　4-3 農業セクターの役割」『パキスタン 国別援助研究会報告書──持続的社会の構築と発展に向けて』国際協力機構(JICA)国際協力総合研修所，193-212．

広瀬崇子(2002)「南アジアにおける民主化と民主主義の運営」堀本武功・広瀬崇子編『現代南アジア3　民主主義へのとりくみ』東京大学出版会，73-97．

深澤光樹(2019)「「一帯一路」構想と南アジア」平川均・町田一兵・真家陽一・石川幸一編著『一帯一路の政治経済学──中国は新たなフロンティアを創出するか』文眞堂，143-169．

深澤光樹(2023)「南アジア諸国と中国の政治経済関係──近年の動向を中心として」佐藤隆広編著『経済大国インドの機会と挑戦──グローバル・バリューチェーンと自立を志向するインドの産業発展』白桃書房．

藤田幸一(2011)「バングラデシュ経済」石上悦朗・佐藤隆広編著『現代インド・南アジア経済論』ミネルヴァ書房，315-338．

フロリダ，リチャード(2009)『クリエイティブ都市論──創造性は居心地のよい場所を求める』井口典夫訳，ダイヤモンド社．

細田尚美(2019)「フィリピン・東ビサヤ地方における「家族」介護──移民送出地域でみられる高齢者ケアの実践から」速水洋子編『東南アジアにおけるケアの潜在力──生のつながりの実践』京都大学学術出版会，315-350．

ボールドウィン，リチャード(2018)『世界経済 大いなる収斂──ITがもたらす新次元のグローバリゼーション』遠藤真美訳，日本経済新聞出版社．

松岡亮二(2019)『教育格差──階層・地域・学歴』ちくま新書．

町北朋洋(2018)「移動するアジア──相互依存関係の深まりと加速するヒトの流れ」遠藤環・伊東亜聖・大泉啓一郎・後藤健太編『現代アジア経済論──「アジアの世紀」を学ぶ』有斐閣，119-138．

真鍋和也(2018)「都市別の名目GRP予測──北京など中国の4都市がトップ10入り」公益社団法人日本経済研究センター編『アジア，浮かぶ都市，沈む都市』公益社団法人日本経済研究センター，41-56．

マニ，スニル(2011)「情報通信産業」上池あつ子訳，石上悦朗・佐藤隆広編著『現代インド・南アジア経済論』ミネルヴァ書房，183-201．

丸川知雄(2019)「イノベーションの首都 深圳——20世紀末〜21世紀初頭」古田和子編著『都市から学ぶアジア経済史』慶應義塾大学出版会，397-411．

丸川知雄(2021)『現代中国経済 新版』有斐閣．

三浦有史(2022)「習近平政権が掲げる「共同富裕」の実像」『RIM 環太平洋ビジネス情報』22(84), 1-39．

水島司(2013)「流動する都市と農村」水島司編『激動のインド1 変動のゆくえ』日本経済評論社，27-56．

水島司(2015)「溶融する都市・農村への視角」水島司・柳澤悠編『現代インド2 溶融する都市・農村』東京大学出版会，3-21．

溝口由己(2023)「日中韓の少子化要因と家族形成の困難」溝口由己編著『少子化するアジア——家族形成の困難を超えて』日本評論社，1-34．

道田悦代(2021)「森林と住民生活をどう守るか？——パーム油スタンダードの影響と課題」林田秀樹編著『アブラヤシ農園問題の研究Ⅰ グローバル編——東南アジアにみる地球的課題を考える』晃洋書房，162-176．

南亮進・牧野文夫・羅歓鎮(2008)『中国の教育と経済発展』東洋経済新報社．

三船恵美(2016)『中国外交戦略——その根底にあるもの』講談社．

三好友良(2019)「タイにおける変わりゆく家族の形と高齢者ケア——中所得国における高齢化と家族介護に着目して」『社会福祉学』60(2), 110-123．

村田翼夫(2007)『タイにおける教育発展——国民統合・文化・教育協力』東信堂．

村山真弓(2014)「2013年のバングラデシュ——妥協なきまま第10次国民議会選挙強行へ」『アジア動向年報 2014』アジア経済研究所，483-510．

村山真弓(2017)「インドにおける大学生の就職問題」『アジ研ワールド・トレンド』258, 16-19．

文部科学省(2024)「文部科学省統計要覧(令和6年版)」，https://www.mext.go.jp/content/20240531-mxt_chousa01-000036236-22.pdf (最終アクセス：2024年12月25日)

ヤーギン，ダニエル(2022)『新しい世界の資源地図——エネルギー・気候変動・国家の衝突』黒輪篤嗣訳，東洋経済新報社．

安田峰俊(2021)『現代中国の秘密結社——マフィア，政党，カルトの興亡史』中公新書クラレ．

柳澤悠(2002)「ナルマダー開発における立ち退き民と反対運動」柳澤悠編『現代南アジア4 開発と環境』東京大学出版会，259-262．

柳澤悠(2014)『現代インド経済——発展の淵源・軌跡・展望』名古屋大学出版会．

柳澤悠(2015)「引き続く課題——格差社会の構造」水島司・柳澤悠編『現代インド2 溶融する都市・農村』東京大学出版会，305-329．

山田紀彦(2018)『ラオスの基礎知識』めこん．

山根聡(2015)「対テロ戦争期パキスタンの政治・社会における内的変化」『アジア研究』61

(3), 1–17.

山本博史編著(2019)『アジアにおける民主主義と経済発展』文眞堂.

横尾明彦(2018)「都市別の人口予測――デリー，ムンバイなどインド都市が躍進」公益社団法人日本経済研究センター編『アジア，浮かぶ都市，沈む都市』公益社団法人日本経済研究センター，27–39.

林宏文(2024a)「最強半導体企業 tsmc のヒミツを追う」『Newsweek 日本版』2024 年 3 月 19 日，18–27.

林宏文(2024b)『TSMC――世界を動かすヒミツ』野嶋剛監修，牧高光里訳，CCC メディアハウス.

渡辺一生(2021)「インドネシア泥炭地におけるアブラヤシ農園等の開発と大規模火災の時空間的変容」林田秀樹編著『アブラヤシ農園問題の研究 I　グローバル編――東南アジアにみる地球的課題を考える』晃洋書房，145–161.

渡邉雄一(2017)「高齢化と所得格差・貧困・再分配」安倍誠編『低成長時代を迎えた韓国』アジア経済研究所，109–134.

和田一哉(2015)「生きる――人口動態をめぐる変化」押川文子・宇佐美好文編『激動のインド 5　暮らしの変化と社会変動』日本経済評論社，3–30.

欧米語

ADB, UIBE, WTO, IDE-JETRO, CDRF (2021), *Global Value Chain Development Report 2021: Beyond Production*, November 2021.

ADB, UIBE, WTO, IDE-JETRO, CDRF (2023), *Global Value Chain Development Report 2023: Resilient and Sustainable Gvcs in Turbulent Times*, November 2023.

BBC News, Delhi (2023), "India to have more people than China by mid-2023, UN says," 19 April 2023. https://www.bbc.com/news/world-asia-india-65320690 (最終アクセス：2024 年 6 月 5 日)

BBS (Bangladesh Bureau of Statistics) (2023), Household Income and Expenditure Survey HIES 2022, Dhaka: BBS, Ministry of Planning.

Budhathoki, Chitra Bahadur (2019), "Water Supply, Sanitation and Hygiene Situation in Nepal: A Review", *Journal of Health Promotion*, 7, 65–76.

Curtis, Philip G., Christy M. Slay, Nancy L. Harris, Alexandra Tyukavina and Matthew C. Hansen (2018) "Classifying drivers of global forest loss," *Science*, 361 (6407), 1108–1111.

Department of Statistics Singapore (2024), Labour, Employment, Wages and Productivity. https://www.singstat.gov.sg/find-data/search-by-theme/economy/labour-employment-wages-and-productivity/latest-data (最終アクセス：2024 年 4 月 28 日)

Dyson, T. (2018), *A Population History of India: From the First Modern People to the Present Day*, Oxford: Oxford University Press.

Economist Intelligence Unit (EIU) (2023), *Democracy Index 2022: Frontline Democracy and the Battle for Ukraine*. London: EIU.

Economist Intelligence Unit (EIU) (2024), *Democracy Index 2023: Age of Conflict.* London: EIU.

Government of Bangladesh (2015), Poverty and Inequality in Bangladesh: Journey Towards Progress (2014–2015), Dhaka: Ministry of Finance, Government of the People's Republic of Bangladesh.

The International Institute for Strategic Studies (2023), *The Military Balance 2023,* Routledge.

International Labour Organization (ILO) (2017). *Fact Sheet: Child Labour in India -An Overview of the Situation in India regarding Working Children in India,* International Labour Organization. https://www.ilo.org/wcmsp5/groups/public/---asia/---ro-bangkok/---sro-new_delhi/documents/publication/wcms_557089.pdf#:~:text=As%20per%20Census%202011%2C%20the%20total%20child%20population,million%20children%20in%20India%20are%20out%20of%20school (最終アクセス：2024 年 5 月 23 日)

IMF (2023a), World Economic Outlook, Navigating Global Divergences, October 2023. https://www.imf.org/en/Publications/WEO/Issues/2023/10/10/world-economic-outlook-october-2023 (最終アクセス：2024 年 2 月 22 日)

IMF (2023b), World Economic Outlook Database, October 2023. https://www.imf.org/en/Publications/WEO/weo-database/2023/October (最終アクセス：2024 年 2 月 22 日)

IQAir (2022), *2121 World Air Quality Report: Region and City PM2.5 Ranking,* 1–42.

James, K. S. (2008), "Glorifying Malthus: Current Debate on 'Demographic Dividend' in India," *Economic & Political Weekly,* June 21, 63–69.

James, K. S. (2011), "India's Demographic Change: Opportunities and Challenges," *Science,* 333 (6042), 576–580.

James, K. S. and Annie George (2016), "The Contemporary Fertility Transition in India," *International Journal of South Asian Studies,* 8, 131–146.

JMP (WHO/UNICEF Joint Monitoring Programme) (2021), *Progress on Household Drinking Water, Sanitation and Hygiene 2000–2020: Five Years into the SDGs,* New York: WHO and Unicef.

Kulkarni, B. A. (1963), *Census of India 1961,* Volume X Maharashtra, Part II-A General Population Tables, Bombay: Government Central Press.

Maskey, Gyanu, Chandra Lal Pandey and Monika Giri (2023), "Water Scarcity and Excess: Water Insecurity in Cities of Nepal", *Water Supply,* 23 (4), 1544–1556.

McDonald, Peter (2000), "Gender Equity, Social Institutions and the Future of Fertility," *Journal of Population Research,* 17, 1–16.

Ministry of Social and Family Development (2022), "Ageing Families in Singapore, 2010–2020." https://www.msf.gov.sg/docs/default-source/research-data/ageing_families_in_singapore_2010–2020.pdf (最終アクセス：2024 年 4 月 29 日)

National Statistical Office [of Thailand] (2024), Labor branch. http://statbbi.nso.go.th/staticreport/page/sector/en/02.aspx (最終アクセス：2024 年 4 月 28 日)

OECD (2021), Education at a Glance 2021: OECD Indicators, Paris: OECD Publishing.

https://doi.org/10.1787/b35a14e5-en（最終アクセス：2024 年 5 月 16 日）

OECD (2023), Education at a Glance 2023: OECD Indicators, Paris: OECD Publishing. https://doi.org/10.1787/e13bef63-en（最終アクセス：2024 年 5 月 16 日）

TomTom Traffic Index (2023), Ranking 2023. https://www.tomtom.com/traffic-index/ranking/（最終アクセス：2024 年 4 月 25 日）

United Nations Department of Economic and Social Affairs, Population Division (2018), *World Urbanisation Prospects 2018*. https://population.un.org/wup/（最終アクセス：2024 年 4 月 29 日）

UN Habitat (2021), Population living in slums. https://data.worldbank.org/indicator/EN.POP.SLUM.UR.ZS?end=2020&start=2020&view=bar（最終アクセス：2024 年 4 月 29 日）

United Nations Department of Economic and Social Affairs, Population Division (2022a), *World Population Prospects 2022*. https://population.un.org/wpp/（最終アクセス：2024 年 6 月 20 日）

United Nations Department of Economic and Social Affairs, Population Division (2022b), *World Population Prospects 2022: Summary of Results*. https://www.un.org/development/desa/pd/content/World-Population-Prospects-2022（最終アクセス：2024 年 1 月 29 日）

WHO (2023), The Global Health Observatory, Population using at least basic sanitation services (%). https://www.who.int/data/gho/data/themes/topics/indicator-groups/indicator-group-details/GHO/population-using-safely-managed-sanitation-services（最終アクセス：2024 年 4 月 25 日）

WHO/UNICEF (2024), WHO/UNICEF Joint Monitoring Programme for Water Supply, Sanitation and Hygiene (JMP) with major processing by Our World in Data. https://ourworldindata.org/grapher/urban-vs-rural-safely-managed-drinking-water-source?tab=table（最終アクセス：2024 年 4 月 25 日）

World Bank (2023), The World Bank, Data, Access to electricity, rural. https://data.worldbank.org/indicator/EG.ELC.ACCS.RU.ZS（最終アクセス：2024 年 4 月 25 日）

World Bank (2024), Prosperity Data 360, Gini index (World Bank estimate). https://prosperitydata360.worldbank.org/en/indicator/WB+PIP+gini（最終アクセス：2024 年 4 月 29 日）

WWF (2021), *Deforestation Fronts: Drivers and Responses in a Changing World*. https://www.worldwildlife.org/publications/deforestation-fronts-drivers-and-responses-in-a-changing-world-full-report（最終アクセス：2024 年 4 月 26 日）

終　章

梶谷懐(2024)「懸念高まる中国経済(上)」『日本経済新聞』2024 年 5 月 17 日．
木村福成・安藤光代(2016)「多国籍企業の生産ネットワーク――新しい形の国際分業の諸相

参考文献(終　章)

と実態」木村福成・椋寛編『国際経済学のフロンティア――グローバリゼーションの拡大と対外経済政策』東京大学出版会。

杉原薫(2020)『世界史のなかの東アジアの奇跡』名古屋大学出版社.

リード，ジョン(2023) *Financial Times.*「中国人，インドビザ取得難しく」『日本経済新聞』2023年7月7日，翻訳版)

藤田昌久，ジャック・F・ティス(2017)『集積の経済学――都市，産業立地，グローバル化』東洋経済新報社.

農林水産省(2024)「令和5年地球温暖化影響調査レポート」https://www.maff.go.jp/j/seisan/kankyo/ondanka/index.html(最終アクセス：2024年10月20日)

IEA (2023), *Energy Technology Perspectives 2023*. https://www.iea.org/reports/energy-technology-perspectives-2023 (最終アクセス：2024年10月16日)

Groningen Growth and Development Centre (2024), Maddison Project Database 2023. https://www.rug.nl/ggdc/historicaldevelopment/maddison/releases/maddison-project-database-2023?lang=en (最終アクセス：2024年12月14日)

図表一覧

上巻

- 図 1-1　アジア　16-17
- 図 1-2　アジアの気候　22
- 図 1-3　アジア主要都市の月別平均気温と降水量　23
- 図 1-4　北半球の気温偏差　24
- 図 1-5　アフロ・ユーラシア大陸の遊牧・農業地域および農牧境界地帯　27
- 図 1-6　インドの主要な農作物　28
- 図 1-7　ゾミア　30
- 図 2-1　中国人口の趨勢　38
- 表 2-1　1600-1800 年のユーラシア各地域の人口推計と増加率(年平均)　51
- 表 2-2　インドにおける人口の地域別推計　55
- 表 2-3　1800-2000 年の東南アジアにおける人口増加率(年平均)　58
- 図 5-1　1600 年前後のアジア　113
- 図 5-2　大明宝鈔(大明通行宝鈔)　121
- 図 5-3　『倭寇図巻』に描かれた明軍と倭寇の戦い　126
- 図 7-1　「一田両主」の概念図　168
- 表 7-1　17-19 世紀の日本の人口と生産力　175
- 図 7-2　17 世紀インドの主要交易ルート　191
- 図 8-1　広州のファクトリー　206
- 図 9-1　清朝の領域(1820 年頃)　218
- 図 10-1　清代の銀錠(馬蹄銀)　242
- 図 10-2　17-19 世紀における日本の経済循環の構造　245
- 図 11-1　19 世紀後半-20 世紀初頭の東アジア　276
- 図 11-2　20 世紀初頭の東南・南アジア　283
- 図 11-3　イギリス東インド会社の本国送金の概略図(1814-1831 年)　288
- 図 11-4　インドからの輸出商品の構成(輸出額の割合)　290
- 図 11-5　多角的貿易決済構造(1910 年)　292
- 図 11-6　アジアの多角的貿易決済構造(1910 年)　292
- 図 12-1　アヘン貿易と銀の流出　298
- 図 12-2　パトナの生アヘン製造工場の乾燥室　299
- 図 12-3　アジア間貿易の主要環節(1883, 1898, 1913 年)　302
- 図 12-4　シャムの稲作風景(田起こし)　307
- 図 12-5　世界の米貿易(1909-1913 年平均, 1926-1930 年平均)　308

図表一覧

下巻

表13-1　1850年における英領インドの主たる税収科目　　23
図14-1　黄河の流路変更と環境の悪化　　30
表14-1　日本の綿紡績業の発達　　38
表14-2　ジャワ・マドゥラの主要品目の輸出額と構成比の推移(1823–1873年)　　41
表14-3　蘭印の主要品目の輸出額と構成比の推移(1874–1940年)　　42-43
図14-2　マラヤの輸出(1900–1939年)　　45
表14-4　フィリピンの主要輸出品の構成比(1858–1940年)　　47
図14-3　シンガポールの東南アジアへの輸出品構成(1834–1913年)　　50
表14-5　インドの実質国民所得の成長率と人口増加率　　55
表14-6　インドの輸出と輸入，およびインド・イギリス間の貿易　　57
表15-1　主要国の金本位制・再建金本位制の採用年・離脱年　　63
表15-2　アジア諸地域の貿易に占めるアメリカの比率　　70
図15-1　マラヤのゴム園　　71
図15-2　戦間期のアジア域内貿易とアジア・アメリカ間の貿易の概念図　　72
図15-3　先施公司の香水ビンと大阪製造業者の商標偽造　　97
図16-1　日本における砂糖・米の需給量(1900–1934年)　　106
図16-2　帝国日本における肥料の生産・消費・貿易(1938年)　　107
表16-1　1935年の内地の貿易構造　　108
表16-2　内地・台湾・朝鮮の主要経済指標　　109
表16-3　台湾・朝鮮における米増産策の結果(1920–1935年)　　113
表16-4　朝鮮の工業生産額・業種別(1918–1940年)　　122
表16-5　朝鮮における民族別工業生産額の変化(1926/1939年)　　122
表17-1　インドにおける工業製品の国産化率の変化　　141
表18-1　日本軍政期のジャワにおける主要穀物生産高(1937–1945年)　　157
表18-2　ビルマおよびタイの米生産(1937–1948年)　　158
表19-1　インドネシアの食糧・輸出産品の生産水準(1937–1952年)　　179
図19-1　分離独立後のインドとパキスタンおよびカシュミール藩王国とハイダラーバード藩王国の領域(1947年)　　182
図20-1　21世紀初頭のアジア　　194-195
図20-2　東南アジア各国(ブルネイを除く)の一人あたり実質GDPの推移(1950–1980年)　　210
表20-1　フィリピンの商品別輸出の推移(1965–2000年)　　210
表20-2　マレーシアにおけるGDPの構成比(1960–1990年)　　213
表20-3　インドネシアの輸出構造の変化(1962–2006年)　　216
表20-4　インドの各五カ年計画における成長目標・実績および諸指標　　220
表20-5　実質GDP成長率のアジア内比較　　222

表 21-1	インドの人口諸指標(1921-1971 年)	229
図 21-1	中国の人口と人口増加率(1950-2021 年)	232
表 21-2	中国における主な農産物の単位面積あたり収量の推移	233
表 21-3	シンガポールの実質 GDP と産業別構成比の推移(1960-2020 年)	240
表 21-4	タイの輸出構造の変化(1970-2018 年)	243
図 22-1	東アジア・東南アジア諸国の為替レート推移	270
図 22-2	東アジア・東南アジア主要国の株価推移	271
表 22-1	インドの実質経済成長率の推移	277
表 22-2	インドの GDP における輸出の比率(1900-2009 年)	278
表 22-3	インドの主要輸出品(輸出額に占める比率, 1955-2009 年)	279
図 22-3	日米独印中の名目 GDP の推移	282
表 22-4	輸出総額に占めるブロック内輸出の割合	291
表 23-1	世界の名目 GDP(1980-2022 年)	296
表 23-2	アジア各国・地域の一人あたり名目 GDP(1980-2022 年)	297
表 23-3	アジアの実質 GDP 成長率(1980-2022 年, 年平均, 現地通貨建)	298
図 23-1	スマイル・カーブ	300
表 23-4	南アジア主要諸国の人口に関する諸指標	317
図 23-2	アジアのメガリージョン	330
表 23-5	2000 年と 2022 年におけるアジア諸国で安全な水およびトイレにアクセスできる人びととの人口比率	337
表 23-6	アジアの国々およびその他の地域における就学率の変化(1970-2018 年)	339
図 24-1	世界のエネルギー消費量の推移(1973-2022 年)	361
表 24-1	世界のエネルギー消費量とエネルギー別構成比(1973, 2020 年)	362-363

あとがき

　初のアジア経済史の教科書を刊行するというアイデアは，古田和子が発想し，当時大学の同僚であった太田淳に持ちかけた．二人は編者として本を作り上げることを即決し，各地域の専門家に声をかけて執筆チームを構成して，2017年度から検討を開始した．

　それから本書の刊行までには多くの方のお世話になった．岩波書店の杉田守康氏は構想段階から企画に伴走して下さり，編集者として執筆の進め方にアドバイスを下さっただけでなく，ページ数や価格に関しても社と交渉して寛大な提案を頂いた．本書をこのような形で刊行できたのは，氏の尽力の賜物である．さらに構想を練り上げる過程では，慶應義塾大学東アジア研究所プロジェクトを通じて得た高橋産業経済研究財団の研究助成金(2017-18年)のおかげで，日本各地で勤務する執筆者が年に何度も集まって議論することができた．また同財団には上巻刊行の，慶應義塾経済学会には下巻刊行の支援(2024年度経済学関連教科書出版助成)を頂いた．仕上げの段階では，多くの専門家に原稿を読んで頂き貴重なご意見を賜った．太田信宏氏(東京外国語大学)，谷本雅之氏(東京大学)，弘末雅士氏(立教大学名誉教授)は上下巻でご協力下さり，下巻の一部ではさらに絵所秀紀氏(法政大学名誉教授)，梶谷懐氏(神戸大学)，鈴木伸隆氏(筑波大学)のご助力を仰いだ．しかし言うまでもなく本書の記述のすべての責任は執筆者および編者にある．さらに上巻の校正では執筆者の修正指示(オンライン)をゲラに転記する作業を森山由美子氏が行って下さり，校正者大西慎也氏，竹岡暁子氏は出来事の年代確認まで含め細かく原稿をチェックして下さった．下巻からは岩波書店の彦田孝輔氏がメイン編集者として執筆者を支援して下さり，杉田氏も索引作成をはじめとするさまざまな作業でご協力下さった．これらのすべての方々と諸機関のご厚意に深く感謝申し上げたい．

　本書は東アジア・東南アジア・南アジア経済史の連関を重視し，その基層となる環境，物質文化，国家や社会の構成の説明にも意を注いだ．さらに人口変動や疾病，国家と市場の関係などに留意した叙述は，執筆者たちが何度も行っ

あとがき

た議論の結果である．このような本書の工夫が，読者の関心をアジア経済史に誘うことにつながれば望外の喜びである．

　最後に，編者を含む執筆者が 8 年も作業を続けるのを身近で支えてくれた家族に感謝を述べて筆を擱くことにしたい．

　2024 年 12 月

編　者

索　引

【ア　行】

IMF　　　下 60, **184–186**, 189, 199, 215, 226, 245–247, 249, 260, 269, **271–273**, **277**, 295
アイヌ　　上 146
赤米　　上 48, 62, 175
アグロインダストリー　　下 243
アジア間貿易（アジア域内貿易）　　上 4, 130, 157, 211, 271, 291, 295, 301, 302, 309, 310　下 40, **49**, 50, 71
　米貿易　　上 **306–309**
アジア通貨危機　　下 238, 250, 263, 269, **272**, 356, 381
アジア NIEs　　上 1　下 192, 222, 227, **233**, 255, 315, 329, 338, 363
ASEAN　　下 267, 274, **288–293**, 296, 297, 303, 329, 363, 372, 384, 385
アチェ　　上 16, 18, 101, 113, 129–131, **151**, 153, **184**, **185**, 283, 284　下 41, 44, 194
アパレル　　下 234, 280, 300, 304, 347
アブラヤシ　　下 217, 244, **366**, **368**
アヘン　　上 186, 193, 204, **213–215**, 264, 268, **288–290**, 295, **297**, **298**, **300**, 301, 313–316　下 23, 31, 41, 50, 53
　～戦争　　上 **272**, 274, 296, 297, 299　下 11
　第二次～戦争　　上 272　下 6
　～貿易　　上 209, 210, 214, 215, 272, **297–300**, 316　下 5
　ベンガル・～　　上 209, 214, 268, 297, 315
　マルワ・～　　上 297, 299, 316
廈門　　上 113, 144, 148, 206, 210, 272, 276, 318, 321　下 5, 173, 252
アユタヤ　　上 29, 113, 129, 149–151, **153**, **154**, 157, **180**, 181, 228, 229, 231, 306
RCEP　　下 293
イスラーム　　上 63, 65, 67, 74, 76, 82, 100, **101**, 103, **105–107**, 109, 127, **128**, 151, 152, 155, 182, 188, 192, 212, 216, 281, 284　下 5, 225, 261, 319, 326, 346, 354
委託加工　　下 236, 254
一田両主　　上 6, **168**　下 102
市場町　　上 171, 243　下 94

稲作（イネ）　　上 1, 14, **25–27**　下 229, 377, 382
　東南アジアの～　　上 29, 50, 53, **62**, 94, 98, 99, 181, 185, 231, 252, 306, 307, 313, 314　下 44, 49, 111, 137, **156**, **157**, 158, 217, 218, 230, 245, 246
　東アジアの～　　上 27, 28, 39–41, 47, **61–63**, 87, 167, 168, 170, 172, 173, 175, 176　下 112, **113**, 206, 232
　南アジアの～　　上 24, 27, 50, **62**, 67
イモ　　上 62, **64**, 66, 70, 138
　サツマ～　　上 42, 70, 138, 139, 248　下 150, 156, 157, 179
インダス川　　上 14, 16, 20, 22, 24, 26, 51, 102, 105, 191, 192　下 368
インターネット　　下 299, 309, 331
インフォーマル経済　　下 309, 335
インフラストラクチャー（インフラ）　　下 10, 14, 19, 24, 50, 55, **104**, 108, 119, 120, 130, 146, 159, 160, 197, 212, 235–237, 240, 242, 245, 246, 279, 283, 290, 306, 329, 333, 335–337, 359, 360, 376, 379, 380
インフレーション（インフレ）　　上 119, 133　下 11, 14, 51, 54, 62, 64, 65, 72, 88, 126, 127, 130, 145, 160, 163, 177, 188, 189, 200, 204, 215, 225, 226, 246, 249, 257, 258, 269, 274, 277
ヴェルサイユ講和条約　　下 62, 68, 99
請負　　上 200, 238, 250, 300　下 9
　～権　　下 287, 334, 355
　～制　　下 257, 283
　～地　　下 287
　財政～制　　下 **253**, **254**, 282
　自営者～耕作制度　　下 134
　生産～制　　下 256, 274
　農家経営～制　　下 232, 251
失われた 30 年　　下 303
ウラジオストク（ウラジヴォストーク）　　上 276　下 80, 105
英蘭協定（英蘭条約）　　上 271, 282
疫病　　上 28, 31–33, 35, 39, 41, 48, 53, 56–58, 120, 203　下 29, **54–56**, 138, 380

433

索 引

蝦夷地　　上 146, 147, 201　下 11
NGO　　下 343, 346, 367–369
エネルギー　　上 2, 49　下 107, 118, 148, 192, 199, 200, 218, 231, 284, **360–363**, 365
M字カーブ　　下 322, 324
エーヤーワディー（イラワディ）川　　上 16, 20, 29, 72, 177, 181, 182, 231, 307　下 16, 19
エルニーニョ　　上 52, 56　下 31, 54
援助　　上 79, 144　下 144, 186, 188, 193, 197, 198, 200–204, 217, 220, 221, 226, 230, 246, 256, 258, 259
　経済〜　　下 200, 202, 215
塩税　　上 143, 219　下 32
捐納　　上 83, 144, 221　下 4
大阪紡績会社　　下 37
オオムギ　　上 51, 61, 62, 67, 101
ODA　　下 242, 363
オフショア　　下 235, 279
　〜市場　　下 240, 241, 269

【カ 行】

海運　　上 266, 268, 269, 273, 274　下 18, 30, 46, 48, 57, 67, 81, 82, 85, 104, 135, 177, 212, 331
海関　　上 **148**, 207, 209, 210　下 8, 9
海禁　　上 116, 117, 120, **121**, 122–124, 126, 137, 144, 148, 155, 180, 199, **200**, 205, 206
外国人税務司　　下 6
外資　　上 280　下 132, 214, 238, 239, 245, 249, 250, 252, 266, 267, 269, 271, 275, 280, 284, 286, 302, 309, 311, 331, 332, 351
　〜規制　　下 259, 276
　〜導入（政策）　　下 39, 40, 71, 201, 209, 211, 242, **246–248**, 252, 266, 274, 275, 357
海賊　　上 121, 132, 142
　〜停止令　　上 142
会党　　上 85
開発独裁　　下 **241–243**, 249, 324, 381
徭役　　上 83, 219, 220
化学工業　　上 304　下 31, 79, 107, 198, 201, 214, 233
火器　　上 101, 112, 119, 129–131, **134–136**, 142, 151, 159, 178, 181, 235, 315
科挙　　上 **81**, 82–86, 89, 90, 172, 173, 220, 221　下 95

学歴社会　　下 324, 341–343
牙行　　上 207, 210
加工貿易　　下 201, 234, 235, 384
華商　　上 126, 241, 305, **310–312**　下 97
華人
　〜移民　　上 77, 137, 138, 156, 202–204, 250, 297, 320, 322
　〜商人　　上 108, 118, 125, 126, 157, 231, 240, 255, 300, 313–315, 322　下 50, 51, 135
　〜投資　　下 72
　〜の世紀　　上 4, **199**, 252
カースト　　上 65, 74, 75, **104**, **105**, 194, 260　下 20, 26, 96, 221, 280, 304, 336, 342, 343, 353, 379
合作社　　下 **205**, **218**, 256, 287
GATT　　下 **185**, 186, 189, 199
嘉南大圳　　下 113, 114
貨幣整理事業　　下 10
樺太　　上 14　下 13, 99, 103, 169, 170, 186
ガリオア・エロア資金　　下 186
カルカッタ（コルカタ）　　上 16, 23, 35, 77, 236, 257, 269, 283, 289, 291, 297, 299, 313, 315, 316　下 53, 92, 138, 164, 181, 194, 376
ガレオン貿易　　上 18, 70, 117, 155, 156
寛永通宝　　上 241
灌漑　　上 25, 62
　東南アジアの〜　　上 53, 94, 95, 308
　東アジアの〜　　上 26, 27, 39, 47, 108, 166, 175
環境制約　　下 7
環境破壊・悪化　　上 9, 13, 24, **248**, 249, 264　下 2, 29, 30, 366, 369, 379
勘合貿易　　上 122–125
還穀　　上 223–225　下 8, 35, 36
ガンジス川　　上 16, 20, 26, 28, 50, 52, 62, 76, 77, 102–104, 187, 188, 191, 192, 234, 297
関税　協定関税　　上 272, 273
漢族　　下 346
カントリートレード　　上 207, **209**
　カントリートレーダー　　上 204, 207, 209, 213–216, 256, 268, 288, 298, 315
ガンビール　　上 204, 253, 254　下 50
飢饉　　上 32, 41, 47, 48, 53, 56–58, 123, 131, 139, 144, 166, 182, 221, 238, 249, 251, 292　下 2, 4, 11, 18, 29, 30, **54–56**, 138, 160, 164,

165, 261, 380
気候変動　上 1, 24, 38, 167　下 4, 382, 383
　〜と漢の崩壊　上 39
　〜と中世温暖期　上 40, 167
　地球温暖化　上 13　下 382
技術移転　上 134, 180　下 97, 299, 385
　軍事技術の〜　上 134
　製糖技術の〜　上 138, 180
　陶磁器生産の〜　上 136
季節風　上 1, 18, 21, 226, 266　→モンスーン
絹　上 **72**, 117, 179, 186, 187, 189, 193, 207
　〜織物　上 72, 75, 118, 145, 147, 155, 172, 201, 202, 243, 244, 277　下 76, 77
客主　上 243
キャッサバ　上 71, 138　下 157, 179, 242, 366
共産主義　下 48, 120, 134, 175, 196, 217, 242, 257
共産党　下 183, 204
　〜軍　下 171
　中国の〜　上 300　下 130, 143, 146, 147, 171–173, 186, 204–206, 250, 254, 281, 284, 285, 345, 355
　東南アジアの〜　下 47, 134, 137, 176, 177, 179, 216, 224, 256, 257, 274, 289, 349
郷紳　上 84, 125, 172
強制栽培制度(政府栽培制度)　上 72, 304, 306　下 **18**, 40–42
郷鎮企業　下 251, 254, 284, 287
居留地　上 145, 146, 206, 273, 311, 312　下 12
　〜貿易制度　上 273
均役法　上 222
銀
　〜の時代　上 115
　アメリカ大陸〜　上 8, 116–118, 120, 127, 133, 149, 155　下 378
　石見〜山　上 115, 145
　〜貨　上 117, 119, 133, 149, 161, 183, 208, 225, 241, 258, 275, 280, 292　下 31, 32, 90, 129
　〜錠　上 242
　〜銭二貨制　上 241, 303
　〜本位制　上 292　下 14, 86, 130
　送星〜山　上 250, 254
　日本〜　上 8, 115–120, 125, 127, 133, 145, 147, 157, 201, 243　下 378

金本位制　上 267, 279, 280　下 38, 39, 61, **63–66**, 81–83, 86, 87, 126, 127, 138, 140
　金為替本位制　上 292　下 86, 90
　再建〜　下 63, 66
金融
　〜革命　上 267, 268
　〜業　上 235, 241, 243, 258, 268, 275　下 20, 33, 239, 286
　〜恐慌　下 82
クイット・インディア運動　下 164
空間経済学　下 383
グジャラート　上 16, 18, 21, 65, 71, 72, 77, 127, 128, 132, 150, 152, 158, 159, 162, 185, 188–194, 211, 212, 316, 322　下 259
クローニー企業　下 249, 267, 268
グローバル・バリューチェーン　上 7　下 **295**, **298**, **299**, **304**, 305, 306, 381
クローブ　上 19, **68**, 128, 150, 151, 157, 182–184, 186, 211, 251
軍役　上 44, 80, 89, 90, 92, 93, 142, 222, 225, 226
軍事費　上 92, 126, 141, 143, 218, 219, 235, 238, 300　下 5, 8, 23, 57, 69, 89, 126, 127, 130, 147, 159, 188, 208, 373
軍票　下 159
ケア　下 321, 324–327
計画委員会　下 219
計画経済　下 166, 203, 224, 251, 254, 281, 349
経済制裁　下 259, 276, 281, 282, 371
経済ナショナリズム　下 63, **90**, 124, 163, 209, 211, 245, **247**
景徳鎮　上 137, 240
経路依存　下 2, 29, 33
県　上 80, 83, 84, 88, 162, 171, 221, 248　下 12, 15, 25, 100
　知〜　上 83, 220
検地　上 92, 93, 141, 142, 225
ゴア　上 113, 118, 124, 129, 191, 192, 283
黄河　上 17, 19, 21, 24, 26, 38, 61, 166, 221　下 30, 368
　〜の流路変更　下 30
紅河　上 17, 20, 50, 53, 285
行会　上 84, 85
工業化　上 49, 277　下 60, 363, 380
　インドの〜　上 291　下 52, 53, **87**, **220**–

索　引

223
　台湾の〜　　下 **118–120**, 201, 202, 235, 236
　中国の〜　　下 78–80, 204
　朝鮮・韓国の〜　　下 **121–123**, 151, 152, 203, **237**, **238**, 255
　東南アジアの〜　　下 **209–213**, 239, **242–247**, 248, 266, 270, 274, 275, 357
　日本の〜　　上 277, 303, 305, 311　下 **37–39**, 69, **84**, 126, 197
　輸出志向〜　　下 223, 227, 233, 235, 239, 245, 247, 314, 381
　輸入代替〜　　上 244　下 61, 73, 86, 87, 209, 211, 218, 220, 226, 242, 243, 245, 258, 314, 380
工業団地　　下 214, 263, 303, 333, 335, 363
合計特殊出生率　　上 2, 43, 45, 49, 59 下 **228**, **229**, **313**, **316–319**, 382
甲午農民戦争　　下 36
港市　　上 19, 97–99, 129, 131, 150–154, 157, 180, 182, 184–186, 205, 213, 216, 236, 251, 253–255, 257, 314
　〜国家　　上 5, 18, 29, 30, **97**, 100, 101, 103, 104, 108, 127, 128, 148–154　下 378
広州　　上 8, 17, 23, 108, 113, 124, 126, 135, 146, 148, 198, 203–210, 215, 268, 269, 272, 275, 276, 289, 297, 298, 310　下 78, 144, 171
　〜貿易　　上 198, 205, **207–209**, 272, 296
交鈔　　上 109
行商　　上 148, 207, 208, 210
構造調整政策　　下 279
江南　　上 19, 25–28, 41, 62, 71, 72, 78, 80, 81, 85, 86, 107, 108, 125, 144, 166, 167, 170–172, 220, 221, 275　下 5, 80, 92
　〜の農業開発　　上 39–41, 166, 167
貢納　　上 80, 91, 132, 154, 181, 212, 222, 223　下 23, 24
合弁企業　　下 248, 264, 285
五カ年計画　　上 58　下 148, 149, 198, 204, 214, 220, 222, 256, 259, 365
国営企業　　下 165, 205, 209, 211, 214, 243, 245, 246, 248, 251, 261, 275, 367
　国有企業　　下 254, 283–285, 331
国際稲研究所(IRRI)　　下 230, 242
国際連盟　　下 63, 68, 99
国産品愛用(スワデーシ)　　下 27, 92, 93

国民会議　　下 26, 27, 91, 92, 138, 259, 260
　〜派　　下 164, 166, 219, 260
国民党　　上 300　下 69, 83, 144, 145, 153, 171, 204, 236, 237
　国民政府　　下 73, 77, 130, 131, 143–145, 171–173, 200
　〜軍　　下 146, 147, 169
ココナッツ(製品)　　上 64, 65　下 42, 46, 47, 50, 133, 210, 212, 247
小作　　上 6, 168, 169, 174　下 7, 14, 33, 114, 138, 146, 187, 215, 216, 221
　〜制　　上 174　下 116
　〜地率　　下 116, 187
　〜人・〜農　　上 6, 168　下 47, 117, 175, 187, 215, 221
　〜料　　上 6, 168, 169　下 7, 117, 146, 153, 187, 215
互市　　上 **125**, 126, 147, 199, 274, 311
コショウ(胡椒)　　上 **68**, 70, 128, 130, 131, 133, 145, 152, 153, 156, 157, 177　下 48, 50
戸籍　　上 37, 39, 43, 44, 47, 80, 81, 89, 91, 178, 222, 223, 247　下 205
国家総動員法　　下 148, 151
国共内戦　　下 171, 173, 186, 200, 201, 231
固定相場　　下 64, 65, 184, 224, 225
コーヒー　　上 183, **233**, 281, 314　下 17, 18, 40–42, 46, 47, 96, 155, 156, 179, 366
コプラ　　下 **42**, **43**, 47, 179, 210, 212
(天然)ゴム　　上 319, 320　下 18, 19, 42–46, 70–72, 95, 132, 133, 136, 149, 155–157, 177, 179, 212, 217, 244, 288, 366, 380
コムギ(小麦)　　上 1, 26, 28, 51, **61–63**, 101, 166, 194　下 30, 52, 56, 78, 137, 229, 230, 233
　〜粉　　上 63　下 46, 78, 80
コモンウェルス政府　　下 133, 134, 174
コールセンター　　下 312, 313, 330
コレラ　　上 32, 35, 36　下 55, 56, 164
混合経済　　下 166, 192, 193, 219, 220

【サ　行】

在華紡　　下 74, 75, 85, 93, 204
在日朝鮮人(在日コリアン)　　下 117, 170
財閥　　下 186, 187, 238, 248, 265, 272, 273, 305,

436

索　引

348
～解体　　下 187
雑貨　　　上 118, 208, **311**, 313　下 39, 71, 95, **96**, 128, 135, 227, 234, 380
ザミンダール　　　上 **161**, 163, 235, 237, 238, 260　下 22, 221
蚕糸業　　下 73, 76, 77
山地の開発　　上 42, 139, 248, 249　下 30
産米増殖計画　　下 103, 106, **115**, **116**, 153
資源制約　　上 9, 45, 264　下 228
自作農　　下 20, 48, 49, 117, 136, 146, 153, 205, 216
市場秩序　　上 5, 6　下 2, 29, **33**
　内生的な～　　上 6　下 2, **33**
　分権的な～　　上 5　下 **33**
士族（日本）　　下 12, 14, 37
疾病環境　　上 **31**, 32, 34–36, 49, 57　下 **56**
市廛　　上 243
指導される民主主義　　下 214
シナモン　　上 68
ジニ係数　　下 355, 356, 358, 359
地主　　上 6, 89, 141, **168**, 169, 172, 220, 221　下 7, 14, 20, 33, 36, 37, 47, 49, 91, 92, 101, 103, 113–117, 123, 124, 132, 134, 136, 138, 146, 153, 159, 175, 187, 202, 215, 216, 221, 247
CPTPP　　下 292, 293
死亡率　　上 31, 32, 43–47, 49, 52–54, 56, 57　下 54, 89, 94, 162, 228, 229, 231, 313
　乳児～　　下 317, 318, 321
　乳幼児～　　上 247　下 312, 313
資本移動　　下 199, 223, 225, 227, 239, 263, 272
資本集約　　下 235, 248, 267, 277, 287, 299
社会主義　　下 176, 185, 203–208, 217, 255–258, 261, 274, 275, 281, 285, 357
　～的改造　　下 218
　ビルマ式～　　下 258, 275
ジャーディン・マセソン商会　　上 209, 298, 299
ジャンク　　上 108, 240, 241, 253, 306, 314
上海　　上 8, 17, 36, 166, 200, 266, 267, 269, **272**, **274**–**280**, 310, 322　下 2, 5, 32, 35, 73, 76–78, 80, 85, 93, **94**, 105, 129, 130, 144, 145, 195, 201, 234, 331, 379
　～ネットワーク　　上 271, 276, 277

対～為替　　上 277, 280
朱印船　　上 117, 118, 127, 142, **145**, 154
重化学工業　　下 38, 39, 69, 71, 72, 79, 81, 84, 108, 126, 144, 147, 148, 151, 198, 199, 201, 203, 205, 235–238, 248, 255, 258, 314
自由主義　　上 304　下 **42**, 44, 151, 221, 255, 269, 320, 357
十大建設　　下 235, 236
自由貿易　　上 8, **210**, 265, 266, 269, 272–275, 286–288, 292　下 8, 11, 52, 61, **62**, 140, 183, **185**, 217, 221, 289, 292, 379
　～協定（FTA）　　下 185, 291
　～主義　　上 **290**, 292　下 42
　～地域（FTZ）　　下 244, 247, 263
珠江　　上 17, 206, 208
朱子学　　上 82, 84, 88, 172, 173
出生率　　上 43–46, 49, 53–56, 58, 59, 247　下 94, 162, 228, 229, 231, 312, 318, 323, 334
ジュート　　上 189, 268　下 279
　～工業　　上 291　下 **53**, 56, 88, 163
蒸気船（汽船）　　上 35, 231, 232, **266**, 274, 315, 319, 321　下 9, 16, 17, 52, 56, 104, 105, 157, 379
商業の時代　　上 5, 73, 100, 104, 112, **127**, 129, 148, 150, 153, 155, 177, 252
少子化　　下 **313**–**315**, 321, 323, 341
少子高齢化　　上 2, 9, 37, **43**, **45**, 49　下 231, **304**, **313**, 315, 324, 327, 382
小農
　～経営（経済）　　上 5, 8, 40, **81**, 90, **165**–**168**, 171, **174**–**177**, 251, 296　下 38, **110**, 232, 378, 379
　～社会　　上 **165**, **174**, 179
　～の市場参加　　上 241
情報通信　　上 2, 13　下 264, 299, 311, 373
条約改正　　上 273, 312
食糧備蓄　　上 220
女性　　上 46, 54, 73–75, 84, **86**, 89, **90**, **94**–**96**, **100**, 103, 170, 177, 320　下 95, 170, 231, 304, 313, **314**, **316**, **317**, **324**, **326**, **329**, 337, 354
胥吏　　上 83, 208, 221
シルクロード　　上 18, 29, 102　下 373
信局　　上 **321**, **322**, 下 239
新経済計画（NEP）　　下 244, 245, 266

437

索　引

人口圧力　　　上 9, 42, 251, 264　下 2, 5, **29, 55,** 380
人口オーナス　　　上 2, **43**　下 **315**, 318
人口転換　　　上 **45,** 49, **59**　下 228, 229, 316–318
　第二次～　　　下 323
人口ボーナス　　　上 59　下 **314–316,** 318, 335
深圳　　　下 195, 252, 283, 330, **331**
森林　　　下 379, 386
　～産品(産物)　　　上 31, 150, 151, 180, 205, 215, 252, 312–314　下 41
　～破壊　　　下 366
　東南アジアの～　　　上 96, 214, 253　下 156, 366–368
　東アジアの～　　　上 24, 39, 66, 78　下 30
　南アジアの～　　　上 28, 52, 56, 72
水質汚染　　　下 336, 337, 370, 386
水田　　　上 25, 27, 40, 48, 53, 62, 67, 98, 166, 203, 233, 314, 320　下 18, 44, 48, 102, 116, 132, 137, 242, 380
錫　　　上 149, 150, 154, 181, 199, **203,** 205, 215, 216, 252–253, **254, 255,** 256, 319　下 18, 41, **45,** 46, 71, 72, 133, 155, 179, 212, 243, 244
　～鉱山　　　上 204, 250, 282, 306　下 19, 45, 177
スタグフレーション　　　下 200, 225, 254, 259
スターリング残高　　　下 165, 166, 198
頭脳流出　　　下 280
スマイル・カーブ　　　下 300
スラム　　　下 335
製糸(業)　　　上 28, 86, 145, 170, 171　下 7, 12, 31, 32, 38, 76, 77, 129
製糖(業)　　　上 66, 69, **137,** 138, 185, 214, **303–305,** 317
精米　　　下 49, 123, 158, 162, 218, 327
　～業　　　上 309, 314　下 48, 118, 121, 142
　～所　　　上 232, 320　下 48, 157, 179
世界銀行　　　下 198, 203, 245, 247, 248, 269, 271, 273, 277, 293, 338, 369
石炭　　　上 266, 274, 277, 315
石油化学　　　下 243, 248, 276, 363
遷界令　　　上 120, **144,** 148, 179, 187, 203, 229, 252
戦国大名　　　上 48, 92, 142, 225
戦後賠償　　　下 **196, 197,** 215

泉州　　　上 109, 206, 249
銭荘　　　下 32
専売　　　上 81, 209, 246, 297, 300　下 23
送金　　　上 207, 209, 226, 275, 277, **288–290,** 292, 297, **321, 322**　下 23, 32, 50, 130, 180, 239, 245, 277, 379, 385
　本国～　　　上 288, 291, 292　下 212
象牙　　　上 29, 97, 154, 182
造船　　　上 118, 241, 253, 266　下 39, 79, 81, 85, 126, 214, 219, 235, 237, 239, 331
相続　　　上 5, 89, 90, 94, 96, 170, **173,** 175　下 18, 22, 44, 378
　男子均分～　　　上 85, **168**
宗族　　　上 **85,** 86, 247, 248
漕糧　　　上 220
租界　　　上 272, 275　下 93, 144, 146, 204
族譜　　　上 41, 44, 90, 173, **247**
蘇木　　　上 154, 157, **201,** 253, 314

【タ　行】

第一次世界大戦　　　下 51, 61, 65, 68, 72–74, 76–78, 81, 87–91, 105, 112, 380
大戦ブーム　　　下 **81,** 82, 85, 118, 119
対華二十一カ条要求　　　下 68, 86
ダイズ(大豆)　　　上 66, 166, 222, 240, 277　下 31, 35, 36, **80,** 107, 115, 157, 161, 233
　～粕　　　上 240　下 80, 106, 107
対中国輸出統制委員会　　　下 196
大東亜共栄圏　　　下 149–151
大同法　　　上 223
第二次世界大戦　　　下 45, 134, 136, 145, 149, 163, 165–167, 184, 186, 349
太平天国の乱　　　下 4, 5, 30
太平洋(貿易)トライアングル　　　下 227
大メコン圏　　　下 275, 374
大躍進　　　下 **206, 207,** 231, 346
大陸反攻　　　下 200, 236
大連　　　上 276, 278, 279　下 13, 80, 85, 104, 105, 384
台湾銀行　　　下 51, 104, 118
台湾問題　　　下 301
多角的貿易決済　　　上 291　下 57, 61, **66–68,** 128, 140, 363
タバコ(煙草)　　　上 70, **138,** 139, 166, 188, 240,

438

248, 257, 297, 314, 319　下 18, 41, 42, 44, 46, 47, 50, 78, 80, 96, 132, 133, 155, 171, 179, 212
WTO（世界貿易機関）　上 2　下 185, 192, 274, 286, 292, 298, 381
チェッティア　下 20, 46, 48, 136
チーク　上 182, 190　下 19
地税　上 7, 160–163, 194, 223, 235–238, 259, 288　下 22–24, 48, 51, 89, 139, 221
茶　上 15, 28, 66, 157, 203, 204, **209**, 244, 264, 268, 288, 289, **295–297**, 317, 320　下 12, 31, 39, 50, 52, 53, 56, 155–157, 179, 279, 378, 379
　厦門〜　上 296
　インド〜　上 296
　烏龍〜　上 295, 296
　紅〜　上 209, 296, 297　下 31, 98
　固形〜　上 295
　セイロン〜　上 296
　福州〜　上 296, 297
チャオプラヤー川　上 17, 20, 53, 149, 154, 177, 180, 229　下 17, 19
チャックリー改革　上 287　下 15
チャンパ　上 107, 108, 123, 149, 178
中央積立基金（CPF）　下 239
仲介　上 97, 107, 116, 128, 145, 150, 181, 195, 202, 207, 235, 240, 273, 310, 313　下 20, 31, 33, 34, 96, 162, 287
　〜業　上 148, 200, 296, 322
　〜者　上 84, 318　下 326
中間層　上 71, 203, 204　下 22, 27, 90, 94, 341, 350, 355
　疑似〜　下 328
　新〜　下 95, 328
　ミドル・クラス　下 27, 327, 342
中継港　上 5, 148, 204, 205, 215, 252, 282, 313
中継貿易　上 109, 122, 123, 126, 147, 155　下 234
中国志向型貿易構造　下 41
中小企業　下 234, 266, 272, 356
中所得国の罠　上 2　下 301
中東産油国　下 319, 362, 363
チュコン（政商）　下 215, 248
長江　上 17, 19, 24, 26, 39, 41, 62, 86, 144, 166, 167, 220, 239, 249, 275, 276　下 5, 30, 144, 331, 369, 377

朝貢　上 79, 87, 99, 116, 121, 122, 124, 125, 127, 143, 146–148, 150, 155, 180, 199, 201, 215, 230, 243, 274, 287　下 378
　〜一元体制　上 116, **120**, **121**, **123**, **124**, **126**
　〜国　上 79, 121, 123, 147　下 13
　〜システム　上 79, 127
潮州　上 69, 253, 275, 320
徴税請負　上 **195**, 235, **236–237**, 300
　〜人　上 84, 238
朝鮮銀行　下 10, 104
朝鮮戦争　下 **172**, **173**, 187, 189, 196, 198, 202–204, 217, 234, 348, 371, 380
徴用　下 148, 150, 152
チンタナカーン・マイ　下 274
通事　上 208, 210
通信使　上 146
対馬　上 120, 138, 145–147, 201, 243
燕の巣　上 71, 199, 202–204, 251
TSMC　下 301, 302, 306, 381
定期市　上 5, 242, 257　下 35
TPP　下 294
出稼ぎ　上 57, 246, 312, 319　下 277, 287, 319, 325, 328, 334, 355
手形　上 207, 209, 241, 258, 267–269, 288, 290, 292　下 32, 82
デカン　上 14, 16, 20, 22, 26, 27, 64, 102, 103, 107, 158, 159, 161–163, 189, 192, 193, 234, 236, 260　下 368
テクノクラート　下 245, 247
デジタル　下 307, 384
　〜技術　下 308
　〜決済　下 308, 332
鉄鋼業　下 79, 126, 220
鉄鉱石　下 39, 79, 149, 188
鉄道　上 231
　インドの〜　上 35, 56, 266, 289　下 24, 51, 52, 56, 57, 67, 219
　高速〜　下 375
　台湾の〜　下 104, 109, 110, 119, 236
　中国の〜　上 266, 278　下 7, 32, 79, 80, 85, 104, 146, 284, 285, 374, 375
　朝鮮・韓国の〜　下 9, 10, 104, 109, 152
　東南アジアの〜　上 231, 232, 266, 308　下 17, 20, 154, 156–158, 160, 177, 179, 216, 374,

439

索　引

　　375
　日本の〜　　下 39, 109, 111
デルタ　　上 19, 20, 27, 29, 40, 94, 167, 180–182, 203　下 48, 49, 115
　エーヤーワディー〜　　上 182, 307, 319　下 137, 218
　ガンジス〜　　上 188
　紅河〜　　上 20, 165, 179, 231, 306, 307　下 218, 378
　江南(長江)〜　　上 40, 166, 170　下 74
　珠江〜　　上 19, 298, 320　下 5, 234, 252
　チャオプラヤー〜　　上 187, 308, 314, 319　下 48
　メコン〜　　上 22, 229, 231, 252, 253, 306, 319　下 49, 137, 218, 379
テレビ　　上 13　下 199, 201, 254, 264, 267, 331
電機・電子　　下 201, 210, 236, 239, 244, 267
電信　　上 231, 266, 267, 274, 312, 321, 322　下 16, 24, 50, 379
田税　　上 222, 223
天然ガス　　下 243, 276, 285, 361–363, 365, 375
天然痘　　上 33–35, 47, 56　下 55, 164
電力　　上 304　下 85, 118, 122, 144, 151, 205, 207, 231, 275, 284, 285, 333, 359, 365, 369, 386
ドイモイ　　下 274
銅　　上 119, 120, 135, 138, 145, 154, 157, 200, 201, 249, 254　下 145, 210
　インドの〜貨　　上 161, 241, 258
　中国の〜銭　　上 109, 149, 200, 241, 298, 302
　〜山　　上 201, 249, 254
　日本・朝鮮の〜貨／〜銭(韓銭)　　上 223, 241, 243, 277
　ベトナムの〜銭　　上 149, 241
陶磁器　　上 136, 137, 155, 178–180, 186, 187, 202, 207　下 97
鄧小平　　下 250, 254, 263, 281
唐船　　上 145, 200, 201, 310
トウモロコシ　　上 64, 70, 138, 139, 248　下 157, 179, 233, 242, 366
東洋拓殖　　下 10, 117
督撫　　下 6
都市化　　上 35, 36, 48, 105, 133, 176, 242, 257, 258, 261　下 56, 80, 93, 115, 119, 309,

313, 327, 329, 332, 334, 366
　古代インドの〜　　上 51, 52
　〜率　　上 89, 175　下 93, 94, 357
　明代の〜　　上 172
土地改革　　下 175, 205, 215, 216, 221, 261
土地所有　　上 6, 7, 80, 81, 96, 165, 168, 176, 219, 222, 238　下 10, 18, 22, 49, 102, 103, 136, 146, 215, 218, 221
奴隷　　上 54, 96, 157, 183, 215, 256, 317, 318

【ナ　行】

内地雑居論争　　上 312
長崎　　上 69, 71, 113, 116, 119, 120, 142, 145–147, 157, 200, 243, 267, 273, 274, 276, 310, 311　下 35
ナツメグ　　上 19, 68, 128, 150, 183, 184, 186, 211, 251
ナマコ　　上 202–204, 215, 251, 252
難民　　下 164, 234, 319–321
ニクソン・ショック　　下 224, 225, 263
日印会商　　下 141
日蘭会商　　下 128, 135, 154
日露戦争　　上 278, 279　下 10, 13, 39, 69, 80, 99, 101, 102, 104, 115
日韓基本条約　　下 174, 197, 202, 203, 351
日清修好条規　　下 13
日清戦争　　上 86, 88, 273, 279　下 6, 7, 9, 13, 32, 35, 36, 38, 39, 76, 79, 80, 102
日朝修好条規　　上 146, 273　下 8
日本窒素肥料　　下 122
寧波　　上 124, 125, 200, 206, 272, 275, 276, 310　下 32
奴婢　　上 89, 93, 172, 174
熱帯雨林　　上 6, 22, 29–31, 94
年季契約　　上 317–319, 321
農業集団化　　下 205
農書　　上 40, 174, 176
農地改革　　下 187, 200, 202, 203, 215, 218, 247
農民工　　下 334, 355

【ハ　行】

買辦　　上 208, 210, 273　下 32, 76
バウリング条約　　上 286, 307　下 48

索　引

博多　　上 115, 116, 124, 142
バゴー（ペグー）　　上 113, 131　下 136
パナマ運河　　下 69
パーム油　　下 244, 367
バラモン　　上 65, 67, 99, 102–105, 260　下 96, 359
パールシー　　上 106, 194, 269, 274, 289, 300, 316
半導体　　下 239, 244, 247, 249, 267, 269, 273, 279, 293, 301, 302, 306, 372, 374, 381
東インド会社
　　イギリス～　　上 8, 35, 130, 132, 133, 152, 182, 189, 192, 205, 206, 210–213, 215, 233, 236–238, 265, 268, 270, 285–288, 291, 296　下 21–25
　　オランダ～　　上 8, 69, 117, 132, 133, 137, 144, 149, 152–154, 156, 157, 182–187, 189, 191, 192, 203, 204, 211, 213–216, 233, 252, 254, 256, 270, 287, 296　下 17, 18
　　フランス～　　上 182, 212, 236
引き揚げ　　下 170, 187
非工業化　　上 290　下 22, 53
非婚化　　下 314, 321, 323
非婚率　　上 174
ビジネス・プロセス・アウトソーシング（BPO）　　下 279, 310, 384
備蓄　　上 224　下 8, 35, 136
票号　　下 32
肥料　　上 40, 48, **165**, **176**, **240**, 253, 304, 305, 317　下 **80**, **85**, **106**, **107**, 111–113, 116, 119, **121**–**123**, 156, 199, 200, **207**, 214, 230, **232**, 233, 245, 246, 248, 251, 255, 379, 382
ヒンドゥー　　上 7, 73, 76, 97, 99, 101, **103**–**106**, 108, 128, 132, 152, **158**, **161**, 180, 194, 235, 259　下 **27**, **28**, 92, **181**, **182**, 219, 276, 305, 327, 336, **353**
ファーウェイ　　上 2　下 285, 301, 305, 306, 331
ファウンドリ　　上 2　下 301
ファクトリー　　上 146, 206, 208
賦役（夫役）　　上 54, 180, 222, 223
ブギス人　　上 186, 204, 205, 215, 216, 255, 256, 313–315　下 50
不胎化　　下 65, 66

仏教　　上 73, 76, 82, 98, 99, 103, 104, 107, 108, 154,
　　上座部～　　上 101, 180　下 327
　　大乗～　　上 101
　　チベット～　　上 15, 82, 218
福建　　上 35, 42, 69, 78, 85, 113, 115, 118, 125, 126, 137, 138, 143, 144, 148, 167, 185, 218, 239, 240, 249, 275, 296–298, 303, 310, 320　下 30, 252
　　～商人　　上 155, 206
物資動員計画　　下 148, 150, 151
不動産　　下 34, 129, 146, 234, 240, 270, 271, 302, 347, 355, 385
　　～投資　　上 322　下 272
不平等条約　　上 8, 272, 286　下 12, 13, 86, 131
ブミプトラ政策　　下 245
フラグメンテーション　　下 383
プラザ合意　　下 236, 250, 263–269, 303, 381
プラスチック　　下 201, 234
ブラフマプトラ川　　上 16, 20, 191　下 369, 386
プランテーション　　上 68, 158, 165, 169, 183, 205, 269, 296, 317–321　下 19, 31, 44, 46, 49, 71, 95, 155, 177, 216, 379
不良債権　　下 82, 254, 271, 272, 283
プルタミナ　　下 246, 248
ブレトン・ウッズ体制　　下 184, 224, 225
ブロック　　下 125, 139, 140, 147–150, 165, 166, 183, 185, 291
プロトン　　下 248
文化大革命　　下 **208**, **209**, 346
分割統治　　下 26, 28
米価　　上 119, 172, 220, 221, 226, 227, 239–242　下 35, 88, 106, 109, 112, 113, 115, 116, 136, 137, 179, 199, 201, 217, 245
米中対立　　下 284, 301, 302, 371, 376, 383
北京　　上 17, 19, 23, 26, 40, 109, 113, 123, 124, 126, 144, 147, 217, 220, 221, 241, 272, 274, 299　下 6, 69, 92, 131, 195, 204, 254, 331, 352, 365
ペスト　　上 33, 34, 41, 56, 109, 249　下 55
ベトナム戦争　　下 203, 208, 218, 224, 256, 259, 320
ペナン　　上 265, 270, 282, 283　下 16, 19, 176, 195, 244

441

索 引

ベンテン計画　　下 212
変動相場制　　下 199, 223, **225**–**227**, 239, 242, 246, 263
ボイコット　　下 27, 86, 93, 135, 141
封建　　上 80, 225　下 183
　〜制　　上 80
法幣　　下 130, 145
蓬萊米　　下 113, 114, 156, 157
保険　　上 268　下 48, 57, 67, 236, 240, 308, 323, 326
保護主義　　上 265　下 135, 209, 211, 247, 248
保護貿易　　下 62, 63, 183, 185
本国費　　上 288　下 57, 67, 68, 86, 87, 90, 139
香港　　上 1, 8, 232, 264, 269, 272, **274**–**278**, 286, 292, 300, 305, **318**, **321**　下 12, 32, 37, 48, 78, 130, 145, 171, 227, **233**–**235**, 241, **252**, 281, 283, **296**–**298**, 308, 313, 320, 330, 331, 339, **347**, 348, 361
　〜基本法　　下 347
　〜上海銀行(HSBC)　　上 269, 275, 322　下 32
　〜返還　　下 347
ボンベイ(ムンバイ)　　上 16, 23, 191, 192, 211, **236**, **257**, 266, 269, 283, **289**, **291**, **297**, **301**, 313, 316　下 **52**, **53**, 89, 91, 138, 140, 141, 167, 181, 194, 330, 331, **334**

【マ 行】

澳門　　上 **206**, **208**, 210, 318, 319
マーシャル・プラン　　下 186, 193
マッチ　　上 311　下 73, 78, 80, 92, 95, 97, 119, 135
松前　　上 146, 147
マニラ麻　　下 18, 46, 47, 72, 133, 134
マハラノビス・モデル　　下 220
マラリア　　上 **31**, **32**, **35**, 49, 53, **56**　下 **55**, **56**, 162, 164, **228**, **229**
マルク(モルッカ)諸島　　上 17, 19, 76, 113, 129, 130, **150**–**152**, 156, 157, 177, **182**, **183**, 186, 211, 284
満洲　　上 42, **83**, 143, **240**, 247, **250**, 276, 278–280, 312　下 13, **69**, **80**, 84, **85**, 99, **104**–**108**, 112, 117, 126, 128, **131**, 134, 143, 146, 148, 150, 151, 170, 380

　〜国　　下 **99**, 124, 127, **144**, 146, **148**, **149**, **170**, 172, 204
　〜人　　上 73, 75, 82, 86, 88, **147**, 218
満鉄(南満州鉄道)　　上 279, **280**　下 **10**, **13**, 85, 99, **104**, 105, 146
満蒙権益　　下 69, 83
三井物産　　上 278　下 51, 82
三菱商事　　下 51, 82, 158
緑の革命　　下 221, 223, **228**–**231**, **233**, 246, 251, 259, 260, 368
ムガル帝国　　上 15, 74, 102, 113, 119, 132, 133, 135, **158**–**163**, 187–195, 210–212, **234**, **235**, 237, 256, 257, 260　下 **22**, 332, 378
ムスリム　　上 7, 65, 74, 75, **103**, **105**, **106**, 109, 128, 129, 155, **158**, **161**, **162**, 181, 188, 195, 235　下 **27**, **28**, 92, **181**, **182**, 219, 318, 320, 342, **353**
　〜商人　　上 **108**, **109**, **127**, **128**, 131, 132, 152, 154, 182, 194, 210, **300**
ムラカ(マラッカ)　　上 17, 19, 29, **101**, 113, 123, 124, 128, 129, **149**–**152**, 154, **184**, 281, 306, 313
マラッカ海峡　　上 108, **150**–**152**, 282, **284**　下 375
メコン川　　上 17, 20, 29, **180**, 240, 285, 286　下 366, **370**, **386**
綿織物(業)　　上 71, 267, **268**, 271, **311**　下 12, 53, 72, **134**, 160
　在来〜　　下 53
　東アジアの〜　　上 28　下 12, **35**, 36, **38**, 80, **84**, 95, 380
　南アジアの〜　　上 **189**, 207, 258, **290**　下 **53**, 378
棉花　　上 **209**, 278, **301**, **303**, 305　下 12, 37–39, 56, 74, 84, 108, 141, 147, 233
　東南アジアの〜　　上 **72**, 182, 231　下 155, **156**, 159
　東アジアの〜　　上 71, **166**, **167**, **170**, **177**, **301**　下 **12**, **36**, **37**, **75**, 80, 149, **347**
　南アジアの〜　　上 28, 188–190, 193, 207, **215**, 258, 290, 291, **293**, **301**, 316　下 37, 52, **72**, 128
綿糸　　上 279, 291, 293, **301**–**303**　下 12, **31**, **37**–**39**, **52**, **53**, **74**, **75**, 78, 81, 82, 84, 93,

129, **327**
綿布　　上 **71**, 130, **157**, **186**, **188**–**190**, **193**, 194, 213, **223**, 240, 243, 261, **270**, **271**, 276, **277**, **290**, **291**, **301**, **302**, 311, 316　下 **27**, 35, 36, 46, 52, 53, 56, **73**–**75**, 81, 84, 92, **93**, 128, **134**, 135, 142, 377, 378, 379
綿米交換体制　　下 36, 115
綿紡織　　上 41, 167, 170　下 234
綿紡績業　　上 209, 291　下 24, **27**, **37**, **39**, **52**, **53**, **73**, **74**, 84, 85, 129
毛沢東　　下 171, **206**–**209**, 250, 353
木材　　上 39, **75**, **76**, **78**, 154, **185**, **186**, 233, **240**, **241**, **249**, **253**　下 47, **107**, 212, 244
模造　　下 80, 96, 97, 98
モノカルチャー　　上 306　下 **17**, **18**, 31
モンゴル　　上 14, **82**, **83**, 87, 109, **116**, **120**–**126**, 134, 141, **143**, 218, 295　下 346
～高原　　上 14, 40, 41, **106**, **107**
～帝国　　上 14, **15**, 33, **40**, 106, **109**
モンスーン　　上 1, **21**, **22**, 50, 53　下 54, 259, 260　→季節風

【ヤ　行】

焼畑　　上 **24**, **25**, 30, 46, 52–54, 94
薬用人参　　上 126, 142, 145, 147, 201, 202, 243, 244　下 8, 9
八幡製鉄所　　下 39
両班　　上 89, **172**, **174**, 221　下 35
優遇措置　　下 244, 252
遊牧　　上 **26**, **27**, 51, **81**, **82**, 106, 217
～民　　上 **15**, **26**, **39**, **40**, 73, 102, **107**, **108**, 295

輸出加工区　　下 201, 246, 252, 264
ユーロダラー　　下 225, 227
徭役　　上 37, 80, 141, 154

【ラ　行】

リカードの罠　　下 232
釐金　　下 5
硫酸アンモニウム（硫安）　　下 85, 107, 121–123, 232
倫理政策　　下 44
累積債務　　下 226, 227, 258
レアメタル　　下 302, 385
冷戦　　下 170, **173**, 192, 196, **197**, 204, 221, **242**, 265, 349, **376**
レヴァント　　上 119, 128, 131, 133
歴史人口学　　上 41, **246**, **247**
労働組合　　下 90, 187, 199, 239, 356
労働集約　　上 53, **165**, **174**, 253　下 203, 222, **227**, 235, 236, 241, **244**, 245, 279, 280, 287, **299**, 304, 307, 318, 378, **379**, **381**
労働力移動　　上 241, 275, **316**　下 199, **319**, **320**
労務者　　下 156, 157, 160
労務動員計画　　下 152

【ワ　行】

倭館　　上 **145**–**147**, 201, 243　下 **8**
倭寇　　上 **115**, **116**, 120–122, **124**–**126**, 134, 135, 179, 225
ワシントン会議　　下 68
ワタン　　上 **7**, **259**–**261**

執筆者紹介

古田和子(ふるた　かずこ)　編者
慶應義塾大学名誉教授(経済学部)．アジア経済史．プリンストン大学大学院(Ph.D)．『上海ネットワークと近代東アジア』(東京大学出版会, 2000年), *Imitation, Counterfeiting and the Quality of Goods in Modern Asian History* (eds. with L. Grove, Springer Nature, 2017).

太田　淳(おおた　あつし)　編者
慶應義塾大学経済学部教授．近世近代東南アジア史．ライデン大学大学院(Ph.D)．『近世東南アジア世界の変容――グローバル経済とジャワ島地域社会』(名古屋大学出版会, 2014年), アンソニー・リード『世界史のなかの東南アジア――歴史を変える交差路』上・下(共監訳, 名古屋大学出版会, 2021年).

石川亮太(いしかわ　りょうた)
立命館大学経営学部教授．近代朝鮮社会経済史．大阪大学大学院(博士(文学))．『近代アジア市場と朝鮮――開港・華商・帝国』(名古屋大学出版会, 2016年), 『交隣と東アジア――近世から近代へ』(共著, 名古屋大学出版会, 2021年).

小川道大(おがわ　みちひろ)
東京大学東洋文化研究所准教授．インド社会経済史．サヴィトリバイ・フレー・プネー大学(Ph.D)．『帝国後のインド――近世的発展のなかの植民地化』(名古屋大学出版会, 2019年), 『家族研究の最前線① 家と共同性』(共著, 日本経済評論社, 2016年).

柿崎一郎(かきざき　いちろう)
横浜市立大学国際教養学部教授．タイ社会経済史．東京外国語大学大学院(博士(学術))．『タイ経済と鉄道 1885〜1935年』(日本経済評論社, 2000年), 『草の根の日タイ同盟――事件史から見る戦時下の日本人とタイ人』(京都大学学術出版会, 2022年).

平井健介(ひらい　けんすけ)
甲南大学経済学部教授．日本植民地経済史．慶應義塾大学大学院(博士(経済学))．『砂糖の帝国――日本植民地とアジア市場』(東京大学出版会, 2017年), 『日本統治下の台湾――開発・植民地主義・主体性』(名古屋大学出版会, 2024年).

村上　衛(むらかみ　えい)
京都大学人文科学研究所教授．近代中国社会経済史．東京大学大学院(博士(文学))．『海の近代中国――福建人の活動とイギリス・清朝』(名古屋大学出版会, 2013年), 『グローバル経済の歴史』(共著, 有斐閣, 2020年).

執筆者紹介

脇村孝平(わきむら こうへい)
大阪市立大学(現大阪公立大学)名誉教授．インド社会経済史．大阪市立大学大学院(博士(経済学))．
『飢饉・疫病・植民地統治——開発の中の英領インド』(名古屋大学出版会，2002年)，『近現代熱帯アジアの経済発展——人口・環境・資源』(編著，ミネルヴァ書房，2024年)．

(執筆分担)
　　第Ⅳ部
第13章　1節　村上・石川・平井，2節　柿崎，3節　小川
第14章　1節　古田・石川・平井，2節　太田，3節　脇村
　　第Ⅴ部
第15章　1節　平井・脇村，2節　村上，3節　平井，4節　脇村，
　　　　5節　古田・小川・平井
第16章　1-3節　平井・石川
第17章　1節　平井，2節　村上，3節　太田・柿崎，4節　脇村
第18章　1節　村上・平井・石川，2節　柿崎・太田，3節　脇村
第19章　1節　石川・古田，2節　柿崎・太田・小川，3節　平井
　　第Ⅵ部
第20章　1節　古田・柿崎・小川，2節　平井・石川，3節　古田，
　　　　4節　太田・柿崎，5節　脇村
第21章　1節　脇村，2節　脇村・古田，3節　村上・平井・石川・太田，
　　　　4節　太田，5節　村上，6節　石川・柿崎・小川
第22章　1節　平井，2節　石川・太田，3節　柿崎・脇村，
　　　　4節　村上，5節　太田・小川
第23章　1節　古田・平井・脇村，2節　村上・柿崎・小川，
　　　　3節　古田・脇村・柿崎，4節　石川・太田・小川，
　　　　5節　小川・太田，6節　古田・石川・柿崎・小川
第24章　1節　村上・石川・柿崎・小川，2節　村上・石川・柿崎・小川，
　　　　3節　平井・村上・太田・小川・古田，4節　村上・柿崎・小川
終章　古田・太田

アジア経済史 下

2025 年 4 月 24 日　第 1 刷発行

編　者　古田和子　太田　淳

発行者　坂本政謙

発行所　株式会社 岩波書店
　　　　〒101-8002 東京都千代田区一ツ橋 2-5-5
　　　　電話案内 03-5210-4000
　　　　https://www.iwanami.co.jp/

印刷・理想社　カバー・半七印刷　製本・松岳社

© Kazuko Furuta and Atsushi Ota 2025
ISBN 978-4-00-061627-0　Printed in Japan

岩波講座 世界歴史(全24巻)

A5判上製　288-342頁　定価3520円

1. 世界史とは何か
2. 古代西アジアとギリシア　〜前1世紀
3. ローマ帝国と西アジア　前3〜7世紀
4. 南アジアと東南アジア　〜15世紀
5. 中華世界の盛衰　4世紀
6. 中華世界の再編とユーラシア東部　4〜8世紀
7. 東アジアの展開　8〜14世紀
8. 西アジアとヨーロッパの形成　8〜10世紀
9. ヨーロッパと西アジアの変容　11〜15世紀
10. モンゴル帝国と海域世界　12〜14世紀
11. 構造化される世界　14〜19世紀
12. 東アジアと東南アジアの近世　15〜18世紀
13. 西アジア・南アジアの帝国　16〜18世紀
14. 南北アメリカ大陸　〜17世紀
15. 主権国家と革命　15〜18世紀
16. 国民国家と帝国　19世紀
17. 近代アジアの動態　19世紀
18. アフリカ諸地域　〜20世紀
19. 太平洋海域世界　〜20世紀
20. 二つの大戦と帝国主義I　20世紀前半
21. 二つの大戦と帝国主義II　20世紀前半
22. 冷戦と脱植民地化I　20世紀後半
23. 冷戦と脱植民地化II　20世紀後半
24. 二一世紀の国際秩序

―――――― 岩波書店刊 ――――――

定価は消費税10%込です
2025年4月現在